개혁교회 선교방법론

개혁교회 선교방법론

초판 1쇄 인쇄 2023년 3월 3일
초판 1쇄 발행 2023년 3월 10일

지은이 권효상
펴낸이 유동휘
펴낸곳 SFC출판부
등록 제104-95-65000
주소 (06593) 서울특별시 서초구 고무래로 10-5 2층 SFC출판부
Tel (02)596-8493
Fax 0505-300-5437
홈페이지 www.sfcbooks.com
이메일 sfcbooks@sfcbooks.com
기획·편집 편집부
디자인편집 최건호
ISBN 979-11-87942-80-1 (03230)
값 25,000원

개혁교회 선교방법론

권효상 지음

SFC

목차

2부 선교전략들

추천의 글

선교사들은 끊임없이 변하는 상황 속에서 불변하는 복음의 진리를 적실하게 전해야 하는 과제를 가지고 있다. 이 과제를 풀어가기 위해서는 선교사와 선교기관 모두가 숲과 나무를 함께 볼 수 있는 신학과 실천적 안목이 필요하다. 당장 눈에 들어오는 상황만 바라보고 있으면 방향을 잃고 제자리를 맴돌게 되고, 이론만 붙들고 있으면 현실의 바깥에서 방황하게 된다. 저자는 KPM고신총회세계선교회 연구국장으로 봉사하면서 개혁교회에 속한 선교사들이 개혁교회의 원리를 놓치지 않으면서 현장의 상황에 적실한 방법으로 선교할 수 있는 길을 모색하며 연구해 왔다. 이 책은 그러한 연구의 결과로 나왔다.

이 책은 개혁주의 선교가 붙들어야 할 원리는 물론 그 원리가 현장에서 적용될 때 나타나는 결과들로 다시 원리를 강화하고 그것을 다시 현장에 적용하는 해석학적 선순환을 통해 선교의 발전을 추구할 때, 비로소 개혁교회의 신학과 원리에 일치하면서 현장에 적합한 선교를 수행할 수 있음을 보여준다. 그래서 책의 내용도 선교신학, 선교목표, 선교정책과 이러한 원리와 방향에 따라 각각의 선교현장에서 개발되어야 할 전략과 전술의 순서로 논리적이면서도 일목요연하게 전개되고 있다. 개혁주의 선교원리를 어떻게 실천할 수 있을지 고민하는 분들과 선교신학과 현장의 균형을 추구하는 분들은 반드시 이 책을 읽어보기를 권한다.

_김성운 고려신학대학원 선교학 교수

한국교회가 복음을 받아들인 지 이제 140여 년이 지났다. 그리고 1970년대 말부터 선교가 본격화되었다고 보았을 때, 한국교회는 이제 청년기를 거쳐 중년기로 접어들었다. 그러나 안타깝게도 한국교회나 선교사를 위한 선교전략 도서는 그리 많지 않다. 저자 역시 "KPM이 가지고 있는 공식적인 선교신학과 선교전략"의 부재 때문에 이 책을 집필하게 되었다고 밝히고 있다. 이런 상황을 고려할 때, 저자의 책 『개혁교회 선교방법론』은 다음과 같은 이유에서 매우 커다란 의미가 있다.

첫째, 교단선교의 방법론에 대한 이론적인 배경과 함께 실제적인 주제들을 담고 있기 때문이다. 이 책의 1부는 개혁교회 선교신학의 기초로서 성육신 신학, 그리고 선교의 목표로서 교회개척과 제자화를 통한 삶의 변혁에 대한 이론적 배경을 다루었다. 그리고 2부에서 다루고 있는 13편의 논문은 선교현장은 물론 선교본부의 생생한 목소리와 실제적인 선교 전략과 전술을 구체적으로 설명하고 있다.

둘째, 교단에 적합한 맞춤형 선교전략을 제시하고 있기 때문이다. 이 책은 고신 총회세계선교회KPM가 개혁교회의 원리에 입각하여 그동안의 선교 흐름을 평가하고, 향후 어떻게 그 사역을 감당해야 하는지에 대한 실제적인 방법을 고민한 흔적이 곳곳에 묻어난다.

셋째, 이 책은 최근 부각되고 있는 탈세계화, 플랫폼 선교, 4차 산업혁명, 그리고 엔데믹 시대에 맞는 선교전략은 물론, 선교재정 행정원리, 선교사 은퇴 문제까지 매우 포괄적으로 선교 관련 주제들을 다루고 있다. 특별히 현장 선교사를 대상으로 실시한 설문조사는 저자의 연구가 얼마나 종합적이고 체계적인지 매우 잘 보여준다.

선교를 대하는 한국교회의 지나친 인본주의와 성장 위주의 평가에서 벗어나 성경적이고 시대에 적합한 전략 개발이 절실한 시점에서 이 책은 한국교회 선교를 더 윤택하게 만들 시금석이 될 것이라고 확신한다. 그러므로 이 책을 선교에 관심이 있는 목회자, 신학생, 선교사, 평신도가 반드시 읽어야 할 필독서로 적극 추천한다.

_최원진한국침례신학대학교 선교학 교수, 전 한국복음주의선교신학회장

2023년은 코로나19 팬데믹이 끝나는 첫해가 될 가능성이 크다. 지나온 3년 동안의 시간은 우리의 삶에 많은 변화를 가져왔다. 이제 우리는 그 변화를 넘어 새롭게 시작해야 한다. 그렇다고 하더라도 그동안 무슨 일이 있었는지는 분석하고 가야 한다. 한국사회는 팬데믹의 확산으로 전례 없던 시장 변화가 관찰되었고, 젊은 세대의 사회 진출 범위가 넓어지면서 공정성 문제가 대두되었으며, 기후변화와 역병 확산의 영향으로 반드시 환경을 지켜야 한다는 의식이 높아졌다.

그러다 보니 기업은 재무적인 성과뿐만 아니라 세상이 관심을 기울이는 분야인 비재무적 성과에 중점을 두어 환경, 사회적 책임, 그리고 의사 결정 구조에서 올바름을 확보하는 ESGEnvironmental Social Governance 경영을 말하고 있다. 이에 맞춰 교회와 선교도 ESG를 생각해야 한다. 이런 모습이 팬데믹을 거치면서 달라진 세상의 모습이다. 흔히들 팬데믹 이전과 이후의 교회와 목회는 달라야 한다고 말한다. 그렇다면 선교 역시 달라야 하고 달라져야 한다.

세계적인 경영학자인 피터 드러커는 "격변의 시대에 가장 위험한 것은 격변 자체가 아니다. 지난 사고방식을 버리지 못하는 것이다."라고 했다. 코로나19 이후 라이프스타일의 핵심은 '라이프'가 아닌 변화에 대한 대응 방식, 즉 '스타일'에 있다고 한다. 우리는 비슷한 라이프일상를 살 수밖에 없지만, 개성 있는 가치를 추구하는 사람들은 자신만의 다양한 스타일방법로 삶을 영위하고 있다. 이런 일상의 변화 속에서 우리는 지난 사고방식에 매여 있어서도 안 되고, 그렇다고 더욱이 자기만의 방식으로 살아가듯이 선교할 수도 없는 일이다.

이러한 의미에서 KPM 연구국장인 저자가 쓴 『개혁교회 선교방법론』은 대단히 의미 있는 책이다. 변화가 주류인 세상에서 변하지 않는 가치를 들고 살아야 할 우리와 선교사들의 삶에 큰 반향을 일으킬 중요한 책이라고 할 수 있다. 그가 말한 대로 KPM이 가지고 있던 선교의 기초인 선교신학, 선교의 목적으로서의 선교정책, 선교의 수단으로서의 선교전략을 한 곳으로 모았기 때문이다. 이는 KPM 선교사는 물론이거니와 고신의 교회와 목회자들이 고신의 선교를 이해하고 동참하며 함께 나아갈 중요한 방향을 정립한 일이라 할 수 있다.

이제 우리는 이렇게 정립된 선교 신학과 정책과 전략을 겸비한 선교사님들이 파송 받은 현장에서 수많은 열매를 거두는 데 이 책이 귀하게 쓰이기를 기대한다. 바라기는 이 책이 파송된 선교사님들에게는 더 깊은 경험이 되고, 앞으로 파송될 선교사님들에게는 교과서처럼 쓰여 늘 손에 들고 닳아지도록 읽히고 논의되어서 더 많은 기록으로 발전하는 책이 되기를 원한다. 마지막으로 이들을 위해 기도하고 후원하는 교회와 목회자들에게도 읽혀서 더 많은 선교의 열매가 맺히기를 기대하며 추천한다.

_안진출고신총회세계선교회(KPM) 이사장

머리말

이 책은 필자가 고신총회세계선교회KPM 연구국장으로 봉사를 시작하던 시점에 받은 한 통의 전화 때문에 쓰이기 시작한 것이다. 그녀는 KPM이 가지고 있는 공식적인 선교신학과 선교전략이 있으면 파일로 보내 달라고 요청했으나 당장 보내줄 수 있는 자료가 없었다. 분명 우리 KPM에는 그동안 여러 가지 선교의 영성이나 신학, 그리고 전략과 전술들이 있어 왔다. 그러나 그것들은 본부의 리더십이 바뀔 때마다 사장되거나, 하나로 정리되어 있지 않거나, 그 개념들이 발전적인 연속성을 가지고 있지 않아서 아쉬움이 있었다.

이 책은 KPM이 가지고 있던 선교의 기초로서 선교신학, 선교의 목적으로서 선교정책, 선교의 수단으로서 선교전략들을 한 곳에 모은 것이다. 이 책의 목적은 첫째, KPM 내외에서 고신의 선교신학이나 선교정책이나 선교전략에 대해서 질문했을 때, 우리 모두가 공감하며 공식적으로 내놓을 수 있는 자료를 구비하는 데 있다. 특히 이 책에 기고된 선교신학은 KPM 선교신학 세미나를 통해 공식화된 것이다. 둘째, 그동안 KPM이 전략적으로 수립하고, 가르치고 또 현장에서 사용했던 우리의 선교 전략과 전술들을 한자리에 모아서 그 흐름을 살펴보고 공적으로 평가하는 데 있다. 셋째, 모든 KPM 선교사들이 같은 선교신학과 선교정책, 선교 전략과 전술을 가지고 한 방향으로 나아가야 하는 그 중요한 당위성과 목적을 밝히는 데 있다. 마지막으로, 여기서 제시되는 것들이 현장에서 실제화되고, 또한 현장에서 사용된 것이 다시 재검토되어서 해석학적 선순환을 하며 발전해 나가도록 하는 데 있다. 이 책은 개혁교회에 소속된 고신총회세계 선교회가 개혁교회의 원리에 입각하여 어떻게 선교해야 하는지 그 실제적인 방법에 대해서 고민하면서 쓴 것이다. 그러나 이 책은 단지 한 교단의 선교를 위한 것이라기보다는 개혁교회를 지향하는 선교단체들을 위한 것이기도 하다. 그리고 탈세계화, 4차 산업혁명, 엔데믹이라는 급변하는 시대사조를 반영한 선교 전략들을 소개하는 데 그 목적이 있기도 하다.

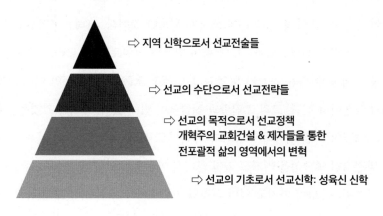

<그림> 선교를 위한 필수요소들

피터 와그너는 『기독교 선교전략』생명의 말씀사, 1978에서 선교의 4가지 요소인 선교의 목표로서 선교신학, 선교의 목적으로서 선교정책, 선교의 수단과 방법으로서 선교전략, 그리고 특정한 사건과 지역의 접근력으로서 선교전술을 이야기한다. 예를 들어 한 신임선교사가 본인의 선교전략을 학원선교라고 잡았다고

하자. 만일 학원선교라면 그 사역에 대한 선교신학적 근거가 있어야 하고,[1] 본부와 현장의 선교사는 그 신학을 바탕으로 개혁주의 교회건설을 위한 전략적 수단으로서 학원선교를 해야 할 필요가 있는지 검토해야 할 것이다. KPM의 선교방법은 개혁주의 교회건설이다. 그리고 다른 모든 것은 보조수단이라는 선교의 목적 진술을 가지고 있다. 교단이 만든 선교의 목적 진술에 맞는 선교전략에 본인이 가진 학원사역이라는 아이디어를 대입하여 자신의 선교현장에 맞는 전술을 구상해야 한다. 학원선교가 어떻게 그 땅에 하나님의 교회를 건설할 수 있을지에 대해 고민해야 한다. 즉, 다른 선교사와 협업을 해야 할지, 본인이 학생들을 데리고 교회를 직접 개척할지 등의 학원선교를 위한 구체적인 전술을 선교현장의 상황에 맞게 세워가야 한다. 다시 말해, 한 선교사의 선교는 선교신학, 선교정책, 선교전략 그리고 선교전술을 통해 이루어진다고 말할 수 있다. 선교신학, 선교정책, 그리고 선교전략은 KPM 전체 선교사가 공유하고 한 방향으로 나아가야 하는 공통의 직무이다. 그리고 이것을 자신의 지역과 현장에 맞추어서 선교전술을 세우는 것은 각각의 선교사와 지역부의 직무이다.

우리는 개혁교회의 선교신학 안에서 하나님의 선교를 논한다. 우리가 어떤 선교신학을 가지고 있느냐에 따라서 선교의 목적과 선교의 전략과 전술이 확연히 달라지기 때문에 개혁주의 선교신학을 선교지에서도 숙지하는 것이 중요하다. 실제로 선교지에서는 다양한 교파의 선교사들이 함께 사역하기 때문에 자칫 선교 영성과 신학의 기반이 약한 경우 선교의 전략과 전술이 갈피를 잡지 못하는 경우가 생긴다. 우리는 이 선교신학을 바탕으로 고신 선교정책을 만들었

---

1. 만일 선교사가 오순절 신학을 가지고 있다면, 그의 인재양성상은 성령충만한 사람을 키워내는 것을 목적으로 할 것이고, 또 만일 경건주의 신학을 가지고 있다면, 그의 인재상은 하나님과의 친밀한 삶을 사는 경건한 인재를 키워내는 것을 목적으로 할 것이다. 개혁주의자라면 세상을 자신의 영역에서 자신의 구원의 서정 전체를 통해 세상에 하나님의 나라를 드러내고 변혁시키는 인재상을 가지고 사역할 것이다.

다. 그것이 우리의 선교의 목적이라고 할 수 있다. 정관 1장 3조의 목적에서 "고신세계선교회는 예수님의 지상명령에 따라 전 세계에 선교사를 파송하여 가능한 모든 방법을 동원하여 개혁주의 교회를 설립하는 것을 그 목적으로 한다."라고 밝히고 있다. 이 목적을 이루기 위해 전략과 전술이 필요한 것이다. 전략이란 군사적인 의미로 사용되었을 때 전쟁을 전반적으로 이끌어 나가는 방법이나 책략이며, 전술보다는 상위의 개념이다. 다시 말해, 전략이란 전쟁을 이기기 위해 본부headquarter에서 사용하는 방법이며, 전술이란 각 전투 상황에 대처하기 위해 만들어가는 현장field의 기술과 방법이다. KPM은 역사적으로 비전 제시를 통해 전략들을 교회와 선교사들과 공유해왔다. 이 전략을 바탕으로 선교사들은 각 지역에서 여러 가지 방식의 전술들을 통해 영적 전쟁을 하는 것이다. 본부도 여러 가지 전술들을 생각하지만 기본적으로 전술의 연구와 사용은 지역부와 선교지로 파송된 선교사의 몫이다. 파송된 선교사는 현장에 대한 인류학적 이해 종교, 문화, 관습, 정치, 사회, 기후 등를 바탕으로 자신이 가진 전략을 현장에 펼치기 위한 상황적 전술들을 마련해야 한다.

우리는 이 선교의 목적을 이루기 위해 하나님께서는 각 시대마다 그분의 큰 전략 안에서 동시대 그리스도인들에게 필요한 지혜를 주셔서 선교의 전술들을 사용하게 하심을 믿는다. 그러므로 오래되고 현재에는 효용가치가 확연히 떨어진다고 여겨지는 전략들이라도 해당 시대에는 성령의 인도하심을 받은 최선의 전략들이 많았다는 것을 인정하는 태도가 전제되어야 한다. 다른 말로 하면, 지금 우리가 논하고 있는 혹은 논의될 미래적인 전략들 또한 다음 세대에서는 효용가치 있게 사용되지 않을 수도 있다는 것이다. 우리는 하나님의 선교를 위해 각 시대마다 좀 더 큰 지혜를 주시는 하나님을 송영할 뿐이다.

이 책이 발간되기까지 원고 수정 작업을 도와준 김다은 연구국 간사에게 감사를 전한다. SFC 출판부의 관계자들은 이 책이 출판되기 위해 많은 노력을 아끼지 않았다. 출판 재정을 감당해 주신 안진출 KPM이사장님, 외사리교회 문천회 목사님, 사상교회 이주형 목사님, 물금교회 이용창 목사님, 동서남북교회 하영운 목사님, 강동교회 신성철 목사님, 대동제일교회 곽동신 목사님, 모든민족교회 박원일 목사님께도 감사를 표한다.

2023년 3월

권효상

Mission
methodology
of
the Reformed
Church

1부

선교방법론

1장
선교의 기초로서 선교신학: 성육신 신학

"아무든지 나를 따라오려거든 자기를 부인하고 날마다 제 십자가를 지고 나를 따를 것이니라"누가복음 9장 23절

1. 들어가는 말

성육신 신학을 다루기 이전에 필자는 우선 '신학'이라는 용어가 작금 지나치게 서방교회의 신학전통에 근거하고 있다는 점을 지적하려고 한다. 서방교회는 이교의 개념이었던 신학이라는 개념을 교회 안으로 도입하던[1] 초대교회 때부터 플라톤 철학의 방법론을 따라 신학을 정의하고 현상적으로 조직화해왔다. 특히 칸트 이후 서구신학은 존재론적인 인식방식에 익숙해 있었기 때문에 신학을 선

---

1. 신학이란 용어는 플라톤의 문헌에 최초로 등장하며 교회 안에서 최초로 이 용어를 사용한 교부는 유스티누스(Justin Martyr)이다. 헬라 전통에서 신학은 신화와 구별되기 시작하였고, 신학은 자연과학과 다른 사변적 학문의 기초로서 사용되었다. 자연과학이 가변적인 것을 다룬다면, 신학은 그것의 불가변적인 원리인 신적인 원리를 다룬다고 인식했다.

험적으로 이해해야 한다는 사실을 망각하곤 한다. 결국 주체중심의 서구신학의 접근방식의 맹점인 객체를 비인격적 사물로 인식하여 기능적으로 도식화하곤 하는데, 이것은 신에 대한 접근방식 역시 그러했음을 신학사를 통해 증명한다. 특히 인본주의 신학들은 인간이 주체로서 현상의 필요들을 신에게 당당히 요청하는 식의 신학방법으로까지 나아가고 있다.

서구신학과는 반대로 동방교회의 신학은 "하나님에 대한 언설로써 정착하였다. 그것은 반성적인 작업 이전에 신학자가 하나님 앞에서 그분을 성부, 성자와 성령으로 고백하고 찬양하는 경건 자체였다."[2] 신학을 형이상적이고 사변적으로 하지 않고 삼위 하나님에 대한 고백과 교제와 경건이라는 의미로 되돌리는 균형 잡힌 작업이 서구신학에 요청된다. 특히 선교신학은 선교사가 선교의 주인이신 삼위 하나님의 명령에 따라 선교현장에서 선교의 대상인 원주민들과 더불어 하나님의 선교를 경험하고 교제하며 고백하는 과정 자체이다. 마치 '-ism'으로서 '개혁주의'라는 말이 존재할 수 없고, 개혁교회 교인들의 전포괄적인 삶의 고백이 개혁교회의 전통을 이루어 가고 있는 것과 마찬가지이다. 필자는 동방신학의 큰 자취를 남긴 카파도키아 신학자들이 머물렀을 깊은 암벽 동굴과 그 속에 신학하던 장소를 방문한 적이 있다. 그곳에서 그들의 하나님은 단순한 사변의 대상이 될 수 없었을 것이라고 직감할 수 있었다. 작금 서구 선교학이 선교신학을 도식화하고 조직화하고 수치화하여 귀납적인 결론을 도출해내는 방식과는 확연히 다른, 하나님과의 교제와 고백과 경험이 그들에게는 신학이었을 것이다.

이 글의 배경에는 서구신학의 주체중심적인 선교신학의 맹점들이 가져온 현대선교의 허구들을 반성하고, 또 한편으로는 선교의 주인이신 하나님의 선교에

---

2. 유해무, 『신학: 삼위일체 하나님을 향한 송영』 (서울: 성약출판사, 2007), 9.

동참하는 교회와 선교사들이 '송영으로서의 선교'로 나아가기를 바라는 마음이 자리 잡고 있다. 또 한편으로는 동방신학이 신비주의에 쉽게 머무른 그 한계를 극복하고자 한다. 삼위 하나님을 송영하는 신학은 단순히 하나님에 대한 신비적 관조로부터 영위되는 것이 아니기 때문이다. 동사로서의 하나님을 신학함, 즉 송영은 치열한 우리의 삶의 자리market place에서 십자가를 지고 고백되며, 또한 그들이 주님께 돌아와 추수한 것들을 들고 예배하는 자리에서 고백되는 것이어야 한다롬15:16. 송영은 흩어지는 교회와 모이는 교회 안에서 동시적으로 고백되는 것이어야 한다. 이러한 의미에서 사변적인 서방신학의 단점과 관조적 신비주의와 이원론으로 쉽게 흐를 수 있는 동방신학의 단점을 극복하고 개혁교회의 전통이 가르쳤던 '변혁선교'까지 나아가는 신학적 길을 모색하는 흐름 속에서 성육신적 신학도 다룬다.

일반적으로 선교신학에서 다루는 범위는 선교의 성경적 근거, 선교의 목표와 관련하여 선교역사 가운데 복음주의 진영과 에큐메니컬 진영의 대립적 발전과정 그리고 이와 관련하여 파생된 통전적 신학과 하나님 나라의 개념들, 선교의 방법과 전략들, 선교 패러다임의 변화들, 지역연구, 종교 간 대화 및 선교의 현재적 도전 등에 대한 것이다. 그러나 이 장의 목적은 개혁교회의 전통에 기초한 선교의 근거를 제공하는 것이므로, 선교의 근거로서 성육신적 선교신학에 대해서 다루는 것으로 글의 범위를 한정limitation하고자 한다. 특히 여기서는 타종교문화와 조우encounter할 때 전통적으로 사용된 알란 레이스Alan Race의 배타주의, 포괄주의, 그리고 종교다원주의의 도식을 방법론methodology으로 삼아 역사적으로 성육신 신학을 대하는 방법들에 대해 비평하고, 보다 통전적이고 개혁교회 안에서 사용할 수 있는 성육신 신학의 의미를 살펴보고자 한다. 그럼으로써 성육신 신학 안에 투영된 첫 선교사로서 예수 그리스도의 선교의 이미지를 따라 KPM의 선교의 방향을 잡고자 한다. 성육신 신학이 KPM 선교의 방법인 개혁주의 교회의 세계교회 건설을 이루기 위한 선교사들의 방향키로서 역할하기를 기대하며 글을 시작한다.

2. 우리가 믿는 개혁교회 선교신학의 기초: 성육신 신학

이제 본론으로 들어가서 "삼위 하나님의 선교를 우리가 어떻게 신학적으로 풀어갈 수 있을까?"라는 주제로부터 시작해보자. 하나님의 자녀는 기도 가운데서 삼위 하나님을 만난다. 그 만남에는 반드시 성자께서 계신다. 하나님의 자녀는 기도 가운데 구원의 은혜를 날마다 새롭게 체험하며, 그 은혜에 감격하여 사랑과 공의의 아버지 하나님께 영광을 돌리는 예배의 일, 즉 송영의 영광스러운 자리에 머문다. 그러므로 성자의 성육신과 십자가는 하나님의 자녀가 아바 아버지께 나아갈 수 있는 유일한 통로이다. 사적으로 하나님을 송영한 성도는 비로소 하나님의 나라 안에서 성자를 드러내시는 성령의 사역에 공적으로 동참하게 된다. 이것을 우리는 선교라고 부른다. 즉, 선교는 사적으로 하나님을 송영한 성도가 성령의 강권하시는 인도하심에 이끌리어 공적인 예배의 자리와 공적인 삶의 자리에서도 동일한 송영을 드리는 것이다. 그러므로 송영은 곧 선교이며, 세상을 향하신 하나님의 선교에로의 당연한 요청이다. 이러한 의미에서 성육신은 선교의 주체이신 성부께서 이제 우리가 선교할 수 있는 유일한 근거로 세상에 드러내신 방법이다. 즉, 삼위 하나님의 선교를 우리가 어떻게 풀어갈 수 있을까 하는 질문에 대한 답이 바로 성육신 사건인 것이다. 삼위 하나님의 내적 관계perichoresis는 예수 그리스도의 성육신을 통해 무엇보다 뚜렷이 세상에 공개된다. "나를 본 자는 아버지를 보았거늘"요14:9. 교회의 선교 메시지는 그것을 수용하는 사람들의 삶과 정황에 성육신된다.[3] 그러므로 하나님의 선교에 참여하는 교회는 마땅히 성육신에 나타난 본보기를 따를 필요가 있다. "아무든지 나를 따라 오려거든 자기를 부인하고 날마다 제 십자가를 지고 나를 따를 것이니라" 눅9:23.

다음 질문을 해보자. 성육신은 선교신학에서 구체적으로 어떤 모습으로 드러나는가? 최근 수십 년 동안 선교학계에서는 예수 그리스도의 삶을 모델로 하는 선교를 추구하는 움직임이 활발하게 진행되고 있다. 특히 선교를 수행함에 있어서 신학적인 해석학의 근거로서 성육신에 집중하고 있다. 보쉬David J. Bosch에 따르면, 성육신의 중요성에 대한 최근의 강조는 적어도 1980년 멜버른 CWME 대회부터이다.[4] 그리고 레슬리 뉴비긴Lesslie Newbigin이 쓴 *Mission in Christ's way*는 1989년 "World Conference on Mission"과 1987년의 "Evangelism in San Antonio"를 위한 준비로서의 역할을 했다.[5] 보쉬는 현대 선교가 다차원적이어야 함을 강조하면서 이것을 위해 성경의 구원 사건성육신을 포함한-저자 주 속에서 나타난 이미지 비유들에 호소해야 한다고 강조한다.[6] 성육신의 교리는 현대 선교신학 전반에 걸쳐 영향을 끼치고 있는 하나님의 선교의 근거이다. 성육신은 하나님의 죄인들을 향한 선제적 사랑에 그 근거를 두고 있으므로, 성육신은 곧 하나님의 선교의 이유why에 대한 해답이기도 하다. 성육신을 말하는 것은 세상을 위해 그리고 세상 안에서 활동하시는 하나님의 구원의 '단회적이면서 동시에 모든 사건 안에 포괄된once-and all event' 예수 그리스도를

3. 데이비드 보쉬, *Transforming Mission*, 김병길, 장훈태 역, 『변화하고 있는 선교』 (서울: 기독교문서 선교회, 2000), 622.
4. 데이비드 보쉬, 『변화하고 있는 선교』, 754.
5. Darrell L. Guder, (ed.), *Missional Church: A Vision for the Sending of the Church in North America* (Grand Rapids: Eerdmans, 1998), xi.
6. 데이비드 보쉬, 『변화하고 있는 선교』, 753.

말하는 것이다. 그러므로 이것은 예수 그리스도가 복음의 내용이 된다는 의미를 넘어서 예수 그리스도가 복음 자체임을 말하는 것으로서, 선교가 무엇what인지에 대한 응답이다. 이런 의미에서 성육신은 선교의 신학적 근거로서 중요하게 다루어져야 한다. 구더Darrell L. Guder는 선교의 이유에 대한 질문에서 성육신이 중요하게 다루어져야 하는 다른 이유를 다음과 같이 설명하고 있다. "성육신적 접근 자체는 선교를 접근하는 서구적 상황을 개선하는 역할을 할 수 있다고 본다. 하나님의 사랑에 기인한 선교의 이유에 대한 성육신적 대답은 선교의 방법론에 대한 방향을 설정하고 개선하는 데 본질적인 역할을 할 수 있다."[7]

이제 성육신 사건이 내포하고 있는 신학적 논점들이 현대 선교신학에서 어떻게 자리매김 되고 있는지 먼저 살펴볼 것이다. 이것은 성육신을 역사적-유일회적 혹은 실존적-케리그마적으로 보는 신학적 배경들과 연관되어 있고, 어떤 관점을 따르느냐에 따라서 구원에 대한 개념, 교회의 본질과 역할에 관한 부분, 그리고 성경관 등에서 상이한 차이가 있는 선교의 방법론이 등장하게 된다. 여기서는 성육신과 관련한 신학적 논쟁들을 역사적으로 살펴본 후, 성육신이 배타주의, 포괄주의, 종교다원주의적 선교신학의 관점들 가운데서 드러나는 차이점을 살펴보려고 한다. 그리고 마지막으로 성육신 신학이 어떻게 통전적인 관점 안에서 이해될 수 있는지 살펴볼 것이다.

(1) 성육신의 신학-역사적 접근

비록 예수 그리스도가 모든 선교의 모델로서 사용되고 있으나 그 실제적인 각각의 신학적 입장에 따라 그 의미 또한 상이하게 달라진다. 전통적인 입장에

---

7. Darrell L. Guder,(ed.), *Missional Church: A Vision for the Sending of the Church in North America*, 4, 9.

서 예수 그리스도의 성육신은 삼위일체론적인 관점에서 세상을 향한 하나님의 사랑의 극치로 이해된다. 하나님의 선교의 입장에서 보면 하나님은 선교의 우선권이 있는 선교의 주체로서 그분의 아들을 세상에 보내시는 분이다. 이런 의미에서 예수 그리스도는 하나님의 선교의 모델이시다. 성령은 예수 그리스도의 제자로 부름 받은 제자들에게 예수 그리스도를 모델로 하는 하나님의 선교를 계속하도록 힘주신다. 이렇듯 예수 그리스도는 각기 다른 선교신학적 입장에서 각각 다른 의미에서 선교의 모델로서의 의미가 있는 것이다.[8] 그러므로 하나님의 선교의 모델로서 예수님의 성육신을 이해하는 데서 나타나는 신학적인 상이점을 주목해 볼 필요가 있다. 이러한 상이점은 성육신의 교리가 비신화화되는 신학-역사적 과정을 살펴볼 때 분명히 이해될 수 있다.

성육신에 대한 근대 시대에서의 비신화화는 이신론과 이신론의 영향을 받은 성경비평학 그리고 칸트Immanuel Kant의 철학으로부터 출발한다고 볼 수 있다. 17세기 이신론은 창조와 하나님의 존재는 인정했으나, 신이 인간의 역사에 개입하는 것을 긍정하지 않았다. 인과율에 의해 움직이는 우주의 질서 속에 하나님의 특별계시는 더 이상 설 곳이 없었다. 특별히 이신론의 영향을 받은 성경비평학자들은 성경 자체의 형성에 의문을 두기 시작했다. 성경은 이방종교들의 영향 하에 점차적으로 편집되어온 문서라는 점을 지적하는 데 주력했다.

---

8. "아버지께서 나를 보내신 것 같이 나도 너희를 그들을 세상에 보내었고"(요.17:18; 20:21). 다른 말로 우리의 선교는 예수 그리스도를 모델로 해야만 한다. Stott, John R W, *Christian Mission in the Modern World* (London: Falcon, 1975), 358. 그러므로 성육신적 증인이란 예수님 이후에 오는 모든 사람들을 위한 사신과 메시지와 모델로서의 예수님이라는 의미에서 그리스도인의 부르심을 설명하는 방식이다. Guder, Darrell L (ed.), *Missional Church: A Vision for the Sending of the Church in North America*, 9. "인간에 대한 라너(Rhaner)의 초월적 분석에서와 같이 신-세계 관계에 대한 그러한 내재신론적이고 성육신적인 모델 내에서, 예수 안에서 하나님의 육화는 역사적 변칙이 아니라 역사 전반에 걸쳐 일어나고 있는 일에 대한 완전한 깨달음으로 서 있다. 나사렛 예수의 삶 안에서 그 일이 일어난다." Paul F. Knitter, *No other name: A critical survey of Christian attitudes toward the world religions* (Maryknoll: Orbis Books, 1985), 190.

근대에서 성육신의 비신화화는, 단순하게 말하자면, 칸트에게서 시작하여 슐라이어마허Friedrich Daniel Ernst Schleiermacher와 리츨Albrecht Ritschl에 이어 불트만 Rudolf Karl Bultmann에게서 완성된다고 볼 수 있다. 칸트는 1784년 계몽주의의 욕구를 종합하여 말하기를 계몽이란 사람이 스스로 둘러쓴 미성숙에서 헤어 나오는 것이라고 정의하였다. 그에게 계몽주의와 자율주의는 동일한 것이 되었다. 그리하여 "인간 외부에서 오는 지시와 상관없이 생각하는 자유"가 모토가 되었다. 그에게서 최초로 자연과 은총이 분리되어 은총은 현대인의 종교적 사고에서 자취를 감추고 자유의 개념이 그 자리를 대신했다. 그는 인간은 완전히 자유롭고 자율적인 존재로 거듭나야 한다고 역설했다.[9]

　　인간의 이성은 최종적인 권위로서 진리에 대한 궁극적인 척도로 평가되었다. 이성이 현상계와 물자체物自體의 세계를 판단하는 데 적격자가 된 것이다. 다시 말해, 칸트에게서 성경에서 자신을 계시하시며 자증하시는 하나님의 자율주의적 계시라는 기독교적 개념은 인간의 자율주의적인 이성으로 대치된 것이다. 참 종교는 하나님이 우리의 구원을 위해서 무엇을 하셨고, 지금 무엇을 하시는가를 아는 데 있지 않고, 구원을 받는 데 합당하기 위하여 지금 우리가 무엇을 할 것인가에 있다. 그 필요성에 대해서는 성경적 지식이 없이도 누구나 확실히 알 수 있다.[10] 이러한 이성주의적인 자율주의에서 불트만의 비신화화 개념, 곧 현대인은 스스로의 이해를 요구하는 성경의 뜻을 확증하기 위하여 새 신화를 창조해야 한다는 데 이르기는 어렵지 않았다.

　　흄David Hume의 영향으로 칸트는 두 세계, 곧 현상계와 물자체의 세계—감각

9. Herman Dooyeweerd, *In the Twilight of Western Thought* (Philadelphia: Presbyterian & Reformed Pub. Co., 1960)를 참조하라.

10. Immanuel Kant, *Religion within the Limits of Reason Alone* (Chicago: Open Court Pub. Co., 1934), 152.

을 통하여 이성으로 알 수는 없으나 마치 이성으로 알 수 있는 실물처럼 우리 생활의 한 몫을 차지하는 규제상 필요한 관념들의 세계—를 빚어냈다. 인간의 이성이 인지할 수 있는 지식의 영역은 단지 감각기관이 접촉할 수 있는 경험세계뿐이다. 인간이 이성의 능력으로는 물자체의 세계에 이를 수 없다. 자연히 하나님의 존재는 증명할 수 없으므로 지식의 대상에서 제외된다. 칸트에게서 신은 방음된 지하실에 감금되고 현상계에는 오직 윤리와 인간 세계의 질서를 유지하기 위해 '요청되는 하나님'의 관념만이 있을 뿐이다. 이와 같이 그의 철학에 따라 경험의 영역을 확정하고 감각적 세계만을 지식의 세계만으로 확정하면, 하나님은 인간의 능력으로 그 존재를 증명할 수 없고 인간은 오직 물질세계만을 다루어야 한다. '하나님의 물자체의 세계로의 고립'은 현대신학이 애용하는 주제이다. 이것은 실존주의의 자유에 대한 강조로 강화되고, 좀 더 수정된 형태로 바르트Karl Barth의 초기 저서에 하나님을 '타자'로서 혹은 '어느 사물처럼 설명될 수 없는 분'으로서 나타난다. 그것은 또한 신정통주의의 'Historie와 Geschichte' 간의 분리로, 불트만의 '역사적 예수와 케리그마의 그리스도'로, 곧 칸트의 말을 빌리자면 '현상 세계에 속한 예수와 현상계 저 건너편의 그리스도' 간의 구별이다.

같은 비신화화의 길을 걷지만, 슐라이어마허의 경우는 동방신학의 그것과 유사한 감정과 관조의 방식을 통해 신에게 접근한다. 그는 지식으로 신학하는 것을 버리고 절대의존의 감정에 의존하였다. 우주를 직관할 때 인간은 자기가 다른 것에 의존하는 동시에 다른 것에서 자유하다는 것을 의식하게 된다. 이러한 상대적인 자유와 상대적인 의존에 대한 감정 속에서 인간은 이 세계에 속하지 않은, 하나의 타자에 절대적으로 의존한다고 느끼게 된다. 이 느낌, 곧 절대의존의 감정이 슐라이어마허에 의하면 '하나님과의 관계'이다. 곧 절대적으로 의존한다는 것을 느낀다는 것은 하나님과 관계하며 하나님과 교통하는 것을des

Gemeinschaft Menchen mit Gott 말한다. 자기를 절대적으로 의존하는 존재로 느끼는 것과 자기를 하나님과의 관계에 있는 존재로 의식하는 것은 같은 말이다. 그래서 기독교는 주관적 종교가 되어 버린다. 인간의 주관적 의존의 감정이 종교의 출발점이기 때문이다.

이러한 주관성의 원리에 따라 슐라이어마허는 전통적 그리스도론의 신학적 표상들을 인간학적 표상으로 해석한다. 모든 인간은 '하나님 의식'을 가지고 있다. 그들은 모두 절대의존의 감정을 가지고 있기 때문이다. 그러나 그들이 가진 하나님 의식은 흐려져 있다. 그들은 죄의 상태에 있기 때문이다. 하지만 예수는 죄가 없다. 그러므로 그의 하나님 의식은 조금도 흐려져 있지 않다. 그러므로 예수는 완전한 인간이요 다른 모든 인간으로부터 구분된다. 구원자는 인간적 본성의 동일성으로 말미암아 모든 인간과 동일하다. 그러나 그의 하나님 의식의 강렬함을 통하여 그들로부터 구분된다. 이 하나님 의식은 그 안에 있는 하나님의 본래적 존재였다. 그리스도는 그의 본질적 무죄성과 그의 철저한 완전성을 통하여 모든 다른 인간으로부터 구분된다. 예수는 이처럼 무한한 신의식을 가지고 하나님의 아들로 인정된 것이지, 하나님의 아들로서 성육신한 것이 아니다. 이리하여 우주론적 그리스도론이 말하는 하나님-인간 대신 완전한 하나님 의식을 가진 인간 예수가 등장한다.

예수의 신적 본성 대신 예수의 의식 안에 있는 하나님의 존재가 등장한다. 우주론적 그리스도론이 말하는 신적 본성은 예수의 하나님 의식의 '지속적 강렬함'으로 대치된다. 하나님인 동시에 인간인 예수의 신적 본성이 지닌 모든 기능은 예수의 하나님 의식을 가진 것으로 이해된다. 따라서 예수의 하나님 의식은 아무런 교란이나 동요나 고통이나 투쟁을 알지 못하는 것으로 생각될 수밖에 없다. 교란, 동요, 고통, 투쟁과 같은 것은 불완전한 하나님 의식을 지닌 인간에게서만 일어난다. 예수의 존재, 그의 하나님 의식은 순수하고 완전하므로 이러한 것이 그에게 있을 수 없다. 그의 순수함은 어떠한 투쟁의 흔적도 가지고 있지 않다. 예수는 개별적인 한 역사적 존재이지만, 죄가 없으며 완전하며 순수한 하나님의 인류의 원상Urbild이다. 하나님과 화해된 인류의 완전하고 순수한 원상이라는 뜻에서 예수는 제2의 아담이요, 둘째 창조를 시작하는 자이며, 죄 없고 완전한 인류를 도덕적으로 창조함으로써 창조를 완성하는 자이다. 그는 모든 인간이 본래 되어야 할 자요, 모든 인간이 되기를 동경하는 자이며, 모든 인간이 믿음을 통하여 될 수 있는 자이다.[11]

예수의 구원이란 그가 지닌 하나님 의식의 강렬함을 전하며, 죄가 없는 완전성과 순수성을 전하는 데 있다. 그는 하나님 의식의 강렬함과 죄가 없는 인간의 완전성과 순수성을 전하여 모든 인간이 지닌 하나님 의식을 더욱 강하게 하며 그것을 완성시킨다는 의미에서 구원자이다. 그는 하나님을 의식하는 인간의 '생산적 원상'이라는 뜻에서 구원자이다. 그의 구원하는 능력은 그의 고난과 죽음으로부터 특별한 방법으로 오는 것이 아니라 그의 모든 역사적 인격성으로부터, 즉 십자가의 죽음을 당하기 이전에 이미 그가 지니고 있었던 하나님 의식의 강렬함으로부터 온다. 구원자는 모든 신자들을 그의 하나님 의식의 강렬함 속으로 받아들인다. 이것이 그의 구원활동이다.[12] 수난은 그의 인격의 강렬한 인상으로부터 오는 구원의 능력에 대하여 아무 특별한 것도 첨가하지 못한다. 그의 수난은 특별한 의미를 가지고 있지 않다. "예수의 수난은 똑같은 방법으로 자체적으로 예수의 모든 삶의 세기들 속에 내재하고 있는 하나님 의식의 완전한 나타남이다."[13] 그의 십자가의 고난은 그가 지니고 있던 하나님 의식을 증명하는

---

11. Friedrich D. E. Schleiermacher, *Der christliche Glaube*, 최신한 역, 『기독교신앙』 (서울: 한길사, 2006) 을 참조하라.

12. Friedrich D. E. Schleiermacher, 『기독교신앙』, 100.

13. Friedrich D. E. Schleiermacher, 『기독교신앙』, 104.

것에 불과하다. 그렇다면 십자가의 고난은 특별한 구원의 능력과 의미를 갖지 못하게 된다.

슐라이어마허가 시작한 자유주의를 완성한 리츨Albrecht Ritschl에게서도 예수는 보통 인간일 뿐 하나님의 성육신이 아니다. 예수는 단지 다른 종교의 설립자들과 같이 하나의 종교가이고 탁월한 윤리교사이자 사랑의 화신이다. 예수가 사랑의 존재이므로 기독교는 그의 사랑과 삶을 모방하여 사는 종교일 뿐이다. 예수가 특별한 것은 그가 하나님의 성육신이어서가 아니라 단지 그의 훌륭한 윤리적 가르침과 실천 때문이다. 리츨은 형이상학적 사변이 신에 대해 원천적임을 거부하고 종교적 사상을 실천적이며 도덕적이라는 신념에 기초하여 기독교를 재해석했다. 그는 기독교에 관하여 예수에 의해 창건되고 사도들에 의해서 계승된 초기 기독교 공동체에서 가장 잘 이해할 수 있다고 여겼다. 리츨은 기독교를 하나님의 나라를 창건한 예수 그리스도의 인격과 사역 위에 세워진 윤리적 종교라고 정의했다. 기독교는 유신론적이며 완전히 영적인 동시에 윤리적인 종교이다. 그에게서 그리스도의 먼저 있음과 육신의 몸을 입음과 동정녀 탄생은 기독교 단체의 신앙체험과는 아무런 접촉점이 없다. 그리스도는 단순한 인간이지만 그가 이룬 사역과 봉사를 보아서 우리는 정당하게 그에게 신격을 준다. 하나님의 일을 한 자를 하나님이란 말로 부를 수 있는 것은 마땅한 일이다. 그리스도는 은혜와 진리와 구속의 능력으로 하나님을 계시함으로써 인간에게 하나님의 가치를 보여주었고 그렇기 때문에 그는 신적 존경과 영광을 받은 것이다.

불트만에게서도 역시 역사와 참역사 사이의 구별이 사용되었다. 참역사는 역사에의 개입과 참여 그리고 역사와의 대화와 인격적 만남을 통해서만 만날 수 있는 실존적인 의미와 관련되어 있다. 그리고 역사는 실제로 발생하였고 어떤 초자연적인 힘의 간섭도 없이 인간적인 계획이나 성취에 의하여 이루어지는 상대적 산물로 보았다.[14] 역사 그 자체 안에서는 원인을 찾을 수 없는 사건이라면 어떤 기적도 인정할 수 없었다.[15] 그의 비신화화 개념에 의하면, 초대교회는 헬라적 환경으로부터 그 신학을 위한 신화적 요소를 빌려왔으며, 이러한 신화적 개념들을 그 후에 오늘 우리에게 있는 것과 같은 기록된 복음의 기초가 된 예수에 대한 구전 속에 삽입해 넣었다는 것이다. 그러므로 복음서들은 역사 history가 아니라 케리그마이다. 그는 이런 식으로 역사적 예수the Jesus of history와 신앙의 그리스도the Christ of faith를 나누었다. 그는 신자는 신앙으로 참 역사적 그리스도the geschichtliche Christ와 연결되어 있으며, 역사적 예수the historiche Jesus와 관련되어 있는 것은 아님을 강조한다.[16] 참 역사적 그리스도는 케리그마의 선포를 통하여 그가 인간을 만남에 따라 오늘날 실존적인 의미를 가지는 바로 그분을 말하는 것이다. 다시 말하면 신자들은 복음의 선포 속에서 그들에게 실존적인 결단을 촉구하는 신앙의 그리스도를 만날 수 있는 것이다. 따라서 불트만에게 성육신은 역사의 실제적인 사건이 아니라 초기 기독교 공동체의 신앙을 신화적 세계관에 의해 표현한 종말론적인 사건이다.

위에서 살펴본 바와 같이 성육신의 교리를 신화화하는 신학적인 흐름들을 관통하는 신학적 입장이 있음을 우리는 알 수 있다. 특히 사변적인 서방신학의 단점이 결국 주체중심적인 선교신학으로 나아갈 수밖에 없었다는 것을 우리는 서구의 식민주의 혹은 십자군식 선교를 통해 보아왔다. 또한 관조와 감정에 의존한 동방신학의 단점을 재현한 슐라이어마허 계열의 신학 역시 예수의 성육신 사건을 개인적인 사건으로 해석하여 경건주의에 머무르게 할 뿐 아니라, 정적

---

14. Robert D. Knudsen, *Rudolf Bultmann in Creative mind in contemporary theology*, Ed. Philip E, Hughes (Grand Rapid: Eerdmans, 1969), 154.

15. R. Roberts, *Bultmans theology: A critical interpretation* (Ph. D Dissertation, Yale University, 1975), 154.

16. R. Bultmann, *Jesus and the Word* (New York: Charles Scribner's Sons, 1958), 18.

인 사건으로 왜곡하여 송영으로서의 선교로까지 나아가지 못하게 했다.

(2) 상이한 선교신학들로부터 보는 성육신

아래에서는 바르트, 라너, 힉을 선정하여—각각 배타주의, 포괄주의, 다원주의 선교신학을 대표하는— 이들이 이해하는 성육신 교리의 해석학적인 배경들을 살펴보고자 한다.[17] 이것을 통해 우리는 배타주의, 포괄주의 및 다원주의가 모두 위에서 언급한 것과 같이 칸트로부터 시작되는 성육신 교리의 보다 실존적인 이해와 연루되어 있음을 알게 될 것이다. 이를 위해 먼저 이들 자신들의 독특한 성육신 교리에 이르기 위한 해석학적인 배경들을 살펴보자.

1) 바르트K. Barth의 해석학적 근거: 배타주의

바르트의 소위 코페르니쿠스적인 혁명은 1919년에 시작된 것이 아니라, 이미 200년 전에 계몽주의의 왕자인 철학자 칸트Immanuel Kant의 서재에서 시작되었다고 반 틸Cornelius Van Til은 주장한다.[18] 바르트 신학의 해석학적 배경은 19세기 자유주의 신학자들이 역사비평historical criticism을 통하여 기독교 신앙의 의미를 전 인류역사의 전개와 관련시키려는 의도에서 비롯된 역사적 상대주의 historical relativism에 대한 비판으로부터이다. 역사적 상대주의는 성경 계시의 유일성을 상대화시켰으며, 그리스도 안에서의 종말론적 사건의 단회적 특성을 보편역사과정의 선상에 있는 단순한 한 사건으로 만들어 버렸다. 이것은 소위 밑으로부터의 방법이라 불린 것으로, 반틸, 바르트, 그리고 쉐퍼Francis A. Schaeffer 같은

---

17. 종교신학을 배타주의와 포괄주의 및 다원주의로 구분하는 대표적인 학자들에 대해서는 Alan Race, *Christianity and religious pluralism; patterns in the Christian theology of religions* (Maryknoll, New York: Orbis Books, 1983)를 참조하라.

18. Cornelius Van Til, *The reformed pastor and modern thought* (Philadelphia: Presbyterian and reformed Pub. Co., 1971), 106-31.

신학자들의 위로부터의 방법, 즉 하나님의 사유에 대한 출발점은 하나님 자신과 하나님의 계시에 있다고 보는 것과 대립된다. 그의 로마서 주석은 단순하게 다음과 같은 사실을 지적한다. "인간은 하나님을 떠난 죄인이요, 따라서 하나님에 대해서 눈이 멀었다. 하나님을 기뻐하고 하나님을 아는 것은 인간의 능력에 있지 않고 그리스도를 통하여 오는 하나님의 선물일 뿐이다. 인간은 그것을 받을 가치가 전혀 없으며 단지 단순한 신앙 안에서 그것을 받을 수 있다." 이러한 통찰은 새로운 것이 아니라 모든 시대의 그리스도인들의 전통 속에 공유되어왔다. 그러나 그것은 플라톤Platon에서 칸트와 키르케고르Søren Aabye Kierkegaard에 이르는 광범위하게 뻗어있는 사상가들로부터 빌려 온 철학적인 용어의 형태로 바르트에게 제시되었다. 이것은 변증신학dialectical theology으로 알려지게 되었다. 바르트의 가장 중요한 요지는 키르케고르가 영원과 시간, 하늘과 땅, 그리고 하나님과 인간 사이의 무한한 질적 차이infinitive qualitative distinction라고 불렀던 것이 존재한다는 것이다.[19] 하나님은 전적인 타자wholly other이다. 하나님은 세상에 있는 어떤 것과도 같지 아니하고, 심지어 성경 말씀과도 동일한 분이 아니다. 변증신학이란 하나님에 대한 생생한 의식과 인간의 무력함을 드러내는 것이다.

그러므로 실제적이고 인격적인 하나님을 아는 지식에 도달하는 유일한 방법은 그리스도와의 만남을 통한 방법이다. 우리가 하나님에 관하여 말할 때 그리스도 안에 있는 하나님과 그리스도 밖에 있는 하나님으로 구별할 수 없다. 왜냐하면 우리는 그리스도를 떠나서는 하나님에 관하여 알 수 있는 지식이 아무것도 없기 때문이다. 따라서 우리가 하나님에 관하여 말할 때는 항상 그리스도 안에 있는 하나님을 말해야 한다. 그렇게 말할 때 우리는 구체적인 하나님 Deus in concreto을 말하는 것이다. 만일 우리가 그리스도를 떠나서 하나님을 알려

---

19. Karl Barth, *The epistle to Romans* (London, New York: Oxford University Press, 1972), 10.

고 한다면, 그리스도 배후에 있는 하나님을 알지 못하고 추상적인 하나님*Deus in abstracto*만을 알게 될 것이다. 종교개혁자들의 과오는 그리스도를 떠나서 그리스도 배후에 있는 하나님, 즉 추상적인 하나님을 말했다는 데 있다.[20] 바르트에 의하면, 우리가 그리스도 안에 있는 하나님을 말할 때만 우리는 하나님의 계시를 말하는 것이 된다. 왜냐하면 말씀그리스도 안에서 하나님은 자신을 계시하기 때문이다.[21] 다시 말해서 하나님의 계시는 그리스도 밖에서는 존재하지 않는다.[22] 이제 우리는 이 그리스도 안에 있는 하나님, 즉 구체적인 계시의 하나님이 전적으로 나타난 하나님*Deus revelatus*인 동시에 전적으로 숨은 하나님*Deus absconditus*임을 알아야 한다.[23] 하나님은 자신을 그리스도 안에서 전적으로 보여준다. 그러므로 하나님은 그리스도 안에서 전적으로 나타난 하나님이다. 그러나 하나님은 자신을 인간에게 계시할 때 종의 형상으로 계시하였다. 즉, 그리스도의 인성이 하나님의 하나님으로서의 모습을 가린다.[24] 그러므로 하나님은 그리스도 안에서 전적으로 나타나신 하나님인 동시에 전적으로 숨은 하나님인 것이다. 그리고 하나님의 계시하나님이 그리스도 안에 있다는 그 사실는 계시의 시간이라는 특별한 시간을 가진다. 이 계시의 시간은 하나님의 시간도 아니요, 타락한 인간의 시간도 아니다. 이 시간은 세 번째 시간, 즉 예수 그리스도의 시간이다.[25] 이 시간은 역사의 시간도 아니요, 초역사적인 시간도 아니다. 이 시간은 *Geschichte*이다. 계시의 시간은 *Geschichte*의 시간이기 때문에 역사가가 기록하는 죽은 시간이 아니라,

---

20. Cornelius Van Til, *Christianity and Barthianism* (Philadelphia: Presbyterian and Reformed Pub., 1962), 15.
21. Otto Weber, *Karl Barth's Church Dogmatics: an introductory report on volumes I:1 to III:4* (Philadelphia: Westminster Press, 1953), 35.
22. Otto Weber, *Karl Barth's Church Dogmatics: an introductory report on volumes I:1 to III:4*, 45.
23. Cornelius Van Til, *New Modernism* (Philadelphia: Presbyterian & Reformed Pub. Co., 1947), 151.
24. Otto Weber, *Karl Barth's Church Dogmatics: an introductory report on volumes I:1 to III:4*, 35.
25. Otto Weber, *Karl Barth's Church Dogmatics: an introductory report on volumes I:1 to III:4*, 47.

모든 시대의 모든 인간들과 관련 맺는 살아계신 하나님의 시간이다.[26] 참 역사 Geschichte로서의 계시는 하나님에 관한 객관적인 명제적 진리 또는 지식이 아니라, 하나님의 자기 현시Self-manifestation 속에서 살아계시는 하나님 자신이다. 다시 말해서 계시는 새로운 것의 출현을 통하여 하나님 자신을 드러내는 무한한 하나님의 계속적인 인격적 행위이다. 그리고 그 새로운 것은 우선적으로 참 역사로서의 예수 그리스도 자신을 말한다.[27] 따라서 바르트는 그리스도를 중심으로 한 하나님과의 인격적인 만남으로서의 계시에 강조점을 두었다. 이런 의미에서 그에게 계시는 정적인 것이 아니라 동적인 것이다.

하나님의 계시로서 성육신의 교리는 예수 그리스도가 참 하나님이요, 참 인간임을 지적한다. 이 '참 사람이시며 참 하나님이시다Vere Deus vere home'의 관념에 기초한 성육신의 교리는 하나님이 인간이 되고 창조주가 피조물이 되고 영원이 시간이 됨을 말한다. 하나님과 인간 사이에는 말세적 국경Eschatological frontier이 가로질러 있다.[28] 이 국경을 하나님은 인간이 됨으로써 건너왔다. 즉, 하나님이요 참 인간인 예수 그리스도의 존재는 말세론적 국경의 파괴를 의미한다. 말씀이 육신이 된다는 사실은 하나님이 말세적 국경을 건너가는 것을 말한다. 그런데 하나님이 이 먼 나라로 가는 것은 자신을 숨기는 것인 동시에 자신을 나타내는 것이 된다. 즉, 하나님의 은폐와 계시를 의미한다. 하나님의 은폐는 하나님이 먼 나라로 가는 것을 말하고, 하나님의 계시는 하나님이 먼 나라로 가지만 거기서 하나님이 하나님으로 머물 수 있는 자유와 사랑의 자유를 말한다. 또는 영원이 시간 속에서 영원으로 있을 수 있는 자유를 말한다.[29] '참 사람이며

---

26. Otto Weber, *Karl Barth's Church Dogmatics: an introductory report on volumes I:1 to III:4*, 363.

27. Karl Barth, *Revelation* (London: Faber and Farber Limited, 1937), 45-46.

28. Karl Barth, *Revelation*, 368.

29. Karl Barth, *Revelation*, 188.

참 하나님이다Vere Deus vere home'라는 것은 주인이 된 종을 말하는 것이며, 또한 종이 된 주인을 말하는 것이다. 화해는 하나님과 화해 당하는 인간을 말한다. 그러므로 참 하나님이요 참 인간인 그리스도의 존재는 하나님과 그리스도 사이에 성취된 화해 행동을 말한다. 이런 의미에서 브라운이 "바르트는 계시를 하나님 자신이 인격적으로 포함되어 있는 역동적dynamic 사건으로 보고 있다."라고 말한 것은 옳다.[30]

바르트는 이와 같이 위로부터의 성육신 이해로부터 삼위일체 하나님과 말씀이신 하나님으로서 예수 그리스도의 선재에 관해 논한다. 그는 여기서 말씀이 육신이 된 성육신의 주체는 하나님임을 강조한다. 성육신은 하나님이 주체자로서 세계에 대한 극진한 사랑으로부터 나오는 것이다. 하나님인 예수는 영원 전부터 선재했고 신성을 가진 존재이면서도 인간구원을 위해 낮아진 것이다.

2) 라너Rhaner의 해석학적 근거: 포괄주의

종교의 모든 내용들이 인간 주체와 관련되고 그리하여 인간 주체가 모든 종교적 내용들의 척도가 되는, 따라서 인간학이 '신학의 비밀'이라 불리는 근대의 인간학적 신학의 흐름 속에서 칼 라너의 그리스도론은 인간학적 그리스도론의 새로운 형태를 제시한다. 그는 인간학적 틀 속에서 인간학의 '완성'으로서의 그리스도론을 기술한다. 그의 견해에 의하면, 그리스도 안에서 일어난 하나님의 성육신은 인간에 대한 하나님의 자기 전달을 뜻한다. 하나님이 자기를 인간에게 전달할 때, 인간은 자기 자신으로 돌아온다. 라너에 의하면, 이 말을 우리는 거꾸로 말할 수 있다. 즉 인간이 본연의 자기 자신에게 돌아올 때, 하나님이 자기를 인간에게 전달하였다는 것이다. 그러므로 하나님의 성육신, 곧 자기

---

30. Colin Brown, *Karl Barth and the Christian message* (London: Tyndale Press, 1967), 387.

전달은 "인간 일반의 본질 집행이 유일하게 가장 높은 경우"를 뜻한다.[31] 하나님의 자기내재와 인간의 자기초월이 그리스도 안에서 함께 일어난다. 인간은 현재의 자기를 언제나 초월하려는 성향을 지니고 있다. 그는 미래를 향하여 언제나 개방되어 있다. 현재의 자기를 초월하고 미래를 지향하려는 이 개방성 속에서 구원자로서의 '그리스도의 관념'이 활동한다. 모든 인간은 무의식적으로 그리스도를 찾으며 그리스도를 지향한다. 그리스도에게서 인간의 본질이 완성 내지 성취되기 때문이다. 그런데 하나님이 인간의 본성을 자신의 것으로 삼았다면, 인간의 본성은 "그가 그의 본질의 힘으로 언제나 지향하고 있는 거기에 도달한 것"이다.[32]

그런데 인간의 자기초월 속에 활동하고 있는 '그리스도의 관념'은 모든 인간 존재의 보편적 구성요소이다. 그것은 자기를 초월하는 모든 인간 존재 속에 보편적으로 주어져 있다. 만일 그렇지 않다면 인간은 예수를 그리스도로 인식할 수 없을 것이며, 그를 그리스도로 믿을 수도 없을 것이다. '그리스도의 관념'이 자기를 초월하는 인간의 개방성 안에 주어져 있기 때문에 인간은 예수 안에서 그리스도를 인식할 수 있다. 하나님을 향한 예수의 완전한 자기 헌신에서 인간 존재의 본질이 완성되었다. 이것은 인간 자신이 추구하는 그의 본질의 완성이다. 그렇기 때문에 인간은 예수 안에서 그리스도를 인식할 수 있다.

'익명의 그리스도인'이라는 칼 라너의 명제는 그의 이러한 생각에 근거하고 있다.[33] 즉, 현재의 자신을 초월하여 자신의 참 본질에 도달하려는 개방성을 가진 모든 인간 속에 그리스도의 관념이 주어져 있다는 것이다. 모든 인간은 잠

---

31. K. Rahner, *Schriften zur Theologie IV* (Zurich: Benziger Verlag Einsiedeln, 1967), 548.
32. K. Rahner, *Schriften zur Theologie IV*, 142.
33. 이에 관하여 J. Moltmann, *Was ist heute Theologie?*, 차옥숭 역, 『신학 무엇인가?』 (서울: 한국신학연구소, 1989)를 참조하라.

재적 그리스도인, 혹은 라너의 표현을 빌리자면, '익명의 그리스도인anonyme Christian'이라 말할 수 있다. 그의 신학적 통찰에 의하면, 은혜는 자연을 배제하지 않고 오히려 전제한다. 은혜는 자연을 파괴하지 않고 그것을 완성하고 성취한다. 그렇다면 하나님의 자유롭고 은혜로운 자기전달은 자기를 전달하고자 하는 피조물이 그의 자기전달을 받아들일 수 있는 내재적 가능성을 전제한다. 따라서 모든 인간은 하나님의 자기계시, 그의 자기 전달을 인식할 수 있는 가능성을 가지고 있다. 그리스도의 관념이 모든 인간의 자기초월 속에 이미 주어져 있다. 그리스도의 존재는 자기의 참된 본질에 도달하는 인간 존재와 사실상 일치하며, 참된 인간의 존재는 이미 '익명의', 즉 아직 은폐되어 있는 그리스도인의 존재이다. 그리스도인의 존재는 명시적 인간 존재이며, 인간 존재는 '익명의 그리스도인'의 존재이다.[34] 인간이 자기 자신을 완전히 받아들일 때 그는 의식하든 못하든 그리스도의 계시를 받아들인다. 그리스도의 계시가 이미 인간 안에서 말하고 있기 때문이다. 그리스도 안에 계시된 비밀은 모든 피조물의 비밀이다.

모든 인간은 자기 자신에게 하나의 비밀이다. 그는 언제나 자기 자신을 넘어서 하나님의 비밀 안으로 향하고 있다. 하나님인 동시에 인간인 예수는 우리의 실존에 참여함으로써 우리에게 그의 비밀을 전달한다. 이 비밀은 하나님의 무한한 사랑을 말한다. 모든 인간은 자기를 초월하여 이 비밀에 도달함으로써 그의 참된 본질에 도달하고자 한다. 이러한 인간의 내적 구성은 그리스도 안에서 일어난 하나님의 자기전달, 곧 이 비밀의 계시와 상응한다. 이러한 인간에 대하여 기술하는 인간학은 무의식적이고도 부족한 형태로 그리스도에 대하여 기술하는 것과 상응하며, 그리스도에 대하여 기술하는 그리스도론은 사실에 있어서 자기를 초월하는, 그러나 아직 자기의 참 본질에 도달하지 못한 인간에 대

---

34. K. Rahner, *Schriften zur Theologie IV*, 77.

한 기술과 상응한다. 이러한 의미에서 라너는 그리스도론은 초월하는 인간학 *transzendierende Anthropologie*이요, 인간학은 불완전한 그리스도론*defiziente Christologie* 이라고 말한다. 그러므로 라너에게 그리스도의 성육신 사건은 이미 익명의 그리스도인들 속에 있는 성육신의 진리의 완성을 향한 모범이다.

3) 힉Hick의 해석학적 근거: 종교다원주의

힉의 신학을 주도적으로 이끈 철학적 원리는 선험과 합리론과 경험적 실재론을 결합한 칸트의 인식론적인 노력이다.[35] 그는 칸트의 인식론의 근본 특징인 인간 경험 저편에 있는 물자체의 세계와 인간이 인식할 수 있는 현상 세계를 구분했다. 힉은 이 원리를 하나님 체험에 변환하여 적용한다. 신 체험은 감각적 세계의 지각을 통해 중재되며, 동시에 모든 귀납을 통해 일어날 수 있는 초월적 정보입력에 근거한다. 모든 다른 경험에서처럼 신과의 만남의 체험도 의식의 기본 구조 속에서 이미 현존하는 의미 맥락으로의 편입을 통해 선발되고 해석되어 유의미한 전체 상으로 구성된다. 이때 신의 인격성이나 비인격성과 같은 사상으로 발전된 전통적인 신 개념이 발생하게 된다. 이것들은 또한 문화적 단일체, 즉 인류 역사의 흐름 속에서 각 종교가 나타난 역사적 장소에 의존해 있다. 힉은 종교를, 이를 테면 바르트와 같이, 신의 계시를 신학적 연역위로부터의 방법을 통해 정의하지 않는다. 다시 말해 힉은 사회과학과 19세기 신학의 종교 이해의 연속선상에서 탐구하기보다 경험적-귀납적으로 역사에 따라 방향이 정해진 종교를 현상학적으로 탐구한다. 따라서 그에게 모든 종교의 토대는 살아있고, 종교는 생동하는 종교적 초월자의 경험이다. 힉의 이러한 신학적 단초는 직접적으로 슐라이어마허에게까지 이어진다. 그는 역사 속에서 종교와 계시를 밀

---

35. John Hick, *God has Many Names* (London: Macmillan, 1980), 72-118.

접하게 연결시킴으로써 근본적으로 위대한 종교들을 서로 접근시킨다. 위대한 종교들은 모두 동일한 궁극자인 신적인 실재와의 접촉 속에 그들의 경험적 뿌리를 둔다. 하나의 계시가 다른 방식으로 실현되며 구체화된다. 하나의 신적 실재가 많은 다른 이름으로 불리었고, 많은 방식으로 숭상되었다. 하나의 실재가 다양한 방식으로 체험되고 해석되었다.

특히 그는 *The Metaphor of God Incarnate*라는 저서를 통해서 전통적인 기독교 교의학의 핵심이라 할 수 있는 기독론의 다원적인 성육신의 가능성을 시사했다. 그의 종교신학의 인식론적 접근은 필연적으로 전통적인 기독론의 배타성을 공격하게 만들었다. 예수는 하나님의 유일한 독생자라는 성육신 사상이야말로 오늘날 종교신학에서 가장 문제가 되는 타종교에 대한 기독교의 배타적 절대성과 직결되어 있다. 예수의 전통적인 성육신 사상은 몇 가지 부분에서 힉에 의해 은유적으로 해석된다. 첫째로 역사적인 예수는 그 스스로를 하나님이라고 주장하지 않았다는 점이다.[36] 둘째는 원죄설을 포함한 속죄론에 대한 새로운 해석에서 그의 은유적 해석이 사용된다.

(3) 성육신 교리에서 신학적인 쟁점을 이루는 요소

우리는 배타주의, 포괄주의 및 종교다원주의가 그들만의 독특한 성육신 교리에 이르는 데 사용된 해석학적인 배경들을 살펴보았다. 모두 위에서 언급한 것과 같이, 칸트로부터 시작되는 성육신 교리의 보다 실존적인 이해와 연루되어 있음도 보았다. 이제 우리는 위에서 살펴본 성육신에 대한 다양한 선교신학

---

36. John Hick, *The metaphor of God incarnate: Christology in a pluralistic age* (Louisville: John Knox Press, 1993), 27. 이 의견은 Michael Ramsey나 동시대의 신약학자인 C. F. D. Moule에 의해 주장된 것이다. Michael Ramsey, *Jesus and living past* (USA: Oxford University, 1980), 39; C. F. D. Moule, *The origin of Christianity* (NY: Cambridge university, 1977), 136.

적 이해를 전제로 하여 현재 성육신 교리로 인해 가장 큰 선교신학적 쟁점이 되고 있는 부분인 유일회성의 문제를 다루어 보고자 한다.

1) 성육신의 유일회성*Sui generis*

성육신의 가장 핵심적인 교리적 쟁점은 "성육신을 보편적 혹은 다원주의적인 관점으로 볼 것인가? 혹은 유일회적인 사건으로 볼 것인가?"에 있다. 역사적 상대주의가 기독교 신학계에 제기한 중대한 문제는 그리스도의 유일회성finality에 대한 의혹이다. 모든 역사적 실재가 상대적이라는 역사적 상대주의적 세계관의 주장은 나사렛 예수가 역사 내에서의 신의 유일회적 성육신이요 모든 인류의 구주라는 확신과 상충한다.[37] 따라서 그리스도론의 수정이 요청되는데, 그것은 유일회성의 포기보다는 새로운 구상으로의 방향 정립을 요구했다. 힉, 니터 그리고 파니카 등이 제기하는 새로운 그리스도론의 과제는 "그리스도가 모든 다른 구세주들에게 필연적으로 유일회적이거나 규범적임을 주장하는 일 없이 그리스도인들이 그리스도를 그들의 유일회적인 구세주로 고수할 수 있게 하는 것"이다.[38] 이를 위해서 이들은 성육신 신화를 재해석한다. 힉은 신의 전체*totum Dei*와 전적인 신*totus Deus*을 구별함으로써 신 중심적인 그리스도론을 주장하였다면, 파니카의 경우는 보편적 그리스도와 특수한 예수를 구별함으로써 성육신의 유일회성을 재해석하려 하였다. 파니카Raimundo Panikkar에게서 그리스도란 역사적 예수에게 국한할 수 없는 범우주적인 신/인간 양성적 실재 Cosmotheandric reality이다. 따라서 그리스도는 역사적 예수만이 아니라 모든 가능

---

37. Paul F. Knitter, *No other name?: A critical survey of Christian attitudes toward the world religions* 을 참조하라.
38. Paul F. Knitter, *No other name?: A critical survey of Christian attitudes toward the world religions*, 244.

한 대리인들 속에서 그리고 그들을 통해서 그의 유일회적인*sui generis* 주 되심을 실현하기에 성육신이 예수 안에서 유일회적으로 발생했다는 주장은 오류라는 것이다.

이것이 '그리스도가 예수이다'라는 명제와 '예수는 그리스도이다'라는 명제가 동일하지 않은 이유이다. 그런데 파니카에 의하면, 역사적 예수의 배타적 유일성에 대한 전통적인 그리스도론의 강조는 역사적 사건의 우상화이며, 성육신이 역사의 신화로서 서구 기독교의 기점이 되었을 때부터 예수 그리스도는 최고의 절대 권력으로 구체화되었다고 한다.[39] 니터Paul F. Knitter는 힉과 파니카의 신 중심적 그리스도론이 제시하는 새로운 유일회성을 '관계적 유일회성'이라고 부른다.[40] 이제까지의 모든 기독교의 자기 이해에서는 일정 형태의 유일회성이 주장되었는데, 이미 알고 있듯이 보수주의적 복음주의에서는 배타적 유일성이 주장되었고, 여기에 만족하지 못한 가톨릭은 포괄적 유일회성을 주장했다. 하지만 이에 반해 니터는 자신의 신 중심적인 그리스도론은 아주 새로운 유일회성, 즉, 관계적 유일회성을 제안한다고 한다. 이 관계적 유일회성은 예수를 유일회적이라고 주장하지만, 그것은 다른 유일회적인 종교적 인물들과 관계할 수 있는 그 능력에 의해 확정되는 유일회성이다. 다시 말하면, 이것은 예수에 대한 이해에서 그를 더 이상 배타적이거나 규범적으로 보지 않고, 신적 계시와 구원의 신 중심적인 보편타당한 성육신으로 본다는 것이다.

---

39. Paul F. Knitter, *No other name?: A critical survey of Christian attitudes toward the world religions*, 247-48.
40. 관계적 유일회성이란 예수의 유일회성을 기독교적 경험과 교리에 국한해서 배타적으로 주장하는 것이 아니라, 다른 종교들과의 대화를 통해서 재검토와 입증에 자신을 개방함으로써 비판적으로 해명하는 유일회성을 뜻한다. 박종천, 『기어가시는 하느님』 (서울: 감신, 1995), 59.

① 힉Hick의 성육신 이해

힉의 이러한 주장을 좀 더 구체적으로 살펴보자. 힉이 그리스도론의 출발점으로 그리스도가 아닌 예수로 표현한 것에서부터 그의 기독론의 특징은 시작된다. 이는 그가 예수를 역사적인 인물로 보고 있으며, 신앙의 대상이라기보다는 제자로서 따라야 할 모범으로 보고 있다는 것을 의미한다. 힉은 역사적 예수를 단지 '예수'로만 언급하면서 '그리스도'라는 용어를 추가하는 순간, 이 용어는 애매함 속에 빠져 들어간다고 말한다.[41] 예수는 그가 실존했던 시대 이후 오늘날까지 내려오는 동안 수많은 상으로 그려져 왔다. 그 속에는 역사적 예수에 대한 기록 이외에 수많은 사람들의 이상이 투사됨으로써 이제는 우리에게 있는 그리스도의 모습과 함께 나사렛 예수의 정체성까지도 의심하게 되었다고 한다.[42] 예수에 대한 다양한 이해가 이미 신약성경의 다양한 전승들 사이에서 발견되고 있는데, 힉은 이것을 당시의 기독교인들이 만났던 사회, 문화적 정황들 속에서 그 시대에 적합하도록 그들이 예수의 상을 고양시킨 증거라고 받아들인다. 이러한 고양은 3-4세기경 니케아-칼케돈 신조에 이르러 절정을 이루었다가 성육신과 삼위일체의 형이상학적인 교리로 발전해갔다. 하지만 이런 교리는 기독교라고 불리는 발전하는 인간의 전통에 속하는 것이지, 결코 예수 자신의 가르침과 신앙에 속한 것이 아니다.[43]

힉은 예수의 자의식에 관하여 "예수는 스스로를 성육신으로 이해하지 않았고, 오늘날의 그리스도의 개념은 고안된 것이며 수정되어야 한다."라고 기술했다. 이 부분에서 그는 분명 콘첼만Hans Conzelmann의 영향하에 있다.[44] 또한 힉은

---

41. Hick, John (ed.), *Jesus and the World Religions, in The Myth of God Incarnate* (London: SCM, 1977), 24.

42. Hick, John (ed.), *Jesus and the World Religions, in The Myth of God Incarnate*, 168.

43. Hick, John, 『하느님은 많은 이름을 가졌다』, 24.

44. John Hick, *(The) second Christianity* (Lodon: SCM Press Ltd, 1983), 176; Hans Conzelmann, *Jesus:*

자신이 지닌 예수상은 이미 우리가 위에서 살펴보았듯이, 슐라이어마허나 슈트라우스, 하르낙Adolf von Harnack과 같은 자유주의적 해석 전통과 일치한다고 주장한다.[45] 또한 샌더스의 말을 인용하면서 예수의 하나님 의식은 그 자신의 문화가 주는 종교적인 관념들에 의하여 불가피하게 형성된 것으로 본다. 그는 예수는 자신을 하나님의 나라가 창설되기 전의 마지막 예언자로 보았다는 데 동의하고 있다.[46] 예수를 사람이면서 동시에 하나님으로 고백하는 전통적인 성육신의 교리에 따르면, 예수는 정말로 인간이 된 신일 수밖에 없다. 그러나 힉에 따르면, 오늘날 다방면으로 제기되고 있는 문제는 이 말의 사용 자체보다는 오히려 이것을 "문자 그대로 받아들일 것인가? 혹은 시적인 표현으로 보아야 할 것인가?"하는, 그것이 지닌 의미와 관련된다. 초대공동체가 그리스-로마 문화권으로 이동해 감에 따라 신의 아들의 이미지는 성육신과 유일회적 신성화의 개념으로 굳어져 갔다. 그리하여 '신의 아들'로부터 '아들이신 신', 삼위일체의 2위로의 매우 중요한 전이가 발생했다고 힉은 보고 있다. 성육신의 신화적, 시적인 언어는 산문으로 경직화되었고, 은유적 신의 아들에서 삼위일체 안에서 아버지와 동일본질을 지닌 형이상학적 아들로서의 신으로 높여졌다고 한다.[47] 그는 은유적 성육신 이론에서 성육신의 신화는 무조건 폐기할 것이 아니라, 이제까지의 문자적인 이해에서 은유적인 것으로 받아들여야 한다고 역설한다. 니케아와 칼케돈에서 신학적인 결정을 내리기 이전에 예수를 주, 구원자, 하나님의 아들 그리고 하나님으로 고양하는 기독교의 언어는 대개 정확한 신학적인 형식 속에서 운용되기보다는 신앙적이거나 무아경 혹은 제의적인 어법으로 생각

The Classic Article from RGG Expanded and Updated (US: Fortress Press, 1973), 49.

45. John Hick, (The) metaphor of God incarnate, 변선환 역, 『성육신의 새로운 이해』 (서울: 이화여자대학교출판부 1997), 41.

46. John Hick, 『성육신의 새로운 이해』, 42.

47. Hick, John (ed.), Jesus and the World Religions, in The Myth of God Incarnate, 172.

된다. 그것은 사랑의 언어에 유비된다. 따라서 예수는 인간의 삶을 산 하나님의 아들이며, 그래서 참으로 인간이라는 전통 교리는 설명이 불가능하기에 폐기될 수 있는 것이 아니라 은유적으로 이해되어야 한다.

"성육의 은유는 친숙한 것이다. 예를 들면, 우리가 잔 다르크가 1429년에 프랑스의 부활정신을 성육하였다든지, 죠지 워싱턴이 1776년에 미국의 독립정신을 성육하였다든지 혹은 윈스턴 처칠이 1940년에 히틀러에 대항하는 영국의 의지를 성육하였다고 말한다면 우리는 잔 다르크, 워싱턴 그리고 처칠의 성격과 역사적 역할에 대해 무언가 중요한 것을 전달하는 자연스러운 효과적인 은유를 사용하고 있는 것이다."[48]

힉은 신의 성육이라는 은유의 경우 예수의 삶 속에서 살면서 육을 입고 성육한 사실을 아래와 같이 최소한 세 가지 방법으로 나타낼 수 있다고 하고, 그들 각각은 예수가 예외적으로 신적 현존에 개방하고 응답한 인간이었다는 사실의 한 단면이 된다고 설명하고 있다. 첫째, 예수가 하나님의 의지를 행하는 한, 하나님은 그를 통해 지상에서 행동하였다. 둘째, 예수는 하나님의 의지를 수행하면서 하나님에게 개방하고 응답하며 사는 인간의 이상을 성육하였다. 마지막으로, 예수는 자기 증여적 사랑 혹은 아가페의 삶을 살면서 무한한 신적 사랑을 유한하게 반영하는 사랑을 성육하였다.[49] 또한 이러한 은유의 진리나 적절성은 예수가 신적 현존에 복종적으로 응답하는 가운데 사셨고 비이기적인 사랑의 삶을 사셨다고 하는 것이 글자 그대로 참되다고 하는 데 달려 있다고 한다.

힉에 따르면, 이제 그리스도인은 성육신을 신화로 이해함으로써 '오직' 예수 안에서만 만날 수 있는 것이 아니라 예수 안에서 참으로 만날 수 있다. 이러한

---

48. Hick, John (ed.), *Jesus and the World Religions, in The Myth of God Incarnate*, 153.
49. John Hick, 『성육신의 새로운 이해』, 153.

그리스도론은 종교 간의 대화의 가능성과 동시에 그 필연성을 위한 기초를 제공한다. 다원적 성육신을 반대하는 학자들은 성육신에서 하나님의 활동이 인격적이기 때문에 하나님이 오직 한 분이라면 오직 한 사람만이 실제로 우리에게 하나님이 될 수 있다고 본다. 반면 힉의 질문은 "무슨 이유에서 신의 유일성은 하나님이 다수의 인간과 즉각적인 인간관계를 맺지 못하게 하는가?"에 있다. 힉은 기독교가 절대주의의 동기에서 고압적으로 하나님의 하나 이상의 신적 성육신을 배제한다고 단정한다. 왜냐하면 그에게 있어 예수의 성육신이 유일한 것이 아닐 수 있다는 사상은 모든 다른 종교들보다 기독교가 유일하게 우월하지 않다는 가능성의 문을 열기 때문이다.[50] 그리고 힉은 다원적 성육신의 개념에 대해서 다음과 같은 결론을 끌어낸다.

하나님이 예수로 성육하였을 때, 그는 유대교의 입장에서, 즉 인격적인 하늘 아버지로서 생각될 수 있는 신의 모습을 인간적으로 의식하였다. 그래서 예수를 따르며 신앙으로 하늘 아버지께 응답하는 사람들은 구원을 발견할 수 있다. 그러나 고타마 싯다르타 또는 붓다로서 성육된 로고스는 전혀 다른 입장에서, 즉 우리의 자아에 폐쇄된 에고의 거짓된 관점을 초월함으로써 우리가 축복된 통일 의식에 도달하게 되는 열반 혹은 우주적 불상을 영원한 실재로서 생각할 수 있는 그러한 신의 모습을 인간적으로 의식하였다. 혹자는 더 나아가 다른 세계 종교들에 의해 대표되는 다른 주요 대안들의 각각을 유비적인 노선을 따라 해석할 수 있을 것이다. 그렇기에 모든 개념의 범위를 초월하는 언표 불가능한 신을 강조하며 인간 역사를 통해 일어난 다른 성육들을 따라 형성된 다양한 길들의 구원적 힘을 역설하는 종교 신학이 거기에 출현하게 된다. 그러한 견해는 전통적인 성육 교리를 받아들

50. John Hick, 『성육신의 새로운 이해』, 135-36.

이지만, 동시에 다른 주요 세계 신앙들의 구원의 타당성과 효과를 인정하는 기독교인들로부터 환영받을 것이다.[51]

그러나 신의 성육신이 문자적인 개념으로 이해된다면 그러한 개념은 여태껏 존재하지 않는다는 사실에 근거하여 이러한 다원적 길은 부인될 것이다. 이에 반해 힉이 주장하듯이, 만일 우리가 신의 성육신의 개념을 은유적으로 이해한 다면, 모든 위대한 종교적 인물들이 다른 방식으로 신적 실재에 응답하여 인간 삶의 이상을 성육신하였다고 말할 수 있다.

② 라너의 성육신 이해

이제 칼 라너의 성육신의 교리를 살펴볼 차례이다. 제2차 바티칸 공의회의 자문위원이었던 라너는 교회 밖에는 구원이 없다는 전통적인 로마 가톨릭의 교리를 공식적으로 재해석하는 역할을 하였다. 그의 '익명의 그리스도인' 개념은 19세기에 암묵적 신앙implicit faith과 소원에 의한 세례baptism by desire가 사용된 것이고, 그 개념들은 복음에 적절하게 응답할 기회가 없었지만 그럼에도 불구하고 복음이 적절히 제시되었다면 기꺼이 수용하였을 영적인 상태에 있었던 사람들을 구원의 영역 안으로 무조건 포함하는 것이었다. 이 개념은 제2차 바티칸 회의에서 받아들였고, 또한 1979년 교서 *Redemptor Hominis*에서는 "모든 사람은 예외 없이 그리스도에 의해 구원받는다. 그리고 우리가 미처 알지 못할지라도 그리스도는 예외 없이 모든 사람과 연합하여 있다."라고 선포하며 결론적으로 구원의 보편성을 확인하였다.[52] 라너는 하나님이 인간이 되었다, 또는 하나님의 로고스가 인성을 취하였다는 성육신 사건이야말로 신앙의 신비이자 신

---

51. John Hick, 『성육신의 새로운 이해』, 143-44.
52. John Paul II, "SUPREME PONTIFF ENCYCLICAL LETTER," *REDEMPTOR HOMINIS*를 참조하라.

앙 현실의 핵심이며 그 바탕 위에 신앙이 성립한다고 말한다. 그는 이 신앙의 진리를 보존하기 위하여 끊임없이 새롭게 노력한 결과, 세 가지 단계를 거쳐 성육신의 신비를 해명하려고 한다. 다시 말해 하나님의 말씀이 인간이 되었다는 명제의 세 가지 개념, 즉 '하나님, 말씀, 인간이 되다'에 착안하여 각각의 의미를 밝히는 작업을 통해 성육의 신비를 이해하고자 한다.

라너는 초월적 인간론에 기반하여 인간을 절대 신비인 하나님을 지향하는 신비라고 정의한다. 라너에게 신비는 아직 발견되지 않은 미지의 존재라는 통념으로, 이해되지 않고 엄연히 존재하지만 온전히 파악할 수 없는 것이라는 의미로 사용된다. 그래서 인간 또한 신비이다. 어떤 방식으로도 온전히 파악할 수 없는 인간은 자기 자신을 자각하며 다만 하나님을 지향하는 존재라고밖에 정의내릴 수 없다. 라너에게 인간은 그 본질에서 부족하면서도 자신을 이해하며 무한한 충만을 지향하는 존재이다. 때문에 인간의 존재양식은 그가 무한한 신비를 수락하는지 거부하는지에 따라 결정되는 것이다. 여기서 성육신의 의미가 명료해진다. 인간의 본성이 하나님을 향한 텅 빈 지향성이라면, 하나님의 로고스가 인성을 취하였다는 말은 곧 인간의 본성이 자신의 목표에 도달한 것이며, 또한 인간 본성이 자기를 포기하고 하나님에게 자기를 위탁하는 것이다. 라너에 따르면, 인간의 본질 실현은 하나님을 향한 텅 빈 지향성인 인간이 자신을 충만한 신비에게 넘겨주어 자신을 비우고 포기하여 하나님 자신의 본성이 될 때 이루어지는데, 이는 하나님의 로고스가 인간 본성을 취할 때 발생한다. 그러므로 "하나님이 인간이 되심은 자기본성을 하나님께 내어 맡길 때 본질적으로 실현된다."[53] 곧 성육신은 인간의 본질이 최고조로 실현된 사건, 곧 충만한 구원

---

53. Karl Rahner, *Grundkurs des Glaubens: Einführung in den Begriff des Christentums*, 이봉우 역, 『그리스도교 신앙입문: 현대 가톨릭 신학 기초론』 (서울: 분도출판사, 1994), 287-88.

사건인 것이다. 이러한 의미에서 로마 가톨릭은 불교와 대화가 쉽게 가능하다.

이제 라너는 불변의 하나님이 인간이 되었다는 것이 무엇을 의미하는지 묻는다. 전통신학은 하나님을 존재의 충만, 순수 현실태 등으로 표현하여 불변성을 강조하는데, 그렇다면 성육신의 신비와 어떤 관계가 있는지 그것이 문제의 핵심이다. 자기 자신에게서는 스스로 불변하는 분이 타자에게는 스스로 변화할 수 있다는 것이 그에 대한 답이다.[54] 하나님의 불변성과 가변성은 변증법적인 관계가 있는 두 가지 진리이다. 절대적 인격 존재는 완전한 자유를 항상 유지하면서 타자, 즉 유한한 존재 자체가 될 가능성을 지닌다. 이것이야말로 하나님의 충만함이다. 그래서 자기 자신에게는 불변하는 하나님이 타자에게서는 스스로를 변화할 수 있고, 더군다나 인간이 될 수 있다.[55] 하나님은 외화를 통해 타자가 된다.[56] 하나님의 외화는 하나님의 자기 비움이다. 하나님이 자신을 비우고 자신을 줌으로써 타자를 자신의 현실로서 창설하는데, 이때 타자가 생성되는 것이다. "하나님은 자신의 지속적인 무한한 충만함에 머물러 자신을 비우는 가운데 타자를 자신의 현실로서 형성시킨다."[57] 즉 하나님은 타자를 창설하는 것에서 자신이 그 창설된 존재가 되고 이런 의미에서 어떤 한 사람이 될 수 있는 것이다. 하나님은 자신을 양도함으로써 사람이 되었다. "하나님은 자신으로부터 나와서 자신을 내어주는 충만으로서 존재한다."[58] 이처럼 라너에 따르면, 하나님의 가변성은 하나님의 결핍의 표시가 아니라 하나님 완전성의 절정이다. 하나님은 자신의 무한성과 영원성에도 불구하고 생성되고 변화할 수 있으며, 가

---

54. Karl Rahner, 『그리스도교 신앙입문: 현대 가톨릭 신학 기초론』, 297.

55. Karl Rahner, 그리스도교 신앙입문: 현대 가톨릭 신학 기초론』, 291

56. 이국배, "헤겔과 외화의 문제" 『헤겔연구 4집』 (서울: 지식산업사, 1988), 135-69. 라너 또한 헤겔을 비롯한 독일 관념론의 영향을 받았다.

57. Karl Rahner, 『그리스도교 신앙입문: 현대 가톨릭 신학 기초론』, 291.

58. Karl Rahner, 『그리스도교 신앙입문: 현대 가톨릭 신학 기초론』, 294

장 작은 존재보다 더 작은 존재가 된다. 이것이야말로 변하지 않는 하나님의 완전성으로 성육신의 조건이 되는 것이다.[59] 성육신은 하나님의 완전성과 사랑이 최고조로 표현된 사건이다. 이러한 사실은 또한 모든 피조물이 그 가장 깊은 본질에서 하나님에 의해 수용될 수 있는 가능성임을 알려준다. 그래서 모든 피조물은 하나님이 자기 자신에 대해 말할 경우 그것을 해독할 수 있는 문법인 것이다. 피조물을 하나님의 말씀을 위한 문법이라고 함으로써 라너는 하나님의 다른 위격 중 왜 하나님이 인간이 되었는지를 해명한다.[60]

라너는 하나님의 세 위격 중 말씀이 인간이 되었다는 것, 특히 말씀만이 인간이 될 수 있다는 것을 강조한다. 로고스는 하나님의 내재적 삼위일체의 삶에서 아버지의 자기표명이다. 그래서 로고스는 하나님이 자기 밖으로도 자신을 표명할 수 있는 조건이 된다. 이 하나님이 비非신적인 무를 향해 자신을 표명한다면, 이런 표명은 자신의 내재적인 말씀을 밖으로 표명하는 것인데, 이는 다른 하나님의 위격들도 할 수 있을 것이라 생각되는 임의적인 것이 아니다. 그렇기에 하나님이 인간이 되는 외향적 자기표명을 수행하는 위격은 하나님의 로고스라는 것이다. 하나님의 로고스가 인간이 되었기에 그 인간은 바로 하나님의 자기표현이다.[61] 인간 예수를 하나님의 자기계시라고 하는 까닭도 여기에 있다. 인간 예수는 자기의 존재 자체로 하나님을 계시한다. 성육신한 로고스의 인간적 본성은 곧 하나님의 자기표현이며, 요약된 하나님의 말씀이다. 성육신은 하나님 자신이 인간으로 나타나 영원히 인간으로 존속하는 사건이다. 그리고 성육

---

59. 이제민, "현대 신론의 문제점과 새 방향 모색," 「신학전망」 90 (1990): 32.

60. Karl Rahner, 『그리스도교 신앙입문: 현대 가톨릭 신학 기초론』, 295.

61. 자기표명(*Selbstaussage*)과 자기표현(*Selbstäußerung*)을 모두 self-expression으로 번역하지만, *Selbstaussage*는 자기 자신을 진술하고 표현하는 로고스를 주어로 하는 개념이며, *Selbstäußerung*은 로고스가 역동적으로 펼쳐져 있는 인간과 세상을 주어로 하는 개념이다. Karl Rahner, 『그리스도교 신앙입문: 현대 가톨릭 신학 기초론』, 223-24.

신한 로고스가 지니는 인간적 본성이 하나님의 자기표현을 가리키는 것 자체라면, 우리의 인간적 본성은 하나님의 말씀을 가리키는 암호이다. 그렇기에 인간은 인간 자체로서만 이해할 수 없고 하나님을 통해서만 이해할 수 있다. 인간은 하나님이 자신을 전달한 그런 존재이고, 그래서 인간은 하나님과 일치할 선험적인 조건을 애초부터 지니고 있다. 예수 그리스도는 바로 하나님과 인간의 이러한 일치를 이룬 분이다. 예수 그리스도를 만나면서, 다른 사람들은 예수와 마찬가지로 그 일치에 도달하게 된다. 즉, 성육신을 통해 하나님의 자기 양여는 "더 이상 능가될 수 없는 정점에 도달했고"[62] 이로써 인간은 하나님의 실재를 누리게 되었으며,[63] 그리하여 인간을 포함한 전 세계가 신화되기 시작한 것이다.[64] 성육신은 인간의 초자연적이고 초월론적 본질이 최고도로 실현된 사건이다. 이런 점에서 성육신은 곧 인간 구원의 사건이다.[65]

③ 유일회성에 대한 신학적 비판Theological criticism about *Sui generis*

a. 배타주의적 관점 비판

바르트는 예수님의 성육신과 부활을 그가 *Historiche*로 부르는 현실영역 안의 한 사건으로는 가치 있게 보지 않았다. 그것은 *Geschichte* 안에서 참 의의를 가지는데, 곧 사람이 자기 세계의 실존적인 현실과 부딪히는 곳, 인격 대 인격 관계의 영역 안에서 의의를 가지는 것이다. 여기에 그의 사고의 치명적인 결함이 있다. 모든 역사Historiche와 역사적 사건들은 모두 예외 없이 상대성과 불확실성을 지니고 있으므로 어떠한 절대성 또는 최종성을 주장할 수 없다는 역사

---

62. Karl Rahner, 『그리스도교 신앙입문: 현대 가톨릭 신학 기초론』, 234.
63. Karl Rahner, 『그리스도교 신앙입문: 현대 가톨릭 신학 기초론』, 299.
64. Karl Rahner, 『그리스도교 신앙입문: 현대 가톨릭 신학 기초론』, 241.
65. Karl Rahner, 『그리스도교 신앙입문: 현대 가톨릭 신학 기초론』, 297.

관을 수용함으로써 바르트는 역사비평 방법의 상대주의적 역사 이해에 주요한 가치를 부여할 수밖에 없었다. 바르트가 그의 교의학적 전망 안에 *historiche*와 *Geschichte* 사이의 신학적인 구별을 세움으로써 계몽주의 정신의 도전에 직면하려 했다는 점은 인정된다. 다시 말하자면, 그는 계시와 기독교 신앙을 역사의 상대성을 벗어난 참역사의 안전한 영역 속에 둠으로써 계시 자체가 오류가 아님을 밝히고자 한 것이다. 그는 계몽주의적 역사 상대주의로부터 기독교 계시의 유일성을 옹호할 수 있는 길이 없다고 생각했다. "그러므로 우리는 역사 속에서 직접적으로 하나님의 계시라고 할 수 있는 어떤 것을 보려는 시도를 오히려 단념해야 한다."[66] 결과적으로 바르트는 역사와 관련하여 계시와 신앙을 부정적으로 본 것이다. 분명 그는 계시를 보편역사의 영역으로부터 벗어나게 함으로써 계시의 범주를 구출하는 데는 성공한 셈이지만, 그 성공은 엄청난 대가를 지불해야 했다. 즉, 계시는 입증될 수 없는 참역사의 초자연적인 영역 안에만 놓여있기 때문에 결국 성육신과 같은 계시에 대한 교회의 선언은 그 객관적인 역사적 근거를 완전히 상실하게 된 것이다. 이로 말미암아 기독교의 기초가 되는 그리스도의 구속의 진정한 역사성이 의심을 받게 된다. 박아론은 이러한 실존적인 사고 안에서 성육신을 이해하는 것을 비판한다. "성경은 *Historiche*와 *Geschichte*을 구분하지 않는다. 예수 그리스도가 무덤에서 부활하던 그 시간은 이삭이 리브가를 만났던 시간과 같은 역사적인 시간이요, 사울과 세 아들들이 블레셋 사람들과 싸우다가 길보아산에서 죽던 사건과 같은 역사적인 시간인 것이다."[67] 만약에 신약에 나와 있는 예수의 생애와 죽음과 부활의 중심사건이 비역사적이라면 기독교 신앙 전체구조는 무너지고 만다. 바르트주의는 우리

---

66. Cornelius Van Til, *The new modernism* (Philadelphia: The Presbyterian reformed Pub. Co., 1973), 139.
67. 박아론, "칼 바르트," 「신학지남」 151 (1970): 53.

로 하여금 역사적 문제를 피하도록 하는 지름길이 아니다.

b. 포괄주의적 관점 비판

인간학적 그리스도론은 그 시대의 정신적 상황 속에서 예수 그리스도의 타당성을 변증하려는 데 관심이 있다. 인간이 세계의 중심이 된 시대에서 예수 그리스도의 존재를 모든 인류의 이상형 또는 모범*Vorbild*으로 혹은 하나님과 완전한 일치 속에 있는 인간으로 제시하는 것이 불가피하였다고 생각될 수 있다. 그러나 인간학적 그리스도론에는 다음과 같은 몇 가지 문제점이 있다.

첫째, 우주론적 그리스도론에서는 예수의 역사성과 그의 인간적인 구체성이 약화된 반면, 인간학적 그리스도론에서는 예수의 신적인 면이 약화되었다는 문제점을 지적하지 않을 수 없다. 신약성서에 나타나는 예수는 결코 하나의 이상적 인간에 불과한 것이 아니다. 그는 성령으로 잉태되었고, '하나님의 아들'로 고백된다. 특히 예수가 죽은 순간을 고려할 때, 그는 흔히 말하는 이상적인 인간의 모습을 보이지 않는다. 그는 소크라테스와 같이 자기의 고난의 잔을 늠름한 모습으로 받아들이지 않았다. 오히려 그는 피와 같은 땀을 흘리면서 고뇌에 찬 음성으로 가능하다면 이 잔을 자기에게서 옮겨 달라고 그의 아버지 하나님께 기도한다. 그는 최후의 순간에 "나의 아버지, 나의 아버지, 어찌하여 나를 버리십니까?"라는 절망적인 부르짖음과 함께 숨을 거둔다. 비참한 죽음을 당한 예수는 결코, 소위 말하는, 이상적인 인간이나 온 인류의 모범이 될 만한 모습을 보이지 않는다. 온 인류의 모범을 찾고자 한다면 오히려 소크라테스나 공자나 석가모니에게서 찾을 수 있을 것이다. 성육신의 사건은 유일회적인 역사적인 사건이다. 예수의 공생애의 삶은 제자들이 그대로 살아가도록 설계된 것이 아니다. 예수의 생애 전체는 구약에서 기록된 메시아의 독특한 언약적 삶의 실제화였다. 모범*Vorbild*의 의미가 만일 인간이 예수의 삶을 그대로 따라하면 예수와 같은 질적인 성장에 이를 수 있음을 상정한 것이라면 전혀 맞지 않는 것이다. 예수의 사역과 삶은 언약적 독특성과 유일회성을 지닌다. 반대로 제자도諸子道는 예수의 제자된 그리스도인을 예수가 보여준 하나님 나라를 향한 방향과 길道로 인도하는 영적 순례를 의미한다.

둘째, 인간학적 그리스도론에서는 예수가 과연 구원자인가라는 질문이 제기될 수 있다. 예수와 우리 인간의 근본적 차이가 여기서는 인정되지 않는다. 단지 양자의 상대적 차이만이 인정될 뿐이다. 우리 인간은 죄로 흐려진 하나님 의식을 가진 반면, 예수는 완전한 하나님 의식을 가진 존재이다슐라이어마허. 우리 인간은 자신의 참된 본질을 추구하는 존재인 반면, 예수는 인간의 본질이 완성된 존재이다칼 라너. 우리 인간은 실존의 상황 속에서 자기의 참 본질로부터 소외되어 있는 동시에 그것과 관련되어 있는 반면, 예수는 인간의 참 본질과 완전히 하나인 존재, 곧 '새로운 존재'이다틸리히. 이와 같이 예수와 인간 일반의 본질적 차이가 인정되지 않을 경우, 예수가 과연 인간의 참 구원자인가, 그의 삶과 죽음이 과연 결정적 구원을 뜻하는가 하는 문제가 제기된다. 그의 구원은 인간의 존재 일반에서 이미 일어나고 있는 것의 완성에 불과하며, 또한 예수는 모든 인간의 이상형 내지 완성형에 불과하기 때문이다. 물론 인간학적 그리스도론을 말하는 신학자 가운데 예수의 신적 존재를 전제하는 학자도 있다. 그러나 예수의 구원이 인간 안에 이미 일어나고 있는 것 혹은 존재하고 있는 것의 완성이나 성취를 뜻할 경우, 과연 그의 구원이 참 구원인가라는 문제가 제기되지 않을 수 없으며, 나아가서 그의 신적 존재마저 위험스럽게 만든다.

셋째, 인간학적 그리스도론도 그 시대의 철학적 전제와 세계관에 의존하고 있을 뿐 성서에 근거하고 있지 않음을 발견할 수 있다. 인간이 세계의 중심이 되었으나 정작 인간 자신의 존재가 불확실하게 된 세계, 인간의 실존의 문제가 가장 긴급한 문제가 된 세계와의 관련 속에서 예수의 존재가 그 시대의 정신 안에서 설명되는 타당성은 있지만, 복음서에 나타나는 참으로 '실사Historisch의 예수' 자신이 그의 역사적, 사회적 배경과 함께 고려되지 않는 것은 우주론적 그리스도론의 문제점인 동시에 인간학적 그리스도론의 문제점이기도 하다. 이 그리스도론의 방법들은 그들 자신의 전제와 관심에 묶여 실사와 예수 자신을 보지 못한다. 이것은 근대에 일어난 실사의 예수 연구의 문제점이기도 하다.

넷째, 인간학적 그리스도론은 거의 대부분의 경우 인간의 내면성의 문제에 제한되어 사회와 역사의 차원을 보지 못하는 문제점이 있다.[68] 이 그리스도론이 말하는 구원은 인간의 내면적 구원, 흔히 말하는 영적 구원에 제한되어 있다. 이 그리스도론은 각 개인의 실존적 자기경험과 관계되어 있지만, 각 개인의 실존적 자기경험과 위기를 불러일으키는 사회와 세계사의 외적인 조건들과는 관계되어 있지 않다. 그 결과 기독교는 개인의 내면적인 일만을 다루는 종교 내지 사적인 일로 간주된다. '종교의 개인화Privatisienmg der Religion'는 바로 이것을 말한다. 이러한 결과를 초래하는 인간학적 그리스도론은 개인의 자기경험의 사회적 조건들과 정치적 한계들을 결코 문제시하지 않으며, 다만 이 모든 것에서 추상화된 각 사람들의 내면성과 영적 문제들만을 문제 삼을 뿐이다. 그리하여 그것은 아무 저항 없이 시민사회의 종교적 욕구를 충족시키며 시민사회를 정당화시키는 정치종교의 역할을 담당하게 된다. 다원주의적 입장에서 성육신의 사건을 은유적으로 해석하는 힉은 라너와 같이 포괄적인 입장에서 기독교의 배타성을 해결해보려고 했지만, 그 시도는 당연히 충분하지 않아 보였다. 라너에 대한 비판은 여러 방면에서 일어났다. 한스 큉Hans Küng은 익명의 그리스도인의 개념을 두고 신학적 기만이라고 혹평하면서 교회의 사회성, 역사성은 어디 갔느냐고

---

68. Jürgen Moltmann, *Der Weg Jesu Christi*, 김균진, 김명용 역, 『예수 그리스도의 길: 메시야적 차원의 그리스도론』 (서울: 대한기독교서회, 1990), 82; Jürgen Moltmann, *Was istheute Theologie?*, 차옥승 역, 『오늘의 신학 무엇인가?』 (서울: 한국신학연구소, 1989), 93f.

반문한다. 니터와 힉은 다른 종교를 과연 그리스도인의 잣대로 잴 수 있는 것이며, 왜 신실한 타종교인을 교회 안으로 몰아넣으려 하고 또한 바라지도 않는 이들에게 일방적으로 명예로운 지위를 부여하려 하느냐고 반문한다.[69] "비그리스도인들도 기독교의 구원 영역 안에 포함된다는 포괄주의는 아마도 오늘날 기독교 사상가들 사이에서 가장 인정받는 접근방식일 것이다. 그러나 점차 그 개념은 닳고 닳은 신학적 제국주의를 다소 온화한 형태로 지속시키고 있다는 비판을 받고 있다. 왜냐하면 여전히 구원은 전적으로 그리스도의 대속적 죽음에 의해 얻어진—비록 그 죽음의 은총은 원칙적으로 모든 인간에게 일반적으로 확대될지라도— 기독교의 구원뿐이라고 주장하기 때문이다."[70] 한편 그리스도교를 상대화시키고 만인구원설을 주장한다는 보수적인 진영의 비판도 있다.

c. 다원주의적 관점 비판

존 캅John B. Cobb은 힉과 니터와 같은 신 중심주의적인 학자들이 기독교의 배타성과 폐쇄성을 극복하고자 함에는 찬성하지만, 그들의 다원주의는 불충분하고 불성실하다고 비판한다. 힉이나 니터가 말하고 있는 신 중심주의적 다원주의는 모든 주요 종교들이 어느 정도는 배타적, 보편적 주장을 한다는 사실, 그리고 각각의 종교들은 사실상 독특한 현상을 가지고 있다는 사실을 무시하는 전제를 근거로 하여 세계 종교들의 배후에 어떤 공통적인 공통본질이 있다고 상정한다. 그러나 이런 해석은 그들이 기독교 신앙의 빛에서 해석된 신개념이 모든 종교들에도 타당하게 적용되리라는 기독교적 오만이 들어 있다는 것이다. 또한 이들은 자신들은 마치 세계 종교의 중립적 위치를 차지하고 있다는 환상

---

69. John Hick, (The) second Christianity, 50.
70. John Hick, 『성육신의 새로운 이해』, 130.

에 빠져 있다. 그러나 실제로 역사 속에 존재하는 어느 누구에게도 이러한 중립적인 지점은 허용되지 않는다.[71] 힉의 이러한 사고는, 위에서 살펴본 바와 같이, 칸트의 인식론 체계 아래에서 그의 신학을 전개했기 때문이다. 칸트의 인식론은 인간 경험 저편에 있는 물자체의 세계와 인간이 인식할 수 있는 현상 세계를 구별한다. 때문에 힉은 이 원리에 따라 경험의 원천으로서 보편적 개념의 신을 등장시킬 수밖에 없었던 것이다. 물론 힉은 이런 보편적 경험의 원천으로서 신의 개념이 기독교적인 신 개념은 아니라고 말하고 있지만, 많은 신학자들의 오해를 받고 있는 것이 사실이다. 즉, 힉은 보편적인 신을 설정해 놓고는 세계의 다양한 종교는 이 보편적인 신이 다양한 문화와 역사 속에서 나타나는 현상이라고 주장한다는 것이다. 그 결과 힉의 견해는 종교 간 특수성을 무시하므로 새로운 갈등을 야기할 수 있는 새로운 뿌리를 양산하고 있는 셈이다. 그럼으로써 진정 종교다원주의를 주장하는 그의 견해에는 비다원적인 획일적 사고가 들어 있다고 볼 수 있다. 린드벡G. Lindbeck은 만일 모든 종교에 똑같은 초월적 실재에 대한 공동적인 경험이 있다는 힉의 기본 주장이 부인된다면 힉의 신학 체계는 무너지고 만다고 설정하면서, 문화적-언어적 이해에서 교리란 종교/문화 공동체의 관용어에 불과하기 때문에 종교 간의 대화를 위해 힉과 같은 공통적인 경험을 미리 전제할 필요가 없다고 지적한다. 린드벡에 의하면, 다양한 종교 속에 전개되는 것은 하나의 경험이 아니라 반대로 다양한 종교야말로 상이한 경험들을 형성할 수 있다고 주장한다.[72] 힉의 경우 모든 종교의 다원성 중 기독교의 특수성이라 할 수 있는 성육신의 문제를 진리의 통일성이라는 그의 신학 원리에

---

71. John B. Cobb Jr, "Toward a Christocentric Catholic Theology," *Toward a universal theology of religion* (Maryknoll, NY: Orbis Books, 1987), 86-100; John B. Cobb Jr. (ed.), "Beyond Pluralism," *Christian Uniqueness Reconsidered* (Maryknoll, NY: Orbis, 1990), 81-95를 참조하라.

72. John B. Cobb Jr, "Toward a Christocentric Catholic Theology," 173-74.

서 포기하고 만 것이다.

힉은 슐라이어마허와 같은 개신교 자유주의 신학자들의 노선을 걷는 신학자라고 스스로 말한다. 개신교 자유주의 신학자들의 특징 중 하나는 예수를 그들의 삶의 모범으로 인식한다는 것이다. 힉도 크게 다르지 않아서 성육신을 신의 사랑이 완전한 모범으로 극명하게 드러난 사건으로 본다. 그러한 이해의 당연한 귀결로서 구원을 인간의 성화로 이해한다. 또한 그리스도의 성육신에서 예수가 인간의 몸을 입고 오셨다는 신비를 은유적으로만 해석하고 만다. 예수가 인간의 몸으로, 인간의 육으로 오셨다는 것은 단순히 인성, 신성의 문제가 아니라 하나님의 신비가 우리와 진정한 관계를 맺는 것이 가능해졌다는 새로운 가능성을 열어주는 기독교의 본질적 특수성인 것이다.

(4) 성육신에 대한 통전적 접근

우리는 위에서 성육신 교리를 중심으로 한 다양한 선교신학들의 견해들을 살펴보았다. 특히 조직신학적인 표현으로 구원론, 또는 기독교의 독특한 성육신에 관한 각각의 견해들을 살펴보았다. 우리는 배타주의, 포괄주의 그리고 종교다원주의의 선교신학의 이해 안에서 성육신이 각각 상이한 이해와 결론을 가지고 있음을 보았다. 그럼에도 불구하고 '신의 사랑과 낮아짐'이라는 공통적인 분모를 발견한다. 그러나 이 공통분모에 이르는 길들은 각기 다르다.

바르트의 배타주의적 입장에서는 이와 같은 위로부터의 성육신 이해로부터 삼위일체 하나님과 말씀이신 하나님으로서의 예수 그리스도의 선재에 관해 논한다. 바르트는 여기서 말씀이 육신이 되신 성육신의 주체는 하나님이심을 강조한다. 성육신은 하나님이 주체자로서 세계에 대한 극진한 사랑으로부터 나오는 것이다. 하나님이신 예수는 영원 전부터 선재하셨고 신성을 지니신 존재이면서도 인간구원을 위해 겸비 즉, 낮아지신 것이다. 하나님의 성육신은 하나님이 친히 계시역사*Geschichte*적으로, 실존적으로 행하시는 행위로 이해된다. 이것은 하나님이 자신을 낮추시는 행위로 이해되는 것이다.[73]

힉의 다원주의의 은유적 성육신 이론에서 성육신의 신화는 무조건 폐기할 것이 아니라, 이제까지의 문자적인 이해에서 은유적인 것으로 받아들여야 한다. 성육신은 사랑의 언어에 유비된다. 힉은 고전적 그리스도론의 성육신의 신화를 실체론적 형이상학의 관념인 실체와 본성 본체로서 설명하는 것에 반대하면서 과정 형이상학의 관념인 목적 작용 행동에 의해 해명하려고 한다. 즉, 힉은 신의 본성을 사랑이라는 목적을 수행하는 행위라고 보며, 따라서 신의 성육신은 신의 아가페의 역사내화*Inhistorization*가 되는 것이다. 예수는 하나님의 의지를 수행하면서 하나님께 개방하고 응답하며 사는 인간의 이상을 성육하였다는 것이며, 또한 자기 증여적 사랑 혹은 아가페의 삶을 살면서 무한한 신적 사랑을 유한하게 반영하는 사랑을 성육하였다는 것이다.

비록 같은 공통분모를 가지고 있다고 할지라도 이에 이르는 길이 다름을 주지해야 한다. 기독교의 근간이 되는 성육신의 독특성을 무시하고 그 실존적인 의미, 즉 '사랑과 낮아짐'만을 중요시할 수는 없다. 신 중심의 신학자들은 성육신의 역사성을 인정하지만, 정작 그 역사성의 의미는 부정함으로써 그리스도의 성육신을 상대화시키고 그것의 초역사성을 부인한다.[74] 모든 종교는 이미 상대적인 진리에 따라, 또는 상대적인 진리 안에 존재하는 것이므로 어느 종교든지 하나님의 절대진리를 대변하거나 수호할 수 있다고 생각한다. 그러므로 기독교의 성육신의 독특성이나 유일회성에 대한 논의 자체가 무의미한 것이 되고 마는 문제점이 있다. 포괄주의의 그리스도 중심적인 사고 안에서는 성육신의 역

73. Heinrich Ott, *Die antwort des glaubens von Heinrich*, 김광식 역, 『신학해제』(서울: 한국신 학연구소, 1974), 247.
74. 김광식, "성육신의 현재적 의미," 「기독교 사상」 37/12 (1993): 10-17.

사성은 무시되고 인간과 예수 간의 차이를 수직적인 차원이 아니라 수평적인 차원으로 만들게 된다. 또한 기독교의 근간인 성육신의 교리의 절대성을 상대화시켜 결과적으로 선교 활동을 무의미하게 만들게 된다. 반면 정통교리는 그리스도의 성육신을 그 역사성에서뿐만 아니라 초월성에서도 긍정함으로써, 그리스도의 현재성을 은폐할 위험성을 안고 있다. 이는 정통교리가 지나치게 예수 그리스도의 성육신에 대한 절대성만을 강조함으로써, 그것이 가르치는 하나님의 뜻, 즉 성육신적인 삶을 도외시할 수 있음을 의미한다. 그러므로 그리스도의 성육신은 그 역사적인 측면과 함께 현재적 측면을 동시적으로 이해해야 한다. 이것이 바로 통전적 선교에서 보는 성육신 이해의 기초이다. 성육신의 역사적인 측면은 성육신의 유일성과 독특성을 강조하는 한편, 성육신의 현재성은 예수 그리스도의 삶이 성령을 통해 그리스도인의 삶 속에서 현재적으로 드러나는 성육신의 역동성을 강조한다.

성육신의 역동성은 하나님의 자기 제한과 자기 겸허, 자기 계시를 통해 이루어진다. ㉠ 하나님의 자기 제한: 이것은 예수 그리스도를 반신반인으로 생각하는 것이 아니라 완전한 신으로서 완전한 인간이 되셨다는 의미에서 하나님이 자기를 제한하셨다고 보는 것이다. 하나님은 우리의 인간성을 배제하는 것이 아니라 그것을 통해 우리에게 오신다. 무한하시며 영원하신 자가 시공간 안에서 인간이 되셨다는 의미에서 또한 하나님의 자기 제한이다. ㉡ 자기 겸허: 빌립보서 2장 2-8절에서 사도 바울은 예수 그리스도는 본체가 하나님인데 그의 형상을 벗고 사람으로 나타나고 자기를 낮추고 죽기까지 복종하였다고 함으로써, 인간적인 자기 겸손 그 자체가 하나님 됨을 나타내는 것으로 이해하게 한다. 그래서 그리스도의 진정한 존엄은 그의 죽음에 있다고 하겠다. ㉢ 자기 계시: 형이상학적으로 인간과 그리스도의 수평적인 차이만을 강조하는 포괄주의적 입장은 분명 오류이다. 또한 예수는 하나님의 계시자이고 계시이지, 하나님의 발견자이거나 종교적 개척자가 아니다. 하나님이 예수 안에서 인간에게 찾아오신다. 즉, 예수를 통해 자신을 계시하시는 것이다. 또한 예수 그리스도는 계시 자체이다. 그리스도와 그 안에 있는 사랑의 계시로써 인간은 예수 안에서 하나님의 사랑을 안다.

통전적인 입장에서 성육신의 역동성을 고려할 때 바르트나 리너나 힉의 주장을 교의적으로 받아들일 수는 없다. 그러나 그들의 성육신에 대한 공통된 의미들인 낮아짐, 즉 사랑이라는 성령의 역사를 통해 오늘도 역동적으로 나타나고 있다는 그 주제들은 오늘 우리에게도 의미 있는 것이다. 성육신은 하나님의 선교의 근거이다. 성육신은 죄인들을 향한 하나님의 선재적initiative인 사랑을 그 근거에 두고 있다. 그러므로 성육신은 곧 하나님의 선교의 이유why에 대한 해답이다. 성육신을 말하는 것은 세상을 위해 그리고 세상 안에서 활동하는 하나님의 구원의 유일회적이고 동시에 모든 사건 안에 포괄된once-and all event 예수 그리스도를 말하는 것이다. 그러므로 이것은 예수 그리스도가 복음의 내용 혹은 실존적 의미가 된다는 사고를 넘어서 예수 그리스도가 복음임을 말하는 것으로서, 성육신이 무엇what인지에 대한 응답이다. 또한 통전적 의미에서 성육신의 현재성은 역시 하나님의 우선적이고 자발적인 인류를 향한 사랑과 낮아지심에 그 근원을 둔다. 이러한 낮아지기까지 사랑하시는 하나님의 사랑이 성령을 통해 우리의 삶 속에 역동적으로 나타나야 한다. 성육신은 그리스도의 삶이자 그 자체로서 진리이고 복음이며, 또한 모든 그리스도인의 모델이다.[75] 예수 그리스

---

75. 성육신을 단지 보편적 모델로만 보는 아래로부터의 입장에서는 예수 그리스도를 통한 유일회적인 성육신 사건 그 자체를 진리로 보기보다는, 성육신은 성육신의 현재화를 열기 위한 열쇠이자 최초의 모범으로 볼 뿐이다. 최초의 모범으로서 성육신이라는 의미는 우리가 질적으로 본받아 인간 편의 선교 역량을 확충할 수 있다는 것이 아니다. 이러한 포괄주의적인 사고 대신, 선교의 모델이신 예수께서 성육신의 선교의 길로 우리를 초청하시고 그 길을 따르라고 명령하신 대로 낮아진 모습, 섬김의 모습으로 증인되어 따라가는 것을 의미한다.

도가 이 땅에 오신 것은 하나님의 나라의 실현에 있다. 예수 그리스도의 모델을 따라가는 것이 성육신의 선교라면, 그 선교의 현장은 하나님의 나라인 것이다. 말씀이 행위로 나타나는 곳이 바로 성육신의 현장이며, 그러한 삶의 나타남이 바로 성육신의 현재화인 것이다. 그리고 성령 안에서 성육신의 현재화의 반복이 곧 상황신학이라고 할 수 있다. 그러므로 상황신학은 하나님의 선교의 이유로서의 성육신이 교회와 사회 속에서 어떻게how 실제적으로 나타날 수 있는지에 대해 고민한 선교신학적 방법론 중 하나인 것이다. 즉, 성육신은 상황화 신학을 위한 방법론how적인 기초, 즉 '낮아짐'을 제시한다.

3. 나가는 말: 성육신적 상황화의 의미

상호문화화Interculturation는 상황화 신학들 중 가장 최근에 타종교문화와의 대화에 사용되고 있는 선교신학적 방법론이다. 즉, 타종교문화와의 대화라는 상황 가운데 살고 있는 그리스도인들에게 대화를 위한 상호공간의 중요성과 상호공간을 만드는 방법 그리고 상호공간이 실제적으로 효과적이기 위해 어떠한 이해들이 전제되어야 하는지에 대해서 다루는 것이다. 필자는 상호문화적 대화Intercultural communication를 신학적으로 설명하기 위한 방법론적인 토대로 성육신의 신학을 선택했다. 구체적으로 성육신의 이미지 속에 드러난 삼위 하나님의 페리코레시스perichoresis: 성삼위 각 위들의 내적 관계의 관계 속에 나타나는 이미지들인 상호 내주Mutual dwelling, 상호공간Mutual space, 상호 정체성Mutual identity을 해석학적 뼈대로 삼아 성육신의 신학을 문화적인 관점에서 재해석해 보고자 한다. 이러한 작업을 통해 문화적인 면에서 통전적인 선교의 방법론은 교차 문화 가운데서 일원론적이고 서구 중심의 식민주의적인 방법을 배제하고, 상호문화 간

대화Intercultural communication를 위한 원리를 세워보자. 하나님의 선교missio Dei는 이것을 뒷받침하는 선교신학이다. 대화의 방법은 하나님의 선교 원리를 배움으로써 시작되어야 한다. 페리코레시스Perichoresis는 그 방법론으로서 하나님의 선교 원리라고 할 수 있다. 그리고 성육신Incarnation은 하나님의 선교의 실제이다 Praxis.

(1) 페리코레시스perichoresis의 의미

페리코레시스Perichoresis는 라틴어 *circumincessio*와 *circuminsessio*로부터 차용된 것이다. 이것은 주체가 객체와 상호 관계하는 동등한 역동적 과정을 의미하는 *circuminsessio*라는 단어가 라틴신학으로 채용된 것이다. 전통적으로 영어로는 한 분 영원하신 하나님 안에 세 인격의 연합이라는 보다 좁은 의미로 번역되었다Hebblewaite 1977b:255. 몰트만Juergen Moltmann은 *circumincessio*를 역동적 상호침투incedere로, *circuminscessio*를 지속적인 상호 거주insedere로 해석한다Meeks 2000:114. 시릴Pseu-do-Cyril 이후로 이 용어는 삼위일체와 관련하여 사용되곤 했고Prestige 1964:291, 나지안주스의 그레고리Gregory of Nanzianzus는 이 용어를 신학적으로, 그리고 다마스커스의 존John of Damascus은 삼위일체 교리의 핵심 용어인 페리코레시스의 이해를 돕기 위해 채용했다Meeks 2000:113.

폴John Pohle은 하나님 되심 안에서 페리코레시스는 신적 본질의 연합에서 기원했고, "하나님의 위격person은 나누어지지도, 다른 위로부터 분리될 수도 없으나, 위격들 사이에 혼돈이나 구분됨 없이 서로 간에 상호적으로 존재한다."1950:283라고 주장했다. 이것은 삼위 하나님의 세 위격들의 상호침투를 표현하기 위한 신학 용어로서, 각 위격이 다른 위격 '안'에 있다는 의미이다Gaybba 1987:143. 해리슨V. Harrison은 이 단어의 의미는 "각각의 완전한 정체성과 속성을 담지한 두 본질의 완전한 상호침투"라고 보았다Harrison 1991:54. 부틴P. W. Butin 또한 페리코레시스라는 용어를 삼위 하나님의 상호거주, 상호현존에 초점을 둔 삼위 하나님의 친밀한 상호관계, 그리고 함께 협력하는 상호작용에 초점을 둔 세 위격의 연합을 이해하기 위한 용어로 사용하곤 했다1994:161. 로우어Michael G. Lawler는 이 단어를 설명할 때 "서로 간의 공간을 만들기 위한 지속적인 과정"을 강조했다1995: 49.

몰트만은 헬라어 안에서 이 용어를 발전시켰다. 그는 이 용어의 '동적인' 것과 '정적인' 것의 이중적인 의미를 지적했다. 그는 헬라어 명사 페리코레시스를 조사하면서 동사의 형태인 *perichoreo, phrichoreuo*와 같은 의미를 가진 것으로 결론지었다. "결합된 이 표현은 상호 간의 쉼이나 서로의 주위에서 춤을 추는 것을 의미한다. 삼위 하나님의 외적인 삶은 마치 완벽한 고요함과 회오리 바람이 동시에 존재하는 허리케인과 같다. 페리코레시스는 신적인 위격들이 서로 간에 거주하고, 서로 간에 거주할 공간을 열어주는 아주 특별한 개념이다."Meeks:114 이러한 신학자들의 개념 연구를 따르면, 페리코레시스라는 용어는 다음의 세 가지 개념으로 정리할 수 있다. 곧 상호거주, 상호공간, 그리고 상호 정체성이다.

1) 상호내주Mutual dwelling

페리코레시스에서 삼위 하나님의 관계는 해석학적으로 역동성을 함의한다. 이 역동성은 문화와의 관계에서 기본적으로 무엇을 의미하는가? 이것은 문화와 관계된 의미로 풀이할 때 지속적인 상호침투Continual mutual penetrating를 말하는 것이다. 삼위 하나님의 역동적인 내주하심의 관계가 인간의 역사 속으로 드러난 것이 성육신이라면, 성육신은 반드시 역사 속에서도 지속적인 성격을 가지고 있어야만 그것의 본래 의미가 있는 것이다. 이것은 성육신의 현재화 Actualization를 말하는 것이며, 문화와 관련해서 생각할 때 기독교는 문화 속에 지속적으로 성육신되어야 함을 의미한다. 이러한 문화 상호 간의 교류의 지속성이 바로 역동성Dynamic의 핵심인 것이다. 여기서 상호침투Mutual penetrating는 문화적 용어로는 대화Communication로 이해된다. 또한 상호침투Mutual penetrating의 목적은 삼위 하나님의 하나됨Oneness을 위한 지속적이고 적극적인Aggressive 추구이다. 다시 말해, 상호침투는 하나님의 존재 방식인 것이다. 마찬가지로 우선 기독교 내부의 존재 방식은 성육신으로 세상에 보여준 복음의 내용이 지속적이고 역동적으로 기독교 전통 혹은 문화와 상호침투하면서 발전하여 온 것이다. 기독교가 외부와 존재하는 방식 또한 이와 같다. 기독교 자체의 역동적 대화 Dynamic communication를 통해 나타나는 기독교 문화는 타문화 혹은 종교와 역동적으로 만난다. 이런 의미에서 기독교 내부와 외부에서의 역동적 대화는 페리코레시스의 상호내주Mutual indwelling를 문화적으로 재해석한 것이다. 기독교의 메시지는 일방적인 전달이나 선포가 될 수 없다. 오히려 그것은 복음의 역동적 근거와 내용을 가지고, 그 역동성에 참여하여 그것을 현재적으로 구현하는 것까지를 포함한다. 이러한 삼위 하나님의 페리코레시스의 관계 방식이 성육신을 통해서 세상 안에 드러났다. 낮아지심, 즉 하나님의 자기 제한과 자기 계시 그리고 자기 겸허를 통해서 드러난 것이다. 그러므로 기독교의 타문화와의 관계에서 삼위 하나님의 낮아지심이 바로 역동적 대화의 근거인 것이다.

여기서 우리는 지속적인 문화 간 대화를 위해 두 가지 주의할 점이 있다. 하나는, 우리가 문화의 역동적인Dynamic 성격에 근거를 두면서 문화의 주체성을 강조했지만, 동시에 문화의 주체성을 인정하면서도 문화의 주체중심주의는 반드시 극복해야 할 문제라는 것이다. 레비나스Levinas는 동일성의 철학에서 서구 철학의 주체중심주의적 근세철학에 대한 문제점을 지적한다. 서구의 존재론적인 전통에서 자아, 주체, 존재가 철학의 중심적 주제로 자리한 이후 다른 존재와의 관계 문제는 늘 곁가지의 문제였다. 타자가 존재 사실로서 자신의 정당한 자리를 확보하지 못하고 자아의 대상으로 전락하여 자아에 의해 장악될 때 초래되는 불균형은 이미 많은 철학자들에게 지적되어 왔다. 또한 주체중심적 근세철학에서는 우주 가운데 인간만이 주인이고, 다른 여타의 것은 인간의 의지에 매달려 있게 된다. 근세는 과학이라는 도구를 이용하여 자연 정복의 길에 나섰는데, 이것은 인간 이외의 모든 것을 타자 혹은 대상으로 보고, 분해하고 조립하고 재구성하는 것을 무한히 허용하는 과학주의를 낳았다. 레비나스가 볼 때 서구철학 전반은 타자를 자아로 환원시켜 실재를 파악하는 존재론적이었다. 서구철학의 역사는 마치 다른 것은 원래부터 존재하지 않은 양 자아의 전체성으로 타자를 환원하고 흡수해온 역사로서 발견된다. 서구철학은 항상 나와 다른 것을 나와 동일한 것으로 만듦으로써 그 자아의 안정성을 확보해 왔다. 즉, 나와 다른 것을 만난다는 것을 자아의 안정성을 근본적으로 흔드는 불편한 것으로 여김으로써, 다름 그 자체를 언제나 자아, 존재의 지평에서 같음으로 환원시켜 온 것이다. 이러한 주체중심주의의 오랜 영향 아래에 있던 서구 선교신학 역시 타문화를 주체로 인식하지 못하는 경향이 많다. 자아와 타자의 레비나스적인 개념 구분은 이제까지 서구철학이 얼마나 자아중심적으로 수행되어왔는지의 문제를 제기한다. 타자를 끊임없이 자아 안으로 동화시키고 통합시키려는 구조에서, 자아와 타자의 올바른 관계는 형성되기 어렵다. 왜냐하면 타자의 절대적 다름을 이해하고 받아들일 때, 상호 간의 진정한 관계의 시작이 가능해지기 때문이다.

기독교가 세계 보편적인 구원의 도를 가졌다는 것은 기독교 문화 밖의 울타리를 넘어 타문화를 위해서도 기독교의 진리가 고귀한 보편적인 진리가 되기 때문이다. 레비나스에 의하면 인간은 타자에 응답할 때 참으로 인간이 된다. 또 사람답게 사는 삶은 다른 사람에 눈뜨고 거듭 깨어나는 삶이라고 말한 것과 같이, 타문화와의 주체 간의 만남의 공간 안에서 비로소 기독교 문화는 그 자체의 문화의 정체성Identity을 가지게 된다. 대상 없는 주체의 정체성은 형식화되고 문서화되고 화석화된 죽은 것이다. 기독교 문화의 최대 정점이라고 할 수 있는 그리스도의 사랑은 객체와의 만남 가운데서만 진정한 가치를 가지게 된다. 즉, 주체와 객체와의 끊임없는 관계 속에서 비로소 자신을 바로 알아가고 세워가고 풍요롭게 하는 것이다.

두 번째 주의사항은 기독교는 종교문화로 존재한다는 시각을 가질 필요가 있다는 것이다. 즉 기독교와 문화 모두를 문화라는 공동의 시각으로 볼 필요가 있다. 문화와 종교와의 관계에서 문화를 종교의 외형화로 보는 신학자들의 견해를 볼 수 있다. 엘리엇T. S. Eliot은 "문화는 종교와 관련되지 않고는 나타나거나 발전될 수 없다. …… 근본적으로 문화는, 말하자면, 한 민족의 종교의 구체화이다." 틸리히P. Tillich는 "궁극적인 관심사로서의 종교는 문화에 의미를 주는 실체이며, 문화는 종교의 기본 관심이 그 자신을 표현하는 형태의 총체이다."라고 했다. 요약하자면, 종교는 문화의 실체이며, 문화는 종교의 형식이다. 바빙크Herman Bavinck는 문화의 모든 측면은 종교적 자료들로부터 생겨난다고 보았다. 저명한 개혁주의 저술가였던 질스트라Eekhoff Zylatra 역시 현대 속에 개혁주의 문화가 부재한 사실을 개탄하면서, "이 문제의 핵심은 현대 세계에서 우리가 문화라 부르는 것과 종교가 결별한 것이다. 우리 칼뱅주의자들이 국가와 교회를 분리할 때 우리는 종교가 문화로부터 분리되는 것을 결코 의도하지 않았다. 우리가 처음의 둘을 분리했을 때 우리는 또한 전체 사회와 문화에 기독교적 원리를 불어넣는 일에 우리를 헌신했다. 우리는 지금 이 임무를 수행하는 것이 얼마나 필수적인 것인가를 보고 있다."[76] 위의 의견들은 모두 문화가 종교의 외형이라

---

76. Hard, Teodore, *Culture and Conviction: Culture, the Mark and Measure of Conviction in Religious Community* (Kimpo: Korea Society for Reformed Faith and Action, 1984), 114.

는 것에 동일하게 동의한다.

퀴스트Volker Küster가 "종교와 문화는 상호 관련이 있고 상호침투한다."[77]라고 언급했을 때, 이 경우는 위의 학자들과는 달리 문화와 종교의 밀접한 상호 관계성에 좀 더 초점을 두고 있는 것이다. 정진홍의 경우는 종교학적인 접근을 통해 종교와 문화의 관계를 설명한다. 그는 종교적 믿음이라고 하는 독특한 태도를 관찰할 수 있는 가능성 혹은 종교가 자신의 내용을 포교할 수 있는 이유를 종교가 그 내용을 문화 안에 지니고 있기 때문으로 파악한다.[78] 또한 그에 따르면, 우리가 살아가면서 사물들과 만날 때 주체에 의해 의도적으로 수용되고 의미 있게 해석되는 것을 경험이라고 말할 수 있다. 그러므로 경험은 사물과의 만남이 해석에 의해 재편성된 것을 뜻한다. 그런데 경험은 이렇듯 사물과의 만남을 해석을 통하여 수용하는 것이기 때문에 주체의 의식 안에 내재하게 된다. 그러나 경험의 내용은 내재하고 있지만은 않다. 내재된 경험은 반드시 언어나 행동으로 표출된다. 이 둘은 종합된 구체적인 삶을 이룬다. 이 경험은 다시 다른 사물과의 만남을 통해 다른 경험이 내재되는 순환 구조를 가진다. 우리는 이것을 설명하기 위해 문화라는 개념을 사용한다.

신앙이라고 일컫는 종교경험도 다르지 않다. 그것은 분명히 하나의 내재율로 수용된 인간과 대상의 만남이다. 그리고 신앙은 (신적) 대상과의 직접적인 만남을 통해서가 아니라, 예배 등의 기독교 문화라는 외피문화와 조우하면서 수용되는 경험의 현실을 의미하는 것이다. 그러므로 신앙은 그러한 의미에서 하나의 경험이다. 종교는 근원적으로 경험적 실재인 것이다. 그런데 모든 경험이

---

77. Küster, Volker, "Toward an Intercultural Theology: Paradigm Shift in Missiology, Ecumenics, and Comparative Religion," in *Theology and the Religions: A Dialogue*, ed. Viggo, Mortensen (Grand Rapids: Eerdmans, 2003): 171-84.

78. 정진홍, 『종교문화의 이해』 (파주: 청년사, 1995), 58.

그 내재성에도 불구하고 외현화하듯이 종교경험도 인간의 구체적인 삶의 양태로 드러난다. 실상 우리가 종교 경험을 운위할 수 있는 것은 직접적으로 그 경험이 드러난 표상Symbol과의 만남에서 비로소 가능한 것이다. 우리가 일컫는 종교문화란 바로 그러한 경험의 외연을 지칭한다. 따라서 종교문화의 이해라는 과제는 종교 경험을 문화로 서술하고 있는 그 경험의 외현화된 양태에 대한 기술로부터 시작되어야 한다. 또한 그렇기 때문에 우리가 전통적으로 종교라고 일컬어 온 현상을 그 드러난 모습, 곧 문화화한 모습으로 묘사할 수 있는 것이다.[79] 이 문화는 신화, 제의, 교리, 공동체 등에서 나타나게 된다.[80]

그러나 문화는 단지 종교의 외형일 뿐만 아니라 그 척도이기도 하다.[81] 하도례Teodor Hard는 사람들이 자신의 문화 혹은 다른 문화들을 판단하기 위해 호소할 수 있는 자신의 문화들을 초월한 불가결한 도덕적 규범이 있는가 하는 질문으로부터 문화를 종교의 영역 안에서 다룰 수 있다고 본다. 종교는 문화에 규범을 제공하지만 또한 반대로 문화는 종교의 척도로서의 역할을 할 수 있다는 것이다. 이 경우 종교의 척도로서 문화는 그 문화 속에서 드러나는 참된 진리의 향기를 통해 종교의 진리를 드러내게 된다. 종교가 문화의 외형을 통해 드러날 뿐만 아니라, 문화의 척도로서 이 "종교적 확신은 다양하며 다른 상황이나 환경에서 문화로 하여금 그 기능적 역할에 있어서의 질이나 성공을 변화시키도록 하는 것이다."[82] 이것은 우리가 문화를 종교의 외형으로 취급했을 때 얻어지는 유익이라고 할 수 있다. 즉, 문화 대 문화 모드에서 종교의 외형으로서 문화는

---

79. 정진홍, 『종교문화의 이해』, 113-14.

80. 정진홍, 『종교문화의 이해』, 115-53.

81. Hard, Teodore. *Culture and Conviction: Culture, the Mark and Measure of Conviction in Religious Community*, 28-29.

82. Hard, Teodore. *Culture and Conviction: Culture, the Mark and Measure of Conviction in Religious Community*, 124.

바른 척도로서의 역할을 할 수 있는 것이다.

우리는 지금까지 기독교가 타문화를 인식하고 대하는 인식론적인 부분을 다루었다. 그리고 왜 기독교는 문화와 문화라는 입장에서 타문화와 대면해야 하는지 그 이유를 다루었다. 이것들은 상호 내주Mutual indwelling를 문화의 면에서 번역한 지속적이고 역동적인 침투Continual or dynamic penetrating의 기초인 것이다. 이제 우리는 타문화와의 대면에서 구체적으로 어떻게 상호 간에 거주할 수 있는 공간을 마련할 수 있는가에 대해서 구체적으로 살펴보려 한다.

2) 상호공간Mutual space

문화 대 문화의 관계 방식으로 문화 간의 만남을 통해 서로의 관계가 형성된다는 것은, 각각의 문화의 경계가 접촉하면서 서로 중첩되는 사이공간이 생겨난다는 것을 의미한다. 그리고 문화 상호 간의 상호침투Mutual penetrating는 상호공간Inter-space에서 일어나는 일들이다. 우리는 이 상호 만남의 장소가 어떻게 형성되는지 그 내용과 이론들을 살펴볼 것이다. 이것은 성육신하신 예수 그리스도께서 연약한 세상에 오신 것과 같은 이치이다. 페리코레시스의 관계 속에서 살펴본 것처럼, 비움과 내어줌은 성육신의 기본전제이다. 상대의 문화를 식민주의 관점인 지배와 교체의 관점이 아닌 상호 대화와 비움의 관점에서 보는 것이 바로 성육신의 관점에서 본 상호공간Mutual space의 의미이다. 상호내주가 기독교가 타문화를 대하는 인식론적인 방식의 전제라면, 상호공간은 기독교가 타문화를 대할 때 실제적으로 어떻게 대하는지에 대한 방법론적인 부분을 다루는 것이다.

상호 공존은 기독교가 다른 종교를 인정한다는 의미가 아니다. 죄와 하나님에 대한 불신이 항상 존재해왔고, 앞으로도 존재할 세상에서 기독교가 선택했던 그리고 선택하고 있는 타문화를 대하는 방식 중 하나는 십자군 혹은 식민주의적인 방식이다. 이 방식은 대립을 형성하는 구도이다. 무엇보다 이 구도는 지리적인 대립구도의 양상을 띤다. 최근에는 이 구도가 자본주의 방식과 결합한 모습을 볼 수 있다. 또한 미래 학자들은 기독교와 이슬람교의 대립 양상을 21세기의 주된 양식의 하나로 꼽고 있고, 우리는 이러한 대립을 이미 체험하면서 살고 있다. 끝없이 반복되는 테러들과 종교 분쟁들을 보면서, 이것이 과연 기독교가 타자를 대하는 바른 방식인가 의문해 볼 수밖에 없다. 타 종교 혹은 문화와의 공존은 우리가 주님의 재림을 볼 때까지 지속될 방식이다. 상호 공존 속에서 기독교가 타문화를 대하는 방식은 상호공존의 방식이어야 한다. 끊임없는 자기 내어줌을 통해서 상호공존의 공간Space이 만들어져야 한다. 이것이 십자가에서 죽기까지 다 내어주신 삼위 하나님의 방식인 것이다. 이 방식을 통해 하나님께서는 죄 많은 인간과 만날 수 있는 공간을 만들어 가신다. 하나님의 이 일이 일회적인 것이 아니라 지속적인 성격을 가진 것과 같이, 상호공존을 위한 기독교의 내어줌은 항상 역동적이어야 한다.

이 공간은, 위에서 살펴본 바와 같이, 단순한 공간의 형성으로 만족될 수 없고, 특별히 인격적인 공간이어야 함을 예수께서 성육신을 통해 보여주셨다. 예수께서 인간과 하나님 간의 중보자가 되시기 위해 제2의 아담으로서 언약의 공간을 만드셨다. 예수 그리스도께서 중보자가 되시기 위해 하신 일은 단지 언약의 한 편Counterpart으로서의 역할을 하시거나 혹은 대안을 제시하신 것만이 아니다. 예수 그리스도께서는 자신의 목숨을 대속물로 주셨다. 즉, 새 언약에서 자신을 대속물로 내어 던지심으로써 중보자가 되신 것이다. 또한 자신을 가장자리로 내어줌으로써 비로소 새 언약의 공간을 마련하신 것이며, 자신을 희생하심으로써 자신의 십자가의 자리 위에 새 언약의 공간을 마련하신 것이다.

이것은 그리스도께서 새로운 언약의 공간을 마련하시기 위해 100% 자신을 내어주신 것을 의미한다. 이 내어줌의 사랑을 통해 이 새로운 언약의 공간 안에 들어와 본 인류는 예수님의 사랑을 알게 되고, 그리고 하나님께로 인도된다. 그런데 이 새 언약의 공간 안에서 문화로서 기독교기독교인 개인, 교회, 선교사의 역할은 때로는 하나님처럼 판관의 위치를 가진 것처럼 비춰졌다. 수크데오Patrick Sookhdeo의 경우 종교 간의 대화의 본질적 장애물을 죄로 연약해진 인간의 본성에서 찾으며, 그 가능성을 하나님의 은혜에서 찾는다. 그는 대화의 본질을 교사와 학생의 대화 모델로 본다. 교사는 항상 학생의 질문을 염두에 두고 그 질문을 피드백하는 과정을 통해 진정한 대화가 가능하다는 것이다. 그러나 사실 모든 그리스도인 또한 죄인이다.[83] 그 어느 그리스도인도 다른 종교 앞에서 선생의 위치에 설 자격이 없다. 다만 섬김을 통해 다가갈 수 있을 뿐이다. 그러므로 이 공간에서 그리스도인의 역할은 자명하다. 그리스도의 제자로서 그분의 십자가를 이제 이 공간 안에서 지고 가야 할 그들의 역할은, 그리스도의 모범을 따라서 자신을 이 공간의 가장자리로 집어 던져서 희생시킴으로써 그리스도의 사랑의 향기를 뿜어내는 것이다. 문화와 문화가 만나는 이 제3의 공간 안에서 성령 하나님 이외에 판관이 있을 수 없다. 우리에게는 타문화를 판단할 권리가 주어져 있지 않다. 다만 우리가 가진 진정한 그리스도의 십자가를 이 공간 안에 나타냄으로써 연약한 자 같으나 오히려 강한 자임을 보장받게 되는 것이다.

그러므로 상호문화적 대화는 삶의Praxis 문제이다. 즉, 이것은 대화의 실제적인 내용에 대한 질문이며, 그리고 대화의 궁극적인 목적이 드러나는 것이다. 예수님은 자신을 공간 가운데 던지심으로써 비로소 사랑 가운데서 상호 대화가 진정으로 가능하도록 만드셨다. 그는 공간 사이에서 단순한 보조의 역할을 하신 것이 아니라, 공간에서 영원히 대화의 주권을 지니게 되신 것이다. 성령의

---

83. Sookhdeo, Patrick, *Jesus Christ the Only Way: Christian Responsibility in a Multicultural Society* (Cape Town: Paternoster, 1978), 52-55.

역동적인 활동으로 인해, 사이공간에서 우리의 역할은 더욱 분명해진다. 우리의 성육신적인 역할을 통해 사이공간에서 진정한 대화가 이루어 질 수 있다. 이것은 주체가 처음부터 자기를 위해 존재하지 않고, 타인을 위해 존재한다는 것을 더욱 강조한 것이다.[84] 그러므로 타인을 섬길 때 주체는 비로소 진정한 즐거움을 누릴 수 있는 것이다. 타인을 도울 때 자발성은 바르트가 말한 비밀에 해당한다고 하겠다. 이 자발성은 타의적으로 섬길 때 가질 수 없는 즐거움과 희열을 우리에게 가져다주기 때문이다.

우리는 예수님의 잔치에서 그 모델을 발견한다. 예수 그리스도께서 가시는 곳에는 늘 잔치가 있었다. 이곳에서 모든 사람들이 문화적, 종교적인 조건 없이 초청되어 예수님과 더불어 즐거운 식탁을 가졌다. 진리와 생명은 유기적인 관계 안에서만 존재하는 것이다. 그러므로 근본적으로 타자에게 열린Openness 성향을 지닌 인간은 그들의 문화적, 종교적 다름을 초월하여 이 생명의 관계 안으로 초대받는 것이다. 이 예수님의 잔치의 형식이 이러한 진리와 생명의 공동체적이고 유기적인 관계성을 잘 나타내 준다고 하겠다. 그러나 이 잔치는, 위에서 언급한 것처럼, 일시적인 성격의 것이 아니라 상호 간의 사귐praxis로서의 대화을 보장해야 하는, 그리고 사귐을 통해 서로의 필요를 채워주는 것이어야 한다. 그래서 잔치에서 그리스도인이 타인을 섬길 때 타인으로 인해 진정한 기쁨을 누리게 될 것이고, 반대로 타인은 예수님의 생명 안에서 기쁨을 발견하게 될 것이다.

그래서 하나님의 나라를 이 잔치에 비유한다. 하나님 나라의 잔치는 혼자 하는 법이 없고, 모든 종류의 초청받을 자격이 없는 자들까지 포함되어 초청받는 자리이다. 이 자리에서 그들은 서로 만나, 사귐을 누리고, 서로 말하고 듣고, 또 서로 돕는 관계가 되고, 그리고 결국 서로 배우는 가운데 참된 진리가 그곳에서

---

84. Karl Barth, *Revelation*, 125.

드러나는 것이다. 이렇듯 진리의 드러남은 강요에 의한 것이 아니라, 성령의 드러나게 하심을 통해 가능한 것이다. 이것은 서로의 배움 가운데서 깨닫게 되는 것이다. 그리고 결과적으로 그들이 예수님의 진리를 접했을 때, 그들은 그 잔치의 자리에서 진리와 함께 자유하는 것을 경험하고 그들의 가치관과 삶의 양식을 바꾸었다. 삭개오의 예에서 보듯이눅19:1-10, 생명은 잔치의 내용이며, 잔치라는 삶을 통해 살려내는 것이다.

그러므로 이러한 방식의 상호 대화는 분명히 배타주의의 배타성을 극복하는 동시에, 포괄주의의 약점으로 꼽히는 '타종교의 회심을 전제로 한 대화'보다 좀 더 자유로운 형식을 가지고 있다고 볼 수 있다. 그러나 이 방식은 동시에 자신의 정체성을 분명히하는 대화이므로 종교다원주의를 허용하지 않는다. 이 대화는 섬김의 삶의 대화이기에, 대학 학문으로서의 대화와는 본질적인 접근방식이 다른 것이다. 그러므로 이 대화는 단지 지적인 부분에서의 대화가 아닌, 삶의 모든 부분을 포괄한다는 의미에서 기존의 대화방식과 차별된다고 하겠다.

3) 상호정체성Mutual identity

상호공간에서 상호 대화는 자연스럽게 상호정체성 문제로 우리를 이끈다. 페리코레시스의 관계 안에 있는 삼위일체의 존재형식은 삼위 하나님의 비혼합적이고도, 단신론적인 존재방식을 찾는 노력이다. 타문화의 이해와 관련하여 이 질문은 기독교와 타종교 간의 혼합주의의 염려를 늘 일으킨다. 그러므로 우리가 상호문화화의 문제를 다룰 때 이 혼합주의의 문제를 반드시 다루어야 한다.

이 대답은 타종교전통과의 대화의 궁극적인 목적과 제한에 대한 질문으로부터 시작하는 것이 마땅하다. 대화의 궁극적인 목적은 캅Cobb이 주장하는 것과 같이 상호 변혁인가? 상호 변혁과 배움이 궁극적인 목적이라면, 단순히 타종교인이 더욱 자신의 종교나 종교적 전통에 진실할 수 있도록 하는 것이 그 구체적인 목적인가? 즉, 이것은 단지 종교다원주의를 의미하는 것인가? 캅의 이론 가운데 상 호배움은 받아들일만하다 아니면 타종교인의 개종을 위한 것인가? 그렇다면 이 개종 이라는 의미 뒤에는 한스 큉Hans Küng이 포괄주의를 비판하면서 사용했던 일종 의 '음흉한 계략'이 숨어 있는 것인가? 그렇지 않다면 개종이라는 것에는 다른 의미가 있는 것인가? 우리는 이 정체성의 문제를 기존의 배타주의, 포괄주의, 그리고 다원주의라는 레이스Allan Race의 분류법을 따르지 않고 다른 시각에서 다루려고 한다. 즉 이 상호정체성의 문제를 상호공간에서 주체와 객체 사이의 'with'라는 실천praxis의 측면에서 다루려는 것이다. 이 제안은 몇 가지의 전제를 기초로 한다.

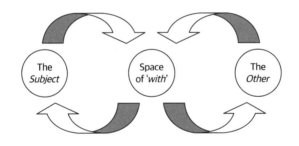

<그림 1.1-1> 'with'라는 실천Praxis의 상호문화적 대화Intercultural communication 모델

첫째, 기존의 선교 방식은 주체의 정체성을 지나치게 강조하거나주로 배타주의, 혹은 객체나 타자를 지나치게 강조하는주로 포괄주의, 다원주의 입장을 취해왔다. 우 리는 사이공간을 열기 위해 객체의 중요성에 대해서 상호공간Mutual space에서 집중적으로 다루었다. 즉, 근대 서구철학의 맹점인 객체의 상실 문제로부터 시 작하여, 식민주의 혹은 십자군 방식의 선교를 개선하기 위한 방안들을 살펴보 았다. 그 가운데서 이 객체의 중요성을 지나치게 강조함으로써 내부상황화intra-culturation라는 측면에서는 지역 신학을 강조하여 신학적 이분법Dichotomy을 야기

하고, 그리고 상호문화화inter-culturation라는 측면에서는 종교다원주의화되어 대화라는 명목 아래 주체의 정체성을 상실하게 되는 문제를 야기하게 되었다. 결국 현재까지 문화화 신학은 이러한 오래된 이분법을 극복하는 방안으로서 주체와 객체의 상호 동등 혹은 역동적인 대화를 통한 서로 배움이라는 대안을 찾았다. 그러나 이러한 대학 학문으로서의 문화화 신학은 결국 서로 배움이라는 애매한 미래적 암시를 던지고는 흐지부지 그 문제의 결론을 맺곤 한다.

둘째, 필자는 이러한 문제의 핵심이 주체와 객체의 동등성에만 지나치게 강조점을 두고 정작 상호공간 자체에는 관심을 두지 않는 데 있다고 본다. 위의 상호공간 이론에서 살펴보았듯이, 상호공간은 섬김과 희생의 역동적인 실천praxis을 통해 형성되는 낮아짐의 공간이어야 한다. 물론 이 공간은 지적인 대학 학문으로서 대화를 의미하지 않고, 진정한 대화는 우리의 삶 전부를 성육신하는 가운데서 열리는 것임을 전제한다. 그러므로 상호문화적 대화에서 실제적인 우리의 관심은 주체와 객체 자체에 있는 것이 아니라, 그들의 'with'에 있어야 한다. 이 타자와 함께with the Other에 의하면, 상호문화적 대화는 항상 주체와 관련하여 타자의 인격적 가치를 부각하는 것에만 집중했다는 데 근본적인 문제가 있다는 것이다. 그러나 with는 상호공간에서 주체의 온 삶을 역동적으로 성육신하여 객체 혹은 타자와 만날 때, 비로소 생겨나는 것이다. 이 with 자체에 관심을 가지는 것이 왜 중요한가?

세 번째 전제가 그 해답이 될 수 있다. With는 주체에게 상호공간에서 타자와 만난 후 다시 자기 자신에게로 돌아올 것을 명한다. 즉, 주체에 집착하던 선교로부터 탈피하여 상호공간에서 인격적 타자와 마주친 주체는 섬김과 희생을 통해 상호공간의 의미를 충분하게 살린다. 그러나 진정한 주체의 정체성은 그 이후, 즉 사이공간에서 객체와의 만남 이후 자기 자신에게로 돌아와 자신의 불완전한 정체성이 상호공간에서 타자와의 섬김의 대화/만남을 통해 참된 기독교의 정체성을 가지게 되는 것이다. 다시 말해, 삼위 하나님의 내주하심의 관계의 핵심인 사랑이라는 자기 정체성을 가지게 되는 것이다. 그리고 더 나아가 이 타자와의 상호공간에서 만남을 통해 발견된 자기 정체성은 더 완전함으로 나아가는 과정에 있다. 이 말을 달리 표현하면, 타자와의 만남에서 불완전한 자신의 정체성을 사랑이라는 기독교의 진정한 정체성을 통해 발견한 주체는, 이제 with의 상호공간으로의 끌어당김에 의해, 혹은 상호공간의 with의 관계로 돌아오도록 하는 반동작용에 의해 다시 역동적으로 상호공간 안으로 돌아오게 되는 반복된 실천praxis을 경험하게 된다. 필자는 이것을 'with의 상호 대화'라고 부르고 싶다. 결국 우리가 서 있는 이 자리는 불완전한 장소 이외에 다름이 아니다. 주체는 사이공간 안에서 타자와 만나고 섬기는 실천praxis을 통해 비로소 자기 정체성을 발견하게 된다. 그리고 이 자기 정체성은 필연적으로 상호공간에서 with의 명령에 이끌려 다시 상호공간 안으로 나아가는 과정을 반복함으로써 완전한 자기 정체성을 역동적으로 발견해 가는 것이다. 그러므로 이 정체성의 핵심은 성육신적 사랑이라고 할 수 있다. With의 자리, 즉 상호공간mutual space에서 명령하는 주체는 바로 성령이시다Coakley 2001:209. 이것은 타문화와의 대결 상황에서 자기를 비운 예수 그리스도의 사랑의 방식을 의미하는 것이다.

내어줌은 곧 기독교 내부적으로 배수진을 치는 것과 같다. 대결 구도에서 기독교가 진정한 사랑을 보여주지 못한다면, 결코 대화를 통한 선교와 개종은 가능하지 않을 것이기 때문이다. 그러므로 기독교의 핵심적인 정체성인 성육신의 삶은 자연스럽게 기독교의 정체성의 진정성Authenticity을 세상에 드러내는 결과를 낳게 되는 것이다. 결론적으로 기독교가 사이공간으로 나아갈수록, 그리고 'with'의 삶을 살수록, 기독교의 정체성은 빛이 등경 위에 있어야 사람들이 볼 수 있는 것처럼 더욱 분명히 드러나게 되는 것이다. 이러한 의미에서 참된 정체성은 주장함으로써가 아니라, 객체 혹은 타종교문화와 대결하는 가운데 객체로부터 인정되는 것으로부터 드러나는 것이다. 사랑의 대상이 없이 행해지는 사랑은 없기 때문이다. 그리고 이러한 대화의 구도 속에서 선교지역에서 실제적으로 중요한 것은 의미중심Meaning centered의 접근이다.

2장

선교의 목적으로서 선교정책 1:
개혁교회 건설 - 어떤 교회를 설립할 것인가?

1. 들어가는 말

이 장은 두 부분으로 구성되어 있다. 첫째는 "개혁주의란 무엇인가?"에 관한 물음이다. 우리는 이미 개혁교단에서 쓰인 글들을 통해 개혁주의의 실체 혹은 정체성에 관해 어느 정도 숙지하고 있다. 그럼에도 불구하고 다시 한 번 이 주제를 꺼내든 이유가 있다. 우리는 이 주제를 대학 학문으로서의 사변적 접근이 아니라, 선교현장에서 들려오는 고민으로부터 시작하려고 한다.[1] KPM 선교사들은 고신 교단의 선교사로서 파송받고 개혁교회를 건설한다는 대의를 가지고 있다. 그러나 실상 선교사들이 경험한 한국의 교회들은 개혁교회의 특징을 가지고 있다기보다는 범복음주의적인 경향을 가진 교회들이 많다. 그렇기 때문에 선교현장에서 교회들을 개척하지만 다른 신학전통을 가진 교단의 선교사들

---

[1] "선교지 신학교육 운동을 통한 개혁주의 세계교회 건설"이라는 주제로 지난 2016년 10월에 열린 KPMTEN(신학교육 네트웍) 컨퍼런스에서 대부분의 현장 선교사들이 개혁주의의 정체성 자체에 대한 규명 요구가 필요하다는 데 동의하였다. KPMTEN 운동 등을 구체화하기 위해 "현지지도자 양성지원 TF팀"이 발족되었고, 2018년 2월에는 "개혁주의 교회건설"이라는 주제로 포럼을 가졌다.

과 다르게 개혁교회가 어떤 모양으로 드러나야 할지 고민되는 것이 선교현장의 현실이다. 그럼에도 불구하고 지금껏 어떻게 개혁교회를 선교현장에서 구현해야 하는지에 대한 구체적인 방안이 제시되지 못한 채, 선교사 개개인이 지닌 개혁 선교신학의 이해도와 목회 능력에만 의존할 뿐이었다. 그러므로 지금 이 시점에서 첫 질문은 "다원화된 오늘날 선교현장의 상황을 품을 수 있는 개혁주의란 과연 무엇인가?"에 대한 것이다.

두 번째는 "개혁주의 교회란 무엇인가?"에 대한 질문이다. 고신세계선교회 정관 1장 3조의 목적에서 "고신세계선교회는 예수님의 지상명령에 따라 전 세계에 선교사를 파송하여 가능한 모든 방법을 동원하여 개혁주의 교회를 설립하는 것을 그 목적으로 한다."라고 명시하고 있다. 이 장에서는 이 목적 진술을 선교현장에 시연하기 위해 개혁교회를 개혁교회 되게 하는 실제적인 요체들은 무엇이며, 그리고 이 요체들이 선교현장에서 개혁교회를 세우는 데 어떤 구체적인 적용점을 가질 수 있는지 살펴보고자 한다.

만일 개혁교회 선교사가 선교지로 떠나면서 단 한 가지만 가져갈 수 있다고 한다면, 그는 당연히 성경을 집어 들어야 할 것이다. 교회에 말씀 이외의 모든 것은 참고자료일 뿐이다. 오직 말씀만이 성도들을 불러 모아 교회 공동체를 이루게 하며, 그들을 교육하여 제자로 만들며, 그 제자들을 통해 선교지를 하나님의 나라로 만들 수 있다. 개혁교회는 이 말씀의 순수성을 지켜내기 위해 교회의 기초를 개혁신앙의 전통들과 이를 집약한 신조, 그리고 개혁전통을 외적으로 보호하는 역할을 하는 정치제도를 가졌다. 이것이 오늘날 우리의 선교지에서 개혁교회를 건설하기 위해 우리가 닦아야 할 기초이기도 하다.

2. 개혁주의란 무엇인가?: 전포괄적인 삶의 체계로서의 개혁전통

개혁주의를 이해함에 있어서 먼저 개혁주의라는 용어와 비슷하게 사용되는 정통주의, 복음주의 그리고 칼뱅주의 등의 용어와의 구별이 필요하다. 다원주의 시대를 사는 우리는 누구나 자신의 정서에 맞는 사상과 정치 종교적 이념이나 문화적 취향 등을 선택한다. 그들에게는 자신의 욕구를 채워주는 것이 중요한 것이지, 반드시 옳고 그름을 선택하는 것이 중요한 것이 아닐 경우가 많다. '선택'이라는 말의 헬라어 *hairesis*는 영어에서는 '이단'을 뜻하는 heresy로 파생되었다. 이 단어와 반대 의미를 가진 것이 바로 정통orthodoxy이다. 이 단어의 헬라적 의미는 '바른 의견'으로서, 준거점이 될 만한 바른 의견 혹은 바른 가르침을 의미한다. 우리가 믿는 신학은 누구나 자신의 취향에 맞게 선택할 수 있는 것이 아니라, 오직 성경이 말하는 바를 바르게 고백하여 정통이 되게 한 것이며, 교회는 역사적으로 이 정통을 신학과 신앙의 전통과 신조 안에 담아서 전수해 왔다.

복음주의라는 용어는 오늘날 다분히 다른 의미로 사용되고 있지만,[2] 역사적

---

2. 전통적으로 영미에서 말하는 복음주의는 18-19세기 이후의 각종 부흥운동과 관련된 개인구원과 부흥에 초점을 둔 광범위한 운동이라고 볼 수 있다. "이들은 종교의 유일한 권위로서 성경을 믿고, 구원의 유일한 수단으로서 성령을 통해 이루어지는 예수 그리스도에 대한 믿음과 개인의 삶을 변화시키는 체험을 강조한다." Grant Wacker, Augustus H, *Strong and the Dilemma of Historical Consciousness* (GA: Mercer University press, 1987), 17. 영미의 복음주의는 자유주의에 보다 전투적으로 반대한 근본주의 진영과 구별된다. 그리고 복음주의라는 의미는 자유주의 신학의 반대급부에 위치한 범복음주의 진영의 운동을 의미하기도 한다. 그러므로 복음주의는 오늘날 다양한 교파들을 포괄하며, 근본주의와 자유주의 두 진영 사이에서 자신의 길을 걸어가는 운동으로 인식된다. 블러쉬는 참된 복음주의는 개혁주의의 산물(은총의 주권성, 하나님께만 영광, 무조건적 선택, 계속되어야 하는 교회의 개혁)을 담지하고 있다는 의미에서 개혁적이라고 본다. 그리고 참된 복음주의는 생활의 개선을 통해 개혁을 이루려고 했던 경건주의와 예배의 개혁과 성결한 삶을 통해 같은 목적을 이루려고 했던 청교도주의, 빌리 그레이엄의 신복음주의 그리고 신비주의와 신정통주의까지를 모두 포함하는 것으로 보았다. Donald G. Bloesch, *Essentials of Evangelical Theology* (Peabody: Hendrickson Publishers, 1998), 2장을 참조하라. 로저 올슨은 개

으로 복음주의라는 말은 로마 가톨릭이 프로테스탄트들을 사적으로 지칭할 때 사용한 말이었다. "로마 가톨릭은 루터의 종교개혁 교회를 1529년부터 복음주의자 또는 루터파라 불렀다. 루터가 로마교를 대항하여 복음을 계속 언급하고 호소했기 때문이다. 그래서 복음주의는 개신교Protestant와 동의어로 사용되기 시작했다. 복음주의자들은 욕설에 해당하던 루터파라는 이름을 1585년부터 공식적으로 채택하고 긍정적으로 사용했다."[3] 또한 이 말은 영국이 국교화되던 초기 예전liturgy에서 가톨릭적 요소를 제거하려고 했던 저교회low church를 특별히 지칭하는 것이기도 했다.

개혁교회라는 말은 그들과 다른 개혁전통의 교회를 지칭한 루터파에 의해서 붙여진 이름이다. 루터의 경우 교리적인 부분 이외에 예배와 교회 제도 등 상당수를 중립적인 것adiaphora이라고 보았다. 반면 칼뱅을 비롯한 개혁자들은 예전과 교회 제도는 하나님의 말씀이 요구하는 대로 지속적으로 개혁되어야 한다고 믿었다. 성찬론 논쟁에서 보듯이, 칼뱅은 루터파 안에 가톨릭의 잔재와 유사한 것이 여전히 있다고 보면서 계속적인 개혁semper reformanda을 추구하였다. 결국 개신교회 안에서 루터파와 개혁교회가 다른 신학전통을 가지게 되었다. "루터파들은 독일 안이나 밖에 있는 다른 개신교도들을 칼뱅파 혹은 츠빙글리파라고 그들의 지도자의 이름을 따서 불렀다. 또는 이들을 비非루터파라는 의미에서 개

혁주의와는 다른 복음주의의 특징을 이런 다양한 차이점을 포용하는 능력이라고 보았다. Roger Olson, *Westerminster to Evangelical Theology* (Downers Grove: Inter Varsity Press, 2004), 1장을 참조하라. 그렇다면 복음주의에 비교해서 개혁주의의 특이점은 무엇인가? 유해무 교수는 "개혁파는 하나님의 영광을 위하여 만물을 하나님의 말씀으로 정복하기까지 선한 싸움을 싸운다. 이것이 복음주의와 다른 개혁신학의 중요한 특징이다. 반면 복음주의는 일반적으로 고백교회의 특징을 가지고 있지 않으며, 영혼의 구원과 내면성을 강조하면서 하나님께서 창조하신 세계에 대해서는 무관심하거나 관심을 크게 기울이지 않는 것으로 그 특징을 삼는다."라고 지적한다. KPM 현지지도자양성 지원을 위한 TF팀 주관으로 열린 2018년 "개혁주의 포럼"에서 발제된 유해무 교수의 글 "개혁교회와 선교," 9를 참조하라.
3. 유해무, "개혁교회와 선교," 3-4.

혁파라고 조소하였다. 그러나 이들은 루터파와는 달리, 사람 이름을 따라 자신들을 규명하는 것을 거부하고, 개혁교회라는 이름을 쾌히 채택하였다. 이런 의미에서 칼뱅주의라는 용어는 개혁파와 개혁전통이라는 말로 불려야 한다. 이미 1561년부터 독일 프랑크푸르트의 프랑스 난민교회위그노는 스스로를 개혁교회라 불렀다."[4]

개혁주의라는 용어를 영어로 번역하면 'Reformism'이 되는데, 사실 개혁주의Reformism라는 말은 영어나 독일어에도 없고, 프랑스어에도 없다.[5] 단지 개혁the Reformed교회, 개혁the Reformed신학 혹은 개혁the Reformed전통이라는 말로 존재할 뿐이다. 'the Reformed'라는 말은 역사적 개혁전통을 따르는 교회들의 종합적인 신학 체계 혹은 삶의 체계이다. 카이퍼A. Kuyper의 경우 이 개혁신학을 딱딱한 신학체계나 변증적 색깔이 짙은 종합적 기독교 세계관으로 보기를 거부하고, 오히려 종합적인 '삶의 체계'로 받아들인다.[6]

칸트 이후 서구신학은 존재론적인 인식방식에 익숙해 있었기 때문에 선험적으로 이해해야 한다는 사실을 망각하곤 한다. 또 우리는 주체중심의 서구신학의 접근방식의 맹점인 객체를 비인격적 사물로 인식하여 기능적으로 도식화하곤 한다. 개혁교회의 전통은 그들이 오랫동안 교회중심의 삶을 살면서 쌓아온 삶의 체계인데, 이것을 단순히 도식화해서 신학 용어로 만듦으로써 개혁에 대

---

4. 유해무, "개혁교회와 선교," 4.

5. 이는 중국인들이 개혁신학이라는 용어를 개혁주의로 잘못 번역한 후 한국교회가 무비판적으로 받아들인 데 기인한 것이다. 오덕교, 『개혁신학과 한국교회』 (수원: 합신대학원출판부, 2014), 13. 그러므로 KPM의 목표인 '개혁주의 세계교회 건설'은 '개혁교회 공교회 건설'로 바뀌어야 한다.

6. 세계관(Weltanschauung)이란 표현은 독일어이지만 "삶과 세계관"이란 문구와 더불어 화란계 미국인 칼뱅주의자들, 특히 아브라함 카이퍼의 영향을 받은 자들 사이에 매우 인기 있는 용어였다. 카이퍼가 칼뱅주의라는 강연을 "삶의 체계로서의 칼뱅주의"라는 제목으로 시작했다는 것은 의미 있는 일이다. 삶의 체계(Life-style)는 "삶과 세계관"이란 의미의 독일어 Weltanschauung을 간명하고 자유롭게 번역한 것이다. John Hesselink, *On Being Reformed: Distinctive Characteristics and Common Misunderstandings* (Grand Rapids: The Reformed Church Press, 1994).

한 신학적 오해는 물론 또 다른 '-ism'을 만들게 되었다는 것을 기독교 역사가 증거한다. 다시 말해서, 스위스나 화란 그리고 스코틀랜드처럼 칼뱅주의가 깊게 자리 잡았던 나라들에서는 개혁교회 안에서 사는 것이 어떤 철학적인 연구의 대상이 아니라, 오히려 자연스러운 삶의 일부분이었다. 그런데 훗날에 역사가와 신학자들이 이것을 개혁주의라는 특별한 연구의 주제로 삼아 개혁주의 현상과 그 원리의 전포괄적인 통일성 사이의 관계를 추적하게 되었다는 것이다. 사실 칼뱅은 선험적인 고백으로서 개혁신학의 기초를 놓았었다. 그 고백은 송영으로서 고백된 신앙으로부터 나오는 선험적인 것이었다.[7] 그러므로 지금 우리도 개혁교회의 신학을 선험적으로 고백해가는 것이다.[8] 헨리 미터는 칼뱅주의개혁주의를 사고의 체계라고 전제하였으나, 오히려 개혁교회의 전통은 우리의 실제적인 삶의 체계를 다루는 전통이라 하겠다.

루터의 1세대 개혁에서 다 보여주지 못한 전포괄적인 삶의 체계로서의 개혁이 그 이후의 세대들인 츠빙글리와 칼뱅 등에 의해 지속적으로 진행되어가는 것을 볼 수 있다.[9] 루터와 그 이후 개혁교회의 간격이 있다면, 그것은 바로 개혁이 단순한 교리나 예배의식의 개혁이 아닌 삶의 전반에 전포괄적으로 바뀌어야 할 내용들, 즉 하나님과의 관계, 인간과의 관계 그리고 세계와의 관계에 대한 답을 지속적으로 추구한 것이라고 할 수 있다.

---

7. A. Kuyper, *Lecture on Calvinism*, 김기찬 역, 『칼뱅주의 강연』 (서울: 크리스챤다이제스트, 2014). 1장 "삶의 체계로서의 칼뱅주의"를 참조하라.
8. 이러한 의미에서 KPM 선교사였던 김형규 박사는 그의 글 "개혁주의 선교신학의 정립"에서 고신의 개혁신학은 '회개의 신학'이라고 규정하기도 했다.
9. 카이퍼는 이러한 전포괄적인 개혁이 어떻게 진행되었는지를 다음과 같이 표현했다. "칼뱅주의는 서구의 모든 나라에서 일어났다. 그리고 대학이 그 선두에 있다거나 학자들이 백성을 이끌었다거나 행정관이 우두머리 자리를 차지했기 때문에 이들 나라에서 생겨난 것이 아니다. 오히려 그것은 백성들의 마음에서, 직공과 농부, 상인과 종, 여인과 젊은 하녀와 더불어 생겼다. …… 하나님과의 교제에 의하여 강해진 인간 마음은 삶의 모든 부분을 거룩히 바치라는 높고 거룩한 소명을 발견하고 하나님의 영광에 쓸 모든 힘을 발견했다." A. Kuyper, *Lecture on Calvinism*, 34-35.

바로 이런 점에서 오늘날 개혁교회를 설립해가는 현장 선교사들에게 큰 과제가 주어진다. 그 과제는 바로 선교현장에서 새롭게 주님께로 돌아온 이들이 자신들이 이전에 가지고 있던 세계관과 자신들이 믿고 살던 종교적 신념과 가치들 그리고 삶의 질서와 방식들이 그리스도인이 된 이후 어떻게 변해야 하는지를 삶의 전포괄적 체계로 보여주어야 할 책무를 가지는 것이다. 이것을 신학적으로 말하면 자신학화自新學化라고 할 수 있다. 그러나 자신학화라고 할 때, 이것은 늘 사변적이고 존재론적으로만 생각되는 경향이 있다고 앞에서 지적했다. 하지만 이와 달리 신학은 삶의 체계에 대한 해답이어야 한다. 사실 하나님께서 이스라엘 백성들을 이집트 땅에서 탈출시키신 이후 그들이 살아갈 삶의 체계로서 주신 것이 계시와 율법이었고, 우리는 이것을 신학하나님을 말함이라고 부를 수 있다. 그 신학은 다분히 이스라엘 백성들이 하나님의 백성으로서 정체성을 가지고 살아갈 수 있도록 만들어졌다는 것을 기억하자. 신학적으로 말하자면 충분히 자신학화하기에 충분한 것이었다고 표현할 수 있지만, 이것을 카이퍼식으로 표현하자면 그 첫 율법은 그들의 삶의 전체를 하나님의 백성으로서 살 수 있도록 체계화시킨 것이었다. 각각의 삶의 체계가 역사성을 덧입으면 기독교 문화가 되는 것이며, 여기에 문화가 중첩되면 기독교 전통이 되는 것이다. 개혁교회의 내용신학이라고 부를 수도 있고, 개혁교회의 전통이라고 부를 수도 있다을 담지한 목사나 평신도 선교사가 각자의 선교지에서 날마다 가르치는 것과 보여주는 그들의 삶으로 개혁교회의 문화와 전통이 만들어져 가는 것이다. 그리고 그런 개혁교회의 목사와 현지인 성도들이 함께 만들어가는, 모이는 교회 중심의 가르침과 흩어지는 교회의 삶 속에서 각 선교지의 개혁전통이 지속적으로 만들어져 가는 것이다. 이러한 의미에서 개혁교회 선교사들의 책임이 작지 않음을 인식해야 한다.[10] 그러므로 선교사가 교회를 개척하고 제자 삼는 사역을 한다는 것은 단순히 범복음주의적인 의미에서 제자들을 전도의 동역자로 키우거나 선교사를 대신하여 교회를 이양할 대상으로 만들어가는 것 이상을 의미한다. 그것은 그들의 전포괄적 삶의 체계가 개혁교회의 교인으로서 정체성을 가지도록 하는 것을 포함하는 것이다.

3. 개혁교회란 무엇인가?: 개혁교회의 요체들

개혁교회는 개혁교회의 내용인 신학과 삶의 체계로서의 전통을 텍스트인 성경 말씀에 비추어 지속적으로 개혁해 온 보편교회를 의미한다. 개혁교회는 그 지속적인 개혁을 위해 말씀이라는 유일한 텍스트를 가지고 있다. 하지만 그 동일한 텍스트를 현재 우리가 암묵적으로 인정하는 개혁교회라는 명칭을 가진 교단들만 사용하는 것이 아니다. 뿐만 아니라 로마 가톨릭의 감독제 정치 형태를 벗어난 개혁교회는 교회정치적인 면에서 장로교뿐 아니라 감리교나 침례교 등 다른 다양한 교회정치를 가진 교회들로 발전해 갔다. 신학적으로도 개혁의 기치 아래서 다양한 신학 전통을 가진 교단들로 성장했다.[11] 이들 역시 우리와 동

---

10. 카이퍼는 삶의 체계로서 개혁주의는 몇 가지의 기본적인 것에 대해 대답해야 한다고 본다. 그는 개혁주의(그는 강연의 제목을 따라 칼뱅주의라는 용어를 사용했다)가 단순한 일시적인 현상이 아니라 과거에 뿌리박히고 그리고 현재의 우리에게 힘을 주고 미래의 확신을 충만케 할 수 있는 그런 전포괄적인 원리 체계라고 확신한다. 그리고 증거로서 이슬람이나 불교 등 타종교가 가진 삶의 체계를 대체할 수 있는 기초적인 세 가지 답에 대해 말한다. 그것은 하나님과의 관계, 인간과의 관계 그리고 세계와의 관계이다. 카이퍼는 이 원리를 1898년 프린스턴 대학에서 행해진 그의 유명한 스톤 강연에서 전했다.
11. 개혁주의란 무엇인가에 대한 사변적인 답변은 거의 불가능해 보인다. 개혁주의의 아버지인 칼뱅과 자유주의 신학의 아버지라 불리는 슐라이어마허는 서로 다른 신학의 진영으로부터 개혁주의자로 불린다. 사회 복음주의자들은 칼뱅을 자신들의 아버지라고 지칭한다. 영국에서 신정통주의의 창시자인 칼 바르트는 지나치게 개혁신학자로 분류되기도 한다. 또한 WCC 안의 많은 신학자들과 교단들은 여전히 개

일한 텍스트인 성경을 가지고 있다. 그렇다면 성경에 근거한다고 해서 이들을 모두 개혁교회라고 말할 수 있는가?

어떤 신학이나 사상이 성경에 근거했다고 해서 다 개혁주의라고 말할 수는 없다. 루터는 성경만이 무오하며 신앙과 교리의 기준이 될 수 있으므로 이 성경에 근거하여 교회를 개혁해야 한다고 역설하지만, 우리는 그런 루터를 개혁주의자라고 부르지 않는다. 콘라드 그레벨Conrad Grebel이나 펠릭스 만츠Felix Manz 같은 재세례파도 성경만이 최고의 권위를 가지므로 성경에 따라 교회를 개혁하여야 한다고 주장하지만, 이들 역시 개혁주의자라고 불리지 않고 재침례교도 Anabaptist라고 불린다. 그렇다면 개혁주의 신학과 다른 신학사상을 구별하는 척도는 무엇인가? 그것이 바로 신학의 원리라고 할 수 있다. 곧 어떤 신학원리에 근거하여 성경을 해석하는가에 따라 개혁주의가 될 수도 있고, 개혁주의가 아닐 수도 있다. 성경에 근거한 개혁을 말하면서도 일정한 그리고 일관된 신학적인 전통을 따르지 않고 자신의 주관에 따라 성경을 해석한다면, 주관주의나 신비주의에 빠지게 된다. 그러므로 개혁주의자들은 모든 신학 활동의 근거인 성경을 해석함에 있어서 개혁신학의 전통에 따라 성경을 해석한다. 따라서 어떤 사람이 개혁주의자인지는 그가 어떤 신학전통에 따라 성경을 해석하는가에 달려 있다. 이렇게 볼 때 개혁주의 교회는 개혁주의 신학의 전통에 따라 바른 신

혁교회 연맹에 가입되어 있거나 개혁주의자로 분류되는 인물들이다. 그렇기 때문에 개혁주의란 무엇인가란 질문은 가장 근본적인 질문임에도 불구하고 늘 우리의 신학적 사고의 한 부분을 무겁게 짓누른다. 이것은 비단 개인의 문제일 뿐 아니라 교단의 정체성을 표현하는 일에도, 그리고 선교지에서 개혁교회를 건설해야 할 선교의 직무에도 큰 짐이 아닐 수 없다. 이런 개혁교회의 정체성에 대한 고민은 비단 우리 교단만이 하는 것이 아니다. 예로 PCUSA는 70년대 중반에 자기정체성에 대해 심각하게 고민했다. Hesselink는 미국개혁교회(RCA) 내에서만 해도 어느 정도의 타당성을 지닌 개혁주의 신앙에 대해 열 가지의 상이한 접근을 분별할 수 있다는 점을 예로 들면서, 이 개혁주의라는 명칭을 이해하는 데서 진정한 개혁주의적 강조점과 입장들의 다원성을 기꺼이 인정하고자 했다. John Hesselink, *On Being Reformed: Distinctive Characteristics and Common Misunderstandings* (Grand Rapids: The Reformed Church Press, 1994).

학원리를 가지고 성경을 해석하는 교회라고 할 수 있을 것이다.[12]

이 신학전통을 우리의 개혁교회의 선조들은 신조나 요리문답 같은 신앙고백서에 담아 고백하였다. 그러므로 각종 신앙고백서는 단순한 신학서적이 아니라 개혁교회 교인들의 역사적인 삶의 고백이 녹아 있는 것이다. 그러면 이런 신학원리에 담겨 있는 개혁교회의 신학전통들과 원리들은 무엇인지 살펴보자. 이 신학의 원리들은 개혁파 교회 안에서는 주로 장로교 정치제도를 통해 보존되어 왔다. 교회의 정치제도는 주님께서 지상의 교회를 다스리시는 은혜의 방편이기도 하지만, 동시에 우리가 지닌 개혁교회의 본질을 보호하기 위한 보조수단이기도 하다.

이 세 가지, 즉 개혁교회의 전통과 그 전통을 담아낸 신앙고백서들 그리고 그 본질적인 내용을 외적으로 보호하는 장치인 장로교 정치제도가 바로 개혁교회의 요체라고 할 수 있다. 따라서 선교사들은 선교지에서 교회를 개척할 때 다음의 내용들이 교회에 적용될 수 있도록 해야 한다.

(1) 개혁교회 전통들

선교사는 개혁전통에 대해 구체적으로 이해해야 한다. 예를 들어, 우리는 SFCStudent For Christ; (중·고·대)학생신앙운동 시절부터 하나님 중심이라는 말을 들어왔다. 이것은 개혁교회 전통에서 가장 근본이 되는 중심 주제 중의 하나이다. 그러나 어쩌면 적지 않은 선교사들이 하나님 중심이라는 이 전통이 자신들이 개척한 교회에서 어떻게 구체적으로 가르쳐지고 또 성도들에 의해 실제가 되어서, 그들의 교회도 보편적인 개혁교회 전통에 설 수 있는지 자신 있게 대답하지 못

---

12. KPM 현지지도자 양성 지원을 위한 TF팀 주관으로 열린 2018년 '개혁주의 포럼'에서 이상규 교수가 발표한 "개혁주의 교회란 무엇인가: 선교지에서 어떤 교회를 세울 것인가?," 5.

할 것이다.

개혁전통에 대한 몇 가지 오해들을 정리하면서 개혁전통의 실체에 대해 접근해 보자. 먼저, 우리가 흔히 오해하는 것 중의 하나는 개혁주의 전통의 기원을 개혁the Reformed이라는 말을 앞에 내건 교단예. *Eglise Réformée, Reformierte Kirche* 또는 개혁교회가 시작된 장소예. 스코틀란드, 프랑스, 화란의 개혁교회나 장로교회들이 가진 신학전통에서 찾는 것이다. 그래서 그 교회들의 예전 형식을 도입하면 개혁교회가 되는 것으로 생각하기도 한다.[13] 그리고 또 다른 오해는 개혁주의 전통을 '칼뱅주의'와 동의어로 생각하는 것이다. 사실 칼뱅보다 한 세대 이전의 일부 신학자들과 칼뱅의 당대 신학자들, 그리고 종교개혁 이후 16세기 초와 이후 200여 년간의 다양한 종교개혁 흐름들을 한데 모은다고 해도 개혁전통을 모두 그려낼 수는 없다.[14] 왜냐하면 개혁교회의 전통은 역사 속에 묻혀서 화석화된 것이 아니라, 오늘날도 여전히 개혁교회의 전통을 이어가는 개혁교회들의 지속적인 대화를 통해 발전하는 것으로 이해되어야 하기 때문이다. 이러한 의미에서 개혁파 선교사들은 그들의 선교지에서 개혁전통의 꽃을 심어가는 주체적인 역할을 하고 있는 것이다. 세 번째 오해는, 마치 이것이 개혁교회의 전통이라고 말할 수 있는 단일자료예. 교황의 칙서가 있는 것처럼 생각하는 것이다. 그러나 그런 단일자료는 없다. 우리는 다만 개혁전통의 역사적 고백서들로부터, 그것이 작성된 역사적 시점들에서 하나님의 말씀이 가르치는 바에 대한 교회의 합의에 가장 근접할 수 있을 뿐이다.

개혁교회의 전통은 어느 한 개인의 신학이나 어느 특정 지역 또는 시대의 전

---

13. 예를 들어, 예배 예전에서 운율시편찬송(metrical psalm)만을 부르거나 신앙백서를 가르치는 것을 개혁교회의 정체성이라고 생각한다.
14. Richard A. Muller, *Calvin and the Reformed Tradition*, 김병훈 역, 『칼뱅과 개혁전통』 (서울: 지평서원, 2017), 25.

통이 성경에 가장 부합한 전통이라고 주장하지 않는다. 이러한 의미에서 개혁전통은 폐쇄적이지 않고 역사성과 보편성을 가진 열려 있는 유기적인 전통이다. 개혁교회의 전통은 유일하고, 거룩하고, 보편적이고, 사도적인 교회가 후세대에게 자신들의 신앙과 그 신앙에 근거한 삶의 체계를 물려준 것이다. 이 신앙의 전통은 자신의 특징을 나타내는 몇 가지 신학, 예배, 교회정치, 문화 그리고 삶에서 공통된 강조점들을 가지고 있다.[15] 이 보편적이고 역사적인 개혁교회들이 고백한 전통들의 공통점들을 살펴보면서, 동시에 이미 우리가 경험한 고려파 교회의 개혁전통을 되짚어보는 것은 우리가 선교지에서 만들어 갈 개혁교회들의 좋은 모범이 되기에 적절하리라 생각된다. 고려파 교회뿐 아니라 개혁교회는 그 신학적 전통을 하나님 중심, 성경 중심, 교회 중심이라는 말로 표현하기를 좋아했다. 고려파 교회는 초기부터 세상을 향한 분명한 문화관을 가지고 있었고, 개혁교인으로서 자신들의 정체성을 신사참배를 거부하면서 고백한 고려파 고유의 고백적 영성 안에 담아 전수해오고 있다.

1) 하나님 중심

개혁전통은 인본주의가 아니라 신본주의이다. 그러므로 인간이 중심이 아

---

15. 드윗트는 개혁주의 전통을 오직 그리고 전적으로 성경만으로(sola and tota scriptura), 하나님의 주권사상, 성경의 영감사상, 칼뱅의 5교리, 문화명령에 대한 강조, 상황에 굴하지 않는 선지자적 말씀선포에서 찾는다. John R. de Witt, *What is the Reformed Faith?* (Edinburgh: Banner of Trust, 1982)을 참조하라. 레이스는 하나님의 위엄과 찬양, 반우상숭배, 역사를 통한 신적 목적수행(문화변혁-역자 주), 거룩한 삶으로서의 윤리(영성-역자 주), 단순한 삶과 경건생활, 설교의 중요성을 꼽았다. John Leith, *Introduction of Reformed Tradition* (Philadelphia: Westerminster Press, 1977), 3장을 참조하라. 보이스는 "개혁주의 신학의 미래"라는 제목의 책에서 개혁주의 지도자들이 반드시 기치를 들고 말해야 할 개혁전통을 높은 성경관, 하나님의 주권, 그리스도의 주권, 인간의 타락, 오직 은혜, 경건의 삶(영성-역자 주), 사역 (문화변혁-역자 주), 그리스도 안에서 천국의 보증, 가시적 사랑으로 보았다. James Mongomery Boice, "The Future of Reformed Theology," in *Reformed Theology in America ed. David Wells* (Grand Rapids: Eerdmans, 1985).

니라 하나님이 처음과 마지막이며 우리 삶의 중심이다. 그리고 하나님만이 마지막에 영광을 받으신다. 일반적으로 하나님의 주권, 하나님의 영광, 하나님의 주권사상의 논리적 귀결인 예정론과 동일시될 정도로 하나님 중심 사상과 삶이 강조되었다. "개혁주의 정신의 기본은 경건한 삶에서 출발하기 때문에 개혁주의자들의 삶의 목표는 하나님의 영광을 위하여 살아가는 것Soli Deo Gloria; 고전 10:31; 웨스트민스터 신앙고백 1:1이 되고, 이들의 삶의 자세는 하나님 앞에서 살아가는 삶의 모습Coram Deo으로 나타난다. 따라서 이렇게 하나님의 영광을 위하여 하나님 앞에서 살아가는 개혁주의자들은 그들이 어디에 있던지 복음의 전파와 복음 위에 선 기독교문화 건설에 힘쓰는 것이다."[16] 하나님 중심의 개혁교회 전통의 특성과 그것이 의미하는 바, 그리고 그것이 우리 선교지에 어떻게 적용되어야 할지를 살펴보자.

우리는 성도들이 하나님 중심의 삶을 살아야 한다고 당연히 생각할 수 있지만, 우리와 신학적으로 반대 위치에 놓인 원죄를 부인하는 펠라기안주의와 이와 유사한 신념을 가진 알미니안주의를 대조해 보면, 하나님 중심 사상이 모든 교회의 전통은 아니라는 것을 금세 눈치 챌 수 있다. 개혁교회 교인들은 나의 회심, 나의 신앙, 나의 선한 삶에 신앙의 무게추를 두지 않고, 하나님의 선하심, 하나님의 은총 그리고 하나님의 주권적 의지가 나의 구원의 근본이라고 믿는다. 푸르만의 말처럼, 칼뱅의 진정한 유산은 모든 것인간, 그리스도, 믿음, 세계, 성경, 삶을 인간의 관점이 아니라 하나님의 관점에서 보게 한 것이다.[17] 고려파 교회의 예배는 하나님만을 높이는 하나님 중심의 예배였는데, 언제부터인가 예배가 인간의 마음을 위로하고 인간에게 해답을 주는 식의 예배로 바뀐 것을 우리는 감

---

16. 김형규, "개혁주의 선교신학 정립," KPM 50주년 기념 포럼, 8.

17. Paul T. Fuhrmann, *God-centered religion: An essay inspired by some French and Swiss Protestant writers*, Unknown Binding (1942), 23.

지하고 있다. 큐티의 목적부터 시작해서 교회 생활의 전반적인 프로그램이 사람 중심으로 바뀌어 간다는 것을 또한 쉽게 감지할 수 있다. 하나님 중심의 삶은 인간이 어디로부터 와서 어디로 가야 하는지를 알려주는 인생의 가장 중요한 질문에 대한 답이며, 만물과 생명의 주인이 있음을 고백케 함은 물론 하나님께서 우리 인생의 주인 되심을 고백케 하는 것이다. 이는 우리의 힘으로 인생을 사는 것이 아니라, 하나님께서 우리 삶을 설계하시고 책임 있게 인도해 가신다는 확신으로 사는 것을 뜻한다. 이런 전통은 선교지에서 삶의 존재 이유와 목적을 개인에게 극대화한 다원주의 시대에서 자기중심적으로 살아가는 대부분의 이교도들에게 전혀 다른 삶의 방식, 곧 하나님 중심의 삶이 있다는 것을 보여줄 수 있다. 신 중심의 삶이 생활화되어 있는 극단적인 이슬람권이나 힌두권에서는 하나님 중심의 삶이 이미 그들의 일상이기 때문에 큰 영향력을 기대할 수 없겠지만, 불교권이나 다원주의의 영향 아래 놓여 있는 대부분의 선교지에서 하나님 중심의 삶의 심오한 비밀을 선교사의 삶을 통해 보여준다면 선교에 큰 도전을 줄 수 있을 것이다.

16세기 상황에서 하나님 중심의 신앙고백은 교황 중심의 로마 가톨릭에 반대하는 것이었다. 개혁교회는 창조주 하나님과 인간을 엄격히 구별하며, 인간을 특수한 위치에 두는 신학을 용납하지 않는다.[18] 이런 의미에서 원주민에 비해 비교적 우월한 위치에 설 수밖에 없는 선교사 개개인은 더욱더 성육신하신 예수님의 모습을 배워 낮은 자리에 처하는 리더십을 보여주어야 한다. 또한 한국교회에 만연한 교권주의를 경험한 선교사들은 선교지에서 완전교회를 만들어 갈 때 교권주의에 빠지지 않도록 조심해야 한다. 특히 고신 선교사들은 1951년 총회에서 신사참배를 했던 교권주의자들에 의해 장로교 총회에서 퇴출당한

---

18. 이상규, "개혁주의 역사," 『개혁신앙 아카데미』 (부산: 개혁주의 학술원, 2010), 11.

경험을 되새기며, 교권주의를 선교지에 뿌리내리지 않도록 해야 한다.

하나님의 주권과 예정론은 인간의 구원이 전적으로 하나님의 손에 달려있다는 고백이다. 이것은 하나님의 창조와 사랑 그리고 인간의 전적 타락에 대한 창세기의 고백으로 시작한다. 언약사상은 개혁교회의 전통으로서 인간의 구원을 위해 중추적인 역할을 한다. 특히 이는 인간의 의지는 자유롭지 않으며 예수 그리스도 안에서 주어진 구속에 있어서 능동적인 주도권을 쥘 수 없다고 고백하게 한다. 이런 점에서 개혁전통은 자유주의 신학과 구별될 뿐 아니라, 나아가 예수 그리스도의 십자가를 통해서 얻어지는 구속의 은혜에 대한 인격적인 고백과 삶의 전반에 걸친 변화를 선교지에서도 기대하게 만든다. 고려파 교회는 "예수께서 주님이시다."라는 고백을 위해 신사참배를 거부한 고백교회의 전통을 가지고 있다.

하나님 주권 사상은 우리가 어떻게 살아야 하느냐에 대해 윤리적인 답을 준다. 칼뱅은 그의 유명한 윤리 명제인 '하나님 앞에서*Coram Deo*'에서 이 사실을 말한다. 윤리적으로 부패한 로마 가톨릭 성직자들과 교인들에 대해서 루터는 윤리적인 부분에서 철저한 개혁을 실천하지는 못했다. 반면 칼뱅은, 제네바 개혁에서 보여주었듯이, 성도의 보다 철저한 윤리적인 삶을 요구했다. 그에게서 권징은 교회의 참된 표지로 여겨질 정도로 개혁교회 전통은 철저히 개인의 삶과 사회 윤리에 관여한다. 초기 내한 선교사들 또한 구한말의 비윤리적인 사회상을 성경적으로 바로잡고자 노력했다. 개혁교회의 선교사들은 바른 치리를 행사함으로써 성도들의 개인 윤리가 하나님 앞에서 부끄러움이 없도록 지도해야 할 직무를 가진다.

2) 성경 중심

기독교는 기본적으로 책의 종교이다. 개혁전통의 뿌리는 성경 중심에서 나왔다고 해도 과언이 아니다. 로마 가톨릭이 성경과 전통 혹은 성경과 교황의 칙령을 나란히 세운 것에 반해, 츠빙글리와 칼뱅은 교회와 사회의 모든 부분을 성경에 기초하여 개혁하고자 하였다. 개혁진영 안에서도 토마스 뮌처를 중심으로 한 재세례파는 성경을 통하지 않고 성령으로부터 직접 받는 계시를 중시한 것에 대해서 오직 성경을 다시 한 번 강조하기도 했다. 혹자들은 개혁교회를 단순히 '개혁하자는 주의'로 간주한다. 종교개혁자들이 말한 개혁은 헤겔이 주장하는 것처럼 변증법적으로 개혁하자는 말이 아니라, 성경에 비추어서 미흡한 점이 발견되면 성경에 근거하여 다시 철저히 개혁해야 한다는 것이다.[19] 그런 의미에서 개혁교회의 신자들은 말씀의 사람들이다. "오직 성경Sola scriptura" 원리는 종교개혁 원리를 가장 포괄적으로 설명하는 말일 것이다. 특히 개혁전통 안에서 성경이 특별히 중요시되는 것은 루터파가 그들의 신앙고백서인 아우크스부르크 신앙고백서1530를 대하는 태도에서 감지된다. 이 고백서에는 성경에 대한 독립적인 논의 부분이 없다. 이에 반해 대부분의 개혁교회 신앙고백서들은 한 문단 이상을 성경에 관해, 그것도 신앙고백서의 초두에 할애하고 있다. 또한 루터교는 하나의 신앙고백서만을 유일한 권위로 삼았던 반면, 개혁교회들에게 신조와 고백서는 성경의 원리에 비교해서 언제든지 개혁될 수 있는 대상이었다. 즉, 오직 성경으로 그들의 신학적 전통이 정통성을 유지하도록 하였다. 또한 이러한 보편적 개혁교회의 신학전통이 성경을 올바로 이해할 수 있도록 하는 해석학적 순환[20]을 가능하게 한다.

"개혁자들은 교회를 말씀의 산물이라고 불렀다. 말씀이 교회를 부르고 세우고 유지하기 때문이다."[21] 성경이 말씀하고 있는 계시의 진리는 우리가 세워가

---

19. 오덕교, 『개혁신학과 한국교회』, 14.
20. 김은수, 『개혁주의 신앙의 기초 I』 (서울: SFC, 2010), 30.
21. 유해무, "개혁교회와 선교," 8.

는 선교지의 교회가 보편적 개혁교회 혹은 공교회인 것을 보증한다. 고려파 교회는 말씀의 원리십계명의 1계명를 지키기 위해 순교와 핍박을 감내했으며, 이런 의미에서 고려파 교회는 보편적 개혁교회이다. 선교지에서 선교사는 외부의 핍박이나 개인적인 순간의 안위를 위해 말씀의 진리를 왜곡하지 말고, 말씀의 본질들이 선교지의 전통으로 남도록 분투해야 한다.

성경 중심의 의미는 성경을 유일하고 권위 있는 삶의 원리로 인정한다는 것이다. 성경이 기술된 시대와 비교해볼 때, 오늘날 기독교가 대답해야 할 내용들은 성경시대보다 월등히 많다. 그럼에도 불구하고 우리는 성경이 오늘날 개혁교회의 성도로서 살아가는 우리 삶의 정확한 원리들을 담고 있다고 믿는다. 선교지의 새로움과 다양함이 있을지라도 성경에서 발견되는 개혁교회의 원리 이외에 세속적인 필요와 원리들을 가지고 성경을 재구성해서 교회를 해석하거나 운영해서는 안 된다. 또한 잘못된 은사주의에 치우쳐 성경에서 말하지 않는 성령의 직접적인 계시를 추구해서도 안 된다.

3) 교회 중심

주님은 마태복음 16장 18절의 신앙고백이 있는 곳에 그분의 몸 된 교회를 세우셨다. 그리고 그곳에 들어오는 주님의 양들이 은혜를 받는 방편으로 말씀 선포와 성례를 베풀어 주셨다. 바른 말씀의 선포와 성례의 시행은 다른 어떤 교회의 프로그램보다 중요한 은혜를 받는 방편이다. 종교개혁 당시 로마 가톨릭에서는 설교가 사라지고, 성례 또한 원래의 의미를 상실한 채 공로사상에 물들어 있었다. 오늘날도 적지 않은 교회들이 말씀과 성례 이외의 특별한 프로그램들에 집중하여 성도들에게 은혜를 끼치려고 시도한다. 그러한 프로그램들은 설교와 성례를 돕는 역할을 해야 한다. 선교지의 비참한 죄인들이 말씀을 통해 전도를 받고, 교회 공동체 앞에서 입으로 구주를 시인함으로 세례를 받아 그리스도의 몸에 연합되고, 성찬을 통해 언약공동체 안에 들어와 함께 예배하는 축복을 누리게 해야 한다.

루터나 칼뱅은 말씀과 성례라는 가시적인 은혜의 방편 이외에도 로마 가톨릭이 성직자 중심의 위계질서를 만든 것에 반대하여 '성도의 교제'를 비가시적인 참된 교회의 표지에 첨가한다. 사도신경의 "성도의 교제"와 주기도문의 첫 소절인 "하늘에 계신 우리 아버지"를 고백하는 것은 곧 나 혼자만의 아버지가 아닌 우리 교회 공동체의 아버지요, 이제 한 아버지 밑에서 한 자녀 된 가족 공동체가 되었음을 가르쳐야 한다는 뜻이다. 희미해진 공동체 의식을 가진 개혁교회는 참된 의미에서 선교적 사명을 감당할 수 없다. 성경에서 말하는 구원의 여정은 구원받은 교회 공동체가 하나님의 자녀 된 삶을 서로 나눌 때, 세상 이방인들이 그들의 삶의 진정성을 보고 자신들의 삶의 비참함과 비교하여 자신의 세계관을 버리고 개종하는 것이다. 그러므로 공동체 구성원들이 교회 안에서 하나님의 성품에 참여하고 서로 나눔으로써 주님의 증인의 공동체가 되는 것이다.

대부분의 개혁교회 헌법들은 교회권징을 참된 교회의 제3의 표지로 삼고 있다. 루터파 교인들과 마찬가지로 칼뱅은 말씀과 성례 두 가지만을 교회의 표지로 가르쳤다IV.1.9.[22] 마르틴 부처와 존 낙스는 이것을 세 번째 표지로 보았다. 당시의 개혁교회들이 실시한 교회권징의 본래의 참된 목적은 목회적 보살핌의 한 측면으로서, 본질적으로 긍정적인 것이었다. 즉, 그것의 목적은 "하나님의 말씀 선포의 필수적인 구성요소로서 궁극적으로 교회의 성결과 그리스도의 영예를

---

22. 칼뱅은 그의 『기독교 강요』에서 권징의 중요성을 다음과 같이 강조한다. "그리스도의 구원의 교리가 교회의 영혼이라면, 권징은 그리스도의 몸의 각 지체들을 단합시켜 각각 자기의 위치에 있도록 해 주는 근육으로 봉사한다."(IV.12.1). 뿐만 아니라 "권징을 실시하지 않거나 반대하는 자들은 궁극적으로는 교회의 소멸에 기여하는 것이다."(IV.12.1). 그러므로 그 이후 개혁교회가 권징을 참된 교회의 징표로 넣은 것이 이상한 것이 아니다.

증진하는 데 있었다."[23] 한 명의 성도가 귀한 선교지에서는 마땅히 행해야 할 교회권징을 행하기가 쉽지 않다. 칼뱅의 제네바시 개혁에서도 첫 10년 동안 그가 가장 어려움을 겪었던 부분이 바로 권징이었던 것을 감안하면 분명 교회권징은 쉬운 것이 아니다. 그러나 바른 권징을 시행함으로써 결국 죄인들이 회복되고, 이단이 물러가며, 교회의 순수성과 일치성이 보호되며, 하나님께서 영광 받으실 것이다.

칼뱅은 로마 가톨릭이 주장하는 가시적 교회가 하나님의 나라를 대신한다는 것을 비판하면서, 주님은 말씀과 성례라는 외적인 표지를 주셔서 가시적인 교회를 존속하게 하신다고 보았다. 교회의 불가시성에 대한 강조는 종교개혁의 첫 세대부터 있어 왔지만, 대개는 보이는 교회와 보이지 않는 교회, 모이는 교회와 흩어지는 교회, 공동체로서의 교회와 기관으로서의 교회, 내적교회와 외적교회, 유기체로서의 교회와 조직체로서의 교회의 개념을 구체화시킨 아브라함 카이퍼에게 공을 돌리곤 한다. 특히 카이퍼는 모이는 교회와 흩어지는 교회의 개념과 영역 개념을 통해 교회가 해야 할 일과 성도가 해야 할 일을 분명히 구분한다. 하나님은 이 땅에 교회를 선교사로 파송하셨다. 그런데 동시에 "교회는 세상 속에 있어야 하지만, 교회가 세상이 하는 일과 같은 일을 해서는 안 된다. 대신 교회는 세상 속으로 성도들을 파송한다."[24]

따라서 그리스도의 제자로 훈련받은 성도들은 각자의 영역에서 세상을 변혁하는 일을 감당해야 한다. 세상 속으로 흩어진 성도들은 자신의 삶의 현장에서 승전보를 가지고 가시적인 교회로 모여서 주님께 자신의 삶을 송영으로 올려드리며 예배하는 것이다.

---

23. Eugene Heideman, "The Church and Christian Discpline," *Reformed Review* 16 (March 1963): 32-33.

24. 유해무, "개혁주의 교회론," 『개혁주의를 말하다』 (서울: SFC 출판부, 2011), 142-43

선교에서 교회 중심이라는 의미는 공교회성이라는 의미 안에 내포되어 있다. 성도들의 참된 교제에서 드러나는 공동체성이 확대되면 공교회성이 된다. 성도가 혼자서 신앙생활을 할 수 없듯이 개체교회는 공교회의 일원으로서 존재해야 한다. 선교는 일차적으로 공교회에 맡겨진 사명이기 때문에 개인이나 개교회가 주도하기보다는 공교회가 감당하는 것이 개혁교회의 원리에 맞다고 하겠다. 선교역사에서 현재를 '교회의 선교 시대'라고 부른다. 그러나 이 말이 잘못 이해되면 '개교회의 선교 시대'로 오해될 수 있다. 개교회가 선교의 모든 자원들을 가지고 있다고 해서 독단적으로 선교하기보다는 공교회로서 고신교단의 공식적인 통로인 KPM을 통해서 하는 것이 선교의 공교회성을 살리는 길이다.

4) 개혁교회 문화관

원인으로서 하나님의 주권과 결과로서 하나님의 영광이라는 하나님 중심의 개혁교회에 담긴 기초적인 전통은 자연스럽게 하나님의 주권을 이 세상의 모든 영역에서 실현하여 하나님의 주권과 영광이 드러나도록 하는 일에 성도들을 부르신다고 고백해왔다. 루터의 경우 그의 소명관을 통해서 성도는 교회의 울타리뿐 아니라 세속의 영역에서도 성별된 삶을 살아야 한다고 보았다. 또한 소명을 세속적 직업과 직책으로 이해했으며, 교회 밖 세속 세계를 향하여 사랑을 실천하는 것으로 이해했다.[25] 이러한 의미에서 루터에게 소명은 세상을 향하여 사랑을 실천하는 소극적인 차원에 머물렀고, 세상을 변혁시키는 사상으로까지는 발전하지는 못했다. 은혜로우신 하나님에 대한 루터파의 탐색, 개인 영혼의 안녕에 대한 경건주의적 관심, 그리고 개인의 성결에 대한 웨슬리주의적 목표와

---

25. 이형기, "루터에게 있어서 기독교인의 생활윤리," 『종교개혁신학사상』 (서울: 장로회신학대학출판부, 1991), 142.

는 대조적으로, 개혁주의 전통의 궁극적 관심은 개인과 개인 구원을 초월한다. 그것은 그리스도의 몸인 교회에만 제한되지도 않는다. 그보다 개혁주의의 관심은 국가와 문화, 자연과 우주라는 보다 광범위한 영역에서 하나님의 뜻을 실현하는 데 있다. 따라서 개혁교회 성도는 교회 안에 게토화되지 않고, 세상 속 각자의 영역에서 빛과 소금이 되는 삶을 통해 하나님께 영광을 돌리며, 동시에 세상을 변혁하는 변혁자로서 하나님의 나라를 이 땅에 어렴풋이 드러내는 소명을 가진다.[26]

개혁교회의 변혁적 문화관은 이와 같이 철저히 하나님의 주권과 하나님의 영광이라는 하나님 중심 사상으로부터 출발하고 끝을 맺는다. 즉, 개혁교회의 가르침은 인간적 필요로부터 그 동기와 결과를 찾는 사회복음주의나 자유주의자들의 사회적 행동과 전혀 다르다. 그러나 반대로 정치로부터 물러서야 하며 갈등을 일으키는 사회적 이슈들을 교회에서 다루는 것을 피하고 영혼구원을 위한 복음전파에만 충실해야 한다는 근본주의적이고 범복음주의적인 주장 또한 배격한다. 역사적 개혁교회 전통은 그런 종류의 두 갈래를 인정하지 않는다. "개혁주의는 복음전도와 사회적 행동, 예배와 봉사 사이의 '이것 아니면 저것',

---

26. I. John Hesselink, *On Being Rerormed: Distinctive Characteristics and Common Misunderstandings* (Michigan: Servant books, 1983). 11장을 참조하라. 이근삼 박사는 개혁주의 신앙의 중추적 관심은 개인의 구원을 초월하여 그리스도의 몸 된 교회도 능가하고, 궁극적으로 그 관심과 소망은 국가의 문화, 자연 우주의 넓은 영역에서도 하나님의 뜻을 구현하는 것으로 이해했다. 그 역시 하나님의 주권과 그리스도의 왕권이 생의 모든 영역에 나타나는 하나님 나라의 신학으로 개혁주의를 이해했다. 이근삼, 『개혁주의 신앙과 문화』 (서울: 영문, 1991), 96-99; 이환봉, "개혁주의와 고신신학," 「미스바」 22(1996): 74. 헨리 미터는 카이퍼의 용법을 그대로 살려 개혁주의를 오직 성경에 기초하여 철저히 하나님 중심의 신학과 생활의 모든 영역을 포괄하는 하나의 통일되고 전포괄적인 사상체계로 규정한다. H.M Meeter, *The Basic Ideas of Calvinism* (Grand Rapids: Baker, 1990), 27. 칼뱅의 이러한 사상은 아브라함 카이퍼의 '영역주권 사상'과 스킬더의 '문화의 열쇠로서 그리스도 사상', 그리고 리처드 니버의 문화의 '변혁자로서 그리스도 사상' 속에서 성숙해왔다. 공공 영역에서 개혁교회 전통은 늘 열정적으로 영향을 끼쳐왔는데, 작금 한국의 개혁전통은 오히려 범복음주의의 영향으로 문화변혁의 사명에 대해서 사뭇 부정적이다.

즉 양자택일을 인정하지 않는다. 오히려 개혁주의 전통은 따뜻한 개인적 경건과 격조 높은 교회생활을 경제적, 정치적 영역과 아울러 사회적, 문화적 영역을 포함한 세상에 대한 총체적인 관심과 결합시켜 양자 모두를 추구한다."[27]

교회는 세상 속에 존재하지만 세상에 속하지 말아야 한다. 이 말은 교회가 세상의 일을 하는 곳이 아니라는 말이다. 교회는 교회의 궁극적인 역할인 하나님을 예배하고 증거하는 일에 전념해야 한다. 교회는 설교를 통해 교인들이 마땅히 세상 속에서 살아야 할 바를 가르친다. 교회는 성도들을 그리스도의 군사로서 이 땅에 파송한다. 이것이 개혁교회의 주권영역에 대한 기본적인 이해이다. 고신에 속한 선교사는 선교지에서 일정한 정당에 속하여 정당 활동을 할 수 없게 되어 있다. 그 의미는 선교사들이 교회 밖의 일에 전혀 관심을 두지 말라는 의미가 아니다. 그보다 선교사는 교회를 세워 바른 목회를 하고, 그 바른 목회의 일부인 설교를 통해 강단에서 성도들이 선교지의 각 영역에서 하나님의 나라와 의에 불일치한 종교적, 도적적, 사회적 관행이나 죄와 싸워 그 영역들을 하나님의 나라로 일궈 가도록창1:28 끊임없이 도전하고 세상으로 그들을 파송해야 한다는 것이다.

역사적으로 하나님 나라를 이 땅에 구현하는 방식은 각 시대나 지역마다 다른 모양새를 가졌다. 먼저 낙관주의를 배경으로 몇몇 시도들이 있었는데, 그중 하나는 전국가적인 범위에서 모든 영역을 교회화Christendom하려는 시도였다. 남아프리카 공화국의 아프리카너돔Africanerdom은 그 유명한 실패의 예라고 하겠다. 칼뱅이 제네바시의 개혁에서 보여주었듯이, 개혁교회는 우리의 모든 영역을 교회화하려는 의도가 없다. 물론 우리는 하나님의 나라를 각 영역에 온전히

27. I. John Hesselink, *On Being Rerormed: Distinctive Characteristics and Common Misunderstandings*, 66.

임하도록 최선을 다하는 이상주의자여야 하지만, 죄가 관영한 이 땅에서 성도들은 다만 자신들의 삶의 영역들에서 치열하게 십자가를 지며 하나님의 나라를 자신들의 삶을 통해 변혁해갈 뿐이다. "하나님의 은혜에 의하여 사람이 변하는 것이 사회가 변하는 근본적인 조건이다. 하나님께서는 먼저 개인을 변화시키시고 후에 사회를 변화시키신다. 사회의 변화는 개인의 변화에 의존한다. 하나님께서는 변화된 사람을 통하여 사회를 변화시키신다."[28] 그러므로 선교지에서 개혁교회 건설의 최종 목적은 단지 완전교회의 건설이 아니다. 그보다 한 단계 더 나가서 각각의 제자들이 자신의 영역에서 자신에게 주어진 영역을 선교지로 알고 그곳을 하나님의 나라로 만들어 가기 위해 선교사적 삶을 살아가도록 하는 것을 포괄한다. 이런 치열한 삶의 현장에서 돌아온 성도들의 삶을 예물 삼아 드리는 예배가 성전에 가득하도록 하는 것까지여야 한다.

5) 개혁교회 영성

"영성은 일반적으로 영적인 특징을 의미하지만, 이것이 기독교에서 사용될 때는 구속함을 받은 성도가 그의 창조주를 좇아 지식에까지 새로와져서골3:10 기쁨으로 힘을 다하여 그리스도 예수를 닮아 가려고 노력할 때 나타나는 영적인 특성을 말한다. 그러므로 고신영성은 고신교회가 그리스도를 닮아 가려고 노력할 때 나타나는 남다른 성향을 뜻하며, 고신정신은 이 영성이 현실생활에서 투영될 때 나타나는 실천적인 마음의 자세이다."[29] 고신교단은 개혁교회로서 신사참배라는 특이한 역사적 정황 속에서 예수를 주와 그리스도로 고백하는 일을 위해 고백교회로의 정체성을 분명히 하게 되었을 뿐 아니라, 모든 성도들의

---

28. 조병수, "개혁주의와 한국사회," (2001.8.13), 개성연 하계수련회.
29. "개혁주의 선교신학의 정립," 5.

고백적 삶의 과정에서 드러난 영적인 특성들은 오늘날 우리 KPM 선교사들이 전 세계 교회와 선교지에 내어 놓을 만한 귀한 영성으로 자리매김하였다. 이러한 개혁주의 영성은 사막의 수도사들이나 웨슬리안의 그것과 같이 인간의 노력으로 영적인 능력을 쌓아가는 방식과는 다르다.

칼뱅의 영성은 흔히 자기부인의 영성이라 불린다. 그는 『기독교강요』 3권 7-8장을 할애하여 자기부인의 영성에 대해서 설명한다.[30] "우리는 우리 자신의 주인이 아니고 하나님께 속하였다. …… 반면에 우리는 하나님의 것이다. 그러므로 그를 위해 살고 그를 위해 죽어야 한다."III.7.1. 일평생 회개의 경주를 통해 철저히 자신을 부정하는 성도는 자연스럽게 하나님의 영광만을 위해 생각하고, 행동하여 자신을 거룩하게 한다. 이렇게 거듭난 성도는 자기 자신만을 위해 살던 삶에서 하나님을 위한 삶으로 돌이키는 데서 자기부인의 영성을 드러낸다. 칼뱅뿐 아니라 개혁교회 성도들은 말씀과 기도를 통하여 성도가 거룩한 삶, 즉 자기를 부인하고 하나님의 영광에 참예하는 삶을 영위할 수 있다는 것을 믿는 말씀딤전4:5의 증인들이었다.

고려파 교회에서 자기부인의 영성은 '일사각오一死覺悟', '여주동행與主同行', '지사충성至死忠誠'이라는 말로 구체적으로 나타났다. 우리는 SFC를 통해 늘 신학의 정통, 생활의 순결, 순교자적인 삶이 우리 고신교회가 이 땅에서 추구하는 특징이며, 하나님 중심, 성경 중심, 교회 중심의 삶이 성도들의 삶의 원리라고 배워왔다. 이러한 삶의 원리와 특징들이 구체적으로 이 세 가지 영성 안에 녹아 있다. 이것은 우리 신앙의 선조들이 이 땅에서 경험하고 고백한 것이며, 고신교단 안에서 신앙생활을 해온 KPM 선교사들이라면 가장 이해하고 체득하기 쉬운

---

30. 칼뱅은 『기독교 강요』 3권 6-10장에서 기독교인의 삶의 영적인 성격과 그 실제적인 적용에 대해서 다룬다. 여러 나라들에서 이 부분만을 따로 떼어서 "On the Christian Life"라는 제목으로 출판해서 개혁주의 영성교재로 사용하기도 한다.

개념이기에 선교지 상황에서도 잘 적용할 수 있을 것이다.

'일사각오'란 죽음을 각오한 결단의 믿음으로 살아가는 성도의 영성이다.[31] 일제의 핍박 가운데서도 죄로부터 신앙의 순결을 지키기 위해 목숨까지라도 내놓는 굳은 신앙을 의미한다. 고려파 교회의 성도들은 주님으로 인해 받는 희생과 고난을 주저하지 않고 더욱 적극적으로 참여할 뿐만 아니라, 이 고난을 주님이 주시는 것으로 여겨 감사하게 받는 영성을 보여주었다. 우리는 선교지에서 주님으로 인해 핍박을 받을 때가 많다. 일사각오의 영성을 보여준 선배들의 모습은 핍박을 당하는 많은 선교지의 성도들과 선교사들에게 마지막 승리의 영광에 대한 소망을 한층 더해준다. '여주동행'은 성도들이 날마다의 삶에서 주님의 동행하심을 경험할 뿐 아니라, 모든 일에서 주님을 의식하고 살아가는 삶의 영성을 의미한다. 선교사는 개혁신앙을 가르칠 때, 성도들에게 자신의 삶에서 나타나는 그리스도와의 동행을 보여주는 여주동행의 영성을 실천해야 한다. 여주동행은 비단 개인이 주님과 동행하는 것만을 의미하지 않았다. 교회 공동체 전체가 매주 교회의 머리 되신 주 예수 그리스도의 사랑과 성령님의 인도하심을 경험하는 것을 포함했다. '지사충성'은 우리 인생을 죄로부터 사서 구원해 주신 주인이신 예수님께 어떠한 고난과 난관이 있더라도 충성을 다하는 영성을 의미한다. 예수님께서 말씀으로 이 땅에 나타나 보이시기에 그 말씀 하나하나에 최선을 다해 순종하는 것이다.

---

31. "일사각오라는 말은 주기철과 관련해서 유명해진 말이다. 신사참배 반대운동을 하던 당시에 죽음을 각오하고 결사반대하던 때의 구호였다. 1938년 금강산에서 모인 수양회에서 주기철 목사가 예언자의 권위라는 제목으로 설교를 한 일이 있다. 그의 메시지 가운데 일사각오라는 말이 반복해서 사용되자 일제는 이 모임을 중지시키고 참석한 사람들을 해산시켰다고 한다." 김충남, 『순교자 주기철 목사 생애』(서울: 백합출판사, 1991), 136. 김형규, 재인용.

(2) 개혁교회 전통의 집약으로서 신조Creed[32]

개혁교회의 신조이하 신조라는 단어에 신앙고백과 요리문답을 포함한다들은 개혁파 교회들이 가진 신학전통의 집약체라고 할 수 있다. 그러므로 그 권위의 면에서 성경과 같이 절대적일 수는 없다. 칼뱅이나 혹은 당대의 다른 개혁파 신학자들은 보다 구체적인 신학적 토론에서 서로 간에 불일치한 것들이 있었다. 그렇다고 해서 그들이 서로 다른 신학전통을 만든 것은 아니었다. "그들 서로 다른 부류는 신앙고백을 공적으로 서술함으로써 고백신학의 전통이 일어나고 발전하였다."[33] 개혁파 2세대부터 개혁파 교회들은 자신들의 신학적 정체성을 신학적으로 느슨하게 만들어진 신조를 통해 고백했는데, 이것이 개혁전통의 표준이 되었다. 예로, 독일의 개혁교회는 그들이 루터파와는 다르다는 것을 드러내기 위해 하이델베르크 신앙문답서를, 화란의 개혁교회는 알미니안으로부터 자신들의 신학전통을 구별하기 위해 도르트 신경을 작성했다. 개혁교회 안에는 각 교단별로 60여 개의 신조들이 존재한다. 그렇다고 해서 그들 교회가 각각의 신학전통

---

32. 이 세 가지 문서들은 서로 다른 목적으로 작성되었다. 신조는 개인의 고백이므로 1인칭 단수가 사용된다. 이것은 교회의 예배에서 고백되기 위해 만들어졌다. 신조는 고백의 목적이다. 간결하며 신앙의 중요한 점만 나열한다. 역사적으로는 교회의 일치를 위한 표지였다. 기독교가 받아들인 에큐메니컬 신조는 사도신경, 니케아신경, 아타나시우스 신경이다. 장로교는 사도신경만을 공식적으로 받고, 다른 두 신경은 참조 고백문서로 인정한다. 이에 비해 신앙고백은 교회 전체의 고백을 위한 것이므로 1인칭 복수를 사용한다. 이것은 예배보다는 가르침을 위해 만들어졌다. 그러므로 범위와 길이에 있어 방대한 분량이다. 또한 신앙고백은 각각 교파들의 독특한 정체성을 드러내기 위해 작성되었기 때문에 교단들의 특성이 드러나는 신앙고백집이 60여 개나 된다. 교리문답서(Catechism)도 신조의 성격을 지니지만, 기본적으로 공적설교와 교육을 위한 것이다. 예로 웨스트민스터 대교리문답은 설교단에서 행해지는 교리설교를 위해서, 그리고 소교리문답은 어린이들의 교육을 위해 작성되었다. Klass Runia, *I believe in God: Current Questions and the Creed* (London: Tyndale Press, 1963). 1장을 참조하라.

33. 멀러, 1장을 참조하라. 보통 신학적 담론들은 대부분 칼뱅을 그가 처한 상황에서 끌어내어 높이거나 그를 개혁파 전통의 창시자로 규정하여 높일 뿐 아니라, 그의 『기독교 강요』를 개혁파 전통의 유일한 표준으로 판단하는 오해를 한다. 이러한 의미에서 적어도 17세기 개혁파 신학자는 자신들이 칼뱅주의자로 불리는 것을 불쾌하게 생각했다.

을 가진 것으로 보기보다는 보편적 개혁교회의 전통을 함께 만들어 가고 있는 것으로 이해되어야 한다. 이 개혁교회의 신조들 안에는 보편교회로서의 개혁교회의 신학전통이 고백되어 있다. "개혁파 교회는 결착된(완전하게 결말지어진) 정적인 의미에서 신조교회가 아니고, 끊임없이 새롭게 고백하는 동적인 의미에서 고백교회이다."[34] 이 신조들은 다른 종교나 다른 신학전통과 개혁교회를 구별하고 그 정체성을 확연하게 보여준다.

이러한 의미에서 선교사는 선교지에 자신이 세우려고 하는 교회의 정체성을 신조를 통해 반드시 드러내야 한다. 처음부터 신조를 매주 직접 가르치기보다는 신조의 내용을 성경 본문을 통해 풀어서 가르치는 것이 지혜로운 방법일 것이다. 무엇보다 중요한 것은 일정 기간이 지난 후에 교인들이 자기들의 정체성을 찾을 때, 다른 교단들의 전통과 비교해서 다른 것이 있고, 그 다름이 바로 개혁교회 전통임을 알게 되는 방식으로 개혁교회의 정체성이 드러나야 한다. 우리 교단이 채택한 웨스트민스터 신앙고백서와 교리문답서들을 선택하든지 혹은 교회의 상황에 부합하는 기존의 다른 신조들을 채택하든지, 선교현장에 맞게 수정하거나 새로 작성하여 선교지 교회가 그것을 고백하도록 하자.[35]

신조들이 만들어진 기원은 세 가지로 나눌 수 있다. 먼저 교회생활의 발전과정에서 작성되어 하나님의 섭리로 자연스럽게 교회에 받아들여진 경우가 있다.

---

34. 牧田吉和, 改革派信仰とは何か, 이종전 역, 『개혁파 신앙이란 무엇인가?』 (인천: 아벨서원, 2002), 68.

35. KPM 선교사가 완전교회를 선교지에 세워갈 때 다른 신학전통에 있는 선교사들이나 다른 교파의 선교사들과 연합하여 사역하는 경우들이 종종 있다. 이 경우 완전교회의 가장 중요한 신조가 개혁교회의 것이 되어야 한다. 한국의 경우, 내한 장로교 선교사들이 연합사역을 하면서 처음에 인도에서 작성된 12신조만을 받았다. 12신조는 범복음주의적인 성향은 있으나 온전한 개혁교회의 특성을 보여주지는 못했다. 그러므로 KPM 선교사들은 개혁교회의 특징을 드러내는 도르트 신경이나 하이델베르크 혹은 우리 교단이 받은 웨스트민스터 신조들 등을 선교지 교회(교단)의 모든 성도들이 고백할 수 있게 하는 것이 가장 중요하다. 선교지에서는 신조로부터 신학이 나오고, 선교지 교회의 색깔이 확연해진다는 것을 명심해야 한다.

사도신경이 이 경우에 해당한다. 두 번째는 공회가 공식적으로 만든 것이다. 니케아 신경, 도르트 신경, 웨스트민스터 신앙고백 등이다. 세 번째 경우는 한 신학자 혹은 수 명의 신학자들이 모여 작성한 것을 교회가 받은 것이다. 벨직이나 하이델베르크 교리문답이 이 경우에 해당한다.[36]

그러면 신조의 필요성과 목적은 무엇인가? 신앙고백서의 필요성을 뒷받침해주는 성경의 근거들을롬10:9, 고전12:3, 딤전6:13, 요일4:21[37] 차치하더라도 "신앙고백 없이 그리스도를 소유하거나, 신조 없이 성경을 소유할 수 없다."와 같이 개혁교회의 신조에 관한 명제는 분명하다. "개혁주의 교회는 소시니안Socinians과 퀘이커교도Quakers 등이 말하는 신조무용설을 반대하지만, 천주교와 희랍정교회 등이 주장하는 신조무오설도 거부한다. 도리어 개혁교회에서 신조는 무오하지 않은 상대적인 권위를 가지며, 바른 신학 및 교회 활동을 위하여 절대적으로 필요한 것이다."[38]

신조와 신앙고백의 목적은 첫째, 신자들을 연합시키며 강건케 하는 데 있다. 신조는 신앙의 일치와 하나님의 아들에 관한 지식에서 하나 되게 하는 일엡4:13을 위해 필요하다. 선교지에서 완전교회 혹은 그 이상의 치리회를 이루어 가는 과정에서 신조와 문답서는 개척된 지역교회들을 공교회로 묶을 수 있는 가장 강력한 도구가 된다. 둘째, 신조의 교육은 선교지의 교회가 개혁교회로서 정체성을 가질 수 있는 가장 강력한 요체 중의 하나이다. 셋째, 교회는 이단으로부

---

36. 허순길, 『개혁주의 교회의 신조』 (천안: 고려신학대학원).

37. Norman Shepherd, "Scripture and Confesssion," in *Scripture and Confession: A Book about Confessions Old and New*, ed. Skilton (New Jersey: P&R, 3ff, 1973), 3ff.

38. 이상규, "개혁주의 역사," 5. "루터파는 「협약서(The Book of Concord)」에 보다 큰 권위를 부여했다. 개혁주의 전통은 루터파처럼 결코 하나의 교리문답서 혹은 하나의 신앙고백서만 갖고 있는 것이 아니라, 광범위하고 다양한 교리문답서와 신앙고백서들을 갖고 있다. 그래서 '개혁주의 전통'은 루터파와 같은 교리집성체(corpus doctrinae)를 갖고 있지 않다."

터 복음을 지키는 진리의 기둥과 터딤전3:15라는 사명을 감당해야 하는데, 개혁교회는 이러한 복음의 순수성을 신조를 통해 지켜왔다. 넷째, "신조의 일차적 목적은 교육적이며, 복음 전도적이며, 참된 기독교적 삶의 본질인 위대한 자유에 대한 즐겁고 행복한 선포여야 한다."[39] 이 땅에서 성도의 가장 큰 기쁨은 하나님과 그분의 성품을 아는 지식에서 부요해지고 그것을 닮아가는 것이다. 이러한 스킬톤의 지적처럼 성도들에게 신조의 교육은 하나님을 아는 지식에서 부요함에 이르도록 하는 가장 빠른 길이다. 신조의 교육은 주로 개혁교회 전통에서는 설교를 통해 이루어져 왔다. 신조는 우리 기독교가 지닌 가장 전포괄적인 소재를 담고 있다. 그러므로 신조를 가지고 행하는 설교는 성도들로 하여금 하나님의 비밀을 알아가는 것에 풍성하게 이르도록 하는 가장 좋은 방법이다.[40]

(3) 개혁전통을 파수하는 역할로서 장로교 정치제도[41]

교회의 직분을 포함한 교회의 정치제도는 구약뿐 아니라 신약성경에도 언급되는 것이므로 굳이 그 필요성에 대해서는 재론할 여지가 없을 것 같다. 하나님께서는 성도들을 교회로 불러 모으시고 은혜의 방편들을 통해 양들에게 꼴을 제공하신다. 교회는 인간의 모임이기에 제도가 필요하고, 역사적 교회는 다양한 방식으로 교회 정치제도를 만들었다. 정치제도가 은혜의 방편과 같은 권위를

---

39. Skilton, *Scripture and Confession*, 122.
40. 하이델베르크 요리문답서의 경우 십계명, 사도신경 그리고 주기도문으로 구성되어 있으므로 성도들이 사도신경의 구원의 진리와 십계명과 주기도문을 통해 신앙윤리와 영적생활의 방법에 대해서 편식 없이 들을 수 있다. 웨스트민스터 신앙고백서와 대소요리 문답은 성도들이 궁금해 하는 신학의 내용들과 세계관에 대한 대답들로 가득 차 있다. 이 내용들은 모두 배경 성경구절들을 갖고 있어서 설교로 작성하기 쉽다.
41. 개혁교회에서 질서를 가르치는 과목을 교회법이라고 부른다. 교회법 안에는 교의학, 예배, 권징, 봉사 그리고 교회 정치가 포함된다. 심지어 공권력과의 관계도 포함된다. 유해무, "개혁주의 교회론," 31을 참조하라. 선교지에서 어떠한 교회를 세워야 할 것인가에 대한 질문에 답하려면 당연히 이 모든 부분을 다루어야 하지만, 지면상 모든 부분을 다룰 수 없기에 여기서는 교회법 가운데 교회정치만 다루기로 한다.

가지지는 않지만, 칼뱅이 말한 것처럼, "그리스도의 머리되심은 단순히 영적이고 도덕적인 것일 뿐 아니라, 교회 정치와 법에도 관계되는 것이어야만 한다."[42]

장로교는 어떻게 발전하였을까? 우리 장로교는 교회사 초기에 성도들이 목사를 선출하고 목사는 장로들과 함께 목회하는 방식이 성경에서 말하는 정치의 원형이라고 본다. 그러나 로마 가톨릭은 장로직을 성직자가 대신하고 주교와 교황이 윗자리에 위치하는 위계제도로 변질시켰다. 칼뱅은 중세 감독제 정치제도의 내적인 문제들을 성경적으로 비판함과 동시에 정교일치라는 외적인 상황을 해결하기 위해 고대 교회의 장로 직분을 회복시켰다. 칼뱅의 영향 아래 프랑스 위그노가 1599년에 첫 장로교 총회를 가졌고, 낙스의 영향 아래 스코틀랜드에서는 1560년부터 장로교 정치제도가 시행되었다. 그러나 개혁교회 안에서도 장로제가 온전한 대안이 될 수 없다고 생각한 부류가 있는데, 바로 회중정치를 주장하는 이들이었다. 이들은 치리의 주체가 감독 한 사람이나 다수의 장로가 아닌 회중 전부가 되어야 한다고 주장했다.[43] 결국 루터교의 경우 교회 정치에 있어서 로마 가톨릭의 감독제도에서 크게 벗어나지 못했기에 독일교회는 이후 감독제로, 그리고 영국에서는 성공회적 감독제로 발전하였다. 교황제에 대한 극단적인 반발로 형성된 회중정치 제도는 대체로 프랑스와 화란 등에서 발전하였고, 장로교는 스코틀랜드와 제네바 등에서 발전하였다.

개혁교회와 장로교회 신학자들 가운데 장로제도가 개혁교회에 본질적인 것인가에 관해서는 아직도 논쟁이 되고 있다. 빌헬름 니젤 같은 대담한 개혁파 신

---

42. Emile Doumergue, *Jean Calvin: Les Hommes et les choses de son temps 5* (Lausanne: Georges Bridel, 1910), 6. "칼뱅과 그의 영적인 후예들은 교회 질서 혹은 정치를 항상 매우 중요한 것으로 여겨 왔다. 교회 질서의 중요성은 아무리 강조해도 지나침이 없고, 개혁교회들 또한 이 점을 잘 인식하고 있다. 더욱이 교회행정에 관한 방대하고도 자세한 세부규정은 개혁교회 교리의 일부이기도 하다." Osterhaven, *Spirit of the Reformed Tradition* (Grand Rapids: W. B. Eerdmans, 1971), 61.
43. 유해무, "개혁주의 교회론," 30을 참조하라.

학자까지도 개혁교회의 어떤 특정 직분제도의 필요성을 고집하지 않는다.[44] 그럼에도 불구하고 칼뱅은 장로교회 정치제도는 교회의 본질에 관한 개혁신학적 확신을 가장 잘 표현한다고 보았다. 그 확신은 장로교 안에 장로직에 기인한 것이 아니라, 장로교 정치제도 안에 있는 원리들에 기인한 것이었다. 어떠한 교회 정치 형태도 완전할 수 없으며, 하나님의 나라를 온전히 담지하거나 은혜의 방편들에 완전한 방패가 될 수는 없다. "그러나 장로회 정치제도는 그 효율성에 대한 평가에서 탁월함이 드러났으며 …… 수세기 동안 많은 정치제도 형태 가운데서 가장 수용할 만하고 효능 있음이 입증되었다. …… 이 정치형태는 성경적 지지를 받고 있을 뿐 아니라, 하나님의 주권, 그리스도의 교회의 머리되심, 그리고 성령의 활동, 외형주의와 미신에 항거하는 개인적 신앙, 반응, 그리고 개인성의 필요에 대한 인정, 평신도직에 대한 신적 소명, 성화의 교리에 의한 윤리적 강조, 영적인 독립에 대한 열망, 교황 지상권에 대한 혐오감, 친교의 자발성, 말씀의 우선권에 대한 주장 등 중요한 교리들과도 잘 조화를 이루고 있다."[45]

장로교 정치제도가 완전하지는 않지만, 장로교 정치제도의 원리가 잘 지켜질 때 개혁전통이 잘 보호될 수 있다. 정치제도만을 두고 볼 때, 회중제도를 채택한 회중교회, 침례교회, 혹은 감독제도의 형태를 가진 성공회나 감리교 등에도 매우 개혁파적인 요소들이 있다. 반대로 일부 장로교회의 목사나 장로들은 마치 로마 가톨릭의 사제들이나 감독들처럼 행동한다. 뿐만 아니라 장로교회의

---

44. Wilhelm Niesel, "Our Witness in the Ecumenical Movement Today," *The Reformed and Presbyterian World* (December 1965).

45. G. D. Henderson, *Presbyterianism* (Aberdeen: The University Press, 1954), 4장을 참조하라. KPM 선교사가 다른 정치제도에 있는 선교사들과 협력하면서 교회를 개척해가야 할 경우들이 있다. 그런데 이때 반드시 우리가 가진 장로교 정치제도만을 고집하지 못할 경우가 발생할 수 있다. 만일 우리가 개혁교회의 정체성과 장로 정치제도의 장단점에 대해서 충분히 숙지하고 있다면, 장로 정치제도라는 이름만을 가지기보다 개혁교회의 정체성과 장로교 정치제도의 원리의 장점들을 충분히 살리면서 현지에 상황화된 정치제도를 발전시켜 나갈 수 있을 것이다.

교인들 가운데에는 회중교회 교인처럼 행동하는 사람들도 있다. 따라서 장로교 정치제도의 원리를 잘 지키는 것이 장로교의 타이틀을 가지는 것보다 더 중요하다고 하겠다. 선교사가 장로교 정치의 정체성에 대한 분명한 이해와 확신이 있어야 칼뱅이 개혁교회의 정체성을 담아내는 데 가장 효과적이라고 믿었던 이 정치제도를 선교지에 제대로 정착시킬 수 있을 것이다.

장로 정치제도는 개혁전통에 부합하는 몇 가지 원리들을 가진다. 기본 원리는 그리스도의 주권 아래 모든 지체와 개교회들이 누리는 평등성, 국가기관으로부터 독립하여 직분자들을 통해 운영되는 자율성, 그리고 개체교회의 대표들을 통해 운영되는 연합성에 있다. 종교개혁자들이나 이후 국가가 교회의 정치에 관여하려고 했던 시대에는 교회의 자율성과 독립성을 확보하는 것이 심각한 문제였다.[46] 장로교 정치의 두 번째 원리는 목회적 동등권parity of the ministry에서 잘 나타난다. 칼뱅의 교회정치를 이해하는 데서 가장 중요한 부분은 그리스도만이 교회의 머리가 되신다는 인식이다. 주님은 인간의 봉사를 통해 교회를 통치하신다. 그러므로 인간적인 의지가 교회에 반영되는 것을 최소화하고, 하나님의 뜻이 교회에 최대한으로 반영되게 하는 것이 가장 이상적인 정치제도일 것이다. 장로정치가 회중정치나 감독정치보다 뛰어난 이유가 여기에 있다. 서열적 계급 개념에 대해서 반대하는 이유는 교황이나 감독같이 한 사람의 생각이 하나님의 생각 전체를 제대로 반영해내지 못한다는 것이다.[47] 반대로 회중

---

46. 치리권 문제를 두고 칼뱅은 제네바 시와 초기 10년간의 사역에서 갈등을 겪었는데, 그가 1541년에 제네바에서 작성한 교회헌법에는 교회의 독립성에 대한 그의 고민이 담겨있다.

47. 칼뱅의 경우 목회직의 기본적인 동동권이 인정되는 한에서는 감독직을 반대하지 않았다. 맥닐, 존 레이스와 같은 몇몇 저명한 칼뱅 연구가들은 칼뱅이 감독제도를 주창하지는 않았으나 인정은 했다고 주장한다. "실제로 칼뱅은 전제적이고 독재적인 장신구가 제거되고 감독이 설교, 가르침, 목회적 돌봄에 충실하는 한, 감독제도를 수용했다." John Leith, *Introduction to the Reformed Tradition* (Atlanta: John Knox Press, 1977), 157-58. 이후 스코틀랜드 등의 장로교회는 장로직과 감독직을 같은 것으로 보아 교회의 감독화, 위계적 계층화되는 것을 제도적으로 막으려 했다. 이로 볼 때, 감독제든지 장로제든지 그 제

전체가 하나님의 뜻을 나타내려고 할 때 발생할 수 있는 교회의 무질서 또한 경계한다. 이런 의미에서 장로 정치제도의 목회적 동등권은 몇 가지 오해를 불식시킨다. 목회자 사이의 동등권은 의회기능에서의 동등권이다. 담임목사와 부목사 사이에는 연배의 차이에서 오는 서로 배움과 겸손한 존중과 배려가 있어야 한다. 그러나 회의에서는 동등성을 가진다.

위계질서가 강하게 작동하는 한국목회의 상황이[48] 오리엔테이션 되어있는 KPM 선교사들에게 선임 선교사와 후임 선교사 간에 위계적 협력사역의 문제가 항상 걸림돌로 대두된다. 정확한 공사구분을 통해 목회적 동등성이라는 개혁교회의 정치원리를 새롭게 각성해야 하다. 목사와 장로의 동등성 또한 직무에 있어서는 다르지만, 회의와 치리에서는 동등성이 지켜져야 한다.[49] 주로 선교사가 교회를 개척하고, 재정을 가지고 오고, 교회 행정의 전반을 오랜 기간 혼자 담당해야 하는 것이 선교지의 현실이기에, 선교사는 직분의 동등성이라는 원칙을 쉽게 놓칠 수 있다. 완전교회가 되기 이전에는 집사회를 세워 장로의 역할을 하게 해야 하며, 장로의회당회가 교회 안에 만들어진 후에는 동등성의 원리를 모범적으로 보여주는 겸손함이 필요하다.

또 다른 특징은 장로들이 공동으로 감독하는 노회 회의체제에 있다. 장로와 장로의 평등성, 교회와 교회의 평등성을 강조하면서 감독제의 위계적 구조를

도보다 예수 그리스도를 머리로 한 교회는 직분의 동등성이라는 원리 자체를 지키는 것이 더 중요한 것임을 알 수 있다.

48. 단계적 위계질서 개념은 이미 낙스의 개혁에서 상회와 하회의 개념을 통해 장로교 안에 들어왔고, 웨스트민스터 회의 당시에도 왕정에 익숙한 지역교회 목사들에 의해 상명하복의 교회회의 체계를 채택하였다. 이러한 위계적 질서 체계는 장유유서를 중시하는 한국적 상황과 만나 교권주의를 양산해 냈다.

49. 중대형교회에서 당회가 치리하는 장로들이 가르치는 장로의 자문 역할로 전락되지 않도록 해야 한다. 반대로 소형교회에서 치리장로들은 가르치는 장로를 마치 월급을 주고 고용된 것처럼 생각해서도 안 된다. 이 동등성의 원리는 노회에서도 지켜져야 한다. 한국 장로교는 목회자 총대가 장로 총대보다 많다. 하지만 목회자 총대와 장로 총대는 동수이어야 한다. 낙스의 제1치리서(1560)는 칼뱅에게서 후퇴하여 노회가 목사의 신상을 처리하므로 목사의 수가 많아야 하다고 규정함으로써 원리적 퇴보를 가져왔다.

반대하는 측면에서 장로 정치제도는 회중 정치제도와 유사하지만, 모든 교회가 그리스도의 몸이라는 연합성을 강조하는 면에서 장로 정치제도는 회중교회의 그것과 분명히 구분된다. 목사와 장로는 교회의 대표로서 노회에 참석하고,[50] 노회의 총대는 노회의 대표로서 총회에 참석함으로써 교회는 그리스도 안에서 한 몸이 되는 것을 공적으로, 정기적으로 확인한다.[51] 장로교 정치제도에서 장로들의 연합체인 노회는 가장 핵심이 되는 모임이다.[52] 개체교회가 당회를 구성했다고 해서 그것만으로 장로교 정치가 되는 것은 아니다. 교회가 공동으로 교회를 치리한다는 의미에서 목사는 노회의 소속이며, 교인의 대표로서 장로들과 함께 노회에서 직무를 수행한다. 교회의 연합성이라는 개혁교회의 원리를 고려한다면, 선교지에서 교회를 개척할 때 처음부터 노회를 구성하는 완전교회 형성을 반드시 염두에 두어야 한다.

3. 나가는 말

개혁교회로서 고신교회의 선교는 위에서 언급한 개혁교회의 세 가지 요체들, 즉 개혁교회의 전통과 그 전통을 담아낸 신앙고백서들 그리고 그 본질적인

---

50. 장로는 교인들에 의해 선출되지만 그렇다고 교인들의 대리자가 되는 것은 아니다. 장로는 마치 교인들을 대표해서 목사와 긴장 관계에 있는 모양새가 자주 연출되는데, 이는 장로가 교인의 대표라는 회중교회의 발상이다. 유해무, "개혁주의 교회론," 41.
51. 노회는 정회만 있고, 총회는 폐회만 있어야 한다. 총회는 상설회의가 아니다. 총회를 상설기구화함으로 교단이 감독정치의 폐단인 교권주의에 빠지는 것을 막기 위해서는 노회회의와 공동의회를 활성화하는 것이 중요하다.
52. "칼뱅은 비록 성경이 구체적으로 명시하고 있지는 않지만, 사도행전 15장의 할례문제 처리에서 개별교회가 독단적으로 처리하거나 어느 한 지도자가 독단적으로 결정하지 않고 예루살렘 공의회가 모여 이 문제를 처리한 것을 보면서, 예루살렘 공의회를 오늘날 노회와 같은 기구로 보았다.' 이상규, "개혁주의 역사," 7.

내용을 외적으로 보호하는 장치인 장로교 정치제도가 선교지의 상황에 접목되어서 정착되는 것을 선교의 방법론으로 한다. 고신교회가 가진 신앙의 전통이 각 선교지에서 정통orthodoxy이 되기 위해서는 선교사의 성육신적 삶이 필수적으로 요청된다. 경건주의 신학의 목적은 하나님과 친밀한 관계를, 범복음주의 신학의 주된 목적은 영혼의 구령을, 그리고 오순절 계열의 신학은 복이라는 분명한 목적을 추구하는 신학이다. 개혁교회의 목적은 이 땅에서는 완전하게 구현하기 불가능한 하나님의 나라를, 그럼에도 불구하고 지속적으로 이 땅에 구현해가려는 이상주의적 도전 그 자체라고 할 수 있다. 그래서 개혁교회의 신학이 선교지에서 참되게 구현되기 위해서는 끊임없이 도전하고 개혁해 가는 선교사들의 삶이 필수적이다. 이러한 선교사들의 삶으로 드러난 개혁신학의 전통이 현지인들에 의해 현지화되어 정통이 되어가고, 이것이 그들의 입으로 신앙고백되고, 그리고 그러한 동일한 고백을 하는 교회 공동체가 완전교회로서 장로교 정치체계를 가지는 개혁교회들이 열방 가운데 지속적으로 세워져 가기를 소망해 본다.

3장

선교의 목적으로서 선교정책 2:
제자들을 통한 전포괄적 삶의 영역에서의 변혁

1. 들어가는 말

한 선교사가 해외 선교지로 갔다고 생각해보자"너희는 가서". 그는 말씀과 기도 가운데 우러나오는 성령이 주시는 영성을 통해 전도자의 삶을 살게 된다. 전도한 이들을 제자 훈련하여 제자로 삼고"모든 민족을 제자를 삼아", 삼위 하나님의 이름으로 그들에게 세례를 주고, 그들이 살아 있는 공동체로서의 보이는 교회*ecclesia visibilis*와 보이지 않는 교회*ecclesia invisibilis*를 세우게 한다. 그러나 우리가 말하는 선교의 목적인 개혁교회 건설은 여기에서 멈춰서는 안 된다. 이 제자들의 공동체가 교회 안팎의 삶의 전포괄적인 영역에서 하나님 나라의 백성답게 살아가면서 하나님의 나라가 드러나고, 마침내 그 영역들이 하나님의 나라로 변혁되어 가는 모든 성육신적 선교의 과정이 포함되어야 한다. 선교지 교회의 이양 조건이 단순히 이양 받을 현지지도자를 준비하고 재정 이양을 준비하는 것만이 되어서는 안 된다. "그러므로 너희는 가서 모든 족속으로 제자를 삼아 아버지와 아들과 성령의 이름으로 세례를 주고 내가 너희에게 분부한 모든 것을 가르쳐 지키게 하라"마28:19-20. 예수 그리스도의 대위임령은 마태복음 28장 19절만이 아니라 20절에서도 강조되어야 한다. 즉, 우리가 세운 선교지의 제자들이 선교사에게 배운 대로 그들의 삶 가운데서 하나님 나라를 구현해 내는 질적인 성숙의 단계에까지 이르는 교회의 문화가 형성되어야 비로소 참된 이양이 가능한 것이다. 그리스도인 각 개인의 삶의 영역에서 책임감을 강조하는 이러한 문화관은 개혁교회가 범복음주의 교회나 경건주의 교회와 다름을 선명하게 해주는 요소라고 할 수 있다.

만일 누군가가 우리에게 질문하기를 "당신의 인생의 목적이 무엇입니까?"라고 물었을 때, 우리가 경건주의자라면, "나의 인생의 목적은 하나님과 친밀한 관계를 맺는 것입니다."라고 답할 것이다. 그래서 초대나 중세의 그리스도인들 가운데서는 사막이나 수도원에서 평생 살면서 하나님과 교제하며 친밀한 관계의 깊이를 더하는 것을 인생의 목표로 살아가는 이들도 있었다. 반면 만일 우리가 복음주의자라면, "나의 인생의 목적은 한 영혼이라도 구원하기 위해 열심히 전도하는 것입니다."라고 답할 것이다. 심지어 어떤 이들은 구령의 열정을 지나치게 강조하다 보니 전도 이외에 이 땅에서의 일상적인 것의 가치를 하찮은 것으로 여기는 이원론dualism적인 신앙 양태를 보이기도 한다. 물론 우리는 기본적으로 하나님과의 관계에서 경건주의자이고, 세상과의 관계에서 복음주의자여야 한다. 그러나 개혁교회가 가르치는 문화관에 따른 인생의 목적에는 또 다른 의미가 추가된다. 즉, 성도가 구원받은 이후 살아가는 인생 자체구원의 서정: 성령 안에서 부르시고, 의롭다 하시고, 양자 삼으시고, 그리고 성화되는 모든 과정를 통해 자신에게 주어진 삶의 영역에서 하나님의 나라를 드러내는 것이라고 할 수 있다. 그리고 공적 영역들에서 우리 인생의 목적인 하나님께 영광을 돌리는 삶의 양식과 문화가 분명히 나타나야 한다.

이러한 개혁교회의 전통을 따라, 우리의 선교의 목적은 우리가 가르치고 세례 주어서 세운 제자들의 공동체교회가 자신들의 교회와 밖의 삶의 전포괄적인 영역에서 하나님 나라의 백성답게 살아감으로써 마침내 그 영역들이 하나님의 나라로 변혁되어 가는 성육신적 선교가 되어야 한다. 이것을 영역선교sphere mission라고 한다. 그러므로 영역선교란 하나님의 백성인 각 개인이 삶의 전포괄적인 영역과 사회의 모든 영역에서 하나님 나라에 대한 성경의 가르침과 원리를 드러냄으로써 하나님께 영광을 돌림은 물론, 결국 예수 그리스도의 복음이 효과적으로 증거되게 하는 것을 목적으로 하는 선교의 방법론이다. 이런 의미에서 영역선교는 원심적인 선교centrifugal mission보다는 구심적인 선교centripetal mission에, 양적인 선교보다는 질적인 선교에 방점을 둔 선교의 방법론이라고 할 수 있다. 우리는 개혁교회의 선교의 목적을 개혁주의 교회의 세계교회 건설이라고 규정했다. 선교사를 지리적으로 파송하는 원심적인 선교와 함께 선교지의 제자들이 개혁교회의 교인답게 살아감으로써 제자의 재생산이 가능한 교회로 만드는 구심적인 선교가 균형을 이루는 것이 필요하다.

KPM 선교가 개혁교회의 전통 안에서 선교하기 위해 영역선교의 단계까지 나아가야 한다고 주장하기 위해서는 몇 가지 전제를 상정해야 한다. 먼저는 영역선교의 가능성을 확보하기 위한 교의학적 작업이 필요하다. 즉, 죄인인 인간이 하나님이 섭리하시는 통치에 동사同事할 수 있는 교의학적 근거를 확보하여야 한다. 또한 하나님 나라 안에서 이해되는 영역선교에 대한 이해가 요청된다. 둘째는 영역이란 용어의 의미에 대해 선교학적 가공작업이 필요하다. 그리고 마지막으로는 선교신학적으로 가공된 영역의 의미가 선교현장에서 실제적으로 어떻게 해석되어야 하는가 하는 보다 실천적인 선교현장의 문제를 생각해야 한다.

2. 영역선교에 대한 교의학적 근거

(1) 하나님의 섭리

영역선교는 인간이 하나님의 사역에 동사同事할 수 있다는 사실에 기초한다. 어떻게 전적으로 타락한 인간이 자신의 삶을 통해 하나님의 나라를 보여주며, 하나님의 고유한 구원사역에서 하나님과 동사가 가능할까 하는 핵심적인 질문을 먼저 다루어 보자. 칼뱅은 인간의 가능성에 대해 낙관적이었던 로마 가톨릭과는 달리[1] 인간의 전적 타락을 주장하면서 인간본성을 비관적으로 보았다. 그러나 칼뱅은 신앙이 없는 세상에 소망이 없다고 보고 자신들만의 신앙공동체로 게토화된 재세례파와도 선을 달리한다. 전적 타락total depravity은 절대적 타락absolute depravity과는 다른 의미이다. 절대적 타락은 죄로 물든 인간의 심성과 지성에서 어떠한 선한 것도 나올 수 없다는 것을 상정한다. 그러나 전적 타락은 죄가 우리의 모든 영역에 악한 영향을 주어서 그것을 파괴시킬 수 있다고 보는 것이다. 죄의 영향은 실로 엄청나고 인간의 모든 부분에 영향을 미쳐서 "그 속에 선한 것이 전혀 없게 만든다." 칼뱅의 경우 일반은혜를 다루면서 동시에 성도가 세상의 가능성에 대해 지나치게 집착하는 것을 경계하며, 성도의 나그네적 삶, 종말론적인 삶을 사는 것에 더 강조점을 둔다. 즉, 우선순위로 따지자면 종말론적인 삶을 사는 성도의 고귀한 삶의 양식이 세상에 나타날 때의 영향력을 기대하는 것이다. 영역주권 개념을 통해 개혁교회의 문화관을 근대사회에 접목시켰다고 평가받는 카이퍼는 "이 세상에 죄가 항상 존재한다는 것을 고려한다면, 그리스도인들은 멀든 가깝든 창조세계 내에서 하나님 나라를 추구하는

---

1. 로마 가톨릭은 창세기 3장 이후에도 인간의 자유의지와 능력은 여전히 일부가 남아 있어서 인간의 선한 행위나 문명 발전을 위한 근거가 된다고 본다.

그들의 일에 어떻게 최선을 다할 수 있을까?"라고 질문한다. 이러한 질문들이 카이퍼로 하여금 광범위한 문화의 영역 안에서 그리스도인들이 하나님을 섬기는 법에 관하여 깊이 있게 사유하게 하였다.[2]

　　카이퍼와 그의 문화관에 영향을 받은 니버와 같은 칼뱅주의 신학자들은 죄로 인해 인간의 모든 문화와 그 활동들이 뒤틀리고 왜곡되었다고 본다. 그러나 그들은 이러한 문화를 선이 왜곡되어서 악한 것이지 그 자체로서 악한 것으로 인식하지는 않는다. 즉, 문화는 중립적인 것이지 그 자체로서 악한 것은 아니다. 이러한 의미에서 카이퍼는 19세기 낙관주의 시대의 사람이다. 카이퍼는 인간이 하나님과 이 땅에서 동사할 수 있는 근거를 일반은혜 안에 두려고 한다. 그의 일반은혜는 두 가지 의미를 지닌다. 하나는 성도와 불신자들에게 동일하게 주시는 하나님의 은혜이다. 그는 인류의 '발전'을 하나님의 시간표 내에 있는 일반은혜의 증거로 보았다. 두 번째 의미는 "하나님께서 죄로 물든 상황 가운데서도 이 세상에서 문화가 발전해가는 것을 보고 싶어 하신다는 것이다."[3] 카이퍼는 "일반은혜는 창조하신 문화의 설계를 완성해 가시는 하나님의 방법이다."[4]라고 보았다. 카이퍼에게서 "영역주권의 개념이 다양한 삶의 확신들을 긍정하고 다원성에 대한 길을 열어주었다면, 일반은혜라는 개념은 그 모든 삶의 영역들이 어떻게 질서를 이루며 관계를 맺어야 하는지를 알려주는 근거가 되었다."[5] 카이퍼의 일반은혜론은 진화론적인 의미에서 문명의 발전을 되뇌던 19세기 인본주의적 낙관론에 맞서 하나님의 주권적인 일반은혜를 논하며 이를 네덜란드에서 실제화시켰다는 점에서 박수 받아야 한다.

---

2. Richard J. Mouw, *A Short and Personal Introduction Abraham Kuyper*, 강성호 역, 『리처드 마우가 개인적으로 간략하게 소개하는 아브라함 카이퍼』 (서울: SFC 출판부, 2020), 22.

3. Richard J. Mouw, 『리처드 마우가 개인적으로 간략하게 소개하는 아브라함 카이퍼』, 104.

4. Richard J. Mouw, 『리처드 마우가 개인적으로 간략하게 소개하는 아브라함 카이퍼』, 105.

5. 김재윤, 『개혁주의 문화관』 (서울: SFC출판부, 2015), 93-94.

그러나 카이퍼의 일반은혜론은 그리스도의 구원사역, 즉 특별은혜의 고유한 지위를 약화시키는 결과를 가져왔다.[6] 카이퍼와 스킬더는 동일하게 그리스도 중심주의 관점에서 시작한다. 그러나 동일한 예수 그리스도가 문화에 관련하여 어떠한 일을 하는가라는 관점에서는 서로 간에 거리가 있다. 카이퍼는 예수 그리스도를 문화의 구주로 본다. 카이퍼가 창조와 언약 안에서 일반은혜를 강조한 것이 성도로 하여금 세상에 관심을 가지도록 하는 지평을 열었던 것은 사실이다. 그러나 그의 일반은혜론에서는 '성자를 통한 구원'이라는 기독교의 구원 공식에서 성자의 자리를 빈약하게 하는 약점이 노출된다. 성자가 보여주신 세상을 구원하는 방식은 인간이 일반은혜를 극대화하여 정복하는 방식이 아니라 섬김의 방식이어야 한다.[7] 우리는 역사 속에서 일반은혜를 통해 하나님의 나라를 이 땅 가운데 완성해 보려고 했던 많은 시도들이 실패한 것을 보아왔다. 카이퍼가 화란에서 자유대학교 등을 통해 시도한 것들도 완전하게 성공했다고 평가할 수는 없다. 왜냐하면 인간이 하나님의 선교에 동참할 수 있는 것은 카이퍼처럼 일반은혜를 통해서가 아니라 특별은혜를 통해서만 가능하기 때문이다. 인간은 죄로 인해 아무런 소망이 없다는 철저한 고백 속에서만 그리스도를 찾게된다. 또한 성령을 통해 죄로부터 구원받은 경험에 참예한 성도만이 하나님과 그의 나라의 영광을 위한 삶에 비로소 참여할 수 있다. 그런데 카이퍼와 달리 스킬더는 그리스도께서 인간을 근본적인 죄에서 구원하시고 지금도 삼중직을 행하심을 강조한다. 그는 카이퍼보다 인간의 타락과 죄인식이 개혁교회의 신앙에 중요한 요소임을 인지하고 있었다. 때문에 그는 기독론에 기초해서 우리의

---

6. David Vandrunen, "Abraham Kuyper and the Reformed Naturla Law," *Calvin Theological Journal* 42 (2007): 305; 김재윤, 『개혁주의 문화관』, 120.

7. 유해무, "한치라도 主의 것: 아브라함 카이퍼의 일반은혜론과 한국교회에서의 수용에 대한 평가," 개혁주의학술원 강의자료, 1996, 2-12 참조.

직분으로서 문화명령에 관해 말한다.

이러한 배경에서 우리는 카이퍼의 영역이라는 의미를 차용하긴 하지만, 그가 말한 일반은혜가 아니라 하나님의 섭리 안에서 영역선교의 기초를 놓으려고 한다. 하나님의 섭리는 보존의 사역과 통치 그리고 동사로 구분된다. 인간 편에서 하나님과 그분의 섭리를 포함한 그분의 사역을 논할 때 "성부로부터, 성자를 통하여, 성령 안에서 가능하며, 우리와 하나님의 관계도 성령 안에서 성자를 통하여 성부께" 향하는 것이다.[8] 그러므로 인간 편에서 하나님과 동사할 수 있는 가능성은 필연적으로 성령의 사역으로부터 시작되는 삼위 하나님의 사역에서 찾아야 하며, "성령 안에서 성자를 통하여 성부께"는 다분히 언약적 관계 안에서 이해되어야 한다. 신약에 나타난 성령의 사역은 구약의 성취이다. 이 성취는 구약에서 맺은 첫 아담과의 언약을 기반으로 한다. 신약에서 성령의 사역은 "말할 수 없는 탄식으로 우리를 위하여 친히 간구하시는"롬8:26-27 일이며, "영을 우리 가운데 보내사 우리로 아바 아버지라 부르게 하시는"갈4:6 일이며, 다양한 은사를 필요에 따라 나누어 주시는고전12:4 일이다. 그러나 무엇보다 성령은 제2의 아담으로 오신 예수 그리스도를 언약 안에서 우리와 연합시키시는 그리스도의 영이시다고전15:45; 롬8:9; 고후3:17. 이 성령은 예수님의 영으로 구약에서 사역하신다. 또한 구약에서 성령은 성부의 현존을 대신하며, 특히 "하나님과 인간의 관계를 창출하는 사역을 하신다. 그래서 인간은 하나님의 사역 영역으로 올려져 섬기는 종으로 묘사된다. 이는 특히 구속사와 연관된다."[9] 성령의 모든 사역은 이같은 구속사의 중심에 계신 예수 그리스도께로 우리를 집중하게 하는 것이다.

---

8. 유해무, 『개혁교의학』, 249.
9. 유해무, 『개혁교의학』, 379.

인간은 하나님의 구속사에서 종으로서 이 땅에서 하나님과 동사한다. 이것이 가능한 이유는 하나님과 그분의 나라가 예수 그리스도를 통해 역사 안에 계시되기 때문이다. 이 하나님에 대한 참된 지식은 소극적으로는 성령을 통해 얻어지는 개인의 구원과 관련되며, 적극적으로는 하나님의 나라와 그분의 마음을 아는 것에 이르게 된다. 예수 그리스도의 성육신은 선교의 당위성이자 근거일 뿐 아니라, 인간으로 하여금 삼위 하나님과 관계함으로 하나님의 사역에 자발적으로 자신을 던져 헌신하는 삶을 가능하게 한다. 성육신 안에 드러난 하나님의 공의와 사랑은 인간과 세상의 철저한 죄와 무능함을 깨닫게 함과 동시에 아들을 대속제로 던져 주신 하나님의 이해할 수 없는 사랑 안으로 우리를 인도한다. 즉, 하나님과의 동사의 근거는 예수 그리스도의 성육신 안에 나타난 성부 하나님의 사랑이다. 성령이 우리를 철저히 성자께로 인도하듯이, 성자의 모든 사역은 또한 철저히 성부 하나님의 관계적 사랑으로 우리를 인도한다. 하나님의 보존과 통치와 동사의 섭리는 지극히 관계적이고 유기적인 부르심이다. 하나님은 그분의 택하신 자들을 종으로서가 아니라 아들로서 포도원하나님 나라을 돌보도록 부르셨다갈4:31. 이러한 의미에서 인간이 하나님 나라를 위해 하나님과 동역할 수 있는 가능성은 칼뱅이 말한 하나님에 대한 신성한 의식이나[10] 카이퍼

---

10. 칼뱅은 신지식은 인간의 마음속에 심겨 있었는데, 이것은 타락 후에도 분명하지는 않지만 어느 정도 "하나님에 대한 신성한 의식(sensus divinitatis)"으로 남아 있다고 보았다. 하나님은 종교의 씨앗을 모든 사람의 마음에 심어 주셨고, 이는 모든 사람이 하나님을 아는 최대의 축복을 받도록 배려하신 것이었다. 그뿐 아니라 하나님은 우주의 전 창조를 통하여 그분의 솜씨를 보여주심으로써 자신을 계시하시고 매일매일 드러내시는 것이다. 이 종교의 씨앗은 여러 가지 상호 교환적인 용어로 나타난다. 즉, "신성의 인식력(intellegentia numinis)", "신성에 대한 맛(미각)(gustus divinitatis)", "하나님에 대한 의식(감각)(sensus divinitatis)", 그리고 "종교의 씨(semen religionis)" 혹은 "신성의 씨앗(semen divinitatis)" 등이다. 여기서 "의식(감각)"이라는 것은 도위(Dowey)에 의하면, 인간의 지성(마음, mind)이 하나님과 더불어 가지는 실제적이고 생동적인 앎의 관계를 나타내는 질료적, 실존적 개념이다. 이것은 『기독교 강요』 1.3.1의 타이틀이 보여주는 바와 같이 하나님이 우리들에게 부여해 주신 바 "자기(하나님) 자신에 대한 지식"이다. 이 감각(의식)은 양심에 관한 한 "하나님의 심판에 대한 감각" 혹은 "하나님의 뜻에 대한

의 일반은혜의 개념이나 스킬더의 문화 명령의 개념으로 접근하기보다 성자를 통한 성부와의 관계 회복의 결과로 보는 것이 합당하다.[11]

(2) 각 영역에서 드러나야 할 하나님의 나라

영역선교는 개인 신앙의 영역을 비롯해 삶의 모든 영역에 하나님의 나라, 곧 하나님의 통치하심이 임해야 한다고 믿는다. 인간이 하나님의 창조와 구원의 보존 사역과 하나님 나라의 통치 사역에 동사할 수 있는 가능성은 하나님께서 모든 영역에서 그분의 나라를 드러내도록 인간을 부르셨다는 사실을 확인해 주는 것이다. 그렇다면 하나님의 구원사에서 인간이 동사한다는 것은 어떠한 의미인가? 하나님의 섭리는 구원사역과 직접적인 연관이 있다. 그것은 구원받도록 선택된 하나님의 백성에게 주시는 구원의 은덕들이[12] 이루어지는 모든 구원

지식"으로 볼 수 있다. 양심은 "함께 아는 것(a knowing-with)" 또는 "공동지식(joint knowing)"이라는 의미이므로 여기서 함께 아는 분이 하나님이신 것을 암시한다. 말하자면 하나님에 대한 감각은 인간이 나면서부터 지니는 종교심 혹은 하나님에 대한 의식, 그리고 하나님의 심판과 뜻(선)에 대한 의식을 지니는 어떤 신성한 내적 능력을 말한다. 하나님은 이 종교의 씨앗 혹은 하나님에 대한 감각을 인류에게 선물로 주셔서 복된 삶의 궁극적 목적인 "하나님을 아는 지식"에 이르기를 원하셨던 것이다. 이것이 주어졌기 때문에 인간은 하나님에 대한 본유적 지식(innate knowledge of God)을 소유할 수 있고, 또 획득적 지식(acquired knowledge)도 가질 수 있게 되었다. 박해경, "종교의 씨앗(칼뱅의 자연계시론 3)" https://m.blog.naver.com/davidycho/221776775190 (Accessed at 2020.9.16). 그러나 인간이 하나님의 나라의 사역에 동사할 수 있는 것은 인간이 하나님의 형상으로서 지닌 최소한의 신지식에 기초하지 않는다. 일반은혜와 종교의 씨앗은 인간이 하나님께로 나아가기 위한 안내자의 역할을 할 수는 있다. 그러나 하나님과의 동사는 성령을 통하여 예수 그리스도 안에서 경험하는 성부 하나님의 사랑을 통한 언약 관계의 완전한 회복의 기초 위에 세워지는 관계적 회복의 적극적인 결과이다.

11. 유해무, 『개혁교의학』, 379. 참조.

12. 소명은 삼위 하나님의 구원에로의 부르심이다(신30:15; 사1:18). 소명은 믿음을 일으킨다(롬10:17). 중생은 소명의 즉각적인 결과로서 내적 회개와 하나님을 향한 외적인 방향 전환을 포함한다(행3:19; 26:18,20). 중생의 열매는 신앙이다. 신앙은 소명에 대한 인간의 적극적인 반응이다. 그러나 신앙은 우리의 업적이 아니라, 하나님의 선물이다(요6:44). 하나님을 신앙하며 신뢰해 가면 인간은 의롭다 하심을 얻는다(창15:6). 회개는 신앙에 포섭된다. 전통적으로 구원의 서정에서는 첫 회개를 강조하지만, 우리는 신앙 속에서 지속적인 회개의 중요성을 말한다. 칭의는 믿음 생활의 시작이며, 성도의 삶 전체를 성화의 단

서정의 과정을 통해서 전개된다. 하나님은 이 모든 과정에서 우리와 동사하신다. 구원의 서정은 단순히 인간 개개인의 구원과 관계된 것이 아니다. 왜냐하면 구원받은 자는 성령께서 주시는 자신의 구원 서정의 과정들에서 드러나는 구원의 은덕들을 통해 결과적으로 하나님의 나라와 그분의 성품을 세상에 나타내기 때문이다. 즉, 그의 구원 서정은 다른 사람의 새로운 구원의 서정에 관여한다. 이러한 의미에서 우리의 구원 서정 전체는 하나님과의 동사이다.

하나님은 이스라엘 백성들을 이집트에서 구원하셔서 가나안 땅으로 인도하셨다. 가나안 땅은 어떠한 의미가 있을까? 가나안은 척박한 땅이다. 이스라엘에 이와 관련한 전설이 하나 있다. 창조주가 세상을 만드신 후, 천사들에게 땅에 필요한 것들을 망태기에 메어 세상으로 보내셨다. 그중 한 천사에게는 바위와 돌을 지워서 세상에 고루 흩뿌리도록 하셨다. 그런데 가나안 땅 위에서 그만 그 망태기가 터져버려 돌과 바위들이 그 땅 위로 쏟아졌다. 가나안 땅에 돌과 바위가 많아 척박한 이유를 그들은 이렇게 이야기로 만들어 냈다. 그러나 하나님께서 가나안 땅을 젖과 꿀이 흐르는 비옥한 땅이라고 부르신 데는 다른 이유가 있어서이다. 그것은 가나안이 예나 지금이나 교통의 요충지이기 때문이다. 하나님께서 아브라함에게 가나안 땅을 약속하신 것은 가나안 땅이 열방으로 오고 갈 수 있는 지리적인 요충지였기 때문이다. 가나안 땅은 고대 시대 유럽과 아프리카, 유럽과 아시아를 잇는 두 개의 중요한 도로를 가진 곳이었다. 인구에 대한 다른 기록은 없지만 예수께서 예루살렘에서 마지막 유월절을 보내실 때, 그

계로 인도하다. 웨슬리는 칭의를 그리스도의 사역으로, 성화를 성령의 사역으로 보았다. 김홍기, 『존 웨슬리 신학의 재발견: 개인적 성화와 사회적 성화의 역사적 재조명』 (서울: 대한기독교서회, 1993), 102. 성화는 내가 거룩하니 너희도 거룩하라는 하나님의 부르심을 따라가는 삶이다. 견인은 하나님의 모든 구원의 서정이 어떠한 고난 가운데서도 마지막 승리를 보장해 주시는 동시에 우리를 그 마지막까지 인내하도록 하시는 것이다. 영화는 하나님과 동행하는 성도가 하나님을 송영할 때 주시는 하나님의 영광에 참여함이다. 유해무, 『개혁교의학』, 436-80 참조. 이 모든 구원 서정의 과정 전체가 구원의 은덕이다.

곳에는 100만 명의 사람들이 유월절을 지키고 있었다. 당시 예루살렘의 인구는 10만 명 정도 되었다. 즉, 90만 명의 사람들이 외지에서 온 유동인구였다는 말이다. 성경에는 "경건한 자들"에 대한 이야기가 나온다. 이들은 이방인으로서 하나님을 믿는 사람들이었다. 그들은 유월절을 비롯한 절기를 지키기 위해 예루살렘을 방문해 이방인의 뜰에서 하나님께 예배를 드린 사람들이었다.

이 모든 정황을 염두에 두고 하나님께서 이스라엘 백성을 가나안 땅으로 인도하신 이유를 되새겨 보자. 당시는 공격적으로 선교사들을 세계 곳곳으로 파송하는 현대적인 선교의 전략을 채택하기에는 너무나 많은 제약이 있던 시대였다. 이렇듯 선교적 준비가 미비한 상태에서 그들을 열방으로 흩으시기 전에 하나님은 다른 선교적 대안을 가지셨다. 즉, 이스라엘 백성이 가나안 땅에 머물러 있어도 열방의 민족들이 교통의 중심지이며 관문 도시였던 가나안의 여러 도시들을 오가도록 하신 것이었다. 그리고 그들로 하여금 이스라엘 민족의 종교와 문화를 보고 경험하도록 하셨다. 만일 이스라엘 백성들이 그들의 구원의 서정에서 성령의 인도하심을 받고 있었다면, 이스라엘 백성들의 삶의 모든 과정을 통해 하나님의 나라와 그분의 성품이 이방인들에게 드러났을 것이다. 경건한 자들이 바로 그 증거이다. 상업적인 거래를 위해, 이주민으로서 혹은 여행객으로서 이방인들은 가나안 땅에서 이스라엘 백성들의 구원의 서정을 통해 또 다른 그들의 구원의 서정을 시작하게 된 것이다. 하나님께서 그분의 백성들을 구원하실 때 구원의 서정 가운데 있는 우리의 삶의 여정을 통해 믿지 않는 자들이 하나님과 그분의 나라를 알아가게 하신다. 하나님은 구원사에서 그분의 자녀들을 배제하지 않으신다. 이것이 하나님의 구원사에서 인간이 동사한다는 의미이다. 이러한 선교의 개념을 실천한다면, 전도나 선교는 단순히 말로 복음을 전하는 것 이상이 되고 또한 우리 삶의 모든 영역에서 구원의 서정이 중요한 의미를 가지게 된다. 그래서 개혁교회는 전포괄적인 삶의 영역에서 하나님 나라를 드러내고 그 영역들을 하나님의 나라로 변혁시켜 나가는 것의 중요성을 강조해온 것이다.

(3) 개혁교회의 영역개념

칼뱅의 경우, 자연인으로서 인간의 전적인 타락을 강조하지만, 여전히 자연 가운데 가능성이 있음에 대해서는 인정했다. 이것이 위에서 언급한 종교의 씨 앗으로, 일반은혜에 근거한 것이다. 그러므로 칼뱅이 자연세상에 대해서 정당성과 긍정적인 생각을 가지는 것은 일반은혜에 근거한다고 볼 수 있다. 그의 소명론 또한 일반은혜에서 도출된 것이라고 볼 수 있다. 비록 칼뱅의 문화관이 종말론적이라는 일반적인 평가가 있지만, 칼뱅의 일반은혜에 대한 긍정은 그로 하여금 로마 가톨릭 교회의 자연세상에 대한 통제적인 통치에 반대하여 영역주권souvereiniteit in eigen kring적 견해를 가지도록 했다. 칼뱅이 루터보다[13] 적극적인 문화관을 가질 수 있었던 이유 또한 일반은혜에 근거한 소명에 대한 강조였다.

앞에서 살펴본 바와 같이, 카이퍼의 신학은 19세기의 삶의 자리를 반영한 것이므로,[14] 지금 우리 시대와 관련된 담론 전체를 담지하기에는 부족한 면들이

---

13. 인간의 칭의를 강조하여 교회 영역에 머무는 루터란이나 세상을 필요악으로 보기 때문에 세상과 거리를 두는 재침례교도와는 달리, 역사적으로 삶의 모든 영역에서 하나님의 주권을 강조하는 칼뱅주의자는 교회의 영역을 너머 세상의 영역에까지 나아갈 수 있는 신학적 근거를 가지고 있다.

14. 문화 및 자연과 관련하여 카이퍼는 당대의 두 가지 철학적 흐름의 중간에 끼어서 동시대의 그리스도인들을 깨우기 위해 싸워야 했다. 먼저, 종교개혁 당시의 인문주의는 세속화의 과정을 거쳐 19세기 카이퍼 당시에는 신학적 자유주의와 자연주의로 그 영향력을 확대하고 있었다. 신학적 자유주의는 신의 은총을 철저히 배제하였으며, 자연주의는 인간과 자연에 대해 지나치게 낙관적이었다. 자유주의는 중립성이란 미명 아래 사회의 각 영역에서 탈기독교화를 가속화시키고 있었다. 이와 반대급부로 19세기 네덜란드에서는 재세례파적인 이원론이 팽배했다. 그들은 문화를 은총(은혜)에 대(對)하여 위치시킴으로써 반문화적이며 금욕주의적이었다. 카이퍼는 그들을 '문화도피적 경건'이라 비난했다. 19세기 네덜란드 개혁교회는 이러한 거센 인본주의, 자유주의 그리고 자연주의라는 세속화의 광풍 속에서 이원론적인 도피처에 안주하였다. 카이퍼는 칼뱅의 일반은혜로부터 이 두 흐름 속에 갇힌 교회를 구해내고자 했다.

있다. 그러나 그의 영역주권 사상은 여전히 개혁교회의 선교가 이원론적 사고를 극복하면서 선교현장에 완전한 의미의 개혁교회를 세우는 데 일조할 수 있다고 믿기에 선교학적인 가공 작업을 통한 현대적 적용이 가능하다. 카이퍼의 영역주권 사상은 그의 신학을 대변하는 신학 사상이다. 그가 사용한 영역이라는 단어의 원래 뜻은 원*kring*이라는 의미이다. 원에는 늘 중심이 있듯이 모든 원 영역의 중심에는 예수 그리스도가 계신다. 또한 모든 영역에서는 하나님의 주권이 주장되어야 한다. 아브라함 카이퍼는 영역 주권을 창조 원리를 통해 재해석했다. 하나님은 구속의 하나님인 동시에 창조의 하나님이시다. 그 하나님은 만물을 그 종류대로 창조하셨다. 카이퍼는 이 '종류대로의 창조 개념'을 생물학적 영역에 그치지 않고 모든 창조세계의 영역으로 확장한다. 마치 이사야와 예레미야와 에스겔의 소명이 다르고, 또한 베드로와 요한과 도마와 사도 바울의 소명이 다르듯이, 세상의 다양한 국면들 속에도 각각 하나님이 창조하신 고유한 주권적 영역이 있다. 카이퍼는 이것을 영역 주권이라 하였다.

또한 그는 인간의 죄성에도 불구하고 세상과의 단절성을 극복하기 위해 특별은혜를 일반은혜와 더불어 언약은혜의 배경 안에서 해석한다. 즉, 특별은혜로 구원받은 성도는 개별자로서 구원받은 것이 아니라, 유기체적으로 언약의 공동체인 교회의 일원이 되도록 부름 받은 것이다. 그리고 비록 타락한 세상에 서이지만, 예정론에서 창조의 주목적인 하나님의 영광을 달성하기 위해 주신 언약적 은혜가 바로 일반은혜이다. 그러므로 카이퍼에게서 일반은혜는 로마 가톨릭과는 달리 그 출발점이 타락 이후이다. 하지만 타락 이후더라도 그것은 여전히 세상 가운데에서 언약을 지켜 가시는 하나님 편에서의 은혜이다. 카이퍼는 이 언약 안에서 믿는 자가 세상에 대한 관심과 창조물에 대한 관심을 가져야하는 이유를 찾는다. 그의 일반은혜론은 인간 본성의 악함에서 가능성을 찾지 않고 하나님의 일반은혜 안에서 그 가능성을 찾는다는 의미에서 로마 가톨릭과 선을 달리하는 개혁교회적 특징을 지닌다. 또한 일반은혜가 죄를 억제함으로 타락 이후에도 인간 본성의 잔여물이라는 가능성을 말할 수 있다는 부분에서 재세례파와도 결을 달리한다.

모든 삶의 영역의 절대적 주권은 하나님께 있다. 카이퍼는 세상의 모든 삶의 영역에서 하나님의 주권이 선명하게 드러나야 한다는 것을 영역주권을 통해 주장했다.[15] 각각의 인간 삶의 영역은 하나님께서 영역 그 자체에 부여하신 일종의 파생된 주권, 곧 영역주권을 가진다. 카이퍼가 말한 영역은 일차적으로 하나님의 다양한 창조세계로서 국가, 교회, 문화, 학문, 예술 등의 일상의 범주를 의미함과 동시에 다른 세계관을 가진 사람들을 의미하기도 한다. 이 모든 영역에서 하나님의 직접적인 주권이 미치지 않는 곳이 없으며, 각 영역들은 하나님께서 주신 주권적 지배력을 독자적으로 가진다. 그래서 하나님의 영광과 주권이 교회뿐 아니라 삶의 모든 영역에서 드러나야 한다. 카이퍼의 영역주권 사상은 하나님의 주권을 고백하는 모든 그리스도인의 개인적 참여를 넘어 기독교 기관이나 단체의 조직적이고 집단적인 참여를 촉구했다. 또한 특별은혜를 받은 성도의 모임인 교회를 넘어서 일반은혜를 따라 살아가는 사람들의 사회활동과 삶의 전 영역, 즉 국가와 사회, 예술과 학문 등에까지 해당되었다.[16] 카이퍼의 영역주권의 목적은 사회 변혁이었다.[17]

이 사상은 영역종속sphere-subsidiarity과 대조된다. 영역종속은 사회, 국가, 과학,

---

15. "모든 피조물에 유일한 주권자이신 전능하신 하나님께서는 하늘과 땅의 모든 권세를 그의 아들 예수 그리스도에게 주셨으므로 그리스도의 주권은 반드시 인간 삶의 모든 영역에서 인정되어야 한다." L. Prammsma, *Let Christ Be King: Reflections on the Life and Times of Abraham Kuyper* (Ontario: Paideia Press, 1985), 76.

16. S.U Zuidema, *Common Grace and Christian Action in Abraham Kuyper* (Sioux Center: Dort College press, 2013), 247.

17. Craig G. Bartholomew, *Contours of Kuyperian Tradition: A Systematic Introduction* (Downers Grove: IVP Academic, 2017), 131.

학문 등이 어느 다른 영역에 종속되는 계층 구조를 가지는 것이다. 즉, 어떤 영역이 다른 영역에게 종속되어 하나님의 주권이 독립적으로 행사되지 않는 경우를 말한다.[18] 영역종속은 로마 가톨릭의 계층적 교회 구조 안에서 대표적으로 나타난다. 영역종속 사상에서 일반 개개인의 성도들은 각자의 삶에 주어진 영역에서 책임감 있게 살아야 할 신학적 근거가 빈약하다. 반대로 영역주권은 하나님의 자녀들에게 주어진 영역에서 그곳을 하나님의 통치가 드러나도록 만들어야 하는 책임감 있는 삶으로 부름 받음을 강조한다. 드 그루시De Gruchy는 이것을 다음과 같이 설명한다. "모든 인간의 영역은 하나님의 일반은혜 덕에 존재할수 있다. 그러므로 우리 각자는 하나님의 주권 아래에서 자신들이 맡은 일들에 대한 주권을 가지고 있다. 교육, 예술, 경제, 가정 등은 하나님께서 직접 역사하시는 영역들이다. 그러므로 인간은 모든 영역 가운데로 하나님의 통치를 위한 부르심을 받는다." 이것이 카이퍼의 선민사상이다. 그의 모토는 "선민인 것에 우리의 능력이 있다In isolation lies our strength."라는 것이었다. 카이퍼는 섬김선교학적으로 섬김은 총체적인 의미에서 선교로 이해을 위한 분리를isolation for the sake of mission 그 목표로 삼았다. 하나님의 백성으로 분리된 것 혹은 선택된 것은 선교, 즉 하나님의 나라를 증거하는, 타자를 섬기기 위한 목적 때문이다.[19]

그러므로 일반은혜와 하나님의 주권을 기초로 한 영역주권의 개념이 죄인

---

18. John H. Leith, *An introduction to the reformed tradition: a way of being the Christian community* (Atlanta, Ga.: John Knox Press, 1981), 78.

19. 영역 주권을 신정주의적(theocratic)으로 잘못 이해하여 남아공, 미국, 한국 등에서 기독교 정부국가(Christian State)를 추구하는 운동이 지속적으로 존재해 왔다. 신정주의(theocracy)는 지배자가 자기의 권력을 신으로부터 주어진 절대적인 것이라고 주장하여 인민의 절대적인 복종을 요구하는 정치이다. 이런 관념은 샤머니즘의 유제로서, 주술사가 신의 신탁이라 칭하여 자기의 판단을 절대화하고 그것을 국민에게 강제하는 낡은 종교적 관습에서 유래한다. 이런 관념이 정치조직으로서 성립한 것은 로마 가톨릭, 절대주의 군주정치 등에서이다. 특히 후자는 영국의 로버트 팔머 등이 주장한 왕권신수설을 낳았다. 남아프리카 공화국에서 자행된 Apartheid도 개혁교회가 영역주권을 잘못 해석한 대표적인 예라고 할 수 있다.

인 우리가 하나님의 나라를 섬길 수 있는 신학적 근거를 마련해 주었다면, 우리를 향한 하나님의 성육신적 사랑은 우리가 감히 각자의 선교 영역에서 하나님의 나라를 섬길 수 있는 원동력을 제공해 준다.

(4) 선교 현장에서 적용되는 영역의 의미

1) 영역의 선교적 의미

선교는 단순히 말로 복음을 전하는 것 이상의 의미를 지닌다. 성도가 전포괄적인 삶의 영역에서 하나님 나라를 드러내고 그 영역들을 하나님의 나라로 변혁시켜 나가는 것까지를 포괄한다.[20] 하나님 나라는 지구 위의 물리적이고 가시적 교회를 짓는 것으로 완성되는 것이 아니라, 그 땅에 있는 사람들과 각 영역들이 하나님의 나라에 합당하게 변화되어transformed 참된 비가시적인 교회의 증거로 나타나는 것을 포함한다. 어쩌면 우리 모두는 동시대에 각자의 가나안 땅, 곧 각자의 영역으로 부름 받은 영적인 이스라엘 백성이요, 자신의 영역으로 보냄을 받은 영역선교사들이다. 필자는 영역선교사라는 말 앞에 한 단어를 덧붙여 '전문인 영역선교사'라는 말을 사용하고 싶다. 개혁신학 원리에 따르면, 하나님은 모든 이들에게 소명을 주셨다. 그중 목회자에게는 특별한 소명이 있다. 그러나 선교를 위해서는 특별한 소명을 받은 사람이 없다. 선교, 즉 예수 그리스도를 드러내는 것은 모든 그리스도인에게 주어진 삶의 가장 주요한 목적이다. 그들은 모두 자신의 전포괄적인 삶의 전문영역에서 예수 그리스도께서 보여주신 하나님의 나라를 드러내는 삶을 살아야 한다. 그러므로 우리 모두는 사역의 지리적인 문제를 떠나서 한국에 있으나 외국에 있으나 전문인 영역선교사이다.

---

20. John R. W. Stott, Christopher J. H. Wright, *Christian Mission in the Modern World*, 김명희 역, 『선교란 무엇인가』 (서울: IVP, 2018), 49-63 참조.

물론 자문화를 넘어서 타문화로 나가는 이들은 '타문화 전문인 영역선교사' 혹은 '해외 전문인 영역선교사'라고 구분되어야 하겠다.

예수님은 우리에게 주기도를 가르치시면서 "하늘에 계신 우리 아버지"라고 늘 고백하게 하셨다. "나의" 하나님이 아니라 "우리의" 하나님을 고백하도록 하신 것이다. 우리의 신앙이 어렸을 때, 우리의 관심은 나에게만 집중된다. 그러나 우리가 점차 하나님의 마음과 하나님의 나라를 이해할수록 우리의 기도에는 "우리"라는 개념이 확대된다. 그래서 많은 선교사들이 자신의 삶을 자원제로 드려 해외에 있는 잃어버린 영혼들을 향하는 것이다. 지리적, 문화적인 한계를 넘어 해외로 나가서 선교하는 해외선교는 영역선교 안에서 이러한 의미로 구분되는 것 외에 다른 방식으로 구분되어서는 안 된다. 즉, 하나님께서 해외에 나가는 이들에게만 선교의 특별소명을 주셨다고 생각하거나, 선교는 그런 소명을 받은 특수한 계층의 전유물이라고 이해해서는 안 된다. 그보다 모든 그리스도인은 각자의 가나안인 자신의 고유한 영역으로 부름 받은 영역선교사인 것이다.

2) 영역 개념의 선교적 적용

이원론은 눈에 보이는 일시적인 자연세계에 속한 것은 모두 악한 것이고, 영적이고 초자연적인 세계에 속한 것은 완전하고 불변하며 선한 것이라고 믿는 플라톤의 이원론에 근거한다. 이원론적인 세계관은 그리스도인들이 그들의 문화를 역사의 모든 영역에서 지속적으로 창출하는 데 무관심하게 만드는 주된 요인이 되어왔다. 그들은 결국 문화의 변혁자가 아니라, 세상문화의 추종자가 되거나 격리자가 되곤 한다. 이원론이 작금 기독교 선교에 미치는 폐해는 막대하다. 선교지에 세운 교회의 교인들이 6일간 그리스도의 참된 제자로서 삶을 변혁하며 살도록 강력한 도전이 되지 않는 것은 이원론이 그 기저에서 한 몫을 하기 때문이다.

종교문화는 내피문화와 외피문화로 나누어진다. 내피문화는 종교 자신이 가지고 있는 핵심적인 교리나 진리이다. 기독교 같으면 5대 튤립교리 같은 것이다. 외피문화란 그 종교가 외부에 드러내는 문화적 양상이다. 현재 한국사회에서 비그리스도인들이 경험하는 기독교는 무엇일까? 그리스도인은 술, 담배 안 하고, 제사 안 드리고, 주일마다 예배드리러 가는 것 등일 것이다. 이렇듯 외피문화란 타인이 느끼는 그 종교의 외적인 모습을 말하는 것이다. 그러나 비그리스도인들은 기독교의 내피문화에는 관심이 없다. 기독교의 교리가 어떤 것인지, 진리가 무엇인지 관심이 없다는 것이다. 다만 외피문화를 보고 기독교를 가늠하고서, 기독교를 자신의 종교로 받아들일 만한 가치가 있는 것인지를 우선 판단한다. 즉, 기독교가 아무리 하나님 나라의 진리내피문화를 증거한다 해도 아무 소용이 없다. 그보다는 하나님 나라의 진리가 그리스도인의 삶의 전포괄적인 영역에서 실제로 구현되고 그것을 비그리스도인들이 눈으로 보게 될 때, 비로소 기독교 진리의 증거가 효력이 있게 되는 것이다. 그리고 그때 비그리스도인들은 기독교가 말하는 내피문화진리가 자신들이 가진 종교적 신념이나 가치관보다 낫다고 인정하고 기독교의 내피문화에 귀를 기울이게 된다.

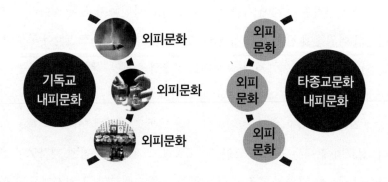

이러한 의미에서 본다면, 사람들은 기독교 자체를 그리스도인과 그들의 외피문화라는 렌즈를 통해서 보기 때문에, 이원론적인 삶을 사는 그리스도인과 그들의 외피문화를 통해 기독교가 왜곡되게 전파되는 결과를 낳게 된다. 다시 말해, 그리스도인들의 6일 동안의 삶에 영향을 미치지 못하게 하는 이원론적인 사고는 단지 하나의 위협적인 사고가 아니라 반기독교적인 역할을 하게 되는 것이다. 이것은 카이퍼가 말한 세속화의 개념과 관련이 있다. 카이퍼는 기독교가 일반적인 모든 삶의 영역들 속에서 세상과 문화에 영향을 미치는 세속화를 통해 세상과 관계한다고 보았다.[21] 그러므로 영역선교사로서 우리는 선교영역인 각자의 전포괄적인 삶의 영역에서 하나님 나라를 보여주며, 그곳을 하나님 나라로 만들어 가야 한다. 영역선교사들이 공공영역market place에서 살아가는 모든 일상이 바로 동시대의 기독교 문화를 창출해 가는 것이다. 선교사와 선교지의 제자들이 만들어가는 개인과 가정과 공동체의 외피문화를 통해 하나님의 나라가 선교지에 드러나고, 하나님께서 이방인으로부터 영광을 받으시는 것이다.

3. 나가는 말

우리는 위에서 하나님께서 이스라엘 민족을 택한 백성으로 부르시고 가나안 땅에서 하나님의 나라를 그들의 전포괄적인 삶의 영역에서 드러내는 영역선교사로 살도록 부르신 것에 대해서 이야기했다. 그러나 작금의 이스라엘 민족을 보라. 그들은 극단적 국수주의시오니즘로 빠져서, 오직 자신들만 구원받은 하나님의 자녀가 될 수 있다고 믿고 있다. 이스라엘 민족이 가진 정치-종교적 개념

---

21. 김재윤, 『개혁주의 문화관』, 100-3 참조.

인 시오니즘에는 이방인을 향한 구원과 선교의 개념이 없다. 우리는 예수님께서 나다나엘을 '참 이스라엘'이라고 지칭하시는 것에서 이미 영적 이스라엘과 가나안 땅에 살고 있는 이스라엘 사람이 동일하지 않다는 것을 알고 있다. 이스라엘 민족은 땅에 대해 오해했다. 유목민으로 땅 없이 수천 년을 살던 민족이라 땅에 대한 집착이 너무 강했나 보다. 자신들에게 주어진 가나안 땅은 영역선교를 위해 주어진 수단이었으나, 그들은 그것을 차지하는 것에, 더 나아가 그곳에 신정국가를 세우는 것에 더 관심이 있었다. 결국 이스라엘은 하나님 나라를 성취하는 선교사 나라로서의 임무에 실패한 것으로 역사 속에서 드러난다.

최근의 지나친 역사적 전천년설에 기인한 몇몇 주장들예. 복음의 서진운동은 결국 선교의 마지막을 물질적인 땅으로만 보게 하는 오류를 반복하고 있다. 이스라엘 백성들의 물리적인 땅에 대한 집착의 결과는 결국 국수적 민족주의인 시오니즘이었다. 땅에 대한 집착이 하나님의 선교와 거리가 멀다는 것은, 중세 서구 국가들이 기독교화되고 그 땅의 모든 곳에 교회가 섰지만 오히려 그때가 암흑시대로 불리며 하나님 나라와는 거리가 멀었다는 역사적 증거가 이를 뒷받침해준다. 선교지에 하나님 나라를 건설하는 것은 분명 선교지라는 물리적인 땅에 교회를 건설함으로써 이루어진다. 그러나 그것은 지구 위의 물리적 땅에 교회를 짓는 것만으로 완성되는 것이 아니라, 그 땅에 있는 사람들과 각 영역들이 하나님의 나라에 합당하게 변화되는 것transformed까지를 포함해야만 한다.

교회는 새로운 선교—구심적 선교를 기초로 자연스럽게 진행되어야 할 원심적 선교—의 시대를 준비할 때이다. 성경은 모이는 교회와 흩어지는 교회, 혹은 구심적 선교와 원심적 선교 모두를 가르친다. 하나님은 요나를 세상에 파송하심으로써 원심적 선교를 하셨고, 바울의 선교팀을 보내시기 전에 선교를 위해 많은 준비 작업을 하셨다. 바울의 선교팀은 로마제국 안에서 통일된 언어를 사용할 수 있어서 장벽 없이 어디서든지 사역할 수 있었고, 아피아 가도Via Appia

등 로마가 깔아 놓은 도로를 통해 안전하게 여행하도록 하셨다. 그럼에도 불구하고 교통이 발달하지 않은 고대 시대에는 선교사를 해외로 보내는 원심적 선교를 활발히 할 수가 없었다. 이러한 의미에서 구심적 선교에 무게추를 두고 이스라엘 백성들을 가나안으로 인도하신 하나님의 의도를 엿볼 수 있다. 하나님은 각 세대마다 하나님의 선교지와 선교방법들을 주셨다. 우리 시대에 주신 선교지는 영역이며, 따라서 영역선교의 구체적인 방법론들을 궁구하는 포괄적인 연구가 요청된다. 4차 산업시대 이후를 살아갈 우리의 선교를 위해서 하나님은 우리에게 영역들을 선교지로 보여주고 계신다. 작금의 4차 산업혁명은 더 이상 지리적, 언어적인 제약이 필요 없는 선교의 시대를 어느 정도 가능하게 할 것이다. 다시 말해, 4세대 선교의 특징은 이전의 물리적 땅 중심의 선교에서 사람과 영역 중심으로의 전환이다.[22]

이것이 의미하는 바는 구심적 선교를 통해서 원심적 선교로 나아가는 교회의 선교가 총제적으로 가능한 시대가 됨을 의미한다. 즉, 교회는 복음의 내용들이 선교적 삶을 살도록 부름 받은 성도들의 전포괄적인 삶의 영역에서 드러남

---

22. 1-3세대 선교는 물리적인(physical) 땅을 정복하는 것을 통해 선교하는 것인데 반해, 4세대 선교는 영역을 변혁시키는 것에 초점을 맞춘다. 1세대 선교는 해안선을 복음화하는 데, 2세대 선교는 내지의 땅을 복음화하는 데 전력투구했다. 3세대의 미전도종족 운동은 한 곳에 집중적으로 살아가는 동질 종족별로 선교하는 것에 초점을 둔 지리학적인 전략에 기초한다. 즉, 미전도 종족 입양 운동 전략을 성취하는 과정에서 사용하는 전술은, 주로 복음 전파율이 낮은 어느 특정지역에 집중해서 그곳에 사는 종족을 대상으로 인적 물적 자원을 지원하여 복음화율을 높이는 방식으로 진행되어 왔다. 이 과정에서 미전도 종족 운동은 현장 선교사들과 파송 주체들에게 여전히 어느 지역을 선정해서 그곳을 복음으로 정복하는 것으로 이해되고 있다. 4세대 선교의 특징은 이전의 1-3세대 선교의 공통적인 특징인 물리적 땅 중심의 선교에서 사람과 영역 중심으로의 전환이다. 랄프 윈터(Ralph D. Winter)는 오늘날 선교적 사고에 있어서 가장 중요하면서도 아직 소화되지 않은 현실은, 우리가 세계 대부분의 사람들이 더 이상 지리적으로 정의될 수 없다는 사실을 이해하지 못하는 것이라고 이야기한다. 적어도 노마드, 디지털 노마드, 노블레스 노마드 시대를 살아가는 4차 산업시대의 인류에게 물리적인 공간의 제약은 점차 사라지고 있다. 물론 여전히 선교사는 공간적으로 다른 곳에서 주로 선교의 직무를 수행하겠지만, 선교는 물리적인 땅을 정복하는 것이라는 개념이 반드시 이 시대에도 적용되는 것은 아니다.

으로써 그 복음의 영향력을 통해 믿지 않는 이들이 교회로 돌아오는 방식의 구심적 선교교회가 지역의 선교사여야 한다는 의미에서를 먼저 잘 감당해야 한다. 그렇다고 원심적 선교가 위축되거나 외면되지는 않을 것이다. 오히려 자신의 영역에서 구심적 선교사역을 잘 감당하는 성도들 가운데 "하늘에 계신 우리 아버지"를 고백하며 증거의 지경을 해외에까지 넓히는 성도들이 더 많이 자원하여서 원심적 선교 또한 더 활성화될 것이다. 그러므로 이제 우리는 성경이 가르치는 구심적/원심적 선교의 원리가 잘 고려된 균형 잡힌 선교를 해야 한다. 이러한 균형 잡힌 선교는 먼저 구원에 감격한 성도들이 선교하시는 삼위 하나님으로부터 영역선교사로 부르심을 받았다는 인식에서 시작된다.

Mission
methodology
of
the Reformed
Church

2부

선교전략들

1장

개혁교회의 세계교회 건설의 방법:
현장으로부터 듣는 개혁교회 개척 원리

1. 들어가는 말

필자는 캄보디아에서 교회를 개척한 후 2년째 되던 해에 마을에서 교회가 쫓겨난 경험이 있다. 이는 불교가 96%인 나라에서도 흔한 일은 아니었다. 이유는 시끄럽다는 것이었다. 하나님께서 분명 그 교회가 그리스도의 피로 값 주고 사신 표징을 보여주시고, 교인들에게 성령을 체험하게도 하셨다. 그럼에도 불구하고 갑자기 교회가 없어지는 것을 경험하면서 목사로서 그리고 선교사로서 이전에 겪은 그 어떠한 고통과 비교할 수 없는 아픔을 경험했다. 아픔을 가슴에 묻은 채로 옆 동네에서 다시 개척을 시작하면서 또 다른 신기한 경험을 했다. 교회를 건축하는 13개월 동안 하나님은 매일 매주 교회에서 새로운 일들을 이루어 가셨다. 필자는 이 경험을 통해 교회는 그리스도의 피로 값 주고 사신 하나님의 성전인 것을 뼈저리게 경험했다. 아무리 작은 교회라도 이 땅에 세워진 교회는 우리에게 속한 것이 아니라 하나님께 속한 존귀한 것이다. 필자를 파송한 문경의 한 교회는 120년 전에 미국 선교사에 의해 복음을 받고, 그 자리에서 자신의 집을 허물어 교회를 세운 권 모 조사에 의해 세워졌다. 여전히 120년 전 교회의 종탑이 교회 앞마당에 자리 잡고 있다. 경북에서는 제법 규모 있는 교회이고, 이 교회를 통해 수많은 목회자와 선교사들이 배출되었다. 아마도 선교지에서 교회를 개척하는 모든 선교사들은 이같은 소망을 품고 교회를 개척하고 있을 것이다.

이 장에서는 선교사들의 교회 개척 샘플들을 제시함으로써 어떠한 원리를 통해 KPM 선교사들이 교회 개척 사역을 했는지 가늠해 보려고 한다. 성공적인 이양의 단계에까지 간 교회 개척의 예들은 우리에게 소중한 영적 자산이며, 파송한 교회로부터, 동료들로부터 그리고 교회의 주인이신 예수님께로부터 칭찬들어 마땅하다. 그들의 교회 개척 원리를 잘 분석하는 것은 후배 선교사들과 동료 선교사들에게 좋은 도전이 될 것이다. 뿐만 아니라 보다 나은 미래의 교회 개척 사역을 위해 KPM이 견지하고 있는 교회 개척의 원리와 신학에 비추어서 비판적으로 이를 평가해 보는 것 또한 발전적인 연구가 될 수 있다.

성경적인 기준에서 교회를 개척하기 위한 원리는 무엇일까? 여기에 더해 우리가 전하는 개혁교회를 개척하려고 할 때 우리가 견지해야 할 원리는 무엇일까? 그리고 가장 중요한 요소인 교회의 현지 이양까지 갈 수 있는 원리는 무엇일까? 성공적으로 교회 개척 사역을 하고 있는 KPM 선교사들의 경험들을 비교하면서 이 원리를 살펴보는 것은 의미가 있을 것이다.

2. 개혁교회 개척 원리들

(1) 돈 선교, 프로젝트 선교보다는 사람 중심의 성육신적 선교를 하라

KPM은 우리의 선교신학을 성육신 선교라고 표방한다. "통전적 의미에서 성육신의 현재성은 역시 하나님의 우선적이고 자발적인 인류를 향한 사랑과 낮아짐에 그 근원을 둔다. 이러한 낮아지시기까지 사랑하시는 하나님의 낮아지신 사랑이 성령을 통해 우리의 삶 속에 역동적으로 나타나야 한다."[1] 즉, KPM의 교회 개척은 프로젝트성이 아닌 사람 중심의 선교를 지향한다는 말이다. 예수님의 공생애 기간에서의 사역처럼 한 사람의 선교사가 성육신적인 삶의 모범을 통해 참된 제자들을 양육하는 것은 정말 어려운 십자가의 길이다. 쉬운 길을 찾아 '프로젝트 선교', '돈 선교'[2]를 하려고 한다면 그것은 첫 단추를 잘못 끼운 것이다. 차후에 지속적으로 재정이 더 들어가는 구조가 됨은 물론 참되고 헌신된 성도들, 곧 그들의 삶의 영역에서 하나님의 나라를 보여주며 자신의 사회를 변혁시키는 성도들을 만들어 내기 힘들게 된다. 결국 개척한 지 10년이 지나도 이양이 힘들어지는 주요인이 된다. 예수님께서 12제자를 3년 동안 힘을 다해 키우셨던 것과 같이, 선교지에서 사람제자을 키우면서 시작하는 것은 십자가를 지는 것처럼 힘들기 때문에 성육신적이라고 할 수 있겠다. 선교사로 파송된 후 언어 훈련을 하면서 가장 중요하게 준비해야 할 일은 차후에 함께 사역하게 될 사람

---

1. 권효상, "KPM 선교의 기초로서 선교신학: 성육신 신학," 「KPM R&D Journal」 3(2021): 76.
2. 전호진 박사는 지속적으로 한국 선교사들의 돈 선교에 대한 우려를 표명하고 있다. 전 박사의 고견은 우리 KPM 선교사들이 반드시 따라야 할 중요한 원리들을 전해준다. "초대교회는 가난한 자들이 많았지만 (고전2:26,27), 바울은 결코 선교지 교회나 사역자에게 돈을 준 일이 없다. 당시 헌금은 선교지 교회가 예루살렘의 가난한 신자들을 돕기 위한 것이었다(롬15:26; 고전16:1-3). 우리 성경은 부조 혹은 헌금이라고 하지만 NIV는 contribution(롬15:26), help와 gift(행11:29-30)라고 한다. 즉 그것은 국경을 뛰어넘는 재난 지원금 성격이었다. 교회의 세계성(catholicity)을 보여준다. 송금할 때도 바울과 바나바의 손으로 장로들에게 보냈다(행13:30). '이 거액의 연보에 대하여 아무도 우리를 비방하지 못하게 하려 함이니'(고후8:20). 많은 한국 선교사들은 현지 사역자와 일대일로 후원금을 전달한다. 그런데 이로 말미암아 주는 자와 받는 자의 관계는 필연적으로 주종관계가 되고 만다. 뿐만 아니라 교인들의 자립 의지를 약화시킨다. 반면 캄보디아 감리교 선교사들은 모든 후원금은 교단본부에 주고, 개인적으로 주는 것을 금지한다. 이는 선교사의 권위를 약화시키는 것 같지만, 도리어 위상을 높이는 것이다. 한 서구 선교학자가 다음과 같은 유명한 말을 남겼다. '원주민 교회에서 반선교사 감정은 사용하는 돈 액수에 비례한다.'" http://kosinusa.ch5ch.net/_chboard/bbs/board.php?bo_table=m3_3&wr_id=113491 (Accessed at 2022.04.21).

을 만나는 일이다. 프로젝트 선교, 돈 선교가 아닌, 사람 중심의 선교가 되려면 처음부터 사람에 집중해야 한다. 일본의 박영기 선교사는 첫 번째 교회 개척의 경험을 통해 "나는 주님이 교회의 참 주인이심과 선교는 돈으로 하는 것이 아니라 사랑과 믿음과 눈물과 헌신으로 해야 된다는 원리를 깊이 깨달았다."라고 고백한다.[3] 필리핀의 영적인 여전사인 김자선 선교사의 말에도 귀 기울여 보자. "선교의 무기는 물량과 돈이 아닌 선교사 자신을 바로 서게 하는 기도이다."[4]

처음 선교사로 나와 보니 그간 내가 생각했던 선교사들도, 선교지도 아니었다. 1980년대까지만 해도 교회들은 선교를 신성시하는 한편 둔감하기도 했다. 한국 경제의 고속화와 해외여행 자율화가 맞물리면서, 한국교회의 외적인 선교 형태도 엄청난 규모로 늘어났다. 최고 인력이 투입되어야 할 해외 선교지에 국내에서 자리 잡지 못하는, 심지어 갈등을 빚는 사람들이 왔다. 특별한 사명과 소명이 없이 오다 보니 후원교회의 돈과 현지인 파트너 없이는 사역이 불가능하다. 그래서 현지인agency pastor을 두고 선교사들 간에 쟁탈전이 벌어지고, 이를 기회삼아 현지인들은 더 교활해져 가며, 선교현장은 본질에서 벗어나 준시장터가 되어 더 이상 자정능력을 기대할 수 없어 보였다.[5]

인도네시아 박종덕 선교사는 사역 초기부터 이 부분에서 철저히 원리를 고수했다.

---

3. 박영기, "일본에서 개혁교회 개척 사역 원리," 「KPMR&D JOURNAL」 7 (2022): 42.
4. 김자선, "세계 선교를 향한 우리 선교지의 정체성-필리핀에서의 개혁교회 개척원리," 「KPM R&D JOURNAL」 7 (2022): 146.
5. 김자선, "세계 선교를 향한 우리 선교지의 정체성-필리핀에서의 개혁교회 개척원리," 148.

사역 초기부터 선교사가 현지 사역자들의 생활비를 도와주거나 사역비를 직접 지원하는 것은 지양하고 새로운 방법을 찾았다. 우선 현지 사역자들에게 정말 먹을 것이 없으면 언제든 선교사 집에 찾아오라고 하였다. 같이 밥을 먹고, 정말 먹을 것이 없으면 쌀은 언제든 사주겠다고 말하고, 금전관계 없이 모두 교회를 개척해서 주님이 주시는 것으로 살기로 결정하였다. 감사하게도 그 당시 인니복음장로교단에서는 신학교를 졸업한 현지 사역자들 가운데 교회 사역을 하는 사역자에 한해서 매달 2-3만 원 정도의 사역 보조금을 보내 주고 있었다. 이 점이 선교사가 사역자에게 직접적인 금전관계가 없도록 해주었다.[6]

(2) 교회를 개척하면서: 바울의 '루디아 만나기'행16:11-15를 하라

한국 속담에 "첫 단추를 잘 끼워야 한다."라는 말은 선교현장에서 교회를 개척해야 하는 선교사들이 마음 깊이 새겨야 할 말이다. 교회를 개척하기 위해 선교지로 간 선교사가 언어와 문화에 적응하고자 할 때부터 끼워야 할 첫 단추는 무엇일까? 필자는 이 첫 단추를 바울의 '루디아 만나기를 따라하기'라고 명명해 보았다.

바울의 유럽 첫 사역에서 우리는 같은 교훈을 배운다. 바울은 오랫동안 유럽 지역의 선교를 위해 기도하며 소망했다. 마침내 2차 전도여행 때 하나님께서 바울의 선교팀에게 유럽 선교의 문을 열어 주셨다. 마케도니아 지방의 첫 관문 도시인 빌립보에 도착했을 때 선교를 위해 바울에게 가장 필요한 것이 무엇이었을까? 언어와 통화 문화는 이미 하나님께서 통일시켜주셔서 따로 준비하거나 적응할 것이 없었다. 그의 팀에 가장 필요했던 것이 무엇이었는지는 사도행전 16장 12-15절을 보면 알 수 있다. "거기서 빌립보에 이르니 이는 마게도냐 지

6. 박종덕, "인도네시아에서 개혁교회 개척사역 원리," 「KPM R&D JOURNAL」 7 (2022): 69-70.

방의 첫 성이요 또 로마의 식민지라……"12ab절. 바울은 생소한 유럽 지역에 선교하러 와서 어찌하든지 복음의 접촉점을 찾기 위해 궁구했을 것이다. "이 성에서 수일을 유하다가 안식일에 우리가 기도할 곳이 있을까 하여 문 밖 강가에 나가 거기 앉아서……"12c-13ab절. 그래서 바울은 기도하면서 하나님의 인도하심을 구하며 시간을 보냈을 것이다. 여기에 나오는 "수일"이 아주 중요한 시간이다. KPM에서 선교사로 파송되면 2년간의 언어와 문화적응 기간이 주어진다. 이 기간은 단순히 문화적응 훈련 기간이 아니라, 바울의 심정으로 하나님의 인도하심을 기대하며 기다리는 기도의 기간이기도 하다. 어떤 분들은 이 기간에 서둘러 어떤 프로젝트를 기획하거나 벌써 모금하여 건물을 짓기도 한다. 그러나 이기간은 사람을 만나게 하시는 하나님을 기대하는 시간이다. "모인 여자들에게 말하는데 두아디라 시에 있는 자색 옷감 장사로서 하나님을 섬기는 루디아라고 하는 한 여자가 말을 듣고 있을 때……"13c-14a절. 바울 선교팀의 유럽 선교를 위해 준비하신 하나님의 최선의 방법은 한 여인이었다. 이 여인은 루디아였는데, 개인 이름이라기보다는 '루디아 지방에서 온 여인', 즉 '루디아 댁' 정도로 이해될 수 있다. 루디아는 그 당시에 자색 물감으로 천을 염색하여 파는 일을 하고 있었으므로, 지각티스강 빨래터에서 천에 자색 물감을 물들인 후 빨고 있었을 것이다. 자색 천은 당시 부유층에서 사용하던 것이다. 당연히 그녀는 당시 부유층이 전하는 발 빠른 정보와 유행에 민감한 사람이었을 것이다. 따라서 바울은 그녀에게서 유럽 선교에 필요한 정보들을 얻을 수 있었을 것이다. "주께서 그 마음을 열어 바울의 말을 따르게 하신지라 그와 그 집이 다 세례를 받고 우리에게 청하여 이르되 만일 나를 주 믿는 자로 알거든 내 집에 들어와 유하라하고 강권하여 머물게 하니라"14b-15절. 무엇보다 하나님은 그녀의 마음을 열어 예수 그리스도에 대한 복음을 듣고 받아들이도록 성령충만함을 경험케 하셨다. 14절을 보면 성경은 그녀를 "하나님을 섬기는 루디아"로 표현하고 있다. 그녀는 이방인으로서 하나님을 영접한 '경건한 자'에 속했을 것이다. '경건한 자'란 이방인으로서 하나님을 믿는 사람들이었다. 이들은 이방인의 뜰에서 하나님을 예배할 수 있었다. 예루살렘은 당시 무역과 다른 이유로 명절 기간에는 100만 명 정도의 사람들이 오갈 정도로 교역의 중심지였다. 어쩌면 루디아는 예루살렘을 오가면서 비싼 자색 천을 부유층과 권력층에 공급하다가 하나님을 믿게 되었을 것이다. 하나님은 그런 그녀를 빌립보에 준비시키신 것이다. 바울이 새로운 유럽의 사역지에 도착해서 사역을 준비하며 기도하는 가운데 옷감 장사 루디아를 만나고, 그녀가 곧바로 바울이 전한 복음을 적극적으로 받아들인 것은 절대 우연이 아니라 하나님의 예비하심이었다는 것이다. 결국 그녀와 그녀의 집안을 통해 유럽의 첫 성인 빌립보에 첫 교회가 생기게 된다.

다음은 베트남 롱안공동체 이희정 선교사의 글이다.

공동체가 형성된 후 주일 오전에는 호치민 시내 쪽으로 30분 정도 가야 하는 베트남 복음 성회 소속 떤수언 교회에 베트남어 예배를 드리러 갔다. 이 교회의 추천을 받은 개척 전도사님과 병원 근처에서 교회를 개척하기를 소망하였고, 교회의 추천을 기다렸다. 2008년, 베트남 중년 집사님 한 분이 병원을 방문했다. 모래바람 부는 들판의 장막 앞에 앉아 있던 아브라함에게 천사가 찾아왔듯이, 광야에서 목말라하는 내게 주께서 보내 주신 천사였다 미련한 자는 이것도 나중에 깨닫게 되었다. 그 집사님은 본인이 열심히 도울 테니 이 지역에 교회를 개척하자고 제의했다. 우리가 누군지 알고 그런 얘기를 하느냐고 물었더니, 이 시골에 외국인이 병원을 하면서 함께 모여 사는 걸 보니 틀림없이 선교사들이라고 생각했다는 것이다. 더군다나 자신은 벌써 수년째 자전거를 타고 이 지역을 전도하고 다니고 있고 하나님께 자기와 함께 교회를 개척할 사람을 보내 달라고 계속 기도해 왔다고 하는 것이 아닌

가! 주께서 왜 우리를 이곳으로 인도하셨는지 수없이 물었던 그 질문에 대답해 주신 것이다. 떤수언 교회의 추천자도 나중에 듣게 되었는데, 우리가 미루어 짐작하던 젊은 전도사님이 아니라 다름 아닌 우리를 찾아오신 바로 그분이셨다. 주님께서는 우리가 그곳에 가기 훨씬 전부터 이미 준비된 분을 예비하고 계셨던 것이다.[7]

일본의 박영기 선교사가 북해도에서 첫 개척을 할 때 만난 루디아는 고미야마 세츠꼬小宮山せつこ라는 개인병원 의사였다. "예수님을 믿지 않는 할머니 의사가 5년 동안 자기 집을 무료로 개척교회를 위해서 제공해 준 것은 주님께서 주신 기도의 응답이었다."[8]

인도네시아 박종덕 선교사도 첫 루디아와의 만남을 다음과 같이 증거한다.

사역자들과 함께 전도처 개척을 위한 마을 방문이 이루어지고, 마을 주민들과 만나면서 놀랍게도 하나님이 예비하신 사람들을 만나게 되었다. 사역 초기에 무슬림에서 기독교인으로 개종한 현지인 부부 성도를 만나서, 칼리만탄에 한 달 또는 두 달 짧게 머물면서 전도처 개척 마을에 가가호호 방문과 전도 집회를 했고, 그를 통해 마을 주민뿐만 아니라 명목상 무슬림들에게까지 효과적으로 복음을 전할 수 있었다. 가는 마을마다 영적 갈급함이 있는 준비된 영혼들이 있었던 것이다. 매주일 자신의 집을 예배를 위한 공간으로 내어놓고, 우리 현지 사역자가 지낼 수 있도록 집 안에 방 하나를 마련해주기도 하였다. 교회 개척을 목표로 세운 지역의 정탐과 리서치는 무척 중요하다. 사도 바울도 새로운 도시에 도착하면 우선 유대인 회당을 통해 동족

---

7. 우석정, "공산권에서 교회개척," 「KPM R&D JOURNAL」 7 (2022): 175-77.
8. 박영기, "일본에서 개혁교회 개척 사역 원리," 40.

을 만나고, 후에 그들과 연결되어 있는 이방인들을 만났던 모습을 볼 수 있다. 사도행전 18장에 회당 옆에 살고 있던 디디오 유스도가 그런 사람이었다. 하나님이 이미 구원하기로 작정하고 예비하신 사람을 반드시 만나게 된다. 그 속에서 성령님의 인도하심을 경험하게 된다.[9]

태국 그레이스 선교부를 시작한 신성호 선교사의 70여 개교회 개척은 어떻게 시작되었을까?

치앙마이 옛 성읍 동문ThaPe Gate 옆에 Art Cafe라는 이태리 식당에 미얀마의 소수 부족인 친Chin족 기독교인이 일하고 있다는 사실을 듣게 되었다. 그 식당에 찾아가서 필립리라는 이름의 자매를 만나서 대화를 나누었다. 그녀는 태국에 온 후 미얀마 예배가 없어서 3년간 미얀마어 예배가 생기도록 기도했다고 했다. 내가 미얀마 선교사라는 사실을 밝히자, 그녀는 내게 미얀마 언어로 예배드려 달라고 부탁했다. 그래서 2002년 3월 마지막 주에 이주 근로자 6명과 첫 예배를 드렸다. 이것이 치앙마이 교회의 시작이었으며, 태국 내의 미얀마 근로자 선교를 위한 그레이스 선교부의 출발이 되었다.[10]

우리를 선교지로 보낸 하나님은 여전히 우리보다 앞서 루디아를 준비하고 계신다는 믿음이 있어야 프로젝트 선교, 돈 선교의 유혹에서 벗어나 사람 중심의 교회 개척을 시작할 수 있다.

---

9. 박종덕, "인도네시아에서 개혁교회 개척사역 원리," 171-72.
10. 신성호, "태국에서 개혁주의 교회 개척 원리," 「KPM R&D JOURNAL」 7 (2022): 103.

(3) 대규모 교인 모집보다 한 사람의 제자를 중심으로 시작하라

필자가 처음 캄보디아에 가서 언어 훈련을 하는 동안 장로교 대신 교단의 선교사 한 분과 자주 교제했다. 그는 이미 10여 년 전에 캄보디아에 들어와 교회 개척 사역을 하고 있는 분이었다. 그 선교사가 간곡히 내게 부탁한 것이 있었다. 그것은 교회를 개척할 때, 절대로 많은 수의 현지인을 모아서 대중을 대상으로 한 사역을 시작하지 말라는 것이었다. 선교사들은 주로 교회를 시작하고 나서 선물을 주면서 많은 아이들과 청소년들을 모아서 사역하기 시작한다. 하지만 시간이 지나면서 선교사들이 주는 '미끼'에 식상해지면서 교회에 참석하는 아이들과 청소년의 숫자는 줄어들게 된다. 물론 그 가운데서도 지속적으로 아이들이 교회에 출석하고 성장하여 청년 어른 중심의 교회로 성장할 수는 있다. 그러나 문제는 선교사가 지속적으로 물질을 퍼부어야지 교회가 유지되는 구조가 되어버린다. 이것이 무슨 문제가 될까? 바로 이양과 직결된다. 차후에 이양할 때, 선교사가 지속적으로 재정을 퍼부어야 하는 형태로는 이양 중에서도 가장 중요한 재정 이양이 거의 불가능해지기 때문이다. 물론 이양하기 위해 세워야 할 제자를 양성하거나 현지인 지도자를 양성하는 일도 힘들어진다. 그들은 처음부터 선교사가 제공해 주는 혜택에 길들여져 있을 수 있기 때문이다. 그래서 그 선교사는 처음부터 내게 더디게 보이더라도 소수의 사람들을 제자화하고 현지인들의 손으로 교회를 서서히 키워 나갈 수 있도록 하는 것이 매우 중요하다고 피력했다. 그래야만 제자 된 현지인 지도자를 통해서 마지막 이양까지의 사역을 순조롭게 할 수 있다는 것이었다.

다음은 박영기 선교사가 에다가와아이노 교회를 개척하게 된 계기를 설명한 간증이다.

에다가와아이노 교회枝川愛の教会는 1990년 봄부터 동경의 에다가와 지역

에서 가정예배로부터 시작되었다. 어느 날 재일 교포 할머니께서 내게 와서 치매로 고생하는 민단 소속의 크리스천 할머니와 조총련 소속의 독자 아들 두 식구가 에다가와 지역에 살고 있는데, 그 집에 가서 전도해 달라고 부탁 하였다. 그 부탁을 받고 그해 봄부터 주일 오후마다 그 집에 가서 가정예배 를 인도하였다. 몇 개월 동안 계속 드린 가정예배를 통해 그 독자 아들과 나 는 희로애락까지 같이 나누는 신뢰관계를 형성하게 되었다. 어느 날 그 아 들이 회사 일 때문에 한 달 동안 외국에 출장가게 되었을 때, 혼자 계시는 어머님을 어디에 맡기면 좋을지를 내게 의논하였다. 그때 나는 한 달 동안 우리 집에서 모시겠다고 약속했다. 그 아들은 어머니를 나의 가정에 맡기고 한 달 동안 외국 출장을 무사히 다녀왔다. 출장에서 돌아온 그 아들은 자기 집에서 믹고 자면서 자기 어머니를 잘 돌볼 수 있는 한국 이주머니를 소개 해 달라고 내게 부탁하였다. 그 부탁을 받고 믿음이 좋고 사랑이 많은 김동 순 권사님을 소개했다. 김 권사는 온 정성을 다해 그 할머니를 돌보면서 그 이웃에 살고 있는 재일 교포들에게 복음을 전하였다. 그 권사의 사랑과 헌 신으로 말미암아 그 가정예배에 모이는 분들이 10명 정도가 되었다. 이들 이 중심이 되어서 1991년 3월 10일에 그 독자 아들이 무료로 제공해 준 아 파트에서 에다가와아이노교회 설립예배를 드렸다.[11]

인도의 이남재 선교사는 성령님께서 개척해 가시는 교회 개척은 처음부터 동역자제자를 중심으로 작은 모임에서 시작되어야 한다는 사실을 강조한다.

교회 개척은 전도된 가정에서 성경공부 모임부터 시작하는 것이 좋다. 정기 적으로 성경공부를 하면서 주변에 사람들을 초청하여 많은 사람들이 복음

---

11. 박영기, "일본에서 개혁교회 개척 사역 원리," 41-42.

을 듣게 한다. 3-4개월 정도 계속하여 성경공부를 하게 되면 왔다 갔다 하던 사람들이 대략 정리가 되면서 고정 멤버가 생기게 된다. 그 후에 그들과 함께 예배를 드리면서 자연스럽게 교회가 개척되는 것이다. 모임의 숫자가 많아지면 그들 스스로가 넓은 공간이 필요하다는 것을 알게 되고 그들이 건물을 임대하도록 한다. 만일 처음부터 건축을 하거나 건물을 임대하면 사역자나 교인들이 선교사를 돈 많은 사람으로 오해하여 도움을 받으려는 생각으로 교회에 오기 때문에 도움을 주지 못하면 떠나게 되고, 예배를 드릴 때에도 헌금을 하지 않는다. 동역자도 사역보다 건물에 욕심을 부릴 수 있다. 따라서 선교사가 처음부터 큰 건물을 얻거나 건축을 하면 자연적으로 선교사가 주인이 되고 동역자는 고용인이 되고 성도들은 손님이 되기 쉽다.[12]

(4) 처음부터 비전과 사역의 방향을 제자들과 공유하라

예수님께서는 처음부터 '하나님 나라'라는 분명한 메시지를 가지고 이 땅에 오셨다. 그분께서는 아담으로부터 역사하셨고, 내재하셔서 임재하시기도 하셨고, 이후에 성문화된 모세의 율법책과 선지자의 긴장관계를 통해 하나님의 마음과 뜻을 드러내기를 원하셨다. 그러나 하나님께서 택하신 이스라엘 백성들은 하나님의 뜻과 그분의 나라를 이 땅에서 정확하게 담아내지 못했고, 결국 유대인만을 위한 화석화된 종교로 변질시켜 버렸다. 예수님께서는 하나님의 마음과 그분의 나라가 이 땅과 하늘에서 가지는 의미를 공생애의 삶과 십자가와 부활을 통해 이 땅에 드러내셨다. 그리고 이것을 처음부터 단계적으로 제자들과 삶속에서 공유하셨다. 그리고 예수님의 영이신 성령님께서는 제자들의 눈을 밝혀 그들로 하여금 예수님께로부터 전해들은 비전들을 실행할 수 있는 능력을 주셨다. 선교사의 일은 자신이 가진 개혁교회 교인으로서의 삶영성과 문화와 전통신

---

12. 이남재, "인도에서 교회 개척 사역 & 원리," 「KPM R&D JOURNAL」 7(2022): 90.

학을 선교지의 형편에 맞게 상황화하여 첫 성도들과 비전으로 공유하는 일이다. 이때 성령님께서는 현지인 제자들과 성도들에게 공유한 비전을 돌파해 나갈 수 있는 능력을 주신다.

다음은 신성호 선교사의 고백이다.

> 그레이스 선교부는 개척할 때부터 3년 안에 자립, 5년 안에 재생산하는 교회를 만든다는 목표를 분명히 밝혔고, 기회가 있을 때마다 사역자들과 성도들에게 가르치며 헌신을 요구했다. 그 결과 시골에 개척된 교회를 제외한 도시에 개척된 교회들은 대부분 3년 만에 자립하였고, 5년 만에 재생산하는 교회가 되었다. 선교사의 분명한 목표와 교회 개척 원리가 현지인 사역자와 성도들에게 잘 전달되면 교회 자립과 성장 그리고 선교하는 교회로의 전환에 큰 영향을 준다.[13]

박종덕 선교사 역시 다음과 같이 고백한다.

> 사역지를 정탐하고 둘러보는 가운데 전체적인 비전과 전략, 사역계획 시간표가 필요하다는 것을 깨닫게 되었다. 실현 불가능한 비전이 아니라 현재 주어진 여건과 자원 그리고 앞으로의 가능성을 고려하여 구체적이고 성취 가능한 비전을 세우게 되었다. 비전을 세우고 나서 비전 성취를 위한 전략과 집중할 지역을 문장으로 만들어 현지 사역자들과 함께 늘 나누면서, 우리의 비전과 사역방향을 숙지하도록 했다. 그리고 이에 더해서 칼리만탄에서 10년간의 사역계획표를 몇 단계로 나누어 세우면서, 단계적으로 사역 성취를 평가할 수 있는 기준으로 삼았다. 이런 분명한 비전과 전략, 사역계획표가

---

13. 신성호, "태국에서 개혁주의 교회 개척 원리," 125.

사역하는 데 흔들림 없이 방향을 잡아주는 좋은 기준점이 되어주었다.[14]

박영기 선교사 또한 비전 공유의 중요성을 강조한다.

선교사들이 현지에서 교회를 개척할 때 교회 창립 멤버들과 같이 기도하고 의논하면서 그 교회의 설립이념, 성도의 생활원리, 존재 목적, 교회의 비전을 정할 필요가 있다. 필자는 교회를 개척할 때마다 설립이념과 생활원리는 꼭 정하고 시작하였다. 그러나 존재 목적과 비전은 어느 정도 성도들이 모이게 되었을 때 성도들과 함께 정하였다. 필자의 경우 설립이념은 사랑이 넘치는 교회, 영육을 치유하는 교회, 선교하는 교회로, 생활원리는 하나님 중심, 성경 중심, 교회 중심으로, 존재 목적은 예배, 교육, 복음 전파, 사회봉사로, 교회의 비전은 그 해의 비전과 5년 비전, 10년 비전을 정하여 성도들과 이 교회가 지향하고 있는 방향성을 공유하였다. 선교사들이 이것들을 정하여 성도들과 함께 공유하면서 교회 개척 사역을 하면 방황하는 일이 없이 일관된 사역을 하게 될 것이다. 집을 건축할 때와 마찬가지로, 선교사들이 교회를 세울 때에 설립이념, 생활원리, 존재 목적, 비전을 정하고 교회를 개척하는 것은 교회 개척 사역의 기본적 원리이다.[15]

(5) 현지인의 자발성이 핵심이다

성공적인 교회 사역은 또 하나의 조건이 잘 지켜져야 한다. 즉, 제자양육을 반드시 해야 한다. 예수님께서 12제자를 양육하신 방법을 들여다보면 한 가지 중요한 특징을 발견할 수 있다. 그것은 자발성의 훈련이다. 예수님께서는 마지

---

14. 박종덕, "인도네시아에서 개혁교회 개척사역 원리," 66-67.
15. 박영기, "일본에서 개혁교회 개척 사역 원리," 62.

막 순간까지 겟세마네 동산에서 기도하시는 모범을 보이시면서 자발적으로 깨어 기도하도록 영성훈련을 하셨다. 하나님의 나라를 증거하러 다니시면서전도 혼자만 사역하신 것이 아니라, 처음부터 제자들을 두 사람씩 보내어 그분과 똑같은 방식으로 전도하고 제자 삼는 일을 하도록 하셨다. 예수님께서는 처음부터 끊임없이 제자들이 스스로 개인 영성관리를 하고, 또 스스로 전도하여 제자 삼는 일을 할 수 있도록 자발성을 키우셨다. 심지어 예수님께서는 직접 세례를 주지 않으시고, 제자들이 세례를 주도록 하셨다. 당시 세례의 의미를 사도 바울은 로마서 6장에서, 그리스도 안에서 옛사람이 죽고 새 생명을 얻어 새로운 삶을 살기 시작하는 영적 예식이라고 설명한다. 또한 바울은 고린도전서 10장 1-2절에서도, 이스라엘 백성들이 출애굽 후 건넜던 홍해 사건에 비유하여 세례를 설명해 주고 있다. 즉, 영적으로 죽었던 옛 애굽의 생활을 청산하는 의미라는 것이었다. 세례를 받는 자도 이것을 이해하면서 세례를 받아야 하겠지만, 당시 예수님을 대신해서 자신들이 전도한 이들에게 세례를 베풀면서 제자들 역시 끊임없이 자신들의 삶을 되돌아보며 새롭게 다짐하는 기회로 삼았을 것이다. 예수님께는 지상의 현지인 사역자였던 제자들이 자발적으로 하나님 나라에 대한 의식을 가질 수 있도록 기회를 주신 것이다. 현지인 지도자를 양성하는 일에서 현지인의 복음과 교회에 대한 자발적 참여를 향상시키는 것은 이양을 위해 가장 중요한 일이다.

김자선 선교사는 첫 교회인 뚜게가리오교회 건축 당시의 상황을 다음과 같이 회상한다.

주된 후원교회도, 후원자도 없었기에 필자는 교회를 개척하자마자 매월 첫 주일헌금을 건축 헌금으로 적립했다. 자체 내 유급 사역자가 없었으므로 적은 헌금이지만 고스란히 모였다. 그 헌금으로 교회당 기초공사를 시작했는데 석 달 뒤에 IMF가 터졌다. 우리는 절반으로 깎인 생활비 전액을 뚜게가라오교회에 헌금했다. 건축을 시작한 후 다섯 달쯤 되자 하나님께서 일하기 시작하셨다. 그 시작은 사역지 내부에서 일어났다. "라굼 교회를 뒷바라지하느라 정작 사역지의 모교회가 되는 뚜게가라오교회당은 아직도 임시 교회당인데 ……"하며 건축 이야기를 설교시간에 언급했다. 그러자 이튿날부터 2라굼 교회 교인들이 자발적으로 양식을 들고 와서는 며칠씩 일을 하고 갔다. 그 다음은 3라굼 교인들이 와서 도왔다. 이렇게 자매교회들1, 2, 3 라굼, 로마 등에서 1,500여 명이 번갈아 가며 자신들의 양식을 가져와 희생 봉사하는 기적이 일어났다. 하루 벌어 하루 먹고사는 사람들이 물질을 희생해가며 봉사하는 것은 하나님께서 하신 일이라 믿어졌다. 기적은 계속되었다.[16]

인도의 이남재 선교사는 선교사 중심의 첫 번째 교회를 개척한 후, 두 번째부터 깨달은 현지인 중심의 선교 방식을 고수해 오고 있다.

이처럼 지금까지 성령님께서 여러 방법으로 20여 개의 교회를 개척하게 하셨다. 교회 개척 사역을 하면서 첫 번째 교회와 그 이후 다른 교회들의 분위기가 많이 다르다는 것을 느꼈다. 첫 번째 개척 교회인 티그리제자교회는 내가 개척할 장소를 물색하고, 교회 건물을 얻고, 물품을 구입하여 예배당을 꾸미고, 동역자와 같이 전도하며 개척 사역을 하였다. 매주일 교인들은 교회에 나와 예배드리고 우리가 준비한 다과를 먹고 돌아갔다. 뿐만 아니라 주중에 교회의 크고 작은 일들은 모두 나와 현지 동역자의 몫이었다. 이렇다 보니 나와 동역자는 교회의 주인 같았고 성도들은 예배드리고 돌아가는 손님 같이 느껴졌다. 그러나 두 번째 개척교회인 카파세라제자교회는 성

---

16. 김자선, "세계 선교를 향한 우리 선교지의 정체성-필리핀에서의 개혁교회 개척원리," 134-35.

령님이 개척지를 택하시고, 그곳에서 복음을 전하게 하시고, 성도들이 전도하여 사람들을 모이게 하시고, 예배를 드리게 하셨다. 처음부터 끝까지 성령님의 역사로 세워진 교회이다. 전도를 받아 교회에 나오기 시작한 사람들은 예수님을 믿으면 당연히 전도해야 하는 것으로 알고 그들도 또 다른 사람들을 전도해오기 시작하였다. 처음에는 예배를 돕기 위해서 티그리제자교회 성도들이 한두 달 정도 예배를 위해 지원을 나왔다. 예배드리기 시작한 지 얼마 안 되어서 M청년의 집이 성도들로 가득 차게 되었다. 그들이 나에게 넓은 장소로 옮기자고 건의하길래 당신들이 이곳 사정을 나보다 잘 아니까 장소를 알아보라고 하였다. 그들이 여러 곳을 물색하여 임대 건물을 얻었고 예배 처소를 가정에서 넓은 건물로 옮기게 되었다. 그들은 예배를 위하여 청소하고, 다과를 준비하였다. 뿐만 아니라 교회의 크고 작은 일들은 나의 몫이 아니라 오히려 그들이 감당하였다. 첫 번째 개척 교회인 티그리제자교회 성도들과 많이 비교가 되었다. 카파세라제자교회는 비록 티그리제자교회보다 공간이 작은 가정에서 시작하였지만, 교회에 대한 그들의 관심과 사랑은 티그리제자교회 성도들보다 훨씬 더 컸다. 따라서 두 번째 교회가 더 이상적인 교회 모습이라고 생각하였다.[17]

(6) 현지인에게 이양하는 것을 두려워하지 말라

자발성과 선교 이양의 시간과의 상관관계를 보자. 우리가 이양해야 할 교회의 현지인 지도자의 자발성 향상은 시간과 비례하지는 않는다. 그런데 예수님께서는 초심자들을 불러 세상을 변화시킬 사도로 성장시키는 데 3년밖에 걸리지 않으셨다. 이는 오늘날 우리의 선교 구조를 다시 생각해보게 하는 대목이다. 서구적인 선교방식은 선교를 몇 단계로 나누어서 공식화된 방식을 따르기를 좋

---

17. 이남재, "인도에서 교회 개척 사역 & 원리," 87-88.

아한다. 윈터Ralph Winter 박사의 4단계Four Stages of Development가 대표적이다. 그러나 이것도 좋지만 현지인을 제자로, 특별히 지도자로 양성하는 일은 예수님께서 보여주신 것처럼 보다 급진적인radical 도전이 필요하다.

현재 KPM 선교사들이 개척한 교회들이 10년 이상 되었지만, 실제로 현지인에게 완전 이양한 케이스는 그리 많지 않다. 필자가 고려신학대학원에서 수학할 때 기독교교육 수업 시간에 고신 목회자 한 분이 특강하러 왔다. 주제는 새벽기도를 통한 제자 양성이었다. 그 목사는 도시에서 떨어진 외딴곳에 교회를 개척하였다. 그리고 전도한 사람들을 처음부터 무조건 새벽기도에 나오도록 강하게 훈련하였을 뿐 아니라, 그들에게 3년이 아닌 3개월의 제자훈련 기간을 거치게 하였다. 그리고 3개월의 제자훈련 기간이 마치면 그들은 세례도 받기 전에 바로 전도하러 현장에 투입되어 전도를 시작한다고 했다. 이 어린 성도들의 입으로 전도한 이들이 예수님을 입술로 시인하여 생명을 얻는 사역으로 선순환되는 목회 구조를 만들었던 것이다.

우리는 너무 오랫동안 현지인을 자신의 제자로만 두려는 경향이 있다. 그들에게 자신의 사역을 넘겨주는 것을 두려워한다. 필자는 남침례교단의 CPMChurch Planting Movement이 극단적인 면과 후속 프로그램이 없다는 아쉬움이 있지만, KPM이 현지인에 조금 더 시간적으로 급진적일 필요가 있다고 본다. 현지인 지도자 양성은 훈련의 강도와 질과 관련이 있는 것이지, 반드시 시간과 정비례하는 것은 아니다.

신성호 선교사는 이 부분에서 그레이스선교회가 가진 원칙을 다음과 같이 설명한다.

그레이스선교부에서는 교회 개척을 나가는 목회자에게 개척 후 3년까지만 후원하고 그 후에는 자립해야 한다고 가르친다. 선교사가 개척한 교회를 방문하여 설교나 훈련을 할 때, 적극적인 봉사와 자립정신을 가르친다. 선교부의 정신에 따라 초신자 때부터 강한 훈련을 받은 교인 20가정만 있으면 교회는 자립한다. 목회자의 생활비는 교인들의 평균 월급 정도를 준다. 따라서 교인 10명만 십일조를 철저히 하면 목회자의 생활비를 줄 수 있다. 그레이스선교부는 필자가 미얀마로 들어가기 전까지 평균적으로 매년 세 개의 교회를 개척했다. 교회의 숫자가 많아져도 예산이 더 들어가지 않았다. 매년 세 개의 교회가 자립하기 때문이었다.[18]

이남재 선교사도 다음과 같이 고백한다.

전통적인 이양의 개념은 선교사가 사역하다가 이양할 조건과 시점이 되면 현지 사역자에게 교회 목회를 완전히 넘기는 개념인데, 본인은 그렇게 하지 않고 동역자와 사역할 때부터 이양의 개념으로 사역하고 있다. 처음부터 현지 동역자가 담임 목회자이고 선교사는 담임 목회자를 돕는 자라는 것을 주지시켰다. 모든 책임을 동역자가 지도록 하여 책임감을 갖고 사역하도록 하였다. 그러나 늘 살피고 가르치고 권면하여 동역자가 목회를 잘할 수 있도록 하고 있다. 재정 자립이 어렵기 때문에 재정적인 지원도 해주면서 교회가 스스로 설 수 있도록 버팀목 역할을 하는 것이다. 수년이 지나 선교사의 도움이 없이도 동역자가 성도들을 가르치고 교회 재정도 자립할 수 있는 여건이 되면 완전히 독립적으로 목회를 하도록 하고 있다. 지금까지 5개 교회를 분리하였다.[19]

---

18. 신성호, "태국에서 개혁주의 교회 개척 원리," 118-19.
19. 이남재, "인도에서 교회 개척 사역 & 원리," 99-100.

(7) 자립형 교회를 너머 선교적인 교회를 지향하라

교회 개척 사역을 하는 KPM 선교사들의 공통점은 교회 개척 초기부터 선교적 교회를 지향한 것이다. 하나의 교회를 세우고 나서는 현지인들을 통해 교회를 재생산하는 일을 했다는 공통점이 있다. 일본의 박영기 선교사가 북해도에서 개척한 모든 교회들은 현지에 개척된 교회들을 통해 다른 교회를 개척하는 방식이다. "신삿포로성서교회는 분교다이레인보교회를, 분교다이레인보교회는 유베츠메구미교회를 출산한 것은 교회가 건강하다는 증거이다."[20] 교회가 건강한지 판단하는 척도는 여러 가지가 있겠지만, 그중 하나는 교회가 내부 지향적인지 아니면 외부 지향적인지에 달려있다.

이남재 선교사는 다음과 같이 교회의 정체성에 대해서 피력했다.

> 모든 살아있는 생명체는 또 다른 생명체를 낳게 된다. 따라서 살아있는 성도는 또 다른 성도를 낳아야 하고 살아있는 교회는 또 다른 교회를 낳아서 계속하여 제2, 제3의 교회가 개척되도록 힘써야 하는 것이다. 우리의 사역 모토는 "성도는 성도를 낳고 교회는 교회를 낳아야 한다."이다. 이 모토를 이루어 가기 위해서 교회 안에서 일꾼을 발굴하여 그들이 주님의 사역자로서 길을 가도록 도전하고 가르치는 일에 전력하고 있다.[21]

김자선 선교사 역시 이 원리에 따라서 현지인들로 하여금 교회를 분립 개척해 가도록 했다. 김 선교사는 특별히 교회 전체보다는 택한 제자들을 통해 교회가 개척되는 것의 중요성을 강조한다.

---

20. 박영기, "일본에서 개혁교회 개척 사역 원리," 50.
21. 이남재, "인도에서 교회 개척 사역 & 원리," 100.

필자는 사역 36년간 위의 과정을 일회성으로 마치지 않았다. 그 결과 뚜게 가라오교회를 모체로 하여 신생의 여러 톱니바퀴들이 태어났고, 오늘에 이르러 37곳의 교회가 개척되었으며 45곳의 전도소가 되었다. 그러나 기본적인 톱니바퀴는 하나이다. 메인 톱니바퀴, 즉 모母교회를 통해서 자란 주님의 신실한 일꾼들이 이에 맞물려 돌아가면서 또 다른 톱니바퀴들이 생겨난 것이다. …… 라굼의 경우 페르난도Fernando T. 전도사를 통한 라굼의 세 번째 교회의 개척 이후부터 현지인들이 자발적으로 전도했고, 그 결과 현재 13개의 교회가 세워졌다. 즉, 제자가 제자를 낳은 것이다.[22]

(8) 그 외의 강조된 교회 개척의 원리들

이 외에도 주옥같은 교회 개척 사역의 원리들이 있었나. 김사선 선교사는 내달 모든 성도들과 함께하는 정기적인 금식과 이를 통한 회개운동과 능력을 경험하면서 교회가 폭발적으로 부흥하는 것을 경험하고 있다. 선교사의 개인전도는 선교사들이 가장 중요하게 꼽는 성공적인 교회 개척의 기본이다. 처음부터 자립과 이양을 염두에 둔 재정 정책을 시행하는 것이 쉽지 않은데도, 모두 이것을 잘 실행했다. 돈 선교, 프로젝트 선교의 유혹을 잘 이겨냈다는 공통점이 있다. 말씀과 기도를 통한 선교사의 개인 영성이 주요한 무기라는 것 역시 다시 강조되었다. 선교사 개인의 탑을 선교지에 쌓지 않고, 하나님께만 영광을 돌리는 방법을 알게 된 순간부터 하나님께서 교회 개척 사역 가운데 부흥을 경험하게 하셨다. 사람을 의지하지 않고 사역할 때, 하나님의 놀라운 인도하심을 체험하는 것 또한 동일하게 경험된 것이었다. 선교사가 주인이 되지 않고 다가갈 때, 현지인들이 교회의 주인이 되고 선교사가 객이 되는 교회가 되었다. 현지인들이 가지고 있는 악한 문화와 풍습, 습관과 타협하지 않고, 성경적으로 그 문

---

22. 김자선, "세계 선교를 향한 우리 선교지의 정체성-필리핀에서의 개혁교회 개척원리," 150.

화를 바꾸어 갔다.

3. 나가는 말

　KPM 선교사들의 교회 개척 이야기를 통해 필자는 계속 롤랑 조페Roland Joffé 감독의 <Mission>이라는 영화가 떠올랐다. 아마도 KPM 선교사들의 교회 개척을 위한 삶을 그대로 영화에 담아낸다면 <Mission>에 버금가는 감동과 영감을 줄 것이다. 필자는 앞서 제시한 교회 개척의 원리들에 하나의 원리를 더 강조하고 싶다. 그것은 개혁교회의 신앙의 선배들이 우리 개혁교회가 다른 교회 전통과 다름을 나타내기 위해 강조한 것이기도 하다. 곧 "제자들을 통한 전포괄적인 삶의 영역에서의 변화"라는 문구를 KPM 안에서 특화하는 것이다. 개혁교회 건설에 담긴 의미를 이신철 교수는 다음과 같이 정의한다. "제자들은 세상으로 보내심을 받아 하나님의 나라와 그분의 영광을 위하여 '각자 자기의 삶의 영역에서' 하나님의 말씀대로 맡은 일을 잘 감당하며, 이웃을 사랑하여 섬기며, 삶 속에서 말과 행실로 예수 그리스도를 증거하기까지 성장해야 한다."[23] 결국 교회 개척의 마지막 단계는 제자 된 교인들이 자신의 삶의 영역에서 선교사적인 삶을 사는 것이어야 한다. 즉, 선교사 자신과 같은 현지인 제자가 나와야 이양이 가능한 것이다. 또 이 말은 단순히 자신을 이을 목회자 한 명을 세우는 것으로 교회 건설의 마지막이 완성되는 것이 아니라, 교회의 상당수의 성도들이 자신의 전포괄적인 삶의 영역에서 하나님의 나라를 증거하는 증인 된 삶을 살아

---

23. 이신철, "어떻게 교회를 설립할 것인가?," 『현지인지도자 양성』, 현지인지도자양성 지원을 위한 TF팀 편 (대전: 고신 총회세계선교회, 2018), 119.

갈 수 있도록 해야 한다는 것이다. 물론 선교사가 자신의 목회나 전문직을 이을 현지인 지도자 한 명을 길러내는 것도 힘든 일이다. 그러나 분명 성경은 현지인 교회나 기독교 기관에 속한 이들이 전문인 영역선교사들로서 하나님의 나라를 증언하는 일에 전심하는 교회의 문화생태계를 만드는 것까지를 포함한다. 그러므로 제자들이 교회로 모여 예배하고 서로 사랑하며, 세상으로 흩어져 하나님의 나라에 참여하여 봉사하며 증거하는 균형 잡힌 삶을 살도록 하는 것까지 제자 삼는 사역에 포함되어야 한다.

2장

탈세계화 시대의 선교적 함의

1. 들어가는 말

세계화에 대한 꿈은 고대를 거쳐 중세와 근세의 제국주의적 세계화로 실제화되어오곤 했다. 여기에서 언급하는 세계화는 1990년 소련의 붕괴 이후 미국 등 서구 주도로 진행된 것으로 한정한다. "1990년 조지 부시 대통령은 이것을 새로운 세계 질서라고 불렀다."[1] 세계화에는 세 가지 의미가 있다. 곧 경제, 정치, 그리고 문화 영역에서의 세계화이다. 소련과 서방 진영의 냉전시대가 끝나는 시점인 1970년의 세계화 지수주로 경제적인 의미에서는 약 40%였는데, 그중에서 북미, 서유럽 그리고 북유럽이 60% 정도였다. 2019년에는 아프리카와 남미, 그리고 중동의 일부 국가들을 제외하고 대부분의 국가들에서 70% 이상의 세계화가 진행되었다.[2] 이것은 전 세계가 지난 30년간 세계화라는 기조와 틀 속에서 살고 있었다는 말이다.

---

1. 손규태, 『세계화시대 기독교의 두 얼굴』 (서울: 한울아카데미, 2007), 15.
2. "KOF Globalization Index" https://kof.ethz.ch/en/forecasts-and-indicators/indicators/kof-globalisation-index.html (accessed at 2022.10.14).

그러나 2008년 글로벌 경제위기를 전후하여 새로운 세계질서의 개편이 일어나고 있는데, 이를 탈세계화deglobalization라고 한다. 작금의 급속한 탈세계화에는 흔히 4가지의 원인이 있다고 말한다. 첫째, 지난 30여 년 동안 세계화로 인한 양극화 현상과 피로 누적, 둘째, 미중 간의 패권경쟁, 셋째, 4차 산업혁명 시대의 자국 미래 산업 재건을 위한 서구의 리쇼어링reshoring, 그리고 마지막으로, 선진국 인구의 고령화로 인한 장기적인 경기 침체이다. 탈세계화는 이러한 문제들에서 탈출구가 될 수 있었는데, 때마침 발생한 코로나 팬데믹이 급속하게 전지구적 경제질서의 재편을 촉진하면서 덩달아 정치와 다른 모든 영역에서도 급속하게 탈세계화를 부추기고 있는 상황이다.

교회와 교회의 선교 또한 이러한 전지구적인 재편의 물결과 무관하지 않다는 가정 하에서, 이 장에서는 작금의 탈세계화가 선교에 미치는 영향에 대해서 유추해 보도록 하겠다. 선교는 선교현장의 정치상황, 경제상황 그리고 문화상황과 긴밀한 관계를 가질 수밖에 없다. 코로나 팬데믹으로 인해 현장의 선교지들이 무너지는 것을 경험했지만, 우리는 탈세계화라는 보다 큰 쓰나미가 우리의 선교현장의 근간을 뒤흔들고 있다는 사실을 눈치 채지 못하고 있다. 여기서는 그동안 우리의 선교현장의 유무형의 질서를 유지해 온 세계화가 어떠한 방식으로 작동되어 우리에게 영향을 미쳤고, 또 탈세계화는 어떠한 방향을 향하고 있는지 경제, 정치, 그리고 문화의 세 측면에서 살펴볼 것이다. 마지막으로 이러한 전지구적인 탈세계화로의 재편 현상이 선교와 관련하여 함의하는 바를 살펴보려고 한다.

2. 경제적 의미의 세계화 & 탈세계화

(1) 경제적 세계화[3]

세계화를 경제적으로 떠받쳐 준 신자유주의는 1970년대 세계적인 석유파동과 실업난 등 세계 경제의 난제를 극복하기 위해 케인즈의 수정 자본주의[4]에 대한 대안으로 영미를 중심으로 급부상했다. 1979년 영국의 신자유주의 경제 정책인 대처리즘과 1981년 미국의 레이건노믹스는 신자유주의가 세계적인 담론이 되는 데 절대적인 영향을 미치게 된다. 지금은 우리 귀에 너무나 익숙한 국가의 기업규제 철폐, 규제완화, 공기업 민영화, 노동시장 유연화, 구조조정, 금융자본의 자유로운 이동이라는 개념들로 대변되는 기업과 자본 시장 위주의 시장 정책이 바로 신자유주의의 구호들이다. 신자유주의의 궁극적 목적은 이전에 국가의 관리로 존재하는 모든 경제 국경들을 없애고 전 세계를 하나의 시장으로 통합하여 자본시장들을 초국가화하고 탈규제화하여 '오직 시장 기능'만이 모든 경제 활동과 삶을 밑받침하게 하자는 것이다.

한국에서 신자유주의가 국정 정책화된 것은 1993년 7월 2일 김영삼 대통령의 문민정부가 '신경제 5개년 계획' 담화문을 발표한 시점부터이다. '신경제 5개년 계획'을 통해 문민정부는 일인당 국민소득 일만 달러로 한국 경제가 도약할 수 있다는 블루 청사진을 제시한다. 마침내 1996년 말 한국은 선진국 진입의 대명사로 불리는 OECD에 가입했다. 이후 한국이 OECD의 조건에 따라 국가를 무한 개방해야 하는 일은 세계화라는 이름으로 포장되었다. 당시 한국에

---

3. 이 부분은 권효상, "Covid-19 시대의 선교: 가치관의 변혁 속에서," 「KPM R&D Journal」 1 (2020): 110-11에 게재된 내용을 일부 발췌한 것이다.

4. 17-19세기 고전적 자본주의 이념은 국가와 개인에게 경제 활동의 무한 자유를 허락하는 것이다. 1차 세계대전과 1920년의 대공항, 그리고 2차 세계대전을 겪으면서 국가 간, 개인 간의 빈익빈 부익부의 불균형 문제를 해결하기 위해 국가가 일정 부분 경제를 통제해야 한다는 주장이 케인즈의 수정 자본주의이다.

서는 세계화라는 말이 긍정적이며 일상처럼 받아들여질 수 있도록 국가 프로젝트들에 의해 연일 선전되었다.

그 일환으로 문민정부에 의해 주도된 것이 이른바 1995년에 단행된 '5.13 교육개혁'이다. '5.13 교육개혁'은 소위 열린 교육이라는 이름으로 우리에게 친숙하게 다가왔고, 이는 그 후 열린 교육시대에 국가가 주도하는 세계화라는 급훈 아래서 자란 세대들의 세계관과 가치관을 형성시키는 데 결정적인 역할을 했다. 문민정부의 교육개혁은 이전의 교육개혁과는 본질적으로 다른 것이 있었다. 그것은 교육을 통해 국가 전체를 새로운 매트릭스를 가진 완전히 다른 사회로 탈바꿈하겠다는 거대한 전략이었다. "문민정부의 교육개혁은 이전의 경우와 매우 다른 특징을 선보인다. 문민정부의 등장 자체가 사회 구성방식의 재구조화를 위한 상징성을 담보하는 한편, 국가, 시민사회, 시장의 관계 규정과 관련하여 새로운 국가사회의 판짜기의 징조를 보여주는 사건이었다."[5]

5.13 교육개혁의 주된 골자는 신자유주의로 표방되는 '진화론적 경제 생태계'에서 경쟁력을 가진 사람이 되도록 국민들을 교육하자는 것이었다. 즉, 신자유주의가 지향하는 무한경쟁을 통한 인류의 무한 진화라는 체계 속에서 우리 사회도 이윤의 극대화를 위해 무한히 경쟁해야 하는 사회로 진화해야 한다는 것이다. "그러나 여기에서 우리가 발견할 수 있는 한 가지 아이러니는, 개혁안이 표면적으로 담고 있던 평생학습 및 그 안에서의 교육복지 지향 등에도 불구하고 그러한 개혁을 추진한 이른바 세계자본주의의 일상적 전환논리의 하나로서 학습된 노동에 대한 지구적인 요구가 있었으며, 그에 따라 각국의 전통적 교육체계를 변화시키려고 하는 글로벌 신자유주의라고 하는 새로운 매트릭스가

---

5. 한숭희, "문민정부 교육 개혁과 평생교육 담론: 권위적 국가주의 청산과 교육개혁의 새 판 짜기," 「아시아 교육연구」 6/3 (2003): 60.

자리하고 있었다는 점이다. 여기에서 학습은 국가 경쟁력, 즉, 국가에 의해 지지되는 기업의 이윤을 극대화하기 위한 대표적인 전략으로 설정된다."[6]

실제 OECD 가입 후 한국은 전혀 기대하지 않았던 새로운 사회를 경험하였다. 선진국 대열 가입이라는 미화된 이면에는 준비되지 않은 한국사회가 맞닥뜨려야 할 신자유주의라는 거대한 파고가 있었던 것이다. 자유화와 세계화라는 말로 포장된 신자유주의에 대해서 해당 정책관료들은 실제로 그 독소에 대해서 본인들조차 알지 못했을 뿐더러 이를 국민들에게 알려주지도 못했다. 시장 경제에서 무한 경쟁을 허용하는 일련의 조치들은 결국 1998년 IMF라는 건국 이후 최대의 경제 위기를 거치면서 비로소 국민들의 피부에 와 닿았다. 현재도 대부분의 국내외 IMF 관련 인사들은 한국이 이러한 일련의 사태를 겪은 이유는 단지 서서히 개방하지 못했기 때문이라고 평가하곤 한다. 그러나 IMF 당시 한국 경제를 이끌었던 강경식 전 경제부총리 겸 재경원 장관은 당시의 상황을 다음과 같이 진단한다. "우리가 좋아하든 싫어하든 급속도로 (세계화가) 빨리 진행되고 있는 것이 오늘입니다. 비유하자면, 한 파도를 넘으면 또 다른 파도가 끝없이 밀려드는 것과 같은 …… 그것도 이전까지 경험하지 못한 그런 파도가 밀려온다는 것입니다. 이것은 완전히 다른 구조와 질서의 개편 과정에 우리가 어떻게 적응해야 하느냐 하는 과제를 극명하게 보여주는 것입니다."[7] 전혀 다른 구조의 생태계를 가진 한국사회의 탄생에 대한 그의 판단은 정확했다. 문제는 세계화의 무한경쟁이라는 파고는 더욱 그리고 끊임없이 거세어지지 더 약해지지 않는다는 것이다. 이것은 우리에게 안정을 되찾거나 숨 쉴 틈을 주지 않고 익사

---

6. Shirley Walters, (ed.), *Globalization, adult education and training: Impacts and Issues* (London: Zed books, 1997); World Bank, *Lifelong learning in the global knowledge economy* (Washington: World Bank, 2003).

7. 저자가 퇴임사를 녹취한 것이다.

시키려는 거대한 파도와 같이 우리의 삶의 전반과 그 삶의 기반이 되는 국가와 사회의 구조 전체를 익사시키고 있다. 이것이 한국사회와 그 속에 함몰되어 있는 한국 그리스도인들의 현주소이다.

이러한 경제 및 국가 전반에 나타나는 신자유주의와 그 결과들은, 비단 한국뿐 아니라 20세기 중·후반에 들어 영미가 주도하는 신자유주의 정책에 함께 올라탄 나라들에서도 공통적으로 나타나고 있다. 신자유주의가 가져온 비성경적인 결과물들을 나열하자면 끝이 없다. 경제적으로 세계화는 다국적 기업 혹은 다국적 자본의 횡포를 막을 수 없게 되었으며, 고용불안 등 일반인의 경제활동의 불안요소가 극대화되었다. 세계화의 진화론적 물결이 가장 크게 영향을 미치는 부분은 아무래도 경제적인 종속이다. 전 세계 부유층의 1%가 세계 자산 중 절반을 가지고 있으며, 가난한 하위 50%는 세계 자산의 1%만을 가지고 있다. 세계 불평등지수는 20세기 초반 대공항과 세계대전을 겪을 때가 45% 정도였다. 85년 이후 신자유주의 시대가 도래하면서 불평등지수가 55% 이상으로 올라갔다는 것은 소외계층의 불만이 최고조로 축적된 상태가 되었음을 방증한다. 신자유주의 시장 상황에서 소외계층을 돌볼 수 있는 시스템을 구축할 수 없기 때문에 문제의 심각성은 더하다. 이 모든 것이 경제의 지나친 진화론적 약진이 만든 결과이다. 신자유주의가 세계 경제구조의 매트릭스로 실제화된 지 50년이 지난 지금, 이러한 신자유주의의 구조적인 허점들로 세계는 몸살을 앓고 있다. 이러한 결과물들은 기독교의 시각에서 신자유주의에 반성경적인 요소들이 있음을 보여주는 증거들이다.

(2) 경제적 탈세계화

경제적인 의미에서 세계화는 값싼 자원이 전 세계적으로 공급되고,[8] 이 값싼 자원으로 인건비가 싼 중국과 동남아 등 제3세계의 공장에서 대규모로 값싼 물건들을 공급하는 것을 전제로 한 것이었다. 그러나 세계화의 선두 주자였던 미국은 2008년 글로벌 금융위기 이후, 특히 2016년 트럼프의 보호무역주의 정책에 이르러 탈세계화를 주도하기 시작했다. 그 이유는 우선, 노동 집약형의 값싼 제품을 생산하던 중국이나 대만, 한국과 같이 중간재 생산기지 역할을 하던 나라들이 4차 산업혁명 시대에 접어들어 반도체와 바이오, 배터리 등 첨단 산업에 투자하면서 글로벌 경제의 경쟁상대로 급부상하고 있기 때문이다. 미국 등 선진 서방국가들은 세계화의 전략을 바꾸어서 탈세계화, 경제 블럭화를 해야만 하는 상황이 되었다.

탈세계화가 가속화되는 두 번째 이유는 "코로나 19로 인해 글로벌 밸류체인이 붕괴되면서 탈중국, 다변화, 리쇼어링 등 다양한 변화가 모색되고 있기 때문이다."[9] 바이든 정권에서도 같은 맥락에서 미국의 20%대에 머물고 있는 제조업 생태계를 첨단 제조업 중심으로 다시 끌어올리기 위해 더욱 강력한 정책을 펴기 시작했다. 미국은 제조업의 르네상스를 위해 현재 중국 중심의 글로벌 자원 공급망을 재편하고 있다. 이를 위해 인플레 감축법안, 즉 강력한 투자촉진법을 발동하여 해외로 나가 있는 자국의 제조업 공장들을 다시 미국 역내로 유치하고 있다. 또한 미국 중심의 새로운 글로벌 공급망의 판을 짜기 위해 중국을 배제한 새로운 경제 블럭화를 강력하게 시도하고 있다. 경제 블럭화를 추진하면서 제조업을 강조하다 보니 가장 필요한 것이 에너지의 안정적인 수급이다.

---

8. 그동안은 북반구의 선진자본들은 금융시장을 통제하여 남반구의 제3세계 국가들이 가진 원자재 가격을 평균 40% 하락시킴으로써 지속적으로 싼 원자재를 공급받았다.
9. 최윤식, 『빅체인지: 코로나 19이후 미래 시나리오』 (서울: 김영사, 2020), 212.

그래서 러시아의 가스, 중동과 남미의 석유에 대한 의존 없이 손쉽게 에너지를 얻기 위해 미국과 한국, 일본과 유럽 등이 탈원전 정책을 바꾸어 오히려 원자력에 투자를 대폭 늘리고 있는 것이다. 이는 핵에 대한 전세계적인 위험의 증대를 의미하는 것이기도 하다.

골드만삭스는 탈세계화에 대해서 다음과 같이 전망한다.

탈세계화, 탈탄소, 부의 재분배, 정치의 강화로 인해 원자재 시장은 새로운 슈퍼사이클에 진입했다. 개발도상국의 저렴한 노동력과 자원을 적극적으로 활용하던오프쇼어링 세계화 시대와는 달리 탈세계화 시대에는 높은 인플레이션이라는 대가가 따르게 된다. 그러나 강대국들 사이의 패권 경쟁이라는 지정학적인 관점에서 볼 때, 탈세계화는 막을 수 없는 흐름이다. 특히 최근의 미중 무역분쟁과 세계 경제 시스템에서 고립되고 있는 러시아를 볼 때, 이제는 저렴한 공급망보다는 안전한 공급망을 더 선호하기 시작하였다. 최초의 글로벌 패권국인 대영제국과 현재의 패권국인 미국은 모두 세계화와 자유무역을 확산시켰다. 그러나 세계화에 따른 오프쇼어링은 정작 패권국의 일자리를 없애고 부의 불평등을 심화시켰다. 또한 세계화의 혜택을 본 국가들이 빠르게 성장하여 현재의 중국처럼 패권국을 위협하는 라이벌로 등장했다. 이러한 세계화의 부작용은 패권국 내부의 정치적인 불만으로 이어졌으며, 부의 재분배와 보호무역주의와 같은 정책이 힘을 받게 되었다. 탈탄소 정책 또한 에너지 탈세계화의 한 형태이다. 대표적인 탈탄소 에너지원인 풍력과 태양광은 석유나 가스와 달리 세계 곳곳에서 고르게 생산된다는 특징이다. 따라서 신재생 에너지를 통한 탈탄소는 곧 에너지 탈세계화로 이어지게 될 것이다. 또한 탈탄소는 글로벌 패권경쟁과 안전한 공급망 확보

를 위한 수단으로 사용되고 있다.[10]

코로나의 위기와 미중 갈등의 증가로 인한 국제 경제의 불안정은 이전의 국제시장을 통한 싼 제품 생산을 선호하던 것을 포기하고 자국에서의 안전한 생산을 우선하는 경제 블럭화를 가져왔다. 이는 결국 미국과 반미국 중심의 신경제 냉전시대를 도래시킬 수 있다. 즉, 탈세계화 시대의 현 경제정책들은 이전의 오프쇼어링을 통한 세계의 전반적인 경제부흥 정책이 아니라, 각자도생과 승자독식의 구조를 만들어 가는 것이다. 이전의 세계화 시대가 개인들의 무한경쟁을 부추기는 시대였다면, 탈세계화 시대는 국가 간의 무한경쟁이 극대화된 시대를 상정한다.

3. 정치적 의미의 세계화 & 탈세계화

(1) 정치적 세계화[11]

지금까지 우리는 신자유주의라는 매트릭스가 가져온 세계화의 문제점과 탈세계화에 대해서 살펴보았다. 신자유주의가 세계화의 사회 경제적 매트릭스라면, 세계화 시대의 정치사상은 신보수주의를 기반으로 한다. 신보수주의는 미국이 세계를 지배하는 정치적 이념이다. 신보수주의자의 줄임말인 neo-con은 미국 공화당의 신보수주의자들과 맥을 같이하는 세력을 통틀어 일컫는 용어이

---

10. "골드만삭스가 생각하는, 탈세계화 전망" https://cms.soonsal.com/archives/1158 (accessed at 2022.09.28).
11. 이 부분은 권효상, "Covid-19 시대의 선교: 가치관의 변혁 속에서," 「KPM R&D Journal」 1 (2020): 113-14에 게재된 내용을 일부 발췌한 것이다.

다. 이들은 정계 및 언론계, 각종 싱크탱크 등에서 큰 영향력을 행사하고 있다. 신보수주의는 야만인들로부터 민주주의를 지키는 것은 자연의 권리이자 책임이라고 주장한 레오 스트라우스를 사상의 기원으로 삼는다. 그러나 신보수주의는 특정인의 사상으로부터 발전된 것이 아니라 오히려 시대의 문제에 대한 답변으로서 성장해 왔다.

> 1970년대 이후 미국에서는 1960년대 '위대한 사회' 프로그램이 야기한 논란들—민권운동과 인종문제, 여권운동, 문화적 좌파운동, 신좌파new left의 대두, 베트남 전쟁과 반전운동이 촉발한 분열, 1970년대의 장기 경제침체, 중동전쟁, 제3세계 혁명들, 냉전과 데탕트, 사회주의의 붕괴, 다문화주의의 도전, 그리고 9·11 등— 및 지난 반세기 간 미국사회가 직면했던 중대한 대내외 문제들과 도전들에 대한 대응을 통해 신보수주의가 형성되고 확산되었던 것이다.[12]

이러한 문제들에 직면하면서 신보수주의자들은 전통 권위의 붕괴를 염려했다. 그리고 "신좌파들은 이러한 위기의 원인은 자본주의라는 사회경제적 구조의 문제라고 주장하지만, 신보수주의자들은 미국민의 가치관의 붕괴, 도덕성의 상실에서 그 원인을 찾고 있다. 일부의 신보수주의자들은 종교기독교-역자주의 쇠퇴에서 그 원인을 찾거나, 일부는 쾌락주의의 만연에서 그 원인을 찾고 있다."[13] 신보수주의가 현실에서 정치세력화되는 시기는 대략 1980년을 전후한 시기부터 클린턴 행정부에 이르는 2000년을 전후한다. 특히 조지 W. 부시 대통령이 등장

---

12. 백창재, "미국보수주의 분석," 「국가전략」 25 (2003): 83-101.
13. "미국 신보수주의(Neo-Conservatism)의 역사적 전개" https://m.blog.naver.com/PostView.nhn?blogId=icandoit88&logNo=30015371602&proxyReferer=https:%2F%2Fwww.google.com%2F (Accessed at 2020.05.02).

하는 2000년부터 신보수주의 세력이 그들의 이념을 전세계에 현실화시켰다.

신보수주의의 이념은 자유 이상주의libertarianism, 미국 제일주의, 결과의 평등 거부, 시민종교로서의 기독교로 요약된다. 자유 이상주의는 개인과 재산 등 사적 영역에 대한 정부의 간섭을 최대한 배제하려 한다. 그래서 경제적으로 시장경제를 유통시키는 신자유주의 정책을 사용한다. 그러나 개인의 영역이 침해받을 경우에는 정부가 강력하게 권력을 행사해서 질서를 바로잡는다. 이 정책은 국제관계에서도 적용된다. 세계 각국의 자율을 인정하되, 미국의 이익이 침해받을 경우 세계 어느 곳이라도 간섭한다. 이것은 미국의 예외주의 혹은 미국의 우월주의와 연관되어있다. 평등화의 거부는 무한정의 자유주의가 전통적 가치의 혼란, 범죄의 증가 등 역효과를 보임에 따라 모든 복지 정책은 평등보다는 미국의 사회적 안정과 경제체제를 강화하는 수단이 되어야 한다는 주장에서 드러난다결과의 평등보다는 기회의 평등을 주장. 그리고 기독교의 가치를 시민영역에서 통용시켜 미국적 전통질서를 유지하고, 도덕적 부활을 모색한다.

신보수주의를 기반으로 하는 세계화는 지난 30년 동안 정치적인 의미에서 다음과 같은 문제들을 양산해 왔다. 우선, 세계화는 지역주의의 쇠퇴를 가져왔다. 성경은 지역화지역주의와는 다른 지역화를 의미한다를 반대하지 않는다. 작금의 세계화는 모든 지역들을 무시한 거대 정치, 경제, 문화 구조를 조장한다.[14] 사회적으로는 복지의 축소로 빈부격차가 심각해지고, 효율성의 극대화로 인간소외 현상이 두드러졌으며, 또한 사회안전망이 약해져 취약계층이 늘어나게 되었다. 생태계의 파괴와 자원의 지나친 낭비는 시장경제 우선논리에 늘 밀려 있다. 정치적으로 국가 간의 무한경쟁은 국제난민의 증가, 국제정치, 국지전 그리고 세계

---

14. Helena Norberg-Hodge, *Small is Beautiful, Big is Subsided*, 이민아 역, 『허울뿐인 세계화』 (서울: 도서출판 따님, 2013), 17.

대전에 대한 불안감을 한층 고조시키고 있다.

(2) 정치적 탈세계화

정치적인 의미에서 탈세계화의 가장 큰 움직임은 이미 영국의 브렉시트에서 보이고 있다. 세계화의 상징 중 하나였던 유럽연합에서 탈퇴하여 영국이 각자도생의 길을 가기 시작한 것이다. 미국은 아메리카 퍼스트 정책을 통해 미중 갈등을 불사하고 있다. 이런 와중에 코로나로 인해 세계 물류의 흐름이 원활하게 공급되지 않자, 경제 블럭화가 심화되고 있다. 여기에 러시아의 우크라이나 침공으로 인해 경제의 혈류인 에너지난으로 전세계가 요동치고 있다. 많은 이들이 탈세계화의 원인을 경제적인 것에서 우선적으로 찾는다. 그러나 기실 진화론적 사고로 무장된 세계화로 인해 자연스럽게 발생되어 온 지역주의의 쇠퇴와 세계적 기업들의 횡포, 국내와 국가 간의 빈부갈등의 극대화, 사회안전망의 약화, 생태계 파괴와 복구비용 증가, 국제정세의 불안과 난민의 증가 등 누적된 장기적이고 총체적인 문제들이 자연스럽게 탈세계화를 가져오는 요인으로 작용했다. 그리고 이러한 불안전한 국제정세 속에서 정치적 포퓰리즘들의 등장은 자연스러운 순서라고 할 수 있다.

서민과 중간층 붕괴 현상이 반복되면 부의 불균형 분배도 커진다. 부의 불균형 분배가 국가 단위로 확장되면 자국 우선주의를 연장시키는 힘으로 작동한다. 국내에서는 이런 부작용이 네트워크의 자기 집단 강화 속성을 타고 대립하는 양측의 진영 논리를 강화한다. 이런 분위기가 포퓰리즘을 구사하면 사회 혼란은 극대화된다. 일부에서는 포퓰리즘이 득세하면 세계화가 약화된다고 우려한다. 맞다. 하지만 포퓰리즘 득세로 우려해야 할 것은 국내에서 벌어지는 극단적인 사회 갈등이다. 갈등하는 양극단 중에 한쪽이 일방

적인 세력을 얻게 되면 포퓰리즘은 전체주의국수주의라는 무서운 결과로 비
화된다.[15]

2010년대 중반부터 이미 탈세계화의 움직임이 시작되면서 전세계의 구조가
재편되기 시작했다. 2차 세계대전 이후 21세기 초반에 재등장한 국수주의는 전
세계를 긴장시킬 만한 사건들로부터 시작되었다. 영미와 유럽 이외에 제3세계,
특히 아시아에서의 괄목할 만한 경제성장으로 서구 중산층이 가진 부가 급격
히 줄어드는 것을 경험했다. 또한 고물가 저성장, 마이너스 실질임금으로 국민
들의 불만 표출이 심해지면서 자연스럽게 각국은 포퓰리즘을 사용하는 정치 지
도자들이 득세하게 되었다. 그리고 위에서 살펴보았듯이, 각국은 지금 세계화
가 가져온 실업, 테러와 이민자 문제, 환경재앙, 지역의 몰락 등의 중대한 이슈
들을 대면하고 있다. 이러한 이유들이 국수주의로의 회귀를 부추기는 정치적인
힘으로 작용한다. 특히 2010년 중반부터 눈에 띄게 국수주의를 자처하는 극우
정당들이 남미에서부터 유럽까지 정권을 획득하고 있다. 2015년 아르헨티나 대
선에서 극우주의자인 마우리시오 마크리가 승리하면서 남미의 콜롬비아, 파라
과이, 베네수엘라 등 다른 나라들로 점차 극우 정권의 물결이 넘실거리고 있다.
극우 정권은 EU에서도 그 돌풍이 거세다. 2015년 10월 포르투갈 총선에서 극
우의 코엘류 정권이 들어섰고, 최근 몇 년 사이 스웨덴, 오스트리아, 핀란드, 헝
가리, 스페인 등 유럽 여러 나라의 총선에서 잇달아 극우 세력이 급부상하고 있
다. 2015년 영국 선거에서 보수당이 압승함으로써 영국은 결국 하드 브렉시트
의 길을 걷고 있다. 프랑스 역시 우파 성향의 르펜과 그의 신생 정당에 상당한
시선을 주었다. 그의 4가지 선거 공약은 이민자 제한과 유럽연합 탈퇴, 국내 기

---

15. 최윤식, 『빅체인지: 코로나 19 이후 미래 시나리오』, 257-58.

업의 규제 축소를 통한 외국 기업으로부터 자국 기업 보호, 변화의 수용이었다. 2020년 9월에는 유럽에서 가장 위험한 극우주의자라고 불리며 스스로를 네오파시스트라고 자처하는 이탈리아형제들Fdl의 조르자 멜로니가 총리로 당선되었다. 아시아에서도 같은 움직임이 있었다. 이미 일본은 일찍부터 아베의 극우 정당이 정권을 잡았고, 필리핀도 극우 국수주의를 표방한 두테르테를 대통령으로 뽑음으로써 새로운 독자적인 길을 모색하고 있다. 결정적으로 2016년 미국이 국수주의를 표방한 트럼프를 선택함으로 2016년 이후 전세계는 이전의 세계 질서와 매트릭스들을 재편했다.

트럼프 정권을 탄생시킨 국수주의 사상인 알트라이트를 살펴보자. '알트라이트alternative right, alt-right: 신 우익 혹은 대안우파'는 백인, 남성 그리고 중산층의 극우주의 대중운동이다. 이 운동은 중산층의 몰락과 유럽의 난민사태, 이슬람의 유럽에서의 테러 등으로 피로가 쌓인 서구에서 반이슬람주의, 반이민주의, 반자유무역주의, 국수주의와 인종차별을 표방하면서 2010년대 초반부터 온라인을 통해 익명으로 퍼진 운동이다. 이들은 미국의 전통적 보수당인 공화당이 민주당의 기치인 다문화주의, 페미니즘과 자유이상주의에 동조하고 있다고 보며 비판한다. 이로 인해 공화당의 주류는 그들이 표방하는 자유의지론과 차이를 보이는 알트라이트를 미심쩍은 눈으로 바라본다. 중도 성향의 공화당 인사들은 알트라이트의 인종차별적 메시지가 다인종사회로서 미국의 자유민주주의를 훼손할 것이라 우려한다. 공화당 내 강성 보수 인사로 분류되는 뉴트 킹리치 전 하원 의장조차 2016년 11월13일 CBS <페이스 더 네이션>에 출연해 "트럼프와 알트라이트를 연결시키는 것은 좌파의 선동"이라고 했다. 그러나 이런 우려는 트럼프의 인선 작업에서 알트라이트 중심인물인 스티브 배넌을 백악관 수석전략가 겸 수석고문에 임명한 일에서 기정사실화되었다. 배넌은 트럼프 캠프 최고경영자를 맡으면서 멕시코 국경 장벽 건설, 불법 이민자 추방, 무슬림 입국 금지 등 초강력 이민정책을 이끌었다. 배넌의 지명은 공화당 일각은 물론 민주당과 시민단체의 엄청난 반발을 초래했었다. 알트라이트는 경제적으로는 보호무역을 선호하며, 신자유주의 세계화 노선에 비판적이다. 경제교육재단EFF의 경제학자 제프리 터커는 알트라이트는 개인주의보다 집단주의 성향이 강하고, 자유무역과 자유이민에 회의적이며, 개인의 자발성과 역사의 진보도 불신한다고 분석했다. 트럼프의 무역 관련 계획은 공화당과 민주당 양당의 세계화 세력들과 절연한다고 발표함으로써 트럼프 행정부는 수십 년의 유화적 무역정책을 뒤집으며, 새로운 무역협정들을 미국 노동자와 기업의 이익을 최우선시 하는 방향으로 전환하고자 했다. 이 일은 트럼프 취임 후 1호 행정명령으로 내려진 TPP 탈퇴에서 증명되었다. 유럽과 영국의 하드 브렉시트로 급격히 촉발된 작금의 전세계의 보호무역으로의 회귀는 제3국의 경제성장과 아시아의 경제성장에 따른 부의 재편 과정에서 선진국 중산층의 부의 감소에 대한 후유증이라고 할 수 있다. 이 문제를 보호무역의 방법으로 해결할 수 있을까에 대한 대답은 부정적이다. 2017년 7월 G20 정상회담에서 미국을 제외한 국가들이 보호무역주의에 대해 강한 반감을 표시했지만, 세계적인 흐름은 이미 보호무역주의의 기류를 타고 있는 듯하다.

이러한 경제 패권 전쟁이 글로벌 정치 상황을 불안정하게 만드는 것은 당연한 일이다. 정치적 불안정으로 더욱 빈번한 전쟁의 발발이 예상되는데, 이전의 국지전의 성격에서 다국적 연합군 간의 전쟁 가능성이 누적되고 있다. 작금의 러시아와 우크라이나의 전쟁은 기실 중·러와 서방 세계 간의 대리전 양상이다. 누리엘 루비니 교수는 '2022 야후 파이낸스 올 마켓 서밋'에서 "어떤 의미에서 3차 세계대전은 이미 시작되었다. 이 분쟁은 우크라이나에서 시작되었지만, 러시아와 우크라이나를 훨씬 뛰어넘는 광범위한 의미를 갖고 있다. 또 다른 뭔가

의 시작이다."라고 강조했다.[16]

4. 문화적 의미의 탈세계화 & 선교

(1) 문화적 세계화

문화도 세계화되었다. 다국적 기업의 거대 자본이 운영하는 구글이나 기타 여러 미디어 회사들이 제공하는 정보에 거의 모든 나라 사람들이 동시적으로 접속하고 있다. 심지어 그들은 상품을 보기 전에 유통되는 정보를 통해 미리 다른 나라의 문화들을 접한다. 상품은 말할 것도 없고 관광지, 음식, 음악, 전통, 그리고 온갖 뉴스 등을 클릭 한 번으로 인터넷을 통해 접할 수 있다. 즉, 4차 산업의 문명의 이기인 미디어가 정보와 문화를 유통시키고 있는 것이다. 세계화 시대 이전에는 문화 유통에 오랜 시간이 걸렸을 뿐 아니라, 이것을 유통시키는 주체나 문화 수용자가 일방적으로 문화를 유통하지도 않았다. 더군다나 소수의 개인, 기업 그리고 국가가 문화를 세계적인 수준에서 유통하기란 무척 어려운 일이었다. 그러나 4차 산업혁명 이후, 문화의 세계화가 진화론적 경제원리에 따라 문화 콘텐츠를 제작하거나 대규모로 유통시킬 수 있는 경제적인 능력을 갖춘 소수에 의해 이루어지고 있다. 그래서 현대 문화의 세계화는 신자유주의 시장경제 원리에 직접적인 조력자로 떠올랐다.

경제적으로 과학주의Scientism 혹은 과학만능주의가 문화의 세계화를 가능하게 하는 기초를 제공하고 있다. 과학주의는 "과학적 방법과 연구방식의 보편적

---

16. "'닥터 둠' 루비니 교수 "3차 세계대전 이미 시작됐다."" https://v.daum.net/v/20221018141235359 (accessed at 2022.10.18).

적용 가능성에 대한 믿음, 그리고 과학이 가장 정통적인 세계관이거나, 인간의 학문 중에서 다른 모든 관점을 배제할 정도로 가장 가치 있는 것이라는 견해를 가리키기 위해 보통 경멸적인 의미로 사용된다. 그래서 과학주의는 과학의 방법, 그중에서도 특히 자연과학의 방법이 세계에 관한 진정한 사실적 지식의 유일한 원천이며, 그 방법들만으로 인간과 사회에 관해서도 참다운 지식을 산출할 수 있다는 견해"[17]로 정의되기도 한다. 바우어는 "과학기술이 곧 진보progress라는 등식은 상식을 넘어 우리 사회의 문화, 심지어 종교로까지 번질 정도에 이르렀다."라며 과학만능주의를 경계한다.[18] 또한 과학주의가 가진 진화론적 배경은 과학이 무한 진화하는 것을 전제하고 있다.

진화론을 바탕으로 하는 경제적 과학주의의 사고는 문화의 세계화를 주장하는 세계주의cosmopolitism로 자연스럽게 이어진다. 문화 세계주의는 세계의 문화가 서로 융합하면서 무한 진화하고 이를 통해 보다 창조적인 문화의 발전이 지속될 것이라는 생각이다. 그러나 문화에는 개방성과 정체성의 양면이 존재한다. 즉, 문화는 항상 수용자의 개방성과 정체성을 동시에 고려하여야 한다. 이는 문화가 자신의 정체성과 전통을 바탕으로 개방되어야 지역 문화로서의 강점이 생길 뿐 아니라, 세계 문화 역시 다양성을 가지고 발전하게 된다는 뜻이다. 이런 점에서 문화 세계화는 지역 문화의 주체성, 정체성, 전통을 무시할 수밖에 없는 구조적인 문제점이 있다고 할 수 있다.

---

17. "20세기 철학에서 과학주의: 과학적 경험주의와 자연화된 인식론" https://www.kci.go.kr/kciportal/ci/sere Article/Search/ciSereArtiView.kci?sereArticleSearchBean.artiId=ART001776077 (acccessed at 2022. 10. 24).

18. "과학과 과학주의는 서로 다른 것이다" https://creation.kr/Science/?idx=10454917&bmode=view (accessed at 2022.10.24).

(2) 문화적 탈세계화

문화의 세계화는 21세기의 가장 역설적인 상황을 연출했다. 사람들은 정보-소통의 세계화가 인류에게 지적인 풍요로움과 개방 정신, 인간 해방을 선물할 것이라 생각했다. 물론 그에 공헌한 것도 사실이지만, 다른 한편으로 세계화는 사람들의 행동 양식과 믿음, 풍속에 있어서 타자와 영구적으로 대립하도록 만들었다. 이는 전혀 예상하지 못한 결과였다.[19]

우리는 '정보소통'이라는 단어를 하나의 명사로 사용할 때 발생하는 문제점들을 간과하고 있다. 정보가 흘러가는 것과 그것이 소통되는 것은 다른 의미이다.

수신자는 근본적으로 다양한 문화와 언어, 생활 방식을 가지고 있다. 이들은 자신의 교육 수준과 문화적 토대, 사회적 필요성과 종교적 믿음에 따라 정보를 분류하고 체계화한다. 하지만 메시지의 양이 증가할수록 그들은 자신의 관점을 수정하는 대신 그들이 속한 문화적 토대를 통해 본래의 의견을 더욱 공고히 한다. 이 지점이 바로 문화 세계화의 최대 난점이다. 거대 문화 산업체들은 전 세계를 정보의 홍수를 통해 침몰시키기만 할 뿐 소통을 창조하지는 못한다. 그들은 수신자들의 정체성과 다양성을 전혀 고려하지 않기 때문이다.[20]

우리는 최근 30년간 매일 인터넷과 매체들을 통하여 거의 실시간으로 엄청난 '정보'들을 접할 수 있는 기술 진보의 시대로 접어들었다. 그러나 그렇다고

19. Dominique Wolton, *L'ature Mondialisation*, 『또 다른 세계화』, 김주노 역 (서울: 살림, 2018), 8-9.
20. Dominique Wolton, *L'ature Mondialisation*, 12-13.

해서 주체와 타자 간에 이해도가 공유되어 '소통'이 원활하다는 말은 아니다. 오히려 서구 중심의 문화 세계화는 경제적으로는 남반구와 북반구 간의 차이, 정치적으로는 중·러와 서구 간의 차이, 그리고 종교들 간의 차이를 확인시키고 오해와 두려움과 거부를 불러오곤 했다. 즉, 기술의 진보가 정보를 유통시킬 수 있기도 하지만, 오히려 반대로 소통의 퇴보를 조장할 수도 있다는 것이다.

문화적으로 보면 지역의 문화적 특성보다는 서구문화의 단일화, 종속화가 가속되고 있다. 우리는 이미 문화진화론Cultural Evolutionism[21]과 문화국수주의 Cultural Ultranationalism[22]를 경계했고, 대학 학문에서도 오래전부터 그 문제의 심각성을 경고하고 있다. 그러나 세계화 시장에서는 여전히 문화의 진화론적 종속화가 가속화되고 있는 것을 볼 수 있다. 세계화로 인해 여러 문화가 혼합되는 현상들이 심화되고 있다. 문화진화론자들 가운데에는 이를 두고 세계화 시대에 보편적인 문화의 탄생은 당연한 진화론적 귀결이라고 보는 사람들도 있다. 미디어를 통해 전파되는 서구문화의 편파적인 확장을 제3세계나 혹은 지역문화가 어떻게 경쟁하면서 이길 수 있겠는가? 실제로 "미디어가 만들어 내는 이미지에 몹시 민감한 젊은이들은 자신들의 고유한 문화종교-필자 주를 거부하도록 설득당하고 만다."[23] 문화국수주의자들은 이러한 현상을 반기지만, 이러한 문화 세계화의 현상을 두고 일부 문화진화론자들 사이에서도 문화의 획일성보다는 문화의 다양성이 보다 바람직한 방향이라고 주장하며, 각 문화권이 그들의 특수성을 살릴 수 있도록 많은 노력을 기울이고 있다.[24]

볼통Dominique Wolton은 이슬람이 미국에 감행한 2001년 9.11 테러를 서구와

---

21. 생물진화론적 관점에서 문화의 변화를 설명하려는 이론이다.
22. 자기 나라의 고유한 역사, 전통, 정치, 문화만을 가장 뛰어난 것으로 믿고, 다른 나라나 민족을 배척하는 극단적인 태도나 경향을 의미한다.
23. Helena Norberg-Hodge, *Small is Beautiful, Big is Subsided*, 13.
24. Wisconsin-Medison 대학 Elliott Sober 교수는 *Philosophy of Biology*에서 이 부분을 지적한다.

미국의 세계문화 침략에 대한 테러라고 규정한다. 그 이유는 그들이 당시 정치적인 혹은 경제적인 어떠한 요구도 하지 않았기 때문이다. 그보다 미국 혹은 서구가 가진 기독교 배경의 미디어, 음악, 도서, 게임 등이 이슬람 세계에 많은 위협으로 느껴졌기 때문이다.[25] 즉, 미국 혹은 서방국가들이 자신들의 문화를 지배의 수단으로 이용하고 있다는 것이다. 이는 문화의 세계화를 통한 정보와 문화의 확산이 결코 상호 간의 소통으로 이어지지는 않음을 보여준다. 기술의 발전이 세계화 시대에 소통의 매개체가 될 줄 알았지만, 오히려 문화 간의 충돌을 일으키는 역효과를 가져온 것이다. 또는 경제와 기술의 확장 속도를 문화 소통의 속도가 따라가지 못한 것이다. 그 결과 신자유주의의 물결로 인해 오히려 문화 정보의 송신자인 개도국들이 이 문화를 배척하는 현상이 곳곳에서 나타나고 있다. 세계화 시대가 신문화제국주의를 가져왔다면, 탈세계화 시대에는 배타적 문화가 팽배해진다. 인류는 배타성이 극대화되고 타자의 문화와 세계관에 대한 반감이 극도로 고조되었을 때 결국 국수주의와 전쟁으로 귀결된다는 것을 1, 2차 세계대전을 겪으면서 배웠다.

5. 탈세계화 시대의 선교적 함의

(1) 경제적 탈세계화의 선교적 함의

경제적인 탈세계화의 문제는 선교와 관련하여 몇 가지 대비해야 할 것들을 보여준다. 먼저, 세계화 시대와 달리 극단적인 자국 위주의 경제적인 새 질서는 높은 인플레이션, 높은 예금이자의 일상화를 가져온다. 이 말은 물가의 이상 상

---

25. Dominique Wolton, *L'ature Mondialisation*, 10-11.

승에 따른 경제적 어려움들이 저개발 국가들에게 항상 위협 요소가 된다는 뜻이다. 즉, 저개발국의 경제적 어려움으로 인한 데모, 폭동, 사회 불안, 정부 전복과 내전의 문제 등이 자주 일어날 가능성이 커진다. 경제적인 어려움에서 생기는 정치적인 소요와 불안은 선교지에 악재가 될 수밖에 없다.

둘째, 2021년에 시작된 기축 통화인 달러화의 강세와 높은 인플레이션은 앞으로도 더욱 지속될 전망이다. 현재 KPM은 1,100원 고정 환율로 선교현장에 선교비를 보내고 있다. 앞으로 이 정책으로 인해 선교재정에도 압박이 있을 것으로 전망된다. 선교지에서 선교사들은 환율에 늘 민감하다. 극단적인 환율과 물가의 변동은 선교를 충분히 위축시킬 수 있다. 더욱이 세계 경제의 불안정이 일상화되면서 상대적으로 경제 약소국들 가운데 극심한 어려움에 처할 수 있는 나라들에서 사역하는 선교사들은 중, 단기적으로 해당 국가의 물가 상승과 불리한 환율로 인해 상당한 어려움을 겪을 수 있다.

셋째, 세계화 시대에 인류의 대부분 지역에서의 교육 정책은 그에 걸맞은 경쟁력 있는 국민을 양산하는 것이었다. 이러한 교육은 국민들로 하여금 무한경쟁 시대에 살아남을 수 있는 것을 선으로 믿도록 만들었다. 그러나 앞으로 국수주의가 극대화되는 탈세계화 시대에서는 국가 간의 경쟁이 심화되어 타민족을 사랑과 섬김의 대상이 아니라 증오하고 무한경쟁해야 하는 적으로 보게 만든다. 성경은 경쟁이 아닌 섬김을 통해 복음이 흘러가도록 하셨다고 증거한다. 따라서 국가 간의 극단적인 경쟁이라는 비성경적인 가치에 대한 보편화는 결국 이방 민족을 사랑으로 보듬어야 하는 선교에 악영향을 줄 수밖에 없다.

(2) 정치적 탈세계화의 선교적 함의

먼저, 더 잦아지는 국지전을 상정해야 한다. 앞으로는 선교사들의 위기관리 문제가 이전보다 자주 등장하게 될 것으로 보인다. 따라서 본부는 재정에 대한 준비와 위기관리 행정체계를 보다 세밀하게 만들어 두어야 할 것이다. 지역부에서도 필요시 위기상황에 대처할 현장 매뉴얼을 자체적으로 가지고 있어야 한다. 또한 일어나서는 안 되는 일이지만 한반도에서의 전쟁상황도 가정해 보아야 한다. 현재 KPM은 공식적으로 우리의 선교신학을 성육신 신학으로 규정하고 있다. 성육신 선교는 하나님의 우선적이고 자발적인 인류를 향한 사랑과 낮아지심에 그 근원을 둔다. KPM은 스스로 낮아지시기까지 사랑하시는 하나님의 사랑이 성령을 통해 선교사의 삶 속에 역동적으로 나타나는 선교를 추구한다. 즉, KPM 선교는 프로젝트성 선교가 아닌 사람 중심의 선교를 지향한다는 말이다. 예수님의 공생애 기간에서의 사역처럼 한 사람의 선교사가 성육신적인 삶의 모범을 통해 참된 제자들을 양육하는 것은 정말 어려운 십자가의 길이다. 쉬운 길을 찾아 프로젝트성 선교, 돈 선교를 하려고 한다면 그것은 첫 단추를 잘못 끼운 것이다.[26] 그러나 냉정하게 평가할 때 우리의 선교는 16세기의 식민주의 선교 모델과 19세기의 제국주의 모델을 답습하고 있다.[27] 성육신적 낮아짐의 선교 대신에 한국 경제를 등에 업고 프로젝트 선교, 돈 선교를 하고 있는 경우가 너무나 많다. 만일 한반도에서 전쟁이 발발하여 더 이상 선교재정이 한국으로부터 조달되지 않는다면, 그래도 많은 선교사들이 자신의 선교현장에서 지속적으로 선교를 수행할 수 있을까? 작금 우리의 선교는 옷 두 벌을 가지고 선교지로 가지 말라고 가르치신, 즉 재정과 관계없이 성육신적 선교를 하도록 제자들을 가르치신 예수 그리스도의 가르침과는 너무나 다른 선교를 하고 있다. 한국 교회의 성장 변곡점과 선교재정의 위기 문제가 나올 때마다 텐트메이킹 선교를 언급하곤 한다. 여기서 지적하고 싶은 것은 단순히 선교재정의 조달에 관한 문

---

26. 권효상, "현장으로부터 듣는 KPM의 교회 개척 원리," 「KPM R&D Journal」 7 (2022): 180.
27. 손규태, 『세계화시대 기독교의 두 얼굴』 (서울: 한울, 2007), 69.

제가 아니라, 우리의 선교방식 자체가 성육신적 선교로 바뀌어야 한다고 강조하려는 것이다. 만일 선교현장에서 한반도에서의 전쟁 소식을 접하더라도 선교를 지속할 수 있을지 지금쯤 선교사들은 스스로 질문해 보아야 할 것이다.

둘째, 정치 난민의 문제가 더욱 심각해질 것으로 보인다. 난민은 사회 정치적인 입장에서 보면 대재앙이다. 그래서 유엔 난민 기구의 주된 목적은 난민 발생을 줄이는 것과 발생한 난민을 조속히 그들의 국가로 귀환시키는 것이다.[28] 그러나 선교의 입장에서 보면, 난민 발생과 이동은 선교를 위한 하나님의 계획이며 축복이다. 특별히 현재 대부분의 정치 난민이 이슬람 국가에서 발생하며, 자신들의 이슬람 공동체Ummah를 떠나 비교적 선교가 자유로운 지역으로 대규모로 이동하고 있다는 것은 1,400년 이슬람 선교 역사에 특별한 의미를 지닌다고 볼 수 있다. 그동안 이슬람권 선교는 어느 권역을 막론하고 결실을 많이 맺지 못한 것이 사실이다. 지금까지 타종교에 엄격한 비자정책, 강한 이슬람 공동체 생활, 서구 적대는 기독교 적대라는 공식 등으로 인해 척박한 이슬람 선교 환경이 만들어졌다고 볼 수 있다. 현상적으로 이해할 때, 적어도 2011년 아랍의 봄 이후로 하나님께서는 무슬림들이 자신의 지역 공동체 내에서 복음을 받아들이기 힘든 상황을 난민이라는 주제로 돌파하시려는 듯하다. 우리는 그동안 난공불락 같이 보이던 이슬람 세계 안으로 세차게 들이치고 있는 복음의 거대한 물결을 중동, 북아프리카, 페르시아권 그리고 동아시아권에서 마주하고 있다. 필자는 요즘 이슬람 & 난민사역자들로부터 '대추수의 때'라는 말을 자주 듣는

---

28. 유엔난민기구(UNHCR)의 주된 목적이 난민의 권리와 복지를 보호하는 것이지만, 궁극적인 목표는 난민들이 존엄성을 지니고 평화롭게 삶을 재건할 수 있도록 영구적인 해결책을 찾도록 돕는 것이다. 난민들에게 UNHCR이 도움을 제공할 수 있는 세 가지 해결책이 있다. 자발적 본국 귀환, 현지 통합, 또는 본국 귀환이나 비호국에서의 거주가 어려운 경우 제3국에서의 재정착 등이 그것이다. "영구적 해결 방안" https://www.unhcr.or.kr/unhcr/html /001/001001004001.html (accessed at 2021. 03.23).

다.[29] 러시아와 우크라이나의 국경지역에는 600만 명의 우크라이나 난민들이 나와 있다. KPM은 이들을 위한 난민사역을 시작했는데, 초기에는 긴급구호 사역에 집중했지만, 현재는 교회 재건과 복음과 관련하여 사역을 진행하고 있다.

셋째, 세계 정치의 블럭화는 선교사들이 비자를 취득하는 데 더욱 힘들어지게 만들 것이다. 이로 인해 선교 집중 지역에 대한 지도가 많이 바뀔 것으로 예상된다. 한국의 비자 파워가 전 세계 2위에 해당하지만, 종교비자를 비롯하여 선교를 위해 장기적으로 거주할 수 있는 비자를 주는 나라들은 점차 줄어들고 있다. 교통의 발달, 정보화 네트워크 혁명, 글로컬 현상 등으로 이 시대는 한 마디로 열리는 시대이다. 그러나 동시에 최근에 일어나는 여러 상황들로 인해 국가마다 장기비자 발급에 대한 문을 좁히고 있다. 때문에 선교사의 재배치와 순환 배치, 속지주의와 속인주의 선교 개념 등 이전과 다른 전략적 개념들이 필요하다. KPM은 이미 중국에서 추방되어 말레이시아나 대만 등으로 사역지를 옮긴 선교사들을 행정적으로는 속지주의 원칙에 따라 지역부를 이동했지만, 사역적으로는 속인주의 원칙에 따라 지속적으로 화교들을 대상으로 사역할 수 있도록 권하고 있다.

넷째, 세계화에 따른 가속화된 도시화 문제는 새로운 선교적 변화를 가져오고 있다. 21세기 중반이 되면 전세계 인구의 80%가 도시에 거주할 것으로 예측된다. "2010년 세계 재난 보고서World Disasters Report는 도시인구가 직면하고 있는 폭력, 건강 문제 그리고 그 외의 다른 여러 이슈에 집중했다. …… 우리는 도시의 미래에 직면하고 있는데, 도시는 선교의 '새로운 전방자new frontier'이다."[30] 탈세계화 시대에도 도시화는 여전히 진행될 것이다. 도시화를 통한 이주민과

---

29. 권효상, "난민선교의 중요성과 KPM 전략," 「KPM R&D Journal」 6 (2022): 57.
30. Michael W. Goheen, *Introducing Christian Mission Today: Scripture, History and Issues*, 이대헌 역, 『21세기 선교학 개론』 (서울: 기독교문서선교회, 2021), 20.

디아스포라의 급증은 원심적 선교centrifugal mission의 중요성이 더 강조되던 시대에서 구심적 선교centripetal mission의 중요성이 강조되는 시대로의 전환이 필요함을 의미한다. 이로 인해 전도와 선교의 구분이 희미해지는 지점을 접하게 되는데, 원심적 선교와 구심적 선교의 통전적인 균형이 요청된다. 미전도 종족 운동에서 도시는 단순한 선교 거점으로서 그 중요성이 거론되었으나, 이제는 도시 선교 자체에 대한 연구와 관심이 필요하다.

(3) 문화적 탈세계화의 선교적 함의

선교사들 가운데에도 한류 문화의 확산을 틈타서 문화 사역을 하는 이들이 많다. 한글 교육, K-Pop 등의 사역을 할 때 일방적인 문화 주입 방식이 되어서는 안 되는 이유가 여기에 있다. 정보나 문화는 서로 간의 소통을 통한 상호 유익과 상호문화적 대화를 위한 목적으로 교류해야지, 타자의 정체성을 공격적으로 무너뜨리기 위한 도구로 사용되어서는 안 된다. 그동안 기독교 선교가 주로 사용해 온 배타주의 방식은 복음을 가장 극적으로 전달하는 좋은 수단이었다. 그러나 그 이면에는 식민주의, 제국주의 선교라는 오명을 남겼고, 현재에도 현지 문화에 대한 자기 위주의 일방적 치환을 정당화하는 기능주의Functionalism 등의 부작용이 끊이지 않고 있다. 복음은 강제적 설득이 아니라 선포되어야 한다. 주님은 나를 보고 나를 믿으라고 하셨다. 즉, 주님과 그들이 가진 세계관과의 영적 대결을 선언하신 것이다. 복음 선포는 그 복음을 삶에 담아내어 살아가는 선교사적인 그리스도인의 삶을 내보임으로써 타자를 복음 안으로 초청하는 것이다. 결국 복음을 받아들이는 것은 타자의 몫인 것이다. 서구의 미디어를 통해 흘러 들어온 주체중심적 문화 세계화가 자신들의 정체성이슬람은 종교적 정체성과 삶의 정체성이 하나라는 사실을 알아야 한다을 파괴한다는 인상을 주어 그들에게서 공격적인 반응을 이끌어 낸다면, 그런 종교문화의 확산 방식은 적어도 예수님께서 공생애 기간에 보여주신 타자를 대하는 방식과는 거리가 멀다고 하겠다.

기독교가 극단적 배타주의 문화가 팽배한 시대에 의미를 주는 종교문화로 세계 안에서 자리 잡기 위해서는 상호문화적 대화의 방법을 배워가야 한다. 기독교의 메시지는 일방적인one way traffic 전달이나 선포가 될 수 없다. 오히려 복음의 역동적 근거와 내용을 가지고, 그 역동성에 참여하여 그것을 현재적으로 구현하는 것까지를 포함해야 한다. 삼위 하나님은 그분의 존재방식인 내주하심 perichoresis을 통해 기독교가 세상과 관계하는 방식을 가르쳐 주셨다. 그것이 다름 아닌 아들이신 예수님의 성육신을 통해서 세상 안에 드러났다. 낮아지심, 즉 하나님의 자기 제한과 자기 계시 그리고 자기 겸허를 통해서 드러난 것이다. 따라서 기독교의 타문화와의 관계에서 삼위 하나님의 낮아지심이 역동적 대화의 근거가 된다.[31]

타종교문화와의 상호 공존은 기독교가 다른 종교를 인정한다는 의미가 아니다. 죄와 하나님에 대한 불신이 항상 존재해왔고, 앞으로도 존재할 세상에서 기독교가 선택했던 그리고 선택하고 있는 타문화를 대하는 방식 중 하나는 십자군 혹은 식민주의적인 방식이다. 그러나 이 방식은 대립을 형성하는 구도이다. 특히 이 구도는 지리적인 대립구도의 양상을 띤다. 최근에는 이 구도가 자본주의 방식과 결합하는 모습을 볼 수 있다. 또한 미래 학자들은 기독교와 이슬람교의 대립 양상을 21세기의 주된 양식 중 하나로 꼽는데, 우리는 이러한 대립을 이미 체험하면서 살고 있다. 끝없이 반복되는 테러들과 종교 분쟁들을 보면서, 이것이 과연 기독교가 타자를 대하는 바른 방식인가 의문해볼 수밖에 없다. 이 땅에서 타종교 혹은 타문화와의 공존은 우리가 주님의 재림을 볼 때까지 지속될 것이다. 따라서 상호 공간 속에서 기독교가 타문화를 대하는 방식은 상호공

---

31. 권효상, "타종교문화를 대하는 방법론으로써 상호문화화," 「복음과선교」 59 (2022): 16.

존의 방식이어야 한다. 끊임없는 자기 내어줌을 통해서 상호공존의 공간space이 만들어져야 한다. 이것이 십자가에서 죽기까지 모든 것을 내어 주신 삼위 하나님의 방식이다.[32]

6. 나가는 말

반성 없는 세계화는 결국 탈세계화로 자연스럽게 진행되고 있는 형국이다. 세계화라는 파도는 한 번 몰아닥치는 것으로 그치지 않고 지난 30년간 지속적으로 온 지구상에 몰려왔다. 지구상의 그 누구도, 그 어떤 시스템도 세계화의 파도를 막아설 수 없었다. 그러나 이제 우리는 어느새 탈세계화의 시대로 급격히 진입하고 있다. 어쩌면 탈세계화는 세계화가 가져온 역기능의 상처들이 곪아서 그 누구도 치료할 수 없는 시대로의 진입이라고 할 수 있다. 경제, 정치, 그리고 문화적으로 탈세계화는 세계화와는 결을 완전히 달리하고 있는 듯하다. 하지만 결론적으로 보면 오히려 세계화의 문제들을 한층 심각하게 수면으로 떠오르게 하고 있다. 그 이유는 탈세계화는 세계화의 부작용을 근본적으로 치유하기 위한 해결책이라기보다는 힘 있는 국가들이 자국 안에서 발생한 문제들을 해결하기 위해 극단적인 국수주의 정책을 취한 결과로서 닥쳐온 것이기 때문이다. 보통 역사는 도전과 응전의 반복이었다. 문제가 발생하면 국가 범위이든 혹은 세계적인 범위이든지 해당 구성원이 그 문제를 해결하기 위한 응전의 노력들이 뒤따르면서 발전해왔다. 그러나 탈세계화는 오히려 세계화의 문제들을 해결하기 위해 발생한 응전이 아니라, 더욱 파괴적인 내용들로 채워져 있다. 이

---

32. 권효상, "타종교문화를 대하는 방법론으로써 상호문화화," 20-21.

말은 탈세계화는 더욱 비성경적인 세계관에 기초해 있다는 것이다. 탈세계화의 비성경적 기초를 진화론적이라고 단순화하기에는 너무나 복잡하고 견고해 보인다. 그래서 문화, 경제, 그리고 정치의 다른 모든 영역에서 그 영향력을 점차 극대화하고 있다. 당연히 위에서 언급한 것처럼, 선교의 영역에도 탈세계화가 여러 모양으로 영향을 미치고 있다. 탈세계화의 초입에서 우리의 선교는 당장 당면한 비자의 문제, 환율의 어려움 등 근시안적인 문제들에 대한 해결책에 집중하기보다는, 우리의 선교가 과연 성경에서 가르치는 원리와 부합되고 있는지 근본적인 질문을 끊임없이 던져야 할 것이다. 너무 급하게 서두르지 말고 성경적인 사고에 기초하여 새로운 탈세계화 시대에서도 하나님의 나라로 세상을 변혁시킬 수 있는 발전적인 선교적 세계관과 선교신학을 정립해 나가는 것이 우선되어야 하겠다.

1. 들어가는 말

얼마 전까지만 해도 언택트와 플랫폼이라는 단어들이 선교와 깊은 관계가 있을 것이라고 생각한 사람은 극소수에 불과했을 것이다. 조금 전 필자는 텔레비전 광고에서 어느 타이어 판매 회사가 언택트로 자동차 타이어를 교환해주는 서비스에 대해서 광고하는 것을 보았다. 4차 산업혁명의 변화들을 예상하면서 쓴 대부분의 글들은 언택트 사회와 그 문명의 이기인 플랫폼 사회를 향후 10년 이후에나 활발히 일어날 일로 예측했다. 그러나 작금 코로나 사태는 전세계의 모든 영역을 순식간에 언택트 사회, 플랫폼 사회로 만들어가고 있다. 우리 교회와 선교도 이러한 도전과 동떨어져 수도원화될 수는 없는 노릇이다. 우리의 선교는 4차 산업혁명, 4세대 선교시대로의 변화의 길목에서 'with covid-19'라는 큰 산을 만났다. 그러나 우리는 covid-19로 인해 촉발된 선교의 멈춤stop이 그 어떤 다른 인간의 세력이나 사탄의 방해가 아닌 하나님의 주권 안에 있음을 고백한다. Covid-19는 언택트 선교시대와 플랫폼 선교시대를 앞당겼다고 볼 수 있다. 우리는 먼저 만만치 않은 이 도전들의 내용을 분명히 파악해야 한다. 그러나 두려워할 필요는 없다. 하나님께서 우리의 선교를 세우신stop 것이기 때문이다. 그럼에도 우리는 하나님께서 그동안 우리가 사용한 선교방법을 시대의 형편에 맞게 재고하도록 만들고 계시다는 것을 고백한다. 또한 이 기간은 하나님께서 우리에게 주고 계신 다음세대 선교4세대 선교를 위한 준비기간임을 고백한다. "잇사갈 자손 중에는 시세를 알고시대의 변화를 잘 아는 사람들 이스라엘이 마땅히 행할 것을 아는 우두머리가 이백 명이니 그들은 그 모든 형제를 통솔하는 자이며……"대상12:32. 하나님께서는 소수의 잇사갈 지도자들을 새로운 가나안 정착시대를 위해 지도자로 부르셨다. 새로운 가나안 시대로 부름 받은 우리 역시 이 기간에 "시세를 아는" 자가 되기 위해 하나님께서 열어 가시는 4차 산업시대의 선교를 위해 신속한 준비가 필요하다. 바울 사도의 전도팀을 위해 계량된 도로와 통일된 언어, 그리고 화폐 등을 준비하신 하나님이셨다. 따라서 해안선 선교의 시대부터 미전도 종족 선교의 시대까지 각 시대의 형편에 맞게 인도하셨던 하나님께서 동시대의 우리에게 새롭게 주고 계신 4차 산업혁명의 도로들을 깨닫고 사용하는 것은 우리의 특권이며 축복임을 고백한다. 선교 매트릭스의 변화는 이전보다 훨씬 효과적인 선교의 시대를 열 것으로 기대한다. 코로나는 4세대 선교시대를 앞당기시려는 하나님의 모략이다. 하나님께서 우리에게 지혜를 주셔서 장래의 일을 알 수 있는 선지자적 식견을 주시기를 기도하는 마음으로 언택트 선교 및 플랫폼 선교와 관련된 단기적, 장기적 대비책을 마련해보자. 이 장에서는 먼저, 코로나로 인해 촉진된 언택트 상황에서의 선교현장을 분석해 보고자 한다. 그리고 언택트 시대에 따른 선교지의 요청에 응답하면서 우리 KPM이 준비해야 할 전략으로서 플랫폼 선교에 대해 조망해보고자 한다.

2. 언택트 시대 KPM 현장 분석

　2020년 3월 covid-19가 본격화되던 시점에 KPM은 현장의 어려움과 변화 추이를 파악하고자 설문조사를 실시했다. 아래의 <그림 2.3-1>은 covid-19 이후 KPM 선교 현장 선교사들의 사역지에서 나타난 변화의 모습을 보여준다. 선교사들의 사역이 교회개척이든지, 신학교 혹은 총체적 사역이든지 이전 사역의 형태는 다분히 건축, 대형집회 등 대면중심, 하드웨어 중심의 사역이었다. 그러나 covid-19 이후의 사역은 큰 모임에서 작은 소그룹 중심의 모임으로, 집회와 신학교 강의는 온라인 영상 모임으로 대체된 것을 볼 수 있다.

<그림 2.3-1> covid-19 이후 현장 사역의 변화

<그림 2.3-2> covid-19 이후 현장 사역의 필요

<그림 2.3-2>는 covid-19 이후 선교사들이 현장 사역에서 필요한 것들을 요청한 것이다. 이전 사역에서는 없던 요청들이 대부분인 것을 한 눈에 볼 수 있다. 영상장비, 영상 콘텐츠와 정보들, 영상장비 사용교육, 언택트 시대 네트워크의 필요성, 마스크 등의 의료품 지원 등이다. 중보기도와 영성의 강화 등 선교사 개인의 영성이 특별히 더 중요함을 피력하기도 했다. 그런데 이런 대부분의 답변이 4차 산업시대를 스케치하는 단어들과 겹치는 것을 볼 수 있다. 이제 우리의 현장은 단 몇 개월 만에 이전과는 전혀 다른 형태의 사역들에 직면했고, 또 부족하지만 이 방법들로 밖에는 사역할 수 없게 되었다. 언택트 선교를 위한 지원은 한시적으로 그칠 성격의 것이 아니다. 서론에서 밝힌 바와 같이, 언택트 선교는 covid-19의 여파로 인하여 그 필요성이 증폭된 것일 뿐 아니라, 4차 산업시대로 진입한 우리의 선교시대에 주어진 중요한 선교도구가 되었다. 이제 4차 산업이 가져올 언택트 시대에 우리 KPM이 준비해야 할 플랫폼 선교에 대해서 조망해보자.

3. 플랫폼 선교에 대한 조망

플랫폼과 관련한 4차 산업시대의 특징을 초연결성, 초지능성, 예측 가능성, 빅데이터와 쉽고 빠른 정보의 유통 등으로 볼 수 있다. AI 기반의 인터넷초연결성은 막대한 데이터를 분석하여 일정한 패턴을 파악하고초지능성, 그 분석결과를 토대로 인간의 행동을 예측하는 것이 가능해졌다. 이 데이터들이 기하급수적으로 늘면서 빅데이터가 되고 있다. 그래서 예측된 수요자 중심의 작업이 가능해진다. 이는 비단 일반 경제에서 고객의 선호도를 예측하여 선제적으로 선호하는 것을 제시하거나 물품의 필요성을 예측하여 빠른 속도로 공급하는 것이 가능해지는 것을 의미할 뿐 아니라, 선교에서도 빅데이터를 바탕으로 현장의 필요에 대한 민감도와 반응의 속도가 획기적으로 빨라질 수 있다는 것을 의미한다.

KPM 본부의 클라우드 안에 세워진 플랫폼은 손쉽고 빠르게 정보를 유통하는 역할을 하게 된다. 요즘 젊은 층은 여행하기 전에 'Trip Advisor', 'Agoda' 같은 숙박과 여행 통합 플랫폼 회사를 통해 예약한다. 이들 숙박 플랫폼 업체들은 하나의 호텔도 직영하지 않는다. 그럼에도 불구하고 그 어느 호텔 체인보다 더 많은 돈을 벌어들인다. 단지 숙박 플랫폼의 콘텐츠를 확보하고 유통하는 것만으로 그것이 가능하다. 이것이 4차 산업시대가 가져오는 플랫폼의 힘이다. 구글 같은 굴지의 플랫폼 회사들은 더 많은 플랫폼 콘텐츠를 개발하여 수억 명의 사람들이 매일 그 영향권 아래에 살게 하고 있다. 다시 말해, 4차 산업시대에는 누구나 쉽게 플랫폼을 형성하여 사업을 하거나 영향력을 미칠 수 있다. 그러나 관건은 누가 가장 매력적인 내용contents으로 플랫폼을 무장하느냐에 그 명운이 달려있다. 그래서 결국 재정이 풍부한 대기업이 성공할 가능성이 크다. 하지만 선교에서는 양상이 다르다. 선교사 개인이나 개교회 혹은 성도 개인들이 세우는 플랫폼이 아무리 좋은 아이디어나 콘텐츠로 무장한다고 할지라도 교단 선교 전체를 아우르기가 어렵다. 그 이유는 사용자인 현장의 선교사들이나 고신교회들의 선교사가 KPM 본부를 통해 통제되는 구조이기 때문이다. 이것은 국가나 노조 등의 구조도 마찬가지이다. 또한 하위 구성원의 공동체가 전체 구성원을 대신하여 하나의 전체적인 통합 플랫폼을 만들 수 없는 구조이다. 이것은 아래의 그림들로 설명될 수 있다. 현재 전국교회의 약 48%가 KPM 선교에 동참하고 있다. 그중 노회 단위로 선교비를 지출하는 교회들 가운데 약 50%만이 KPM과 선교를 하고 있고, 50%는 타선교기관과 선교를 하고 있다. KPM은 고신교회의 유일한 선교의 통로이며 선교 전문기관이다. 교단교회들이 KPM과 선교를 하지 못하는 데는 여러 가지 요인들이 있을 것이다. 그러한 요인들을 개선할 수 있는 한 가지 방법이 바로 KPM이 선교 플랫폼이 되도록 구조를 개선하는 것이다. <그림 2.3-3>이 보여주는 것은 각 개인이나 개교회들이 선교자원을 동원하여 선교할 때의 형태를 그림으로 표현한 것이다. <그림 2.3-4>는 KPM이 고신 교단의 선교 플랫폼이 되었을 경우를 그림으로 표현한 것이다. <그림 2.3-3>과 <그림 2.3-4>의 극명한 차이점이 있다면 정보의 유통이 얼마나 잘 되느냐이다. <그림 2.3-3>은 교단의 개교회들이나 단체들이 선교의 비전을 개인이나 단체 자체가 독자적으로 설정하여 선교하면서 KPM도 돕고 타선교단체도 돕는 경우이다. 그러나 교회나 기관 자체가 가진 선교연결성missional connectivity이 약하므로 10의 능력을 가지고서도 훨씬 적은 성과를 거두게 된다. KPM이 선교의 플랫폼이 된다는 의미는 정보를 교단의 각 교회와 기관들이 가진 인적, 물적 자원과 선교사와 선교현장을 연결하는 정보의 유통을 극대화시킨다는 것이다. 플랫폼 선교의 몇 가지 구체적인 예를 더 들어보자.

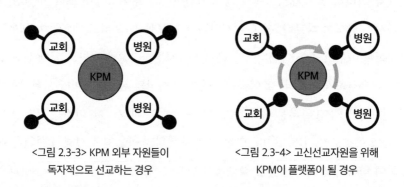

<그림 2.3-3> KPM 외부 자원들이
독자적으로 선교하는 경우
    <그림 2.3-4> 고신선교자원을 위해
KPM이 플랫폼이 될 경우

(1) 멤버케어 관련

예를 들어, A라는 교회에 선교에 관심이 있는 의사 2-3명이 있다고 하자. 이들은 최선을 다해서 여러 지역의 선교사들을 돕는다. 그런데 B라는 교회도 마찬가지로 의료사역을 하고, C라는 기독교 병원도 역시 최선을 다해 선교지와 선교사들을 돕는 사역을 한다고 하자. 그런데 이런 경우 결국 각 교회나 개개의 병원들의 의료사역들이 공여자 중심의 사역이기 때문에 실제로 소비자인 선교사의 필요를 충족시키지 못할 때가 많다. 왜냐하면 서로 간의 필요를 실시간으로 연결해줄 연결망, 즉 플랫폼이 없기 때문이다. 결국 각각 따로 사역을 할 때는 '중소기업 선교'밖에 하지 못한다. 그러나 이런 의료 선교사역을 플랫폼 선교방식으로 전환시켜보자. 그러면 같은 인적, 물적 자원을 가지고 차원이 다른 결과를 만들어낼 수 있다.

<그림 2.3-4>는 KPM이 각 교회나 개인들의 의료선교들 전체를 아우르는 플랫폼이 된 경우를 설명한 것이다. 고신교단 선교의 공식적인 선교단체인 KPM은 고신교회 산하의 모든 교회와 병원 등 다양한 기관들을 구조적으로 아우를 수 있다. 그렇기에 KPM은 본부 클라우드에 의료 서비스를 제공해 주기를 원하는 의료 종사자들이나 병원들을 각 진료 과목별로, 혹은 의사별로 자체 제작한 앱에 게재listing할 수 있고, 여기에 각 의사들은 자신들이 알리고 싶은 정보들, 즉 진료 과목이나 진료 가능 시간 등을 스스로 게시할 수 있다. 그러면 현장의 선교사들은 앱을 통해 자신이 원하는 진료 과목의 의사를 선별하여 직접 상담 및 진료를 받을 수 있다. 즉, KPM은 일종의 의료 플랫폼의 역할을 하는 것이다. 필자는 이 방식을 <그림 2.3-3>과 비교해서 '대기업 구조의 선교'라고 애칭을 붙이고 싶다. 각 개인이나 각각의 기관이 의료선교를 아무리 열심히 한다고 해도, KPM 주도의 의료 플랫폼만큼 정보를 효율적으로 빠르고 광범위하게 유통시킬 수는 없다. 여기서 빠르다는 것은 의료 정보를 필요로 하는 현장의 선교사와 본국의 의사를 연결시켜주는 속도의 빠름을 의미한다. 광범위하다는 것은 각 개인이나 각각의 병원이 소화할 수 없는 다양한 진료과목이나 의사의 선택을 소비 주체이며 필요 주체인 선교사가 할 수 있음을 의미한다. 이러한 선교사들의 멤버케어와 관련한 콘텐츠는 의료뿐 아니라 숙소나 차량 등으로도 얼마든지 폭

을 넓힐 수 있다.

(2) 사역지원 관련

현재 우리 KPM은 이전에 하지 않았던 일들도 하고 있다. 그중 하나가 선교사들의 데이터를 쌓아가는 일이다. 선교사가 '연말연시 보고서'를 워드나 한글로 작성하여 보고하던 때에는 본부에서 이 자료를 데이터화하는 데 어려움이 많았다. 그러나 빅데이터를 쌓을 수 있는 전문 통계 프로그램을 사용해 각 선교사들이 보고서를 제출하면 간단한 작업만으로도 필요할 때 적절하게 자료들을 통계화하여 사용할 수 있다. 본부는 현재 이전에 사용하던 자체 서버 체제를 버리고, 구글 클라우드에 모든 자료를 이전했다. 다시 말해, 클라우드 기반의 선교 빅데이터를 구축할 수 있는 플랫폼을 마련한 것이다. 이러한 자료들이 플랫폼 안에 쌓이면 데이터의 교차분석이 가능해져서 훨씬 다양한 일을 예측 가능하게 된다. 데이터가 쌓이는 것은 한편으로 KPM 선교에 역사성이 쌓이는 것이기도 하다. 역사성은 신뢰성과 직접적으로 연관된다. 충분한 역사성을 보유한 선교단체들의 결정은 그 멤버들과 외부기관에 깊은 신뢰를 주기 마련이다.

이러한 신뢰를 바탕으로 다루기 어려운 선교사 재파송, 순환배치, 확장팀 같은 문제들도 보다 객관적으로 접근할 수 있게 된다. 지금까지 한국교회는 현장에 최적화된 선교사를 보내는 것이 아니라, 반대로 선교사가 현장을 골라서 가는 경향이 강했다. 그러다 보니 첫 사역지에 적응하지 못해 한 팀을 다 채우지 못한 채 다른 사역지로 옮겨야 하는 일종의 선교 사고가 빈번하게 발생했다. 흔히 말하는 대로, 이런 방식은 제국주의적 선교의 연습장으로 선교지를 만들려고 한다는 비판을 피하기 어렵다. 하지만 데이터를 바탕으로 초지능성을 확보하게 된다면, 우리는 어떤 사람들이 복음을 받아들일 수 있는 가장 적합한 환경에 있는지를 예측할 수 있으며, 그를 위해 가장 적합한 선교사와 접근방법을 찾아서 파송할 수도 있게 된다.

사역지원을 위한 또 다른 예로는 KPM 클라우드 안에 구현된 디지털 도서관을 상상해볼 수 있다. 현재 KPM 소속 선교사의 1/3 정도가 신학교 관련 사역을 하고 있다기능 중심의 선교사들 그룹을 묶어 사역하고 있으며, 신학교 네트워크를 KPMTEN이라 명명한다. 제3세계에서 신학교 사역의 어려움은 도서관의 장서가 심각하게 부족하다는 것이다. 도서의 양은 학위 인준과 관련되어 있기 때문에 반드시 갖추어야 할 부분이다. 그러나 각각의 학교가 상위 학위의 인준을 위해 필요한 적정한 장서들1-6만 권을 마련하는 일은 재정적으로 어려움이 크다. 그리고 이것이 현재 KPM 산하 신학교들이 국가 혹은 국제적인 인지도가 있는 신학 인준기관들로부터 제대로 인준을 받는 단계까지 성장하지 못하는 가장 큰 이유 중의 하나이다. 실제로 지난 2016년 신학교육 관련 사역을 하는 선교사들이 참석한 "제1차 KPMTEN 컨퍼런스"에서 선교사들이 가장 시급히 필요로 하는 항목 1위는 도서관 장서였다. 그리고 2위가 교수진이었다.

그런데 만일 KPM 본부가 디지털도서관을 만들어 각 학교가 공유할 수 있도록 도서관 플랫폼 역할을 한다면, 이 모든 문제들이 해결될 수 있다. 먼저 그렇게 되면 25개의 선교사들이 세운 신학교들이 각각 많은 분량의 장서를 구입하지 않아도 된다. 또한 각각의 도서관의 장서와 KPM 플랫폼 안에 구축된 디지털 도서관의 장서들의 숫자를 합쳐서 상위 학위 기관에 보고가 가능하기 때문에 상위 학위 인준을 준비하는 데도 큰 도움을 얻을 수 있다.

뿐만 아니라 사이버 대학도 플랫폼 안에서 가능하다. 앞서 말했듯이, KPMTEN 소속 선교사들이 고민하는 두 번째 문제는 교수요원의 절대적인 부족이다. 이로 인해 주로 한국에서 목사들이나 교수들을 선교지에 초청하여 단기 집중강의를 하는 경우가 많다. 그로 말미암아 수많은 교수 자원들이 단기간 한국에서 선교지로 이동하는 데 따른 재정의 과다한 사용은 물론이거니와, 강사는 정교수로 인정되지 않기 때문에 상위기관 인준에도 전혀 도움이 안 된다. 통역의 문제로 인한 강의의 질 문제도 항상 도마에 오른다. 그러나 KPM이 고신대학원과 연계하여 사이버대학 플랫폼을 만들게 되면, 모든 강사부족의 문제가 일시에 해결된다. 고신대학원 교수진이 강의하고 이것을 각 언어로 더빙해서 수업을 진행할 수도 있다. 그리고 대면으로 진행해야 할 부족한 부분은 현지 선교사가 보충해 줄 수 있다. 한 가지 걸림돌은 한국의 교육부 법으로는 아직은 학생이 100% 캠퍼스에서 교육을 받아야 학위 인준이 된다는 것이다. 그러나 코로나로 인해 비대면 수업이 상시화되면서 교육부의 법이 곧 개정될 것으로 기대된다.

한편 6G 시대와 사물 인터넷의 위력이 커지면서 선교지 신학교도 혁신될 것으로 예상된다. 비대면 대학의 첨단을 걸으며 미래 대학의 표준을 만들어 가고 있는 미네르바 스쿨Minerva School이 그 좋은 예라고 할 수 있다. 이 대학은 온라인과 오프라인을 적절히 뒤섞은, 요컨대 온라인 플랫폼을 활용한 오프라인 대학으로, 기숙사 중심의 인성과 현장과의 협업 능력을 가진 미래를 이끌어 갈 인재 양성에 초점을 두고 있다. 자체 강의 플랫폼인 '포럼'을 통해 온라인으로 강의를 진행하는 한편, 전세계 7개의 도시에 있는 기숙사를 돌아다니면서 그 도시의 현장과 연계된 과제들을 팀별로 수행하는 오프라인 수업을 진행한다. 지금의 우리 신학교는 대부분 강의실에 함께 앉아서 공부하지만, 곧 증강현실을 통해 현실의 강의실과 같은 느낌으로 각자가 있는 자리에서 함께 공부할 수 있을 것이다. 이 말은 반드시 선교지 현장에 교실을 갖춘 신학교 건물을 지금과 같이 많은 재정을 투자해서 세울 필요가 없다는 것이다. 다만 신학교의 특성상 기숙사 시스템을 통해 인성과 영성을 기르는 것에만 인적 자원과 재정을 투입하면 된다. 따라서 건물 중심의 선교를 할 때보다 재정이 줄어들고, 이전에는 많은 선교사가 하던 일을 더 적은 수의 선교사가 감당할 수 있게 된다.

(3) 행정 관련

앞으로는 KPM의 선교행정통합시스템인 MTAS 안에서 선교사들이 연말연시 보고서를 직접 작성하는 등 가능한 모든 자료를 본부와 선교사들이 상호적으로 구축하는 방향으로 나아가고자 한다. 이를 위해 KPM 자체의 데이터뿐 아니라 더 많은 종류의 선교정보들이 다른 단체들과의 네트워킹을 통해 축적되어야 할 것이다. 이러한 선교정보의 빅데이터가 AI의 도움으로 자동적으로 선교사 관련 정보뿐 아니라 종족별, 부족별 선교정보 등과 결합되어 선교전략을 수립하는 데 도움을 줄 것이다. 이렇듯 모든 선교행정과 선교전략, 선교사 파송, 재배치 등이 KPM의 플랫폼 안에서 보다 체계적으로 논의될 수 있다. 특히 블록체인 기술을 기반으로 KPM의 선교행정통합시스템MTAS은 쌍방향, 현지 중심의 행정 플랫폼으로 거듭나게 될 것이다.

(4) 동역노회 & 훈련 & 동원 홍보

동역노회와의 긴밀한 선교의 동역은 단순히 인적·물적 자원의 동원을 위해서만이 아니라 공교회 선교를 위해서도 가장 중요한 일 중 하나이다. 현재 시행된 지 얼마 되지 않은 동역노회의 활성화를 위해 노회와 선교지를 잇는 플랫폼 콘텐츠 개발도 가능하다. KPM은 현재 제도대로 한다면 동역노회 제도의 성공을 거의 대부분 노회선교부와 선교부장의 역할에 의지하고 있다고 해도 과언이 아니다. 선교 홍보, 선교 촉진, 인적·물적 자원의 동원 등이 그 역할이다. 하지만 노회선교부장들은 선교 전문가도 아니고, 풀타임으로 선교를 하는 것도 아니기 때문에 이 많은 직무를 감당하기가 어려울 것이다. 따라서 노회선교부의 역량 강화와 동역노회의 활성화를 위해 KPM이 플랫폼 역할을 한다면, 노회와 KPM 상호 간에 또한 동역노회와 선교지 간에 정보를 유통함으로써 지금보다 훨씬 활발한 선교적 교류가 일어나게 될 것이다. 또한 노회를 위한 플랫폼을 통해 선교교육, 단기선교, 선교 바자회 등 선교와 관련하여 교회가 필요로 하는 일들을 상시적으로 연결할 수도 있다. 선교홍보와 선교정보 또한 상시적으로 플랫폼을 통해 공유한다면, 더 많은 노회 안의 교회들이 이용할 수 있다.

물론 이것은 개교회들에게 실제적으로 도움이 되고, 관심이 있는 내용을 제공하느냐에 따라 플랫폼으로서의 가치가 달라질 것이다. 선교동원도 플랫폼 안에서 동역노회와 함께하는 것이 가능하다.[1] 노회선교부가 KPM과 함께 선교사 선발, 훈련, 파송, 모금까지 함께하는 플랫폼을 만들 수도 있다.

(5) 지역선교부

현장에서 사역하다보면 IT기술이 필요할 때가 많지만, 정작 전문적인 기술이 없어서 아쉬울 때가 많다. 예를 들어, 간단한 기독교 현지어 더빙 영상 같은 것이 그렇다. 또 때로는 지속적으로 현지어 성경을 나누어 줄 수 없는 상황에 놓이기도 한다. 보안지역에서는 직접 현지인 접근이 어려워 오랜 사역 기간에도 현지인 접촉자가 너무 적어 고민이 되기도 한다. 이런 경우들은 각지역부에 '언택트 사역팀'을 만들어 팀 사역을 하고, 본부는 플랫폼으로서 지원역할을 하

---

1. 고신 선교는 선교사 지원의 절벽에 부딪혀 향후 15년 이내에 심각한 수급 차질을 겪을 것으로 보인다. 선교사 수급은 또한 선교비 모금이 점차적으로 어려워지고 있는 현실과 직접적으로 관련된다. 그러므로 이러한 난제를 해결하기 위해 처음부터 KPM과 동역노회가 신임선교사 선발, 훈련, 파송 그리고 선교비 모금의 단계를 함께해야 한다. ① 노회가 중고등부 혹은 대학 청년 때부터 선발한 선교후보생을 KPM 232 운동과 연계하여 전략적으로 관리한다. 노회가 선교사 후보자를 관리할 수 있다. 노회가 목사후보생을 시취하고 신학계속 허락을 하듯이, 노회선교부에서는 선교사 후보자들을 시취하고 관리하고 파송계획도 세울 수 있다. 매년 가을에 각 노회별로 다음 해에 신규 지원할 선교사 수를 정하여 KPM에 통보한다. ② 인턴십 제도 이용; 전략적 단기 선교를 통해 언어 훈련과 문화적응 훈련을 미리 하도록 한다. ③ 개교회 모금에서 노회중심 모금으로; 우선 신임선교사들 파송비(350만 원/4인 가정)부터 동역 노회와 연결하여 노회가 해당 선교사의 선교비를 공동모금해서 파송한다. 다시 말해, 지금까지의 인적자원 모집은 지원하는 사람들을 받아서 보내는 소극적인 형태였다. 이제는 선교본부에서 적극적인 선교지 필요와 특화된 자원의 정보를 구체적으로 파악하여 플랫폼 안에서 노회와 함께 인적 자원을 발굴하고 파송까지 정보들을 연결하는 플랫폼 시스템이 필요하다.

면서 이 문제를 해결해 나갈 수 있다.

이를 위해 우선 모든 지역부는 언택트 사역을 위해 IT에 관심이 있거나 필요로 하는 부원을 중심으로 팀을 조직한다. 지역부 언택트 사역팀은 언어권 별로 부원을 조직하여 모바일 프론티어Mobile frontier 사역을 한다. 이때 가장 중요한 것은 얼마나 많은, 실제적으로 필요한 현지 언어로 된 콘텐츠를 보유하느냐이다. 이에 따라서 지역부 플랫폼으로서의 유용성이 달라진다.[2] 또한 지역부 언택트 사역팀은 후속 지원사역을 위해 후속 사역팀을 하부에 조직하여 모바일 프론티어 사역에서 복음에 반응하는 곳에 필요한 후속지원을 하도록 한다성경지원, 대면복음전도, 교회 개척 등. 그리고 본부 IT팀은 모바일 시스템을 만들어 지역부 언택트팀이 필요로 하는 기술적인 지원을 하고, 지역부 언택트팀은 이 시스템을 활용하여 언택트 선교 플랫폼을 만들어간다. 또한 232청년자원 동원과 같은 외부 자원들과 네트워크팀을 구성하여 연계하는 방법도 있다. 이미 언택트 선교를 하는 전문선교 단체들이 있다. 이들 외부 자원들은 우리와 네트워킹을 원하고 있으므로 많은 기술적인 지원을 받는 것 외에도 협력 사역이 가능한 부분이 많다.

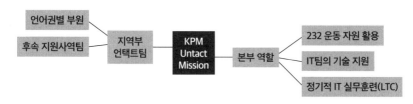

<그림 2.3-5> 언택트 선교를 위한 행정구조

2. 빅데이터의 장점은 누구나 쉽게 어디서나 과거 대형 도서관이나 보유할 수 있었던 책과 정보들을 이제 자신의 핸드폰에서 사용할 수 있게 된다는 것이다. 따라서 선교사들은 더 이상 책을 들고 다닐 필요가 없다. 성경도 굳이 보안지역에 위험을 무릅쓰고 따로 보급할 필요도 없다. 성경을 다운로드 받아서 핸드폰에 가지고 있지 않아도 언제든지 실시간으로 인터넷을 통해서 볼 수 있기 때문에 창의적 접근지역의 성도들이 더 안전하게 성경을 접할 수 있게 된다. 성경뿐 아니라 거의 모든 기독교 자료들을 안전하게 그리고 자국어로 사용이 가능하다.

4. 나가는 말

사물 인터넷과 인터넷 기반의 초연결시대를 이미 구현하고 있는 한국에서는 코로나 팬데믹으로 공예배를 드리지 못할 때, 장년층은 교회에 모여서 예배드리지 못하는 것에 힘들어했지만, 이미 인터넷 세상에 익숙한 젊은 세대들은 오히려 다양한 예배형식을 창출하면서 독특한 인터넷 기반의 예배들을 만들고 있었다. 예를 들어, 인터넷 상에서 성가대 구성, 동시 특송, 각자 집에서 구역예배를 구현하는 것 등이었다. 공예배는 '함께 모인다'는 것에 그 중요성을 둔다. 그러나 초연결시대에는 '모인다'는 의미가 반드시 물리적으로 함께 모인다는 것이 되지 않을 수도 있다. 특히 가상인터넷과 증강현실을 이용한 예배나 교육이 더욱 효과적으로 진행될 수 있을 것이기에, '함께 모인다'는 것의 정의가 새롭게 논쟁대상이 될 전망이다. 일반 회사들은 대면으로 할 수 있는 상황에서도 효율성을 재고하면서 재택근무를 선호하고 있는 실정이다. 이것이 요즘 세상이고, 이제부터 우리가 살아갈 4차 산업시대의 세상이다.

40년 전만해도 한국교회들은 교회에서 드럼을 사용할 수 있는지에 관해 논쟁했다. 또한 찬송가에 익숙했던 성도들은 낯선 비트를 사용하는 복음송을 받아들이기 힘들어했다. 어쩌면 이와 비슷하게 지금 교회들 또한 비대면 예배, 비대면 선교 대회 같은 4차 산업의 문명의 이기들 앞에서 당황하고 있는지도 모른다. 그러나 따지고 보면 하나님은 태고 때부터 우리를 비대면으로 만나주고 계신다고 할 수 있다.

필자가 사역했던 캄보디아는 전 세계에서 가장 문명의 이기를 적게 받는 지역 중 하나이다. 그러나 벌써 4.5G 인터넷을 사용하고 있다. 코로나 팬데믹으로 인해 불완전하지만 신학교에서 비대면 수업을 하기 위해 교수들이 Mobizen이라는 간단한 프로그램을 이용해서 동영상을 제작해서 사용했다. 학생들에게 개인 컴퓨터가 없는 상황이라, 오지에서도 핸드폰만 있으면 어디서든지 수업을 보면서 따라할 수 있도록 설계했다. 물론 아쉬움도 많았다. 교회사역에서나 신학교 사역에서 지부에 IT 전문가가 있어서 내가 필요로 하는 영상 자료들을 만들어주면 참 좋겠다는 생각을 많이 했다. 보안지역에서 사역하는 선교사들의 필요는 이보다 더욱 다양하고 간절할 것이다.

우리가 가진 기존의 선교형태는 독립적인 구조로 이루어져 있다. 그래서 이러한 지원을 받기 힘든 구조로 되어 있다. 그리고 이렇게 선교사들이 각 유닛별로 독립적으로 사역하도록 하는 구조적인 문제가 실제적으로 팀 사역을 활발히 이루어지지 못하게 하는 주요한 요인 중 하나라는 사실을 우리는 아직 깨닫지 못하고 있는 듯하다. 세상의 어느 회사를 보라. 본사나 각 지부에서 각각 개별적으로 활동하는 개인을 허용하는 곳은 없다. 모두 팀 사역을 한다. 우리는 세계 가운데 개혁주의 교회건설을 위해 KPM으로 부름 받은 하나의 팀이다. 이제 하나님께서는 이 일을 보다 수월하게 할 수 있도록, 1세기 사도바울을 위해 그러셨듯이, 오늘날 우리에게도 통일된 화폐를 주고 계신다. 그것이 바로 플랫폼이다. KPM 선교 플랫폼은 본부를 중심으로 하는 현장중심 선교가 되도록 촉진할 것이다. 선교현장들이 주도적으로 상호유통을 강화할 수 있도록 본부 역시 신속히 정보를 유통시키는 곳으로 거듭날 것이다. 뭉치면 살고 흩어지면 죽는다는 요즘 세상의 어구가 우리 KPM 선교에도 더욱 와 닿고 있다.

4장

공교회 선교:

노회중심 선교

1. 들어가는 말: 노회중심 선교를 위한 KPM의 역사적 배경

　고신교단은 장로교회 원리에 입각하여 교단설립 초기부터 총회에 선교부를 조직하고 교단선교를 주관하게 하였다. 교단이념에 의한 개혁주의 신앙의 세계 교회 건설과 복음화의 의지는 제4회 총회에서 1954년 해외선교부를 조직하게 만들었다. 1956년 제6회 총회에서는 해외선교를 실현하기 위해 구체적인 결의를 하였다. 선교지는 대만으로 하고, 선교사는 김영진 목사로, 선교비는 각 교회에서 매월 월정으로 마련하기로 한 것이다. 두 번째 선교사인 유환준/윤춘재 선교사 가정을 파송할 때도 부산노회가 헌금하여 파송하였는데, 그 후 부산노회가 동부산, 중부산 노회로 분립되어도 세 노회가 공동으로 선교비를 부담하였다. 이와 같이 고신교단은 처음부터 ① 교회의 선교적 본질에 대해 분명하게 이해하였고, ② 노회를 중심으로 선교하는 것에 대해서도 바르게 이해하며 실천하였다.

2. 노회중심 선교의 중요성

여기서는 왜 노회중심의 선교를 해야 하는지에 대한 당위성과 그 원리들을 잠시 다루고, 공교회 선교를 위한 노회의 역할과 KPM의 역할에 대해서 구체적으로 다루고자 한다.

(1) '교회=노회'라는 장로교 원리

먼저 우리가 이해하고 넘어가야 할 것은 교회는 노회라는 것이다. 초대교회들이 각 지역에 세워졌을 때, 성경은 그 교회들의 명칭을 갈라디아교회, 에베소교회라고 통칭해서 불렀다. 갈라디아 지역에는 많은 지교회들이 있었지만, 사도 바울도 그의 서신을 각각의 지교회들에게 보내지 않고, 각 지역의 지교회들의 연합체에 보냈다. 이것은 교회의 공교회성을 보여주는 것이다. 그래서 초대교회는 각종 신경에서 한결같이 주의 피로 하나되는 공교회적 교회라고 고백했다. 주님께서 직접 재정하신 성찬식은 교회의 하나됨을 실천해야 하는 기초적인 근거이기도 하다. 개혁교회로서 장로교회는 이 원리에 근거하여 교회 장로들가르치는 장로와 치리하는 장로의 연합체인 노회를 각 지역마다 세워서 공교회적 교회를 추구했다. 그리고 이 노회들이 지리적으로 멀리 떨어진 타노회들과의 거룩한 교제를 위해 비상설 회의체인 총회로 모였다. 총회는 노회들의 회의체이므로 개혁교회에서 교회란 일차적으로 노회를 의미하는 것이다. 작금 개인주의화된 시조를 따라 각각의 지교회들이 자신의 교회만을 강조하는 풍조는 성경에 반하는 것이므로 철저히 배격되어야 한다. 노회는 각 지교회들의 당회를 감독하고 치리하는 기능을 회복해야 한다. 장로교회가 대의제를 표방하는 만큼 그 기본적인 기능을 다하기 위해 노회 안에 소회들이 활성화되어야 한다. 교회의 본질인 선교 또한 이러한 의미에서 기본적으로 노회의 직무인 것이다. 또한 노회의 선교는 소회인 선교부가 활성화되어 그 직무를 감당해야 한다.

(2) 교회의 선교시대: 공교회의 선교시대여야 한다

1517년 이후, 개신교회가 선교적 교회로서의 사명을 다하지 못한 것에 대한 반대급부로서 선교단체들이 소달리티Sodality로서 역할을 하며 개신교회의 선교를 주도했다. 당시는 '선교단체들의 선교시대'였다. 이것은 그 자체로서 선교를 위한 하나님의 대안이었다. 실제로 선교단체들은 교회가 하지 못하는 많은 일들을 해냈고, 그 전문성은 오늘날까지도 교회에 도전을 주기에 충분했다. 이후 개신교는 '교회의 선교시대'로 접어들었다. 선교단체가 아닌 교회가 주도하는 선교의 시대가 된 것이다. 그러나 '교회의 선교시대'라는 의미는 '개교회 선교시대'라는 의미와는 전혀 다르다. '교회의 선교시대'라는 것은 공교회로서 교회가 하나님의 부르심을 받은 선교사 교회missionary churches라는 의미이다. '개교회 선교시대'라는 말은 선교의 자원을 독점하고 있는 개교회들이 교회 독자적으로 선교를 주도하는 부정적인 의미를 내포한다.

3. 고신교단 선교의 위기들

고신교단 선교를 화두로 하면서 노회선교, 공교회 선교, 동역노회를 제시하는 데는 두 가지 절박한 이유가 있다. 첫째, 선교사 자원의 극심한 부족이다. 2020년 현재 KPM 선교사의 평균 나이는 54세이며, 향후 15년 이내에 115유닛전체 246유닛 중이 은퇴한다. 그러나 최근에 진행되는 KPM의 선교사 파송 전 합숙 훈련 과정인 OTC에는 이전에 비하면 턱없이 적은 사람들이 지원하고 있다. 선교 지원자의 절벽은 비단 고신교단의 문제뿐 아니라 한국교회 선교 전체의 비상한 문제이다. 이대로 간다면 향후 15년 이후부터 고신교단의 선교사 숫자는 심각한 부족을 겪게 된다.

둘째는 60% 이상의 미자립교회로 구성된 고신교회가 이미 파송한 약 250 유닛의 선교사들의 생활비와 사역비를 감당하기에 힘겨워하고 있으며, 고신교회의 재정 악화 또한 향후 지속적인 선교사 파송에 큰 걸림돌이 될 전망이다현재 4인 가족 기준으로 350만 원 모금을 하면 적자계정이 된다. 이 상황은 한국교회의 약화30년 이후 절반 정도의 교세로 줄어드는 깔대기 현상을 경험하게 될 가능성이 크다를 고려하면 더 심각하게 다루어져야 하는데, 지금이 바로 패러다임을 바꿀 골든타임이다.[1]

4. 개교회 선교의 문제점과 해결 방안: 동역노회

근본적인 문제는 개교회가 전문적인 선교지식을 가진 곳이 아님에도 불구하고, 그동안 독자적인 선교를 감행해 왔다는 것이다. 물론 그 가운데는 전문가들이 있어서 나름대로 내실 있게 선교한 교회들도 있을 것이다. 그러나 이 또한 KPM을 통해 선교한다면 같은 선교지에 중복 투자하는 것을 막을 수 있다. 둘째, 작금 교회의 생태계도 공동체성이 점차 사라짐은 물론 교회들끼리 무한경쟁을 하는 시대가 되었다는 것이다. 선교에도 예외는 아니어서 선교의 인적·물적 자원을 가진 중, 대형교회들 중심으로만 선교가 진행되고, 소형교회들은 교

---

1. 이것을 타개하기 위해 2015년 선교대회 때 내놓은 안이 세미풀링제의 폐지와 선교지 재배치이다. 풀링제로 가까이 갈수록 성경적이고 선진화되고 건강한 선교재정 정책이다. 한 번 뒤로 후퇴하면 다시 돌이키기는 쉽지 않은 것이 바로 이 재정정책이다. 고신교회의 재정 모금 상황이 척박한 가운데서, 후원을 위해 선교사들을 무한경쟁시키는 것은 비성경적인 후퇴일 뿐 아니라, 결국 교단 전체의 재정정책에서 진통제 역할밖에 할 수 없다. 또한 선교사 재배치는 전략적 필요에 의해 결정되는 것이지, 선교재정이 부족하다고 그곳에서 쫓아내서 생활비가 싼 지역으로 옮기는 식으로 가볍게 진행되어서는 안 된다.

회의 본질인 선교에서마저 소외되고 있다. 결국 이것은 고신교단 전체의 선교를 약화시키는 결과를 초래할 것이다. 개교회 선교가 가진 문제들을 해결하기 위해 노회중심 선교를 제안하며, 노회중심 선교를 위해 다음과 같은 해결 방안을 제시한다.

(1) 노회선교부의 역량 강화

그동안 선교는 KPM이 주도하고 지역교회들이 참여하는 것이 거의 전부였다. 그리고 1990년대부터는 하나의 지역교회나 아니면 복수의 지역교회들이 임의단체를 만들어 선교하는 경우가 많았다. 그러나 이는 모두 공교회 원리나 장로교 원리를 준수하지 않았다는 뜻이다. 그래서 선교에서 노회는 길을 잃었고 역할은 실종되었다고 할 수 있다. 교단선교가 진일보하기 위해서는 여러 가지 방향이 있겠지만, 현재 시점에서 가장 시급한 것은 노회가 교단의 선교사역에 보다 적극적으로 참여하는 것이다. 노회가 선교적으로 활성화되는 것은 곧 노회선교부가 활성화되는 것을 의미한다고 할 수 있다. 그러면 어떻게 노회선교부를 활성화할 수 있을까? 이에 관해 몇 가지를 살펴보고자 한다.

다음은 KPM이 권장하는 노회선교부와 선교부장의 역할이다.

① 노회선교부장은 세계선교 영역에서 노회의 지도자로 노회 산하 교회들이 예수 그리스도로부터 받은 세계선교에 대한 명령을 효과적으로 수행하도록 권고, 격려, 안내, 지도, 감독하는 자이다.
② 노회선교부장은 먼저 자신과 담임하는 교회가 선교를 실천하고 노회 안에 선교운동이 부흥하도록 촉진하는 자이다.
③ 노회선교부장은 노회가 파송, 후원하는 선교사들의 사역, 건강, 자녀, 재정 등의 상황을 파악하여 산하 교회에 알려 기도하게 하고 문제가 발생

하면 대책을 세워 해결하는 자이다.

④ 노회선교부장은 노회 산하 교회와 성도들의 선교적 열정과 지식 등이 성장하도록 부흥회, 세미나, 훈련, 기도회, 모금 등을 기획하고 실시하는 자이다.

⑤ 노회선교부장은 총회 선교기관인 KPM과 긴밀히 연락하여 교단선교의 균형을 유지하는 자이다.

⑥ 노회선교부장은 산하 교회들 안의 꿈나무선교사 후보, 청년선교사 후보, 전문인선교사 후보, 실버선교사 후보 등을 파악하고 발굴하는 시스템을 구축하여 KPM과 공유하여 선교사 수급계획을 세우는 자이다.

⑦ 노회선교부장은 독지가 혹은 유산기부자 찾기 등으로 선교재정을 위한 자원을 발굴하는 자이다.

아마도 선교부장들은 이 직무에 대해 들으면서 많은 부담을 가지리라 생각한다. 선교 전문가도 아니고, 풀타임으로 선교하는 것도 아닌데 이 많은 직무를 감당하기가 어려울 것이다.

그래서 노회선교부의 역량 강화를 위해 다음과 같이 실제적인 제안을 한다. 첫째, 노회선교부장의 전문화 & 상설화: 노회선교부의 수장을 노회의 선교 관련자(선교학 교수, 은퇴 선교사, 그 외 선교 관심 목사 등)로 뽑는다. 둘째, 노회선교부장은 최소 10년의 장기 임기를 보장하면서 KPM과 가교 역할을 하도록 하여 노회선교를 활성화시키도록 한다. 그동안 여러 차례 노회와 KPM 간의 대화가 있었고, 또 그때마다 공교회적 선교에 대한 공감대가 있었지만, 정작 노회와 KPM의 가교 역할을 할 사람이 없었기 때문에 늘 답보 상태에 있는 상황이다.

(2) 지역교회에 선교위원회 설치 & 교육

노회선교부는 노회 안의 각 지역교회에 선교를 위한 부서를 조직하도록 지도, 권고, 유도 혹은 다른 적절한 조취를 취하여야 한다. 그리고 각 교회선교부 책임자나 부원들을 위한 선교학교 등을 개설하여 선교적 소양을 높이는 일을 KPM과 협력하여 계속해야 한다. 또한 노회별 혹은 시찰단위로 선교학교를 개설하는 것도 좋다. KPM의 BMTC 과정을 노회선교부 주관으로 개설하여 선교교육을 시작하면 된다. 그리고 가급적이면 자주 지역교회 선교부원들을 모아 정보를 교환하고, 단기 선교팀을 연합으로 조직하거나 선교바자회 등도 연합으로 실시하여 협력하도록 노력하는 것이 필요하다.

구체적으로 다음과 같이 KPM이 노회의 선교교육에 참여할 수 있다.

① 여름성경학교 강습회와 지역교회의 여름성경학교 등 교회 프로그램에 선교사가 강사로 참여하여 선교지의 영성과 현장의 뜨거움을 한국교회에 전해줄 수 있다.

② BMTC 프로그램을 통한 지역교회 선교교육을 강화할 수 있다.

③ 선교적 교회Missional Church에 관한 교육을 통해 교회의 선교적 본질 회복을 도울 수 있다.

④ 한 달에 한 번 선교기도회 때 각 노회의 기도제목을 받아서 본부에서 기도하며 지역교회를 도울 수 있다.

⑤ 어려운 미자립교회의 단기선교를 본부와 함께 진행하여 미래의 선교자원을 키울 수 있다.

⑥ 어려운 교회의 선교부흥집회에 본국사역 선교사들을 연결하여 교회의 부흥을 도울 수 있다.

(3) 선교홍보와 선교 정보 공유

노회가 적극적이고도 순발력 있게 KPM 선교에 참여할 수 있도록 KPM의 선교정보를 신속히 공유한다.

① 교회가 참여할 수 있는 선교 프로그램을 노회교회에 상시적으로 홍보하고 제공한다.
② KPM 카드 뉴스를 매주 노회의 모든 교회에 공유한다.
③ 현장과 선교사들의 필요들을 위해 현장의 사업에 필요한 재정과 사업을 책자로 만들어 KPM 본부가 승인한 현장사업들에 교회들이 주도적으로 선택하여 참여할 수 있는 정보를 제공한다.

(4) 노회선교부가 KPM과 함께 선교사 선발, 훈련, 파송, 모금을 한다

위에서 언급한 것과 같이, 고신선교는 선교사 지원의 절벽에 부딪혀 향후 15년 이내에 심각한 수급 차질을 겪을 것으로 보인다. 선교사 수급은 또한 선교비 모금이 점차적으로 어려워지고 있는 현실과 직접적인 관련성이 있다. 그러므로 이러한 난제를 해결하기 위해 처음부터 KPM과 동역노회가 신임선교사 선발, 훈련, 파송, 그리고 선교비 모금의 단계를 함께 해보자. 교회 입장에서도 50여 개국에 산재한 선교사들을 후원함으로 어느 한 곳도 양질의 후원을 할 수 없게 되는데, 한·지역만 선택하여 지원하게 됨으로써 훨씬 쉽고도 효과적으로 후원할 수 있게 된다. 이 제도의 다른 장점들은 다음과 같다. 첫째, 고신교회가 공교회성을 회복하는 성경적인 선교를 할 수 있도록 패러다임을 바꿀 수 있다. 둘째, 각각의 선교사들 역시 각 지역선교부에서 경쟁을 피하고, 하나님 나라의 관점에서 선교를 이해하고 실제적인 동역을 이루어 낼 수 있다. 셋째, 작은 교회들이 노회를 중심으로 모두 선교에 동참할 길을 가지게 되며, 선교적 교회의 본질을 회복할 수 있어서 건강하고 강한 소형교회를 만들어 갈 수 있다.

이를 위한 구체적인 실천방안들은 다음과 같다.

① 노회가 중고등부 혹은 대학 청년 때부터 선발한 선교후보생을 KPM 232 운동과 연계하여 전략적으로 관리한다. 노회가 선교사 후보자를 관리할 수 있다. 노회가 목사후보생을 시취하고 신학계속 허락을 하듯이 노회선교부에서는 선교사 후보자들을 시취하고 관리하고 파송 계획도 세울 수 있다. 매년 가을에 각 노회별로 다음 해에 신규 지원할 선교사 수를 정하여 KPM에 통보한다.

② 인턴십 제도 이용: 전략적 단기 선교를 통해 언어 훈련과 문화적응 훈련을 미리 하도록 한다.

③ 개교회 모금에서 노회중심 모금으로: 우선 신임선교사들 파송비350만 원/4인 가정부터 동역노회와 연결하여 노회가 해당 선교사의 선교비를 공동모금해서 파송한다.

④ 2021년부터 하나의 노회를 선별하여 샘플링 해보자. 결과를 보고 여러 노회에 이 제도를 확대하자.[2]

(5) 동역노회들의 선교부 재정을 지역부와 연대하여 사용하자

선교사들만 재정에 대한 공동풀을 만들어서 그것을 함께 공동으로 사용해야 한다는 공교회 의식을 가질 것이 아니라, 노회선교부 재정에 대해서도 동역지역부와 함께 의견을 조율하여 재정을 사용하도록 상정한다. 현재 노회선교부 재정은 자체모임, 선교지 방문, 선교지 교회개척 등 노회선교부가 일방통행식

---

2. 이 방안은 한국적 정서 안에서 개교회가 '우리 선교사'에게 정을 더 주어 집중하고 싶어 하는 것에 대한 대안이 될 수 있다. 이제 '우리 교회 선교사'가 아니라 '우리 노회선교사'라고 부를 수 있을 것이다.

으로 사용했다. 위에서 제안한 대로 노회선교부장이 노회의 특별한 지위를 획득한다면, 선교부는 항시 동역 지역부 운영팀과 연간 재정 운영을 계획하고 실행하는 단계에서 함께 할 수 있다. 이 제도는 노회선교부의 재정을 보다 동역 지역부의 현실에 맞게 사용하게 될 것으로 기대된다. 또한 본부의 자체 수익 사업인 선교달력 판매사업에 노회선교부에서 적극 개입하고, 수입의 일부를 노회선교부 재정에 사용할 수 있도록 상정한다.

5장
현장중심 선교:
신지역부 제도를 넘어서

1. 들어가는 말

현장중심의 선교는 KPM이 오랫동안 다루어 온 전략과제이다. 이 주제는 몇 가지 KPM 선교의 고질적인 문제점을 해결하는 방안으로 늘 지목되어 왔다. 예를 들어, 행정적으로는 선교지역의 효과적인 구분과 행정권한의 지역이양과 관련되어 있다. 멤버케어의 현장성을 강화하는 것과도 선이 닿아 있다. 그리고 무엇보다 KPM의 고질적인 문제점으로 꼽히는 팀 사역을 돌파할 수 있는 방안으로도 늘 주목받아 왔다.

이 장에서는 현장중심 선교라는 주제의 역사적 배경 속에 의도된 관련 주제들을 연대기적으로 살펴보면서, 그 발전되어가는 상황을 살펴보고자 한다. 각 시대상황에 따라 변화되어온 현장중심 선교에 관련한 요구들이 어떠한 것이었는지 살펴봄으로써, 현장중심 선교를 통해 궁극적으로 얻고자 하는 KPM 현장 선교의 필요성이 대두되리라 생각한다. 그리고 이를 토대로 2022년 71회기 현재 상황에서 신지역부 제도가 현장의 필요성을 담아내는 적절한 제도인지 살펴보고자 한다. 물론 이런 논의와 관련된 그동안의 자료를 재가공하여 하나로 정리하는 것 또한 이 글의 목적 중 하나이다. 이를 위해 여기서는 해당 논의와 관련된 역사적인 자료들을 근거로 한 문헌조사 방법과 인터뷰를 사용한다. 이로써 KPM이 앞으로 진행되어야 할 현장중심 선교의 방향이 예측될 것으로 기대한다.

2. 역사적 배경

2003년에 KPM은 40개국에 241명의 선교사를 파송하고 있었다. 선교부 업무 교정에 두 가정이 현지지역부를 구성할 수 있었으므로 선교부 업무규정 제4장 18조, 두 가정 이상 파송된 15개국에 현지지역부가 있었고, 스페인과 터키는 미조직 상태였다. 이러한 상황에서 2004년 방콕에서 열린 제1차 고신세계선교포럼에서 이신철 당시 고려신학대학원 교수는 "현지선교부를 새롭게 하자"라는 주제로 발제를 했다. 이것은 이신철 교수가 2000년 고신선교사대회에서 "현지선교부 육성방안"이라는 제목의 원고를 대폭 보충해서 작성한 것이었다. 그런 다음 "현지선교부 역할 강화"라는 제목으로 이정건, 황상호 선교사의 긴 논찬이 있었다. 이전에는 현지선교부 관련 주제로 작은 모임들만 있었을 뿐 정책에 반영된 것은 없었는데, 이렇게 공적으로 KPM에서 이 문제를 다룬 것은 그때가 처음이었다.[1]

그 후 2005년 경주에서 열린 제5차 세계선교대회에서는 이정건 선교사가 2004년 방콕대회를 정리하여 "현지선교부 강화 정책"이라는 주제로 발표했다.

---

1. 이정건, "현지지역부 역할 강화," 편집위원회, 『제1차 고신세계선교포럼; 변화와 성숙』, 349-92.

2008년 치앙마이에서도 '남은 과업의 완수'라는 제목으로 개최된 제2차 고신세계선교포럼에서 "현지선교부의 효과적인 팀사역 강화"라는 대주제를 가지고 논의가 있었다. 당시 김북경 선교사는 "현장중심 선교를 위한 선교시스템 개발"이라는 주제로 발제했고, 김철봉 목사와 홍영화 선교사가 논찬했다. 2차 고신세계선교포럼은 1차 대회 때 선정되어 논의되었던 "12가지의 주제들이 4년이 지나면서 얼마나 반영되고 구체적으로 어떻게 적용되었는지 평가"하는 모임이었기[2] 때문에, 1차 대회 때 논의되었던 현장선교에 대한 밑그림 위에 당시의 상황을 반영한 실제적인 방안이 제안되었다. 2008년 KPM 현지선교부의 구조는 "단독형으로 영세한 곳이 50%를 차지하고, 5-10유닛 안팎의 중간형 구조를 가진 곳이 4개, 11개 유닛 이상의 중대형 구조를 가진 곳이 5곳이었다."[3] 2009년에는 김한중 당시 본부장에 의해 비전 2020이 수립되면서 2011년까지 5가정을 한 팀으로 하여 25개의 지역선교부가 조직되었다. 당시 비전 2020의 3대 전략 방안 중 하나는 현지선교부 조직을 통한 팀 사역 강화였다. 그리고 비전과 목표 달성을 위한 중점 추진과제로서 30개 지역 현지선교부 조직과 역할 강화를 위한 전략을 마련했다.

그런데 2014년 제3차 고신세계선교포럼에서는 이 주제가 빠지게 되었고, 이에 2019년 제4차 세계선교대회에서 "KPM 현장중심 선교를 위한 12지역부의 역할"이라는 발제를 맡은 김종국 전 본부장은 아쉬움을 토로했다.[4] 그러나 그

---

2. 이헌철, "KPM 사역 평가와 전망," 편집위원회, 『남은과업의 완수; 제2차 고신세계선교포럼 자료집』 (서울: 총회출판국: 2008), 11.

3. 김북경, "현장 중심 선교를 위한 선교 시스템 개발; 현지 선교부 팀과 리더십 개발을 중심으로," 편집위원회, 『남은과업 완수』 (서울: 총회출판국, 2008), 307-8.

4. "이 논의는 아쉽게도 지난 2014년 제3차 고신선교포럼에서 60년 평가와 전망을 다루면서 선교사평가와 관계된 현장중심의 선교사역에 대한 평가는 전혀 다루지 못한 아쉬움이 있다. 즉 우리 KPM이 반드시 물어야 할, KPM의 선교사역의 결과물인 현장 기여도, 개혁주의 교회건설과 영혼구원의 실제적인 열매에 대해서는 간과한 것이다. 가장 중요한 한 발을 놓침으로 현장 속으로 들어가지 못한 채 반쪽의 잔치로 그

중간에 이 주제에 대한 논의가 없었던 것은 아니었다. 2015년에는 보다 진보한 '권역장 제도 시행에 대한 계획안'을 마련하였다. 'KPM 선교60주년기념대회'에서는 선언문을 통해 단계별 권역장 제도를 도입하기로 했다. 그리고 2016년부터 1년 이상 시행된 권역제도에 대한 연구는 다양한 조사와 논의를 거쳤다.[5] 또한 2017년 5월에 실시된 KPM 선교사들에 대한 설문조사에서 "전체 선교사들은 6개 권역 제도와 12개 지역부로의 개편에 대한 선호 설문 결과 31%와 69%로 12개 지역부 제도를 선호한다는 결과를 얻었다."[6]

한편 2016년 5월 9일 제65-6차 이사회에서 권역제도 계획안이 통과되었다. 그 내용은 "권역장에 대한 검토 보고는 유인물 중 '권역장 제도를 위한 단계별 청사진 2'의 5단계를 '2018년 1월부터 권역장 제도를 전 지역에 실시하는 것을 원칙으로 한다.'로 수정하여 받고 단계적으로 시행하기로 하다."였다. 6개 권역장 제도가 이사회를 통과했음에도 불구하고, KPM은 여러 번의 논의 끝에 김종국 본부장 당시 현재 시행되고 있는 12개 신지역부로 개편하였다.

3. 현지선교부 강화가 필요한 요인들

(1) 당위적인 요인

2004년 제1차 세계선교대회에서 이신철 교수는 발제를 통해 현지선교부 제

처버린 아쉬움이 남는다." 김종국, "KPM 현장중심 선교를 위한 12지역부의 역할," 『제4차 고신선교포럼; 변혁의 시대와 선교』, 393. 현장중심 선교의 주제는 시대적으로 오랫동안 무르익어야 할 큰 카테고리의 주요한 주제이다. 그럼에도 불구하고 2015년 제3차 고신세계선교 대회의 의제에서 빠진 것은 연구의 역사성을 단절시키는 것이라는 의미에서도 아쉬움이 크게 남는다.

5. 전성진, "신지역부제도; 팀사역을 통한 현장 선교 강화," 연구국 보고서, 1.
6. 전성진, "현장구조정안에 대한 설문조사, 결과에 근거와 회의와 결정 통계들," 연구국 보고서, 1.

도가 강화되어야 하는 이유를 다음과 같이 기고한다.

> 고신선교가 계속해서 개혁주의 자립교회의 설립이라는 선교의 열매를 현
> 장에서 거두기 위해서는 선교사들의 개인적인 산만한 사역들보다는 현지
> 선교부로 결집된 사역이 되어야 한다. 필자는, 고신선교가 앞으로도 여러
> 가지 분야에서 더 개선되고 정비되어야 하겠지만, 현지선교부를 새롭게 하
> 는 것이 우선순위를 차지한다고 생각하고 있다. 현지선교부를 새롭게 육성
> 하며 기존의 구조를 개선해가야 한다는 것이다.[7]

즉, 이신철 교수는 KPM의 존재 목적을 달성하기 위해 우선적으로 가장 필요
한 조치가 현지지역부를 강화하는 전략이라고 수상한 것이나. 또 하나의 주장
은 선교사가 일단 교회로부터 공적으로 파송 받으면 단독으로 일해서는 안 된
다는 것이다. "성령께서 선교사를 인도하실 때는 선교공동체와 함께 일하도록
하신다. 예수님께서도 제자들을 파송하실 때 혼자 보내시지 않고 둘씩 짝을 지
어 보내셨으며막6:7, 바울도 선교팀과 함께 사역하였다행13:2; 15:39-40; 16:3,10; 19:22;
21:1; 27:1; 28:16 등."[8]

김북경 선교사는 현지선교부가 존재해야 하는 당위성을 선교사역적 책무라
는 관점에서 해석한다. "현지선교부는 현장에서 선교사역을 담당하는 기구요,
선교 본부의 파트너로서 현장의 사역기구이다. …… 이 기구는 선교사를 초빙
하고, 사역을 잘 감당하도록 훈련하고, 사역을 배치하며, 선교사와 사역을 감독
하며, 그리고 선교사를 돌아보는 선교현장의 행정조직이다."[9] 그는 현지선교부

---

7. 이신철, "현지선교부를 새롭게하자," 편집위원회, 『제1차 고신세계선교포럼; 변화와 성숙』, 351.
8. 이신철, "현지선교부를 새롭게하자," 351.
9. 김북경, "현장 중심 선교를 위한 선교 시스템 개발; 현지 선교부 팀과 리더십 개발을 중심으로," 291-92.

의 역할을 다음과 같이 해석하고 있다. "선교사 및 가족 케어, 공동선교 목적의 선언, 현지 선교 전략수립, 공동사역의 책임 있는 실행, 초임 선교사 오리엔테이션, 선교사 사이의 갈등 조정, 선교사역의 홍보 및 자원 확보 등이다."[10]

(2) 전략적인 요인

현지선교부를 강화해야 하는 당위적 요인 이외에 다양한 전략적인 필요와 요인들이 있다고 주장되어 왔다. 이신철 교수는 우선, 현지선교부의 영세성을 지적했다. "이것은 선교의 전략적인 지역 배치를 생각하지 않고 구멍가게 식으로 이곳, 저곳에 심어 놓은 결과 때문이다."[11] 당시 두 가정만으로 구성되어 있는 현지지역부가 5개 지역부이고, 5명 이상으로 구성된 곳은 4곳밖에 없었다. 이러한 구성원으로서는 현지지역부의 체계를 세우기가 거의 불가능하다는 것이 이 교수의 판단이었다. 그래서 적어도 11명 이상으로 구성된 집중형 선교부를 육성해야 한다고 주장했다. 또한 2004년에는 46개국 중 22개국이 선교사 단독으로 사역하며 고립되어 있었고, "현지지역부를 가진 곳 중 몇 군데를 제외하고는 대부분이 효율적으로 운영되고 있지 못한 실정"이었다.[12] 이외에도 사명공동체로서 서로 돌봄, 격려, 지원, 권면을 포함하는 교제공동체,[13] 공동 목표를 가진 사역공동체 및 재정 공동체[14]로서의 존재 이유를 설명한다. 당시 발제자로 나선

---

10. 김북경, "현장 중심 선교를 위한 선교 시스템 개발; 현지 선교부 팀과 리더십 개발을 중심으로," 294.

11. 이정건, "현지지역부 역할 강화," 358.

12. 이정건, "현지지역부 역할 강화," 384.

13. 선교사들을 위한 현지선교부의 역할은 선교사 및 가족의 케어, 공동선교 목적의 선언, 현지선교 전략의 수립, 공동사역의 책임 있는 실행, 초임 선교사에 대한 orientation, 선교사들 간의 갈등 조정, 선교사역의 홍보 및 자원의 확보 등을 들 수 있다. 이신철, "현지선교부를 새롭게하자," 357.

14. 본국 선교부와의 관계에 있어서 현지선교부의 역할은 현지 전략에 대한 상의, 현지 상황에 대한 정기보고, 현지선교부에 필요한 인원 및 재정 지원신청, 선교사의 인사와 관련한 상의, 본부와 행정사무에 관한 연락 등이 있을 것이다. 현지 교회와의 관계에 있어서 현지선교부의 역할은 현지교회의 설립과 관련하여 개체교회를 개척하고 교회를 조직하여 노회가 조직되기까지 장로 및 목사 안수를 주는 것이고, 자립

이정건 선교사는 현지지역부의 유익은 "선교사들이 함께 만나므로 서로 의지가 되고 현지인 교회나 타선교단체로부터 고신교단 선교사로서의 정체성을 인정받을 수 있으며, 함께 사역의 방향을 의논하고, 각자의 선교정보들을 나눌 수 있다."[15]라고 주장한다. 즉, 당시만 해도 현지지역부 강화의 목적은 행정적으로 서고 묶이는 것의 당위성을 강조하는 것이었다.

2008년 제2차 고신세계선교포럼에서 김북경 선교사는 "현장중심 선교의 당위성을 성공적인 팀 사역을 위한 것"이라는 데 방점을 두었다. 그는 2006년 '건강한 현장 구조 모델'이라는 주제로 열린 제3차 방콕포럼의 결론 중 하나인 "선교사들의 개인 역량을 의존하는 선교보다는 현지인과 선교사들이 팀을 이루어 사역하는 방식이 바람직하다."라는 것에 의지하여 건강한 현지지역부가 되려면 팀 사역이 잘 되어야 한다고 강조했다.[16] 이때부터 KPM에서 있었던 현지지역부 중심에 관한 모든 논의의 당위성은 모두 팀 사역과 결부된 것이었다고 해도 과언이 아니다.

2019년 제4차 고신세계선교포럼에서 김종국 선교사는 현장중심 선교의 당위성을 다음과 같이 말하고 있다. "현장중심 선교는 ① 현장에서 올라온 상향식 Bottom-up 요구로, ② 힘의 누수 방지를 위한 대안 ③ 거룩한 사각관계의 중심에 서있는 현장중심 선교 ④ 탈중앙집중식분권식 전략구조로서의 지역선교부 등을 위해 필요하다."[17]

교회와의 관계에 있어서는 현지 교회와의 관계설정, 후원과 관련된 정책 수립, 재산과 관련된 계약 설정, 교회와의 공동사역 범위설정, 사역의 종결과 관련하여 선교부 사역의 종결시점에 대한 합의, 인계 인수 과정에서의 협조 등이다. 이신철, "현지선교부를 새롭게하자," 358-59.

15. 이정건, "현지지역부 역할 강화," 384.

16. 김북경, "현장 중심 선교를 위한 선교 시스템 개발; 현지 선교부 팀과 리더십 개발을 중심으로," 314-15.

17. 김종국, "KPM 현장중심선교를 위한 12지역선교부의 역할," 394-95.

(3) 현지선교부의 강화를 위한 논의

2004년 포럼에서 이신철 교수는 현지선교부의 강화를 위해 다수의 제안을 하였다. 우선, 현재의 현지선교부를 세 단계로 재조정하자는 것이다.[18] 둘째, 국가단위로 조직되어 있는 고신의 현지선교부는 여러 면에서 편리한 점이 많은 것도 사실이지만, 그보다 선교 공동체로서의 기능을 고려하여, 그리고 세워질 자립교회 또는 교단의 형성을 염두에 두면서 가장 적절한 지역범위를 설정하는 것이 필요하다는 것이다. 셋째, 선교사의 사역 및 임지를 재조정하자는 것이다. 넷째, 현지선교부의 리더십을 강화하자는 것이다. 다섯째, 조직의 안정을 위해 현지선교부 정관을 만들면 좋겠다는 것이다. 그리고 필요하다면 현지선교부가 현지 상황에 맞게 시행세칙을 만들 수 있어야 한다. 여섯째, 평신도와 목사의 동역 구조를 더 개발해야 한다는 것이다. 일곱째, 선교지를 전략적으로 집중하게 될 때 현지선교부의 새로운 기준에 이르지 못하는 기존의 선교부에 대한 대안이 있어야 한다는 것이다. 그 대안으로 연대co-operation를 제시한다. 선교지에서 고신 선교사들만으로 구성된 선교 공동체만이 합법적인 것은 아니다. 다른 교단 선교부와 연합할 수도 있고, 다른 선교사들을 영입하거나 고신 선교사를 다른 선교부로 위탁할 수도 있다.

이정건 선교사도 우리 교단과 자매교단을 맺고 있는 재미총회, 유럽 총노회, 대양주 총회와 협력하여 사역의 폭을 넓힐 것을 제안했다.[19] 또한 그는 그다음 해인 2005년 50주년 기념 세계선교대회에서 이러한 논의가 구체적으로 적용되어야 한다고 강조하는 한편, 개혁교회의 세계교회 건설의 목적을 가장 잘 이

---

18. ① 선교개척단(mission plant) 선교사를 두 단위로 묶어서 선교 팀으로 파송하자. ② 개척 선교부 (pioneering mission team) 선교사 5-9명으로 구성된 선교 팀으로서 독립적 현지선교부로 육성되어 가는 단계에 있든지, 아니면 연합선교부의 회원 선교부로 육성하자. ③ 현지선교부(established mission team)의 조직 정족수를 두 가정에서 10명으로 높이자. 이신철, "현지선교부를 새롭게하자," 364.
19. 이정건, "현지지역부 역할 강화," 386.

룰 수 있는 방법이 현지선교의 역량 강화에 있다고 말하면서 다음과 같이 몇 가지 실천적 과제를 제안하기도 했다. 곧 "현지선교부의 조직 정족수를 10명으로 높이자는 것과 선교사를 파송할 때에 두 단위로 함께 파송하자는 것"이었으며, 또한 "고립선교사들에 대한 대책과 선교사 10명 미만의 선교지를 어떻게 현지선교부로 육성시켜 갈 것인가, 현재 10명 이상의 현지선교부의 구조를 어떻게 개선시켜 나갈 것인가를 아울러 생각해야 한다."는 것이었다.[20] 이로써 현지선교부 구조를 실제로 어떻게 개선시켜 나갈 것인가에 대한 과제가 주어지게 되었다.

이런 현장선교 강화를 위한 발 빠른 시도는 본부에서보다 선교사회의 주도로 먼저 시도되었다. 이헌철 본부장 당시 2005년 교단 50주년 기념대회로 열린 제5차 세계선교대회에 앞서서 고신 선교사회의 총회가 있었다. 당시 회장이었던 류영기 선교사 주도로 선교사회에서 7개 지역으로 나누어 지역 선교대회를 치르기로 한 것이었다. 그는 다음과 같이 당시의 상황을 기록하고 있다. "그 기간 중 7개 지역을 나눈 후 지역별로 각 지역장과 총무를 선임하고 향후 4년 동안 각 지역별 대회를 한 차례씩 가지기로 하고 순서를 정하여 실시 계획을 세웠다. 목적은 4년마다 한 번씩 모이는 교단 선교대회에 현재 300명 가까이 되는 선교사들이 모두 함께 모이기에는 각 선교지의 형편, 특히 재정상에 어려움이 있었다. 그래서 지역별 선교 전략 측면과 선교지 상호이해 등 모든 선교사들이 함께할 수 있는 모임의 필요성을 여러 면에서 느끼게 되었다."[21] 당시 7개 지역으로 나누어 선교대회를 치른 목적은 행정적으로 권역 조직을 만들자는 의도는 아니었고, 선교사 멤버케어와 기도 네트워크 형성 등의 목적으로 현지선교부를

---

20. 이정건, "현지 선교부 강화 정책," 『고신선교 50주년 기념 세계선교대회 자료집』 (서울: 디자인 원, 2005), 107.

21. 류영기, "5개지역 선교대회를 섬겨오면서," 「해외선교」 126 (2007): 29.

더욱 강화하자는 것이었다.

　2008년 제2차 고신 세계선교포럼에서도 현장중심 선교강화에 대한 정책 논의가 있었다. 이때에는 좀 더 구체적으로 현지선교부의 효과적인 팀 사역 강화가 주된 의제였다. 발제로 나선 김북경 선교사는 현지선교부의 강화를 위해서 현장중심 선교를 위한 행정시스템을 구축하려면 강도 높은 구조조정이 필요하다고 역설했다. 그는 교단 선교단체가 가진 현장 관련 행정시스템의 단점을 다음과 같이 지적했다.

　　첫째, 본부로부터 자유롭지 못한 본부 중심의 의사결정 체제나 후원교회와의 간접적인 관계 등으로 말미암아 필드 리더 중심의 의사결정과 사역이 일어나지 못하는 경우가 많다. 둘째, 필드 사역 구조의 역량이 부족하다. 대부분의 필드 구조는 개별 선교사들의 교제와 행정적 조치를 위한 최소한의 역할만 하는 경우가 많다. 셋째, 많은 선교사들이 현장에서 자신들이 관리 감독할 수 있는 시스템 아래 있지 않은 경우가 많다. 목사 선교사는 대부분 사령관으로 사역에 임하고 팀으로 일하지 못하고 있다. 넷째, 관계 중심 구조를 가지는 한계가 있어서 사역에 대한 객관성과 공정성에 문제가 발생하고, 또 관계상 어려움이 생겼을 때 이를 해결할 수 있는 시스템이 부재하여 문제를 해결할 수 있는 통로가 없는 경우가 많다. 다섯째, 현지의 불분명한 책무 구조로 말미암아 선교사의 개인생활, 사역, 재정 등에 대해 분명한 관리 감독이 일어나지 않고 있다.[22]

　이 문제들의 대안으로 제시된 것은 다음과 같다.

---

22. 김북경, "현장 중심 선교를 위한 선교 시스템 개발; 현지 선교부 팀과 리더십 개발을 중심으로," 291-93.

첫째, KPM의 선교 핵심 가치에 협력선교를 팀 선교로 보완하자. 둘째, 고전적인 부장-회계-서기 조직에서 디렉터와 코디, 그리고 팀장 체제로 바꾸자. 셋째, 동시다발적으로 일할 수 있는 은사를 사용할 수 있는 매트릭스 구조를 연구하자. 넷째, 인터넷 카페를 통해 신속한 커뮤니케이션을 하도록 하자. 다섯째, 최소 년1회 연합 지역수련회를 가지자. 여섯째, 현지 부장을 순번제가 아닌 인격적, 목회적 돌봄과 팀워크를 이루어낼 수 있는 자를 세우자. 일곱째, 현지 세부 규정을 세워 책무를 분명히 하자. 여덟째, 인간관계를 개선하는 기법을 사용하자. 아홉째, 지역부 리더십들이 책무를 감당할 수 있도록 재정을 지원하자. 열째, 리더십 훈련을 하도록 기회를 주고, 주니어 선교사 가운데 미래의 리더를 키워가자.[23]

김북경 선교사의 발제에 대해 논찬자로 나선 김철봉 목사는 두 가지를 중요하게 지적했다. 하나는 현지지역부가 분명한 목표와 방향을 가지고 나아가느냐는 것이고, 다른 하나는 기능적이고 유기적인 매트릭스 구조를 가진 선교부를 조직해야 한다는 것이었다. 그가 이해하는 매트릭스 조직이란 "조직 속의 개인이 종적 계열로 형성된 원래의 조직의 일원이면서 동시에 횡적인 조직의 일원으로 자신의 은사에 따라 수행하는 조직 체계"를 말한다. 다시 말해, "이 조직은 직능 구조의 역할기능적-필자 주과 프로젝트 구조의 역할유기적-필자 주로 이루어진 이중 역할 구조로 복합적인 현지 선교의 조직 목표를 달성할 수 있다."는 것이다. 그는 또한 이것이 바울의 팀 사역 구조와 유사한 성경적인 방법이라고 강조하면서, 이러한 구조를 위해서는 당시 중국지부처럼 대형 지역부 구조가 필요하다는 것과, 하지만 현재 KPM의 10명 정도의 중형 구조로는 가족적인 분위기

---

23. 김북경, "현장 중심 선교를 위한 선교 시스템 개발; 현지 선교부 팀과 리더십 개발을 중심으로," 318-21.

의 비전 중심의 공동체를 형성하는 단계가 바람직하다고 조언했다.[24]

본부 리더십이 김종국 본부장으로 바뀌면서 현지지역부를 권역화하기 위한 논의가 진행되었다. 그의 8대 공약에는 단계적 권역장제도가 있었다. 이 공약은 정책이사회에서 논의되었고, 2016년 2월 18일 홍콩에서 열린 정책위원회의 동의가 있었다. 정책위는 구체적인 준비를 위해 5인위원회를 두어 권역장제도에 대한 매뉴얼을 연구해서 정책위를 거쳐 이사회에 보고하기로 했다. 그리고 2016년 5월 6일 제65-6차 이사회에서 결의한 '권역장 제도 시행에 대한 계획안'에 따라 6개 권역으로 묶을 것을 결의했다. 내용은 아래 각주와 같다.[25]

---

24. 김철봉, "현장중심 선교를 위한 스시템 개발," 편집위원회, 『남은과업 완수』 (서울: 총회출판국, 2008), 325-27.
25. KPM 권역운영 매뉴얼(시안)
    제1조 근거
    본 매뉴얼은 2016년 5월 6일 제65-6차 이사회에서 결의한 '권역장 제도 시행에 대한 계획안'에 근거한다.
    제2조 목적
    권역제도의 시행목적은 KPM의 선교 비전 및 목표를 효과적으로 수행하기 위한 선교현장 중심의 정책 강화와 지역선교부와 선교사들 그리고 그들의 사역을 지원하는 데 있다.
    제3조 조직
    1. 아래와 같이 6개의 권역으로 나눈다.
    ① 극동아시아(4개 지역부)
    중화남북(화남북, 몽골, 홍콩, 대만), 중서남북(고중서북, 고중서남), 일본, 국내이주민
    ② 인도차이나(4개 지역부)
    서남아(네팔, 방글라데시, 인도, 스리랑카), 캄보디아, 베트남, 메콩(타이, 라오스, 미얀마)
    ③ 대양주아시아(3개 지역부)
    필리핀, 말레이인도네시아, 대양주(호주, 파푸아뉴기니, 피지)
    ④ 유라시아(3개 지역부)
    러시아, 중앙아A(카작, 키르기즈, 우즈벡, 타직), 중앙아B(아제르바이잔, 터키)
    ⑤ 유라프리카(4개 지역부)
    유럽(스페인, 영국, 포르투갈, 우크라이나, 독일, 코소보, 루마니아, 라트비아), 지중해(요르단, 모로코, 튀니지, 이집트), 동서아프리카(나이지리아, 가나, 케냐, 시에라리온, 우간다), 남부아프리카(모잠비크, 남아공)
    ⑥ 미주(2개 지역부)
    미주A(미국, 아이티, 멕시코, 페루), 미주B(파라과이, 아르헨티나, 브라질, 볼리비아).

당시 본부장 김종국 선교사는 "교단 선교의 최우선 과제"라는 제목의 글을 통해 다음과 같이 현장 선교와 그 대안으로서 권역제도의 중요성을 강조했다.[26]

> 그동안 선교사를 보내는 관점에서 강조되었던 거룩한 삼각관계, 즉 후원교회, 선교본부, 선교사의 삼각구도에서 수면 아래 가려 있었던 선교현장현지교회와 현지 지도자을 우리의 가시권에 둠으로써 4각 구도를 형성하여 선교의 모든 역량을 '선교 현장 강화'라는 한 방향으로 집중하고자 하는 전략이 요청되고 있습니다. 이를 위해서는 선교현장에 대한 올바른 파악과 진단이 필요합니다. 이 현장에 대한 자발적인 평가를 기반으로 보다 실제적이고 실현가능한 전략적 대안들이 모색되어야 하겠고, 이것은 점진적으로 선교현장을 건강하게 하며 행복한 선교를 감당하는 선교사가 되도록 돕고자 함에 있습니다. 이러한 대안들 중의 하나인 구조적 보완을 위해 권역장 제도가 필요합니다. 지금의 지역선교부가 더 효과적인 기능을 감당할 수 있도록 지역선교부와 선교본부의 중간 리더십인 권역장Regional Director 제도를 단계적으로 시행하여 선교현장을 건강하게 하는 전략을 추구하고 있습니다.

제66-3차 KPM 이사회2017.1.13.에서는 지역선교부 재조정에 대한 승인 청원 건은 임원회에 위임하되 제안사항이 있을 시 임원회에 제안키로 하였다. 제66-5차 KPM 이사회2017.5.18.에서는 권역제도 및 지역선교부 조정은 이사회 및 정책위원회 연석회의2017.6.27. 경주에서 재논의하도록 하며, 차기 이사회2017.6.28. 경주에 지역선교부 조정에 대한 구체적인 내용을 준비하여 청원토록 하였다.

2016년 5월 6일 제65-6차 이사회에서 결의한 '권역장 제도 시행에 대한 계획안'이 재논의 과정을 거친 이유는, 위에서 언급한 것처럼, 2017년 5월 11-15일

---

26. 김종국, "교단 선교의 최우선 과제," 「해외선교」 159 (2016): 5.

에 실시된 KPM 선교사들에 대한 설문조사에서 "전체 선교사들은 6개 권역 제도와 12개 지역부로의 개편에 대한 선호 설문결과 31%와 69%로 12개 지역부 제도를 선호한다."라는 결과 때문이라고 볼 수 있다. 그러나 이 설문조사 방식은 의도를 가진 조작적 통계 방식이라고 볼 수도 있다. 보통 통계를 낼 때, 선호하는 답을 중간 값에 두고, 첫 번째와 세 번째의 값을 터무니없이 크게 주면, 설문 응답자들은 중간을 선호할 가능성이 많다.

그리고 2016년 12월 19-20일에 열린 제66-2차 정책위원회에서는 KPM 권역장 제도에 대한 논의가 이루어졌으나, 제66-6차 KPM 이사회2017.6.27.에서는 '권역제도 재심의 청원 건'에 관해 현 27개 지역선교부를 12개 지역선교부로 재조정하는 것을 허락하고, 빠른 시일 내 본부에서 구체적인 지역선교부 시행 매뉴얼을 작성하여 먼저 이사들에게 회람하도록 하였다. 이 결정은 현장 선교사들의 의견을 따른 것이라고 볼 수 있다.

2017년 10월 19일에는 12개 지역부로 바뀐 이후에 처음으로 지역선교부 운영팀원들과 함께 KPM 미래전략포럼을 개최하였다. 이곳에서 "KPM의 내일을 향한 준비"와 "KPM의 건강한 미래를 대비하는 현장조직"의 글을 통해 27개의 기존의 지역선교부 제도와 6개의 권역제도의 중간 정도에 위치한 단계별 권역제도인 12개 지역선교부 제도를 중심으로 현장중심 선교가 논의되었다.

발제자로 나선 정규호 선교사는 2000년대 이후 KPM이 현장중심 선교의 필요성을 인지한 것과 관련하여 다음과 같은 의견을 개진한다.

2000년대에 들어서면서 KPM과 후원교회들은 지금까지 열심히 추구해온 현장사역들을 되돌아보게 되었고 …… 현장이 첫 세대의 것과는 사뭇 다르게 전개되는 것을 깨닫게 되었다. 그때부터 약간의 혼란스러움 속에서 여러 차례 다양한 주제로 각종 세미나와 포럼들을 개최하였다. 각종 모임들의 주제들은 약간씩 달랐으나 목표는 한결같았다고 할 수 있다. 즉 현장사역에 대한 평가가 주된 관심사였다. 결국 이런 노력들은 KPM의 비전과 현장사역 사이의 괴리를 좁히기 위한 정책적인 대안 모색의 과정이었다고 볼 수 있다.[27]

그는 현장중심 선교의 강화를 위해 KPM이 사용한 전략이 선택과 집중 전략과 지역부 제도라고 보고 있다. 특히 그는 국가별 현지지역부 제도와 12개의 신지역부로의 개편의 변별력을 팀 사역에 두고 있다. "지역선교부를 조직한 주된 목적은 지역선교부를 통한 팀 사역 강화였다. 이 부분에서 긴 설명이 따로 필요치 않은 이유는 거의 대부분의 현장에서 팀 사역이 이루어지지 않고 있기 때문이다. 그렇다면 지역선교부를 유지할 명분은 이미 상실된 것으로 봐야 한다. 현재처럼 지역선교부의 기능이 단순히 본부와 현장의 행정서류 중개업무 정도만 담당하는 것이라면, 이전의 국가별 현지선교부와 현 지역선교부를 차별화하는 변별력이 없어진다." [28]

당시 27개 현지지역부에서 12개의 신지역부로 전환한 데는 다음과 같이 7가지 기대목적을 가지고 시행한 것이었다.

① 행정 중심 → 사역 중심

현 지역선교부는 실제 사역현장에서 사역적으로 지원하거나 연계된 적이 거의 없었다고 보아야 하지만, 신 지역선교부 체제하에서는 사역현장에서 실제적 사역을 위한 조직으로서 지부 혹은 팀을 조직하여 행정적 책임을 최소화하고 사역적 협력과 연합에 주력하도록 지역장을 중심으로 지역운

---

27. 정규호, "KPM의 건강한 미래를 대비하는 현장 조직," 『2017년 KPM 미래전략포럼 자료집』.
28. 정규호, "KPM의 건강한 미래를 대비하는 현장 조직."

영팀이 지원하게 된다.

② 불편한 행정 → 효율적 행정

현 지역선교부는 행정적 지원대상이 2가정인 경우도 있었으나 신 지역선교부 체제하에서는 평균 20가정 정도가 행정 지원대상이 되면서 행정기능을 더 객관적이고 실제적으로 향상시키는 효과를 기대하게 된다. 특히 본부의 행정시스템을 공유함으로써 시간 절약과 간소화 효과 또한 기대된다. 이는 빠른 속도로 발전한 정보통신 기술과 인터넷 환경 덕분으로 가능해졌다.

③ 의존적 운영 → 자율적 운영

현 지역선교부와 신 지역선교부의 가장 큰 차이가 바로 이 부분일 것이다. 현 지역선교부는 매사에 본부에 의존적이었다고 할 수 있으나, 신 지역선교부는 자체적으로 결정하는 영역이 대폭 늘어나게 된다. 이 말은 본부의 권한과 업무 중 많은 부분이 현장으로 이관된다는 뜻이다.

④ 낮은 재정자립도 → 높은 재정 자립도

현 지역선교부에서는 재정적 결정권이 거의 없었으나, 신 지역선교부 체제하에서는 이전보다 훨씬 높은 재정적 결정권과 함께 재정적 지원도 향상될 것이다.

⑤ 임원회 → 운영팀

현 지역선교부에서는 수동적으로 섬기던 임원회가 있었으나, 신 지역선교부에서는 임원회 대신에 운영팀으로 변경된다. 그 이유는 운영팀원들이 능동적인 지역부 운영에 참여하도록 하기 위함이며, 운영팀을 통한 팀 사역 경험과 리더십 훈련으로 KPM 전체의 리더십 준비에도 기여하는 효과를 기대할 수 있기 때문이다.

⑥ 소통의 부재 → 긴밀한 소통

현 지역선교부는 본부와 현장을 연결하는 데 한계가 분명했으나, 신 지역선교부 체제하에서는 지역장과 운영팀이 본부와 현장의 연결고리 역할을 함으로써 본부와 현장의 소통부재라는 고질적인 문제를 해소하는 효과가 기대된다.

⑦ 지역장의 권한과 책무의 증대

현 지역선교부의 부장은 순번대로 돌아가면서 맡음으로써 책임이나 권한을 거의 느끼지 못하고 관례처럼 부장직을 수행했으나, 신 지역선교부 체제 하에서는 3년마다 부원들이 직접 선출함으로써 이전보다 훨씬 큰 책임감과 권한이 주어진다.

발제자로 나선 손승호 목사는 "KPM 본부가 전세계의 선교현장에 흩어져 있는 KPM 선교사들의 사역을 점검하면서 현지선교부에서 지역선교부로 개편하였으나 옥상옥屋上屋이 되고 말았다는 것을 인정한 것은 정직한 판단이라 본다."라고 평가하였다. 이러한 평가는 아마도 김종국 본부장 주도로 진행했던 6개의 권역장 제도가 무산되고, 6개 지역부와 27개 지역부 사이인 12개 지역부의 어정쩡한 형태로 개편되었기 때문일 것이다. 6개의 권역별 제도에서 12개 현지 지역부 제도로의 전환을 통해 과연 처음에 세웠던 위의 7가지 효과를 극대화할 수 있었을까?

2019년 6월에 개최된 제4차 고신세계선교포럼에서 신지역부 제도를 시작한 지 2년이 지난 지점에서 당시 이 변화를 주도한 김종국 선교사는 다음과 같이 평가한다. "여러 가지 이유로 운영팀을 한사코 사양하거나 만류했던 지역장들도 한 명도 빠짐없이 교육과 훈련의 과정을 거치며 현지에서 역할을 수행하고 있고 조금씩 정착되어 가는 피드백을 받으며 감사드린다. 2017년과 2018년에 각 3주간씩 선교본부에서 가진 지역장연수 및 현장보고 등의 실무훈련을 통해 해를 거듭하면서 더 성숙한 지역선교부로 자리 잡아갈 수 있으리라 기대한다."[29] 여기서 강조된 것은 고신 전교회 산하 다른 공동체들과의 선교를 위한 연대이다. 특히 매칭노회 제도를 통한 현지지역부 강화 정책이 새로운 전략으로 등장했다. 그리고 이제는 지역부 내에서의 선택과 집중, 자발적 재배치, 그리고 팀 사역이 요청되었다. KPM이 현장중심 선교로 가기 위한 매뉴얼로서 2018년에는 현지지도자를 세우기 위한 '현지지도자 양성 매뉴얼' 책자가 1년 이상의 산고를 통해 2018년 11월에 출간되었다. 또한 KPM의 현장 경험이 많은 시니어 선교사들로 하여금 현장 시스템과 KPM이 지향하는 목표를 이루게 하고자 정기적인 점검과 필요에 따라 현장을 방문하여 사역의 지속성과 효율성을 높이도록 도움을 줄 KPM 전략코디네이터의 필요성이 주장되었고, 지역선교부의 역할 극대화를 위한 평가지원 시스템사역관리행정시스템의 구축도 요청되었다.

그리고 신지역부 제도가 시행된 지 3년째인 2020년 7월 지역 운영팀 연수와 시행 4년째인 2021년 지역장 연수에서 다시 한 번 12개 지역부 제도의 목적 수행이 잘 되고 있는지 선교사 자체 평가가 있었다. 왜냐하면 이 평가는 이 제도를 처음 시작할 때 2년간의 정착기, 1년간의 개선기 그리고 10년 동안 실행기라는 복안을 가지고 시작했기 때문이다. 12개 신지역부의 현장중심 선교를 위한 의도는 5가지이다. 분권, 광역화, 사역 중심, 지원 중심, 그리고 협력이다. 이제 2년과 3년이 지난 이후, 이 목표를 현장 선교사들이 어떻게 평가하고 있는지 살펴보자.

---

29. 김종국, "KPM 현장중심선교를 위한 12지역선교부의 역할," 395.

① 지역부 개편 목적 성취도에 대한 평가

질문	2019년	2020년
구조개편의 목적: 0 행정 중심 ⇨ 사역 중심 10	4.5	5.0
행정권의 분산: 0 본부 중심의 행정 ⇨ 지역부 중심 행정 10	6.0	6.0
지역부 운영: 0 본부 의존적 ⇨ 지역부 자율적 운영 10	5.9	6.0
재정결정권: 0 본부 재정결정권 ⇨ 지역부 재정결정권 10	5.2	6.0
섬기는 이들: 0 직위중심 임원회 ⇨ 기능중심 운영팀 10	5.1	5.3
현장-지역부-본부의 소통: 0 소통의 부족 ⇨ 긴밀한 소통 10	5.1	5.6

② 현 지역부 시스템 수행 평가

질문: 긍정적 답변	2019년	2020년
행정편의성(0-10)	6.3	*6.3*
긴밀한 의사소통(0-10)	4.8	5.4
지역장의 권한과 책무 이행에 대한 평가(0-10)	5.5	5.7
운영팀의 전반적인 역할에 대한 평가(0-10)	6.1	*5.6*
현 지역부 시스템이 사역에 도움이 되는가?(0-10)	4.4	5.0
지역부와 노회의 매칭이 선교현장에 도움이 되고 있다고 생각하는가?(0-10)	4.3	4.8
현 지역부 체제가 선교사들의 협력과 네트웍에 동기 부여를 하고 있는가?(0-10)	3.5	3.8
현재 여러분들이 속한 팀이나 사업네트웍의 실제 가동율에 대해 점수를 준다면? (0-10)	4.5	4.8
지역부 내의 멤버케어에 대하여 전반적으로 평가하신다면?(0-10)	4.8	5.0
지역부 공식모임(대회, 가족수련회, 전략회의 등)에 대한 전반적인 만족도 (0-10)	6.0	6.0
현 지역부 시스템 속에서 본인의 협조(순응도, 참여도, 기여도 등)를 스스로 평가하신다면?(0-10)	6.4	6.9

2년에서 3년 사이의 통계수치는 이 제도가 조금씩 나아지고 있다고 볼 수도 있다. 하지만 실제로 2019년과 2020년의 지역운영팀 연수 때 연구국은 통계발표에서 각각 긍정적인 부분을 강조해서 발표했으나, 운영팀들은 오히려 부정적

인 반응이 많았다. 연구국에서 통계를 지속적으로 내면서 필자의 경험상 현장의 선교사들이 후한 점수를 주지 않는 경향이 있다는 점을 반영한다고 해도 지난 2-3년간의 지역부 제도에 대한 현장 선교사들의 생각은 부정적이라고 볼 수밖에 없다.

전체 선교사들은 운영팀의 전반적인 역할에 대한 개선점에 관해 다음과 같이 요청했다. 곧 "지역장의 역할과 역량, 운영팀의 현실화, 운영팀이 바른 이해가 없다. 소통의 부족, 선교사 이해도 부족, 교육이 필요하다. 운영팀의 현장 방문이 필요하다. 절대권력이 아니다. 운영팀의 활동비 지원이 필요하다. 빠른 행정 처리와 피드백이 필요하다. 전략 개발이 필요하다. 멤버케어 기능을 해야 한다." 등이었다.

그리고 지역부 시스템이 자신의 사역에 도움이 되기 위해 필요한 것에 관해서는 다음과 같이 진술했다. "각 선교사의 사역을 잘 파악해야 한다. 지역부의 구체적인 계획 수립이 있어야 한다. 효율적인 의사소통이 되어야 한다. 직접적이고 실제적인 도움이 되어야 한다. 먼저 귀 기울여 들어주어야 한다. 행정적인 도움 이외의 필요한 것에 도움이 되어야 한다. 노회와 매칭되어 팀 사역을 해야 한다. 선교사의 사역에 적극적으로 개입해야 한다. 멤버케어가 있어야 한다. 지역부의 방향성이 뚜렷해야 한다. 개인의 생각을 존중해 주어야 한다. 팀 사역을 이해하려고 노력해야 한다. 운영팀의 오리엔테이션이 더 필요하다." 등이었다.

코로나 팬데믹 상황에서 2021년에는 지역 운영팀 연수가 없었고, 2022년에는 지역장만 모임을 가졌는데, 지역부 제도에 대한 통계와 평가 없이 현장 중점 과제만 지역부별로 발표하였다. 현장중심의 행정, 현장중심의 멤버케어, 현장중심의 사역전략과 현장지도자 양성전문 위원회를 소개하는 정도로 그쳤는데, 본부가 이 주제에 대한 역사적인 이해를 가지고 지역부 운영팀 모임을 발전적으로 진행하지 못해 아쉬움이 남는다.

4. 나가는 말: 신지역부 제도를 넘어서

우리는 지금까지 연대기적으로 현지선교부를 강화하기 위한 논의가 어떻게 진행되었는지 그 흐름을 살펴보았다. 크게 보자면, 현장중심의 선교라는 큰 주제가 논의되기 시작한 초기에는 흩어져 있는 KPM 선교사들의 최소한의 행정과 교제의 필요가 요청되었다. 그리고 이 주제는 점차 현장 선교사들의 팀 사역에 중점이 모아지게 되었다. 그러나 현장중심 선교에는 팀 사역의 주제보다 더 많은 소주제들이 포함된다. 그럼에도 팀 사역이 중요한 주제로 떠오르고 그것을 해결할 수 있는 대안으로 지목된 것이 현지지역부 강화이기 때문에 자연스럽게 팀 사역 쪽으로 무게가 실린 것이었다. 그러나 이 논의가 팀 사역이라는 한 방향으로 힘이 집중된 것에는 아쉬움이 있다. 앞으로는 KPM 안에서 좀 더 포괄적인 의미에서 현지지역부 강화의 문제가 다뤄져야 한다.

현재의 12개 지역부를 시작하면서 2년의 정착기간, 1년의 개선기간 그리고 전체 10년의 실행기간을 가져보자고 논의했다. 하나의 제도를 바꾸는 것은 신중을 기해야 한다는 의미에서 적어도 10년은 현재의 제도를 실행하고 보완하면서 제도를 정착시켜 나가야 할 것이다. 본부 리더십이 바뀌었다고 해도 이런 큰 주제들은 사전준비 없이 함부로 바꾸어서는 안 된다. 그러나 현재 시점으로 이미 4년을 실행해 보면서 매년 이 제도를 점검하는 것과, 미래 KPM의 현장선교의 방향에 대해 창의적으로 논의해보는 것은 지금 우리의 의무 사항임에 틀림없다. 이 장은 이러한 의미에서 현재의 12지역부 제도가 과연 권역장 제도로 가야 하는지에 대해서 현재 상황에서 질문해 보고자 한 것이었다.

김종국 당시 본부장의 당선 공약 중 하나는 현지지역부의 권역화였다. 이사회에 통과한 초안대로 한다면, 20개의 지역부를 6개의 권역으로 묶는 방안이었다. 이 안은 이사회 통과 이후에도 자체적으로 혹은 선후협이나 정책위원회, 그리고 선교사들을 중심으로 찬반 논쟁이 상당했다. 처음 이것이 김종국 전 본부장에 의해 제시되었을 때 가장 큰 문제의식은 통제하는 현지선교부에서 현장의 의향을 제대로 반영하는 조직을 만들자는 것이었다.

권역화한다는 의미는 이렇듯 우선, 행정적으로는 본부가 가지고 있는 기존의 통제와 감독 기능을 현지지역부에 이관하여 보다 자율성을 가진 현지지역부를 만드는 데 중점을 두는 것이었다. 그래서 김종국 전 본부장은 6개 권역장을 부본부장 정도의 역할과 권한을 가지도록 하고, 차후에 이들 가운데 차기 본부장이 나오는 것으로 기안했다. 권역장 제도에서 또 하나 강조되는 것은 현지지역부를 사역과 사역대상 중심의 구도로 만들겠다는 것이었다. 이 말은 친교중심의 지역부 제도와 반대되는 말이다. 즉, 지역중심이라는 말은 속지주의에 한정되어 있는 현장사역의 구조를 의미한다. 이에 반해 사역중심의 구도를 만든다는 의미는 현재 KPM이 사용하고 있는 행정적 속지주의, 사역적 속인주의를 사용하는 동시에, 권역 안에서 사역을 위한 팀을 자체적으로 일으키고 사역에 따라서 인적, 물적 자원을 손쉽게 동원할 수 있음을 의미한다. 여기에는 많은 성숙함이 요구된다.

이사회가 정책위원회의 논의를 거쳐 권역장 제도를 시행하도록 통과시켰지만, 실제로는 시행되지 않았다. 그 이유는 막상 실행하려고 하니 본부 안에서 그리고 선교사들 안에서 과연 이 제도를 실행할 만한 준비가 되어 있는지에 관한 의문들이 제기되었기 때문이다. 그 의문은 우선, 권역장을 맡을 만한 6명의 선교사가 준비되어 있지 않다는 것이었다. 그리고 이들이 부본부장의 역할을 맡은 다음 그중 한 사람이 본부장으로 선출되도록 기안한 것도 문제가 되었다. 연공서열주의가 강한 우리의 정서에 각 권역에서 가장 나이가 많은 시니어가 권역장으로 선출될 것인데, 시행세칙에 본부장의 나이가 그 아래로 명시되어 있기 때문에 시행이 불가하다는 것이었다. 또 하나의 문제는 사역의 전문성을 갖추고 있느냐는 것이었다. 우선은 각 권역이 멤버케어나 연구 코디를 감당할 전문성을 갖추었는지에 대한 의문이 제기되었다. 또한 각 권역에서 성숙하게 사역팀을 일으키고 감독할 수 있는 전문성이 있는지도 문제가 되었다. 그 다음 의문은 우리 선교사의 숫자와 재정으로 그 넓은 지역을 커버할 수 있느냐는 것이었다. 마지막으로 권역장이 자신의 사역을 내려놓고 이 일에 전념할 수 있느냐는 것이었다.

이러한 질문을 가지고 논의하다가, 60주년 대회를 앞두고 이것을 모든 선교사들에게 물어보기 위해 통계조사를 했다. 2017년 당시 A안은 6개의 권역장제도, B안은 12개 지역선교부로 나뉘는 것, C안은 지금 그대로 27개 지역부로 있자는 것이었다. 위에서 언급한 대로 이와 같은 통계 방식은 중간의 것을 선택하는 사람이 많도록 하는 설계자의 의도가 포함된 경우가 많다. 실제로 당시 본부는 이미 현실적으로 6개의 권역장 제도를 실시하는 것이 힘들다고 생각하여 12개 지역부로 가는 것을 염두에 두고 있었다. 이사회에서는 이미 이전의 권역장 제도를 통과시켰기 때문에 이것을 완전히 무시할 수 없어서 현실적인 방안을 택했는데, 그것이 바로 12개 신지역부 제도를 광역제도로 가는 중간 단계로 규정한 것이었다. 이는 앞으로 KPM이 성숙해지고 준비가 된다면 얼마든지 권역장 제도로 가는 것이 옳은 방향이라는 것을 말해주는 방증이었다.

당시 통계조사 이후 연구국 보고서에는 12지역부로의 전환을 통해 다음과 같은 유익을 얻을 것으로 내다보았다. ① 급격한 변화보다는 현실 수용적이면서 보완적으로 다수의 선교사가 동의하는 모델이다. ② 지역선교부장이 풀타임으로 직책을 감당하지 않아도 된다. ③ 현 지역선교부의 규모가 확장되면서도 적당한 규모로 역동성과 시너지 효과를 동시에 누릴 수 있다. ④ 지역선교부의 산하 조직인 지부는 현장중심, 사역중심의 유기체가 되어 지역선교부의 지원

하에 사역에 더 집중하도록 하여 현장 강화에 힘쓸 수 있다.[30]

그러나 위에서 언급한 4가지의 장점에는 이미 이전에 본부에서 논의하던 권역장 제도가 지닌 많은 장점들은 포함되어 있지 않다. 현재 KPM의 구조는 아직도 행정적으로도 본부장의 직무 자체를 조정자가 아닌 감독자로 표기하고 있다. 일부 직무가 현지지도부에 넘어간 상태이지만, 재정적, 행정적인 뒷받침이 약하여 실제적으로 현장중심의 행정이 되어간다고 말하기가 힘들다. 오히려 약한 재정과 행정 시스템 때문에 현지지도부에 과부하가 걸리기 쉽다. 실제로 현장에서의 평가도 그러하다. 사역에서도 마찬가지이다. 예를 들어, 최근 러시아와 우크라이나 전쟁으로 인해 갑자기 많은 난민이 발생했다. 그러나 지금 우리의 현장사역 시스템으로서는 이러한 문제가 발생해도 조직적이고 전략적으로 발 빠르게 팀 사역을 하면서 대응하기 힘든 구조이다. 실제적으로 현장주도의 팀 사역을 정말로 하기 원한다면, 이 부분도 염두에 두어야 한다.

2017년 통계에서 주관식으로 답한 것 가운데 A안, 즉 권역장 제도를 시행해야 하는 이유에 대해서 기술한 선교사들의 의견을 들어보자.

A: 권역장 제도를 실시하는 이유는 현장의 다양한 변화에 대하여 실제적이며 즉각적인 대처에 있어야 한다고 생각한다. 미래로 갈수록 전문적인 소규모 팀들이 필요한데, 현장의 상황에 전문적인 식견을 가진 리더가 권역에 속한 회원들과 대응함이 적합하다. 향후 시대는 다양한 이동에 잘 대처하여 네트워크 및 비슷한 사역장끼리의 협력이 필수적이 될 것이다. 이런 차에 권역장 제도는 미래를 예견하는 것으로 생각되어 찬성한다.

B: 권역장 제도는 현장중심적 제도인 동시에 지역선교부에서 사역적으로

---

30. 연구국 보고서, "현장구조 조정안에 대한 설문조사, 결과에 근거한 회의와 결정, 통계들," 1.

나 관계적으로 감당할 수 없는 영역까지 현장감 있게 포괄적으로 관할 및 조정할 수 있다. 본부가 행정 중심적이라면, 권역장 제도는 현장 중심적인 역할을 잘 감당할 수 있는 시스템이라 생각한다.

C: 지역선교부에게 최소한의 행정, 팀 사역, 교제 중심으로 갈 수 있다는 면과 향후 리더와 임원들의 관리 감독을 위해서 필요하다고 생각한다. 한 지역을 벗어나 다른 나라와의 팀 사역을 공유하는 통로의 역할을 위해서도 권역장이 필요하다고 생각한다.

D: 본부중심 시스템보다는 현장중심으로 운영되는 것이 선교사 간 유대관계나 사역에 실질적이고 효율적이라 생각한다.

E: 책임 있는 행정과 관계의 원활한 소통이 이루어질 수 있고, 멤버케어의 집중성과 전문성을 통해 선교사의 사역과 가정을 돌볼 수 있는 시스템이 될 수 있을 것이다.

F: 현재 우리 시스템에서는 모든 선생님들이 각자 각개전투를 하고 있는 상황이다. 왜냐하면 본부에서 현지 상황을 잘 모름으로 어떤 조언이나 관리를 할 수 없기 때문이다. 물론 모두가 잘하고 있으면 본부의 지침이나 관리가 필요 없겠지만 그렇지 못한 경우가 많이 있는 것이 사실이다.

G: 이런 상황에서 A안으로 개혁하여 현장 상황을 잘 아는 권역장이 여러 부분에서 조언이나 관리 또는 도움을 줄 수 있다면 더 효과적으로 사역할 수 있을 것이라고 생각한다.

H: 너무 작은 단위로 나누기보다 조금은 역동성 있는 큰 단위로 나누는 것이 효과적이고 실효성이 있는 것으로 본다.

I: 현재의 지역사업부 구조는 실제 지역장이 지역원들을 돌아볼 수 있는 여건도 안 되고, 어떤 문제가 있어도 해결해 줄 수 있는 능력도 없다. 각자의 사역이 있기 때문에 시간과 에너지를 다른 부원들을 위해 쓸 수 있는 여건이 안 되는 것 같다. 지역부원들 또한 행정적인 지도를 받을 수 있는 구조가

되어 있지 않기 때문에 각자의 문제는 각자가 알아서 해야 한다. 지역사업부 구조로는 어떤 사역도 함께 나누며 함께 키워가는 구조가 아니며, 지부원들의 교제 역시 피상적인 수준에 머물고 만다. 권역장 제도는 이런 문제들을 보완할 수 있을 것 같다.

J: 기존 지역부를 잘 운영할 수 있는 구조라서 새로운 현장 리더십 제도를 통해 현장의 변화를 가속화하고자 하는 목표에 동의한다. 현장에 대한 이해가 더 풍부한 현장중심의 행정과 지원이 절실하기 때문에 넓은 개념으로서의 사역 현장의 동질성을 효과적으로 활용할 수 있는 이점이 있으며 공동협력 사역을 추구해 나갈 수도 있다.

K: 한 국가의 범위에서 인접국가로 확장되어가는 사역들이 있고, 사역지들이 국경지역과 접하는 부분들도 있어서 통합하여 새롭게 판을 짜는 것도 좋다고 생각한다.

L: 현재의 각 지역선교부는 선교의 본래의 목적보다는 교제 중심에서 머무는 경우도 있다. 재능과 은사를 가진 리더를 세우는 것보다는 돌아가면서 리더를 세우는 문제도 있다. 그런데 권역 중심으로 전환하면 이와 같은 문제들을 해결하여 정말 선교를 위한 현장, 교제를 초월하여 선교를 위한 전우로서의 사역을 좋은 리더와 함께 감당할 수 있을 것이라고 생각한다.

M: 세계선교를 위하여 현실의 문제를 해결하는 것도 필요하지만, 미래에 대한 비전과 준비가 더 중요하다고 생각한다. 그리고 권역을 6개 정도로 나누는 것이 행정과 지원에 매우 효율적이라고 생각한다.

N: 이제 선교 1세대들이 은퇴하면서 투자된 부동산이 어떻게 처리될지 자못 궁금하다. 혹시 부작용이 많이 발생된다면 선교동원에 심각한 문제가 발생할 것이고, 그런 바람직하지 않은 일들이 2세대, 3세대에서도 발생하게 될 것이다. 이런 일은 선교사가 은퇴를 한두 해 앞두고 쉽게 해결될 문제는 아니기에 미래지향적인 구조가 되어야 한다고 본다.

위의 선교사들의 의견이 바로 앞으로의 과제임을 분명히 하면서, 몇 가지 미래 과제를 제시하며 글을 마무리하려고 한다. 신지역부 제도를 실행한 지 3년이 지나면서 현장 선교사들은 아직 12지역부 제도에 크게 만족하지 못하고 있다. 그러나 '지역부 개편 목적 성취도에 대한 평가'의 채점 항목을 보면 상당한 균형이 있다. 이것을 지속적으로 매년 혹은 격년으로 통계치를 내는 것이 앞으로 주요한 작업이겠다. 또한 신지역부가 가진 가치와 그 의미하는 세부적인 내용과 전략이 현장의 선교사들 각 개인들이 체득할 만큼 전달되는 것이 하나의 숙제로 남아있다. 2017-2018년의 논의 결과 우리가 권역제도로 가기를 주저하면서 우려했던 부분들을 구체적으로 준비해야 한다. 우리에게 6명의 권역장이 없다고 생각한다면, 우리는 지금 시니어가 되기 이전의 사람들에게 권역장의 모습이 어떠해야 한다는 샘플을 보여주며, 그러한 미래의 모습을 꿈꾸며 성장하도록 리더십 교육을 지원해야 한다. 현장의 지역부를 운영할 재정이 부족하다면, 현장의 권역이 함께 사역할 수 있는 재정 구조를 미리 만들어 두어야 한다. 지금의 장학 제도를 고쳐서 각 권역에서 행정, 연구, 멤버케어, 그리고 재정을 볼 수 있는 세대별 전문가를 키워내는 일에 사용해야 한다. 권역장 가운데 차기 본부장을 생각한다면, 법규를 고치는 준비를 해야 한다. 위에서 보듯이 역사적으로 KPM은 지속적으로 지역부를 광역화하려고 시도해왔다. 만일 그 일이 지금도 필요하다면 본부 리더십은 매년마다 역사의식을 가지고 이 일이 발전적인 방향으로 나아갈 수 있도록 구체적인 변화를 가져오는 추진력이 필요하다. 더불어 우리는 급속히 변하는 4세대 선교시대를 접하고 있다. 때문에 보다 창의적이고 혁신적인 현장선교 강화를 위한 접근이 필요하다는 숙제도 남는다.

6장

팀 사역:
기능별 팀 사역을 향하여

1. 들어가는 말

KPM이 현장중심 선교를 통해 얻고자 했던 것 중에 가장 큰 과제는 팀 사역의 활성화였다. 반면 초기에 KPM이 현장중심 선교 구호를 외칠 때는 선교사들 간의 친교나 멤버케어의 필요성이 요청되었다. 그러나 행정의 발전과 각종 선교대회 등을 통해 점차 이 부분들은 해소가 되고, 주로 팀 사역에 초점이 맞춰져 왔다. KPM이 공식적으로 생산한 문건들 가운데 가장 많은 숫자의 문건이 바로 팀 사역에 관한 것이다. 그만큼 팀 사역은 현장 사역에서 그 중요성이 점차 증대되고 있다는 방증이며, 또한 실제로 현장 선교사들에게 어려운 부분이기도 하다. 실제로 12개 신지역부로 전환한 지 2년과 3년째 되는 해에 통계 조사한 바에 의하면, 현장선교에서 가장 약한 점수를 받은 것이 바로 팀 사역이었다.

이 장에서는 KPM 안에서 팀 사역에 관한 논의를 연대기적으로 추적하는 것을 일차 목적으로 한다. 이를 통해 팀 사역이라는 큰 주제에 대한 KPM의 논의의 역사성을 축적할 수 있을 것으로 기대한다. 또 다른 목적은 팀 사역에 대한 연대기적 추적을 통해 팀 사역의 논의의 발전 방향을 추적하는 것이며, 이를 통해 KPM의 팀 사역이 어떻게 논의되어 왔는지 그 방향성을 알고자 함이다. 마지막으로 이런 연구를 통해 KPM의 팀 사역의 방향이 어떻게 미래 지향적으로 발전해야 하는지에 대한 답을 얻을 수 있을 것으로 기대한다.

2. 팀 사역 논의의 역사적 배경

앞서 언급한 대로 KPM 초기에는 팀 사역의 논의가 거의 없었다. 선교사의 숫자가 워낙 적어 주로 각 나라별로 배치하기 시작했기 때문에 아직 팀 사역을 생각할 만한 상황이 아니었다. 물론 팀 사역에 대한 전 이해나 연구도 따로 없었다. 팀 사역에 관해 KPM 안에서 발견되는 최초의 공식 문서는 1988년 일본의 변재창 선교사가 제1기 선교훈련원에서 강의한 "선교사의 자격훈련"[1]에서이다. 이것은 변 선교사가 「아시아 기도지」에 "팀 사역과 영적성숙"이라는 제목의 글을 2년간 연재하는 등 팀 사역에 대해 개인적으로 관심이 많았기 때문이다. 반면 초창기 고신선교훈련원의 방향성과 훈련목표, 그리고 훈련과목에는 팀 사역에 관한 부분이 전혀 없었다.[2] 그런 가운데 1994년 총회선교부 간사로 섬기던 이승직 목사는 "현대선교는 점점 혼자 사역하기보다 팀으로 함께 사역해 나가는 방향으로 발전해 나가고 있다."라면서 선교 훈련에서 공동체 생활을 통한 팀 사역 훈련을 강조했다.[3]

---

1. 변재창, "선교사 자격훈련," 「해외선교」 33 (1988): 2-7.
2. 「해외선교」 55 (1992): 3-9에 있는 이갑헌의 "고신선교훈련원의 평가와 방향성" 그리고 고주영의 "선교 훈련의 목표"를 참조하라.
3. 이승직, "선교사 훈련에 관하여," 「해외선교」 66 (1994): 2-6.

또한 2008년 김북경 선교사는 제2차 고신세계선교포럼에서 "현장중심 선교를 위한 선교시스템 개발"이라는 제목으로 팀 사역에 대해 다뤘다. KPM 연구훈련원 부원장이던 신성주 선교사도 2010년 제2회 고신선교사 수련회 이후 진행된 제1차 LTC 프로그램 기간에 '팀 리더십'이라는 주제로 강의했다. 2012년 1월 30일-2월 4일까지 방콕 사랑의 교회에서 지역선교부 부장단 회의 및 지도력 세미나가 개최되었고, 여기서 주제토론으로 '팀 사역'이 다뤄졌다. 2013년 해외선교 가을호에 곽성 선교사가 "팀 사역에 대한 소고"라는 제목의 글을 기고했다. 홍영화 선교사 역시 "인니 선교현장의 협력사역의 중요성과 그 성과"라는 제호의 글을 통해 협력 사역의 중요성을 강조했다. 2014년 봄호에서는 팀 사역을 특집으로 다루었는데, 연구훈련원의 남후수 선교사가 "지역선교부 팀 사역의 선교학적 기초"를, 안명수 선교사가 "전문인 선교사와의 팀 사역에 대한 소고"를, 신성호 선교사가 "팀의 효율성을 높이기 위한 협력 자세에 관한 소고"를 기고했다. 2016년 겨울호에서도 조동제 선교사가 "KPM의 선교현장 현주소"라는 제목으로 팀 사역에 대해 다루었다. 2017년 해외선교 9월 가을호에 선교국장이 "KPM 선교현장의 변화"라는 제목에서 팀 사역을 논했다.

3. 효율적인 팀 사역을 위한 논의들

1988년 일본의 변재창 선교사는 "선교사의 인격훈련"이라는 기고문을 통해 팀 사역의 성패가 한국교회 선교의 성패와 직결된다고 주장했다. 변 선교사는 팀 사역 성공의 열쇠는 겸손과 자기 공로나 헤게모니를 잡는 데서 초연하는 것, 십자가만을 자랑하고 그리스도만이 드러나는 것빌1:15-18 등의 영적 성숙과 비례한다고 보았다. 그는 한국 선교사들이 유독 팀 사역에 약하다고 한탄하면서, 선교사의 실력은 팀 사역의 실력이라는 공식을 제시했다. 그리고 그 대안으로 팀 사역 훈련을 잘하는 외국 선교단체의 훈련을 경험케 하는 것과 커뮤니케이션 기술을 팀 사역 훈련 가운데 넣어둘 것을 제안했다.[4]

1994년 총회선교부 간사였던 이승직 목사는 "선교사 훈련에 관하여"라는 글을 통해 한국 선교사들이 팀 사역을 하는 데 어려운 점과 현대 선교가 점차로 팀 사역으로 나아가고 있음을 주지하면서 사람 중심, 체면 중심의 문화를 탈피하는 훈련을 해야 한다고 주장했다.[5] 그러나 당시 KPM은 팀 사역에 대한 중요성과 필요성을 선교사들에게 주지시키는 정도에만 머물렀고, 팀 사역에 대한 구체적인 연구와 실행은 선교사 개인의 몫으로 두고 있었다.

2004년에 열린 제1차 고신세계선교포럼의 주요 의제 중 하나는 현지선교부 강화에 대한 논의였다. 당시 이신철 교수는 "현지선교부를 새롭게 하자"라는 주제 강연을 통해 "선교 열매를 현장에서 거두기 위해서는 선교사들의 개인적인 산만한 사역들보다는 현지선교부로 결집된 사역이 필요하다."[6]라고 주장했다. 즉, 현지지역부로 결집하는 것을 하나의 팀 사역으로 인식한 것이다. 이때의 팀 사역이라는 것은 현지지역부의 선교사들이 서로의 가족을 함께 케어하고, 공동의 선교 목적과 전략을 세워 공동사역을 하며, 초임 선교사를 오리엔테이션하고, 선교사들 간의 갈등을 조정하고, 선교사역을 위한 홍보와 자원 확보를 함께 하는 것으로 인지했다.[7] 이같이 현지지역부 강화를 팀 사역 강화로 보는 사고의 기조는 이후에도 지속되었다.

2008년에 열린 제2차 고신세계선교포럼에서 김북경 선교사는 매트릭스 조

---

4. 변재창, "선교사 자격훈련," 5-6.
5. 이승직, '선교사 훈련에 관하여," 5-6.
6. 이신철, "현지선교부를 새롭게하자," 편집위원회, 『제1차 고신세계선교포럼; 변화와 성숙』, 351.
7. 이신철, "현지선교부를 새롭게하자," 357.

직으로서의 팀 사역을 소개했는데, 이는 이전과 다른 차원의 팀 사역에 대한 개념이었다.

> 이 조직은 개인적인 입장에서 볼 때는 조직 속의 개인이 종적 계열로 형성된 원래의 조직의 일원이면서 동시에 횡적인 조직의 일원으로 자신의 은사를 따라 아울러 수행하는 조직 체계를 말한다. 다시 말해, 이 조직은 직능 구조의 역할과 프로젝트 구조의 역할로 이루어진 이중 역할 구조로 복합적인 현지 선교의 조직 목표를 달성하는 것이다. 이 조직은 통제보다는 서로 보완하는 기능이 더 크며, 어떤 참가자도 타인에게 종속되지 않고 보완하되 권한 관계는 다른 것으로 각자의 지위는 주로 그들이 공유한 과업의 기능에서 규정된다.[8]

김북경 선교사는 이전의 '팀=현지지역부'라는 구조에서 팀과 현지지역부를 동일시하지 않고, 팀을 현지지역부 안에서 일어나는 프로젝트를 위한 조직으로 이해한다. 그래서 그에게 팀이라는 것은 "여러 사람이 모였다고 해서 팀이 되는 것이 아니며, 팀워크 자체가 그 자체의 목적이 될 수 없다."라고 말한다. 그보다 "팀은 분명한 과업, 즉 그룹이 존재하는 사명이 있어야 한다. 또한 팀은 주어진 사명과 비전을 구체화시키는 방법을 가지고 있어야 한다." 그의 제안은 이전의 '팀 사역=현지지역부 사역'이라는 공식을 대신하는 대안을 제시했다는 데 큰 의의가 있다. 그래서 그는 적어도 팀으로 구성된다면 다음과 같은 시스템을 갖추어야 한다고 제안한다. 즉 "① 사역을 위해 지도자들이 부장을 중심하여 월 1회 이상 정기 모임을 갖고 같이 논의하는 시스템, ② 내 사역을 다른 팀원들에

---

8. 김북경, "현장 중심 선교를 위한 선교 시스템 개발," 편집위원회, 『제2차 고신세계선교포럼: 남은 과업의 완수』, 297-99; 최종태, 『현대조직론』 (서울: 경제사, 1977), 545. 재인용.

게 설명해서 그들이 동의해야 시작할 수 있는 시스템, ③ 사역과 사역지를 내가 정하지 않고 팀에서 정해주는 시스템, ④ 초임 선교사의 사역에 대한 부장의 감독이 있고, 부원의 동의를 얻어 사역하는 시스템, ⑤ 현지인 멘토와 후원교회 목회자의 지도를 존중하는 현장선교 시스템, ⑥ 안식년을 떠나는 선교사의 사역을 대신 맡아 줄 수 있는 선교사가 있는 시스템"[9] 등이다. 그런데 여기서도 두 가지 아쉬움이 남는다. 하나는 발제자가 주장한 새로운 팀 사역 구도에도 여전히 기존의 '팀=현지지역부' 구도와 혼선을 줄 수 있는 글들을 포함하고 있어서 명확성이 떨어진다는 것이다. 다른 하나는 논찬자로 나선 김철봉 목사나 홍영화 선교사는 발제자의 주된 주장이 이전의 팀 선교에 대한 이해와 완전히 다른 매트릭스를 가지고 있다는 사실을 감지하지 못했다는 것이다.[10]

2010년 제1회 LTC에서는 '팀 리더십 계발'이라는 주제로 4일간 팀 사역 훈련을 가졌다. 이것은 KPM이 팀 사역을 가장 진지하게 다룬 시간이라고 할 수 있다. 훈련원장이었던 김북경 선교사는 삼위 하나님의 내적 관계인 페리코레시스의 선교신학적 분석을 통해 팀 사역의 신학적 당위성을 주장했다.[11] CTI 강사인 여수새중앙교회 서석만 목사는 "사람은 관계적인 존재입니다"라는 강의를 통해 사람은 하나님 중심의 관계적 존재이며, 하나님과의 관계가 다른 사람과의 관계를 결정한다고 강조했다. 또한 예수 그리스도와의 관계 발전이 다른 사람과의 관계 발전으로 확장되어야 하는 원리를 설명했다. 나아가 하나님을 중

---

9. 김북경, "현장 중심 선교를 위한 선교 시스템 개발," 321.

10. "사실 총회 세계선교위원회의 규정에서 현지 선교부 조직 안에 필요한 경우에는 지부를 조직할 수 있음을 언급하고 있어서 이 지부가 팀과 같은 역할을 할 수 있음을 알 수 있다. 그러므로 현지 선교부 안의 각 지부는 팀 사역을 하고 서로 다른 지부(팀)는 협력 사역을 하는 형태이다." 홍영화, "현장중심 선교를 위한 시스템 개발에 대한 응답," 편집위원회, 『제2차 고신세계선교포럼; 남은 과업의 완수』, 332. 그런데 이는 팀 사역을 지역적으로 구성된 지부 안에서 일어나는 일로만 이해하기 때문에 김북경 선교사의 매트릭스 구조의 팀 사역을 제대로 이해하지 못한 것이라 할 수 있다.

11. 김북경, "삼위 하나님은 팀으로 일하신다," KPM 연구훈련원 편, 『제1차 LTC; 팀리더십 계발』, 2-5.

심으로 한 관계 원리와 삶의 원리를 품성이라는 주제어를 통해 설명함으로써, 선교사들의 팀 사역을 위한 품성 계발의 중요성을 주지시켜주었다.[12] 연구훈련원 부원장 신성주 선교사는 '팀 리더십'이라는 강의를 통해 팀의 정의, 팀 사역의 어려움과 장단점, 이상적인 팀 사역, 팀 구성의 요소들 등 팀 사역에 관한 세부적인 내용들을 강의했다.[13]

2011년 김한중 본부장은 "팀 사역의 강화를 위해 5가정을 한 팀으로 하여 25개의 지역선교부를 조직하였다. 그해 12월 방콕에서 지역선교부 부장단 회의를 개최하여 KPM VISION 2020을 설명하고 지역선교부의 역할과 책임을 소개 토론하면서 팀 리더십 교육도 병행하였다. 팀 리더의 행정, 사역, 케어의 책임과 역할에 관한 매뉴얼을 만드는 작업도 함께 하였다. 2012년 2월에는 제1차 팀 리더십 훈련세미나도 개최하여 리더를 세우려고 노력했다. 효과적인 팀 사역이 자리 잡아가는 일을 위해 재정도 확보하여 적은 액수이라도 지원하였다. 팀 사역이 잘 되는 모델 지역선교부를 5개 정도 먼저 만드는 것을 목표하고 노력하였다."[14] 2012년부터 본부장을 맡은 이정건 선교사는 다음과 같이 팀 사역의 강화를 위해 노력했다고 기록하고 있다. "개인생활비는 본부에서 각 선교사의 개인계정으로 송금하지만, 사역비는 현지선교부로 보내어 지출하도록 했다. 그렇게 함으로써 팀 사역을 더 강화하도록 유도한 것이다. 선교사에게 각개전투를 지양하고, 팀으로 사역하도록 권고하였다. 우수리스크에 2가정, 방글라데시에 3가정, 타지키스탄에 2가정의 선교사를 OTC 때부터 함께 훈련시켜서 팀으로 파송했다."[15]

12. 서석만, "사람은 관계적인 존재입니다," KPM 연구훈련원 편, 『제1차 LTC; 팀리더십 계발』, 7-15.
13. 신성주, "팀 리더십," 「해외선교」 136 (2010): 12-17; KPM 연구훈련원 편, 『제1차 LTC; 팀리더십 계발』, 18-32.
14. KPM VISION 2020평가 & 2030 책자 참조.
15. KPM VISION 2020평가 & 2030 책자 참조.

2012년 곽성 선교사는 자신의 팀 사역이 실패한 경험을 토대로 팀 사역에서 중요한 3가지 원리에 관해 나누었다. 그것은 첫째, 팀 사역은 협의체여야 한다는 것이었다. 이 말은 한국의 담임목사와 부교역자 관계와 같은 수직적 구조도 아니고, 공동목회에서 볼 수 있는 반반씩 책임지는 구조도 아닌, 논의를 통해 집행되는 협의체여야 한다는 뜻이었다. 둘째로는 자발성이 있어야 한다는 것이었고, 셋째는 비전을 공유해야 한다는 것이었다.[16]

2015년 60주년 기념대회를 준비하면서 열린 2014년 8월 제3차 고신선교포럼의 대주제 중의 하나는 '현지 선교부의 효과적인 팀 사역 강화'였다. 팀 사역은 KPM이 역사적으로 다루어 온 대주제임에도 불구하고 2015년까지 현지선교부 강화의 문제와 팀 사역이 같이 취급되는 것에 아쉬움이 있었고, 오히려 이전에 김북경 선교사가 제시한 매트릭스 구조 안에서의 팀이해보다 퇴보한 것처럼 보였다. 60주년 전략대회에서 팀 사역은 KPM이 가장 잘 안 되는 부분임에도 불구하고, 김종국 선교사의 "고신선교 60년을 돌아보며"라는 글에서는 팀 사역은 평가 항목 자체에서 빠졌다.[17] 다만, 손승호 목사는 "KPM 선교사 평가"라는 제목의 발제에서 선교사 평가의 전제 조건 중의 하나로 선교지에서 건강한 팀 사역을 하는 것을 꼽았다. 그는 팀 사역이란 같은 지역부에 속해 있다고 해서 팀이 아니라, 공통된 목적을 실현하기 위해 함께 일할 때 팀이라는 이름을 붙일 수 있으며, 이러한 의미에서 볼 때, KPM 안에서 진정한 팀이라고 불릴 수 있는 곳은 많지 않다고 지적했다.[18]

제3차 고신선교포럼 이전인 2014년 봄에 연구훈련원장이었던 남후수 선교사는 "지역선교부 팀 사역의 선교학적 기초"라는 제목으로 글을 기고했다. 그

---

16. 곽성, "팀사역에 대한 소고," 「해외선교」 143 (2012): 32-33.
17. 김종국, "고신선교 60년을 돌아보며," 『제3차 고신선교포럼; KPM60년, 평가와 전망』, 25-44.
18. 손승호, "KPM 선교사 평가," 『제3차 고신선교포럼; KPM60년, 평가와 전망』, 90-91.

는 여기서 팀 사역의 선교신학적 기초, 지역선교부의 비전과 단계별 목표들 및 그것을 이루기 위한 전략들, 그리고 이를 위한 지역선교부지역팀의 유형들을 소개하였다. 남후수 선교사가 4개의 팀 성격을 본부에서 공식화한 것은 KPM의 팀 사역을 진일보시키는 계기가 된 것으로 평가된다. 특히 현재 사용되고 있는 팀 사역 구분과 비견될 만큼 다양한 팀 사역의 형태를 인정한 것은 높이 평가되어야 한다. 이는 중요한 부분이기에 다음과 같이 그대로 옮겨본다.[19]

팀으로서의 지역선교부는 획일적이기보다는 다양성을 인정한다.

① '버츄얼 팀vertual team': 현재의 KPM 지역선교부는 대부분 이 형태에 속한다.

a. 이것은 서로 다른 지역도시 혹은 나라에 거주하면서도 공동의 비전과 복표를 가지고 일하는 팀이다.

b. 자주 만나 서로 돌보며 공동사역하는 것은 한계가 있지만, 정기적 만남meeting과 온라인 소통Online communication을 가지면서 공동의 비전과 목표를 위하여 전략적으로 협력하는 사역팀이다.

c. 이 형태에서의 팀 사역이란 지역선교부의 감독 아래에서 개인이나 가정 단위로 '위임'해 준 사역이다. 그러므로 사안에 따라 중요한 결정은 모두 지역선교부와 상의해야 하며, 지역선교부가 공동의 책임을 진다.

② '필드 팀field team' 혹은 '트랙 팀track team': KPM이 권장하는 팀 유형이다.

a. 이것은 동일지역도시 거주형인데, 가까이 살면서 공동의 사역을 위해 늘 만나며 서로 돌보며 함께 사역하는 팀이다.

b. '지역교회 개척팀', '신학교 운영팀', '전방개척/부족사역팀', '캠퍼스사역팀', '의료선교팀', '학교설립운영팀', '지역개발사역팀' 등을 말한다.

---

19. 남후수, "지역선교부 팀사역의 선교학적 기초," 「해외선교」 149 (2014): 5-7.

c. 사역비를 공동모금하여 공동운영Pooling System할 수 있고, 본국사역안식년시에 사역적 공백을 막을 수 있는 장점이 있다.

③ '기능적 팀functional team'

a. KPM은 특별한 사역영역에서의 효과성 극대화를 위하여 비록 다른 지역 선교부에 소속되어 있더라도 새로운 '기능적 팀'을 조직하여 사역하는 것을 권장한다.

b. 성경번역사역팀, 신학교사역팀, BAM팀 등이 이에 속한다.

④ '다기능 연합팀cross-functional/multi-functional team': KPM이 권장하는 이상적 팀구성이다.

a. 자기 자신의 고유한 기능들을 가진 부원들로 구성된 팀이다.

예: 목사, 교사, 태권도 유단자, 컴퓨터 전문가, 찬양사역자 등으로 구성된 교회개척 팀.

b. 선교 현장의 다양한 도전과 필요들에 대해 효과적으로 대처할 수 있다.

c. 선교 인력의 중복으로 인해 생길 수 있는 역할 갈등이나 리더십 충돌을 피할 수 있다.

2014년 해외 선교지 봄호에서는 팀 사역을 특집으로 다루었는데, 남후수 선교사의 위의 글에 이어서 필드에서 팀 사역을 하고 있었던 안명수 선교사와 신성호 선교사의 팀 사역에 대한 소고를 담았다. 안 선교사는 먼저, 교회론에 대한 인식을 언급한다. 전문인 선교사들의 사역은 교회를 위한 사역일 뿐이고 주된 사역이 될 수 없으며, 둘째, 현지 사역자들과의 관계가 중요하며, 셋째, 협력하는 모든 선교사들을 이끌고 갈 수 있는 홀륭한 리더십이 필요하며, 넷째, 사역을 은사별로 적절하게 분배해야 한다고 주장했다.[20]

---

20. 안명수, "전문인 선교사와의 팀사역에 대한 소고," 「해외선교」 149 (2014): 8-9.

다만 이 소고는 KPM이 추구하는 리더십의 방향과 맞지 않아서 아쉬움이 많다. 전문인 선교사들은 총체적인 선교를 추구하는 KPM의 선교신학 안에서 그 정당성을 인정받아야 한다. KPM 리더십의 형태는 이미 앞서 여러 차례의 글들에서 언급했는데, 무엇보다 보스형이 아닌 성육신적 리더십을 추구하는 것이다. 신성호 선교사는 선임 선교사가 후임 선교사를 동역자로 대해야 하며, 사역비를 투명하게 해야 하고, 사역보다는 관계에 우선을 두며, 반드시 연수기간을 두어서 팀에 적합한지를 서로 판단하게 하는 원칙들을 피력했다.[21]

2015년 무주 태권도원에서 개최된 제3차 고신선교사대회에서는 주된 관심사가 세미풀링제도 폐지 건이었기 때문에 당시 이상룡 선교사회 회장이 발표한 "기능별 팀 사역"이란 발제가 선교사들의 귀에 잘 들어오지는 않았을 것이다. 아래의 글은 2012년 방콕에서 열린 지역선교부장 회의 때 발표된 것을 수정한 것이다. 그는 다음과 같이 팀 사역에 대한 의견을 피력했다.

한 장소에서 4가지 유형 중 하나를 택할 경우에 예상되는 좋은 점과 문제점은 다음과 같다.
① 담임-부목사형을 택할 경우
일반적으로 선교지에서 빈번하게 발생하는 팀 사역은 한 선교사가 현지에서 사역하는 중 그 사역의 범위가 넓어지고 인력이 더 필요하게 되는 경우 새로운 인력을 충원시키는 상황에서 발생되는 팀 사역이다.
a. 좋은 점: 선임선교사가 이미 계획을 세우고 터를 닦아 놓은 상황에서 신임선교사가 보조역할로 들어왔기 때문에 전체적인 그림이 명확하고 선후배의 기강이 잡혀 있어 큰 과오가 없는 상황에서는 사역이 발전적으로 잘 나아갈 수 있다. 신임선교사는 재정적으로나 사역적으로 큰 부담 없이 일을

---

21. 신성호, "팀M의 효율성을 높이기 위한 협력 자세에 관한 소고," 「해외선교」 149 (2014): 10-11.

배우는 그 만큼 사역의 진척을 맛볼 수 있다.

b. 문제점: 선임선교사의 영향력이 이미 잘 닦여진 상황에서 보조역할을 하게 되는 신임선교사는 자신의 역할이 한정되기 때문에 자신의 능력을 잘 발휘하기가 어려운 점이 있다. 재정적으로 후원을 받아 그 사역을 더 키울 수 있지만 그것도 역시 자신의 사역이 아니라 선임선교사의 사역을 더 키우는 것이기 때문에 하나님의 왕국적인 측면에서 우리 모두를 통해 역사하시는 하나님의 은혜를 이해하는 헌신도가 없을 경우 선뜻 앞장서서 일하기가 어려울 수 있다.

② 공동 담임목사 형

이 경우 팀 사역에 참여하게 될 모든 멤버 선교사들이 함께 모여 전체적인 그림을 먼저 그리고 그중 은사를 따라 사역을 분담하여 각 사역에서 자신의 역할을 가지고 창조적으로 사역을 펼쳐 나가는 형태이다.

a. 좋은 점: 어느 한 사람의 주도에 의해 이루어진 팀 사역이 아니라 참여자들이 함께 주도해 나가는 사역이기 때문에 공유된 비전에 의해 자신의 은사를 발휘할 수 있다는 점에서 호평을 받을 수 있다. 각자의 독립된 사역이 모여 전체적인 팀이 되기 때문에 독립적인 행정이나 재정을 사용할 수 있다.

b. 문제점: 상당한 수준의 민주주의적인 리더십이 필요한데, 만약 어느 한두 사람의 리더십이 주도적이 될 때 개인의 은사대로 사역하기가 어렵게 된다. 그리고 개인적인 상황으로 참여자들이 팀 사역에서 빠질 경우 전체적인 팀 사역에 어려움이 올 수 있어 개인적인 상황의 변동이 전체 팀에 미치는 영향이 클 수 있다.

③ 느슨한 형태의 팀 사역

자신의 고유의 사역을 두고 과외적으로 팀 사역을 하기 때문에 한정된 상황에서 아주 느슨한 형태의 팀 사역이다.

a. 좋은 점: 자신의 사역이 따로 있어 자신의 은사대로 사역을 하지만 어떤

지역에서 지역상 필요한 특별한 사역을 놓고 다른 선교사들과 함께 팀으로 사역하기 때문에 큰 부담감 없이 사역할 수 있다. 그 사역이 없어져도 본인의 본래 사역은 손상을 입지 않는다. 하지만 교단의 전략이나 지역적인 특성 때문에 어떤 사역을 해야 할 경우 덤으로 사역을 함께 할 수 있다. 교단 선교부의 특별한 전략을 위해서 공동으로 지역 선교사들이 힘을 합쳐 사역해갈 수 있는 이점이 있다.

b. 문제점: 참여하는 선교사들의 개인 사역이 따로 있기 때문에 힘이 분산될 수 있으며 주인의식이 부족해 전체의 사역이면서 동시에 누구의 사역도 아닐 수 있는 문제점이 있을 수 있다. 만약 이 사역이 자신의 의사와 관계없이 본부에서 주어진 상황이라면 동기부여가 부족해 억지로 시간 투자해야 할 가능성이 많다.

④ 기능별 팀 사역

이 유형은 고신 선교부에서는 생소한 팀 사역인데 기능적으로 전 선교부에 걸쳐 영향을 미칠 수 있는 사역이다. 쉽게 말해 같은 기능의 사역을 하는 사람들끼리 모여 사역을 공유하고 서로의 문제점들을 통해 전체의 사역을 업그레이드해 나가는 것이다. 기능적으로 전문화된 선교사들이 보다 더 전문화되고 또 교육을 받아 세계적인 전문화를 이루어가는 것이다.

a. 좋은 점: 같은 기능을 가지고 사역하는 팀 사역이기 때문에 상당히 전문적일 뿐 아니라 서로의 노하우를 통해 좀 더 전문화되는 장점이 있다. 예를 들어, 신학교를 하는 팀들이 모여 서로의 노하우를 공유하고 좀 더 나은 목표를 위해 필요한 전문인력들을 양성함으로 전체적인 팀의 레벨을 높일 수 있는 장점이 있다. 동시에 초보적으로 이러한 사역을 할 계획을 세우는 사람들에게는 이러한 팀 사역을 통해 다른 사람들이 겪은 문제점들을 보면서 가능한 문제점들을 피할 수 있는 장점도 있다. 이런 팀 사역은 어느 한 지역에 한정되지 않고 전 선교부의 영역에서 팀을 선정할 수 있기 때문에 전체

선교부 안에 있는 기능들의 전문화를 상황화할 수 있다.

b. 문제점: 각 기능을 가진 선교사들의 전문화가 교단선교부가 원하는 수준에 이르지 못할 경우 소정의 목표를 이루지 못할 수도 있다. 이런 점을 고려한다면 어느 수준에 도달한 기능부터 출발하여 다른 기능에까지 전문화된 팀 사역을 만들 수 있다. 전문화된 인력을 많이 가져야만 성공률이 높기 때문에 교단선교부의 전적인 투자가 필요한, 재정적인 뒷받침이 많이 있어야 하는 단점이 있다.[22]

이 선교사의 글은 남후수 선교사의 글과 맥을 같이 하는 것이라고 볼 수 있다. 이에 더하여 이상룡 선교사는 여러 팀 사역의 형태 중 KPM이 앞으로 지향해야 할 팀 사역의 방향은 기능별 팀 사역이라고 주장했다. 이 선교사는 국제선교단체에서 오랫동안 리더십으로 사역한 경험이 있기 때문에 팀 사역에 대한 국제적인 흐름을 빨리 감지한 것으로 생각된다. 그는 다음과 같이 제안하기도 했다. "지역선교부에 있어서의 팀 사역을 정리하고 미래적인 상황에서 기능적인 팀 사역으로 나가기 위해 이번 선교사대회 기간 중에 기능적인 팀들이 한 번 모여 보는 기회를 만들려고 이 팀 사역에 대한 문제를 거론하게 되었다. 이번 대회 중 각 기능별로 한 번 모임을 가지기를 바란다. 각 회원은 꼭 한 가지 기능에만 속해야 할 필요는 없다. 하지만 이번 모임에서는 가장 주체적으로 사역하는 기능을 중심으로 사역을 시작할 수 있을 것이다. 예를 들어, 신학교 사역팀, 학원 사역팀, 병원 사역팀, NGO 사역팀, 성경번역 사역팀 등이다."[23] 실제로 이 제안을 계기로 하여 신학교 기능별 네트워크 모임이 대회 기간 동안 있었고, 차후에 KPMTEN KPM 신학교육 네트워크이 결정되기도 했다.

---

22. 이상룡, "기능별 팀사역," 『제3회고신세계선교사대회: 새로운 도약을 위하여』, 38-40.
23. 이상룡, "기능별 팀사역," 41-42.

2016년 조동제 선교사는 "KPM 선교현장의 현주소"라는 글을 통해 60주년을 지나면서 KPM이 여러 면에서 성장하고 있지만, 현장에서의 성장은 그에 비해 아직도 미비하다고 하면서 그중에서도 팀 사역에 대한 점검이 필요하다고 지적했다. 그는 팀 사역을 잘하기 위해 현지지역부를 세웠고 수정 재편까지 했지만, 여전히 팀 사역은 가장 어려운 부분으로 남아있는 것이 현실이라면서 그 이유를 세 가지로 지적했다. 첫째는 태생적인 한계인데, 즉 KPM 선교사들은 대부분 처음부터 단독으로 선교를 시작했기 때문이라는 것이었다. 둘째는 제도적인 한계로, 후원교회가 주도적으로 사역하기를 원하는 경우가 많다는 것이었다. 마지막으로는 선임과 후임 선교사들의 팀 스피릿의 문제였다.[24]

2018년 발간된 『KPM 사역지침: 현지지도자양성』 교재 5장에서 '팀 사역'을 다루고 있는데, 이는 KPM의 팀 사역에 대한 그동안의 논의를 집대성한 것이라고 할 수 있다. 여기에는 KPM이 지향하는 팀 사역의 원리, 팀의 구성, 팀의 유형, 발달과정에 따른 지역부의 역할, 현지인의 참여, 그리고 보안지역의 팀 사역 등이 담겨 있다. 여기서 몇 가지 주목해야 할 사항은 우선, 팀의 개념을 현지지역부와 동일시하는 것이 아니라는 것을 분명하게 명문화했다는 것이다. "팀은 해체되기까지 존재한다. …… 팀은 목표의 달성과 해체를 위해 존재한다. 구성원의 기능에 따라서 정한 기간 동안 함께 일하고 목적이 달성되면 다른 팀으로 옮기거나 철수할 수 있다."[25] 이전의 팀 사역에 관한 글들에는 종종 팀=현지지역부라는 인식이 바탕에 깔려 있는 경우가 있었다. 둘째는 사역팀의 유형에 관해 구분했다는 것이다. 이 구분에 의하면, KPM의 팀은 거리별로 구분되는 팀들인 로컬팀, 내셔널팀, 국가나 지역부의 경계를 넘는 글로컬팀이 있으며, 사역별로

24. 조동제, "KPM 선교현장의 현주소," 「해외선교」 155 (2016): 9-10.
25. 고신총회세계선교부 편, 『KPM 사역지침; 현지지도자양성』 (서울: 고신총회출판국, 2018), 93.

구분되는 기능팀, 그리고 팀 구성에 따라서 KPM팀과 확장팀으로 나누어진다.

팀의 유형은 크게 세 가지 축으로 구분된다. 첫째는 구성원 중심축으로, KPM 선교사들로만 구성된 KPM 팀과 타교단/단체 선교사들과 연합하여 구성된 확장팀이다. 가급적 KPM 팀으로 구성하면 좋으나, 261유닛이 53개국으로 너무 넓게 분산되어 있는 현 상황에서는 그동안의 사역과 경험들을 엮는 네트워크를 활용하는 것이 현실적인 대안으로 제안되기도 했다. 하지만 이것으로는 현지의 사역팀의 기능을 대체할 수 없다. 확장팀의 경우에는 타선교단체의 선교사와의 동질감이나 현지인 참여의 정도나 수준 등도 고려되어야 한다. 확장팀은 구성원의 차이점을 역할 구분으로 생각하면 쉽게 접근할 수 있다. 둘째는 사역종류기능 중심축으로, 간접전도의료, 문화, 교육, 구제, 성경번역 등, 직접전도제자양성, 교회개척, 신학교육, 목회자 계속교육 등 다양하고 창의적인 사역들이 있다. 셋째는 거리 중심축인데, 구성원이나 사역의 범위, 네트워크의 범위에 따라 로컬팀, 내셔널팀, 국가나 지역부의 경계를 넘는 글로컬팀 등으로 구분될 수 있다. 세 축의 적절한 조합이 가져올 다양한 시너지와 결과, 또한 각 조합의 장단점과 이에 따른 보강 등은 우리의 팀 사역을 더욱 창의적이고 풍성하게 만든다.[26]

2018년 지역부 리더십 회의에서 위의 논의들을 "현지 팀 사역 활성화"라는 제목으로 KPM의 팀 사역의 방법과 유형에 대해서 설명하는 시간을 가졌다. 그리고 이후 KPM은 매년 연말에 실시하는 '연말연시 보고서'에 정기적으로 각 지역부의 기능팀과 확장팀 사역을 상시 질문 카테고리로 넣어서 데이터를 축적하고 있다.

---

26. 고신총회세계선교부 편, 『KPM 사역지침; 현지지도자양성』, 94.

4. 나가는 말

선교단체는 역사성을 가지는 것이 중요하다. 선교의 주제들 자체가 중첩되면 선교전략이 되고, 그것에 역사성을 더하면 선교신학으로 발전하게 되는 것이다. 팀 사역이라는 주제 역시 이전에 KPM이 지속적으로 추구해 온 발자취를 더듬으면서 그리고 또 동시대의 필요들을 감안하면서 발전되어야 한다. 동시대의 선교적 동향은 선교의 주인이신 하나님께서 선교를 수종 드는 교회를 향해 표현하시는 하나님의 마음이기도 하다. 따라서 이것을 무시하지 않고 유연하게 선교의 주제들을 변화, 발전시켜 나가야 한다. 또한 선교단체는 많은 선교의 주제들이 해당 선교단체가 추구하는 분명한 선교신학 아래에서 통일되도록 해야 한다. 그렇게 할 때 선교현장에서 시대에 맞는 원활한 선교가 가능해진다.

위에서 우리는 KPM이 오랜 기간 팀 사역을 세계교회 건설의 대의를 위한 성경적인 방편인 줄 알고 지속적으로 추진하고 연구해온 흔적들을 볼 수 있었다. 또한 팀 사역이라는 주제가 신학적으로 그리고 역사성의 흐름 안에서 지속적으로 발전되고 있음을 볼 수 있었다. KPM의 초기 팀 사역은 현지지역부=팀 사역이라는 다분히 지리적인 이해로부터 출발했다. 3차 산업혁명의 마지막 시대였던 1980-2000년 초반까지는 우리의 선교가 지리적인 것에 고착될 수밖에 없었기 때문에 팀 사역에 대한 이해도 현지지역부=팀 사역이라는 공식이 적합했을 때였다. 그러나 당시 서구 단체들만 해도 이미 앞선 팀 선교를 하고 있었다는 것을 우리는 선교현장에서 목도했다.

그렇다면 그들은 어떠한 신학적 이해의 바탕에서 팀 사역을 지리적인 것을 뛰어 넘어 발전시켰을까? 그것은 지리적이고 원심적인 선교의 방식에서 사람, 영역, 주제기능 중심의 선교가 가능해진 시대로 선교의 거대담론이 바뀌고 있었기 때문이다. 선교신학의 세계적인 변환은 4차 산업혁명 시대의 시작과 맞물려 우리에게 다가왔다. 이러한 4차 산업혁명과 사람, 영역, 주제 중심의 선교라는 선교신학의 변화가 팀 사역과 어떠한 관련이 있는지 살펴보자.

우선 기능팀의 예를 하나 들어보자. 앞에서 언급했듯이, 60주년 대회를 기점으로 당시 선교사회 회장이던 이상룡 선교사가 제안하여 기능별 사역팀이 실제로 구성되었다. KPM신학교육네트워크KPMTEN가 바로 그것이다. 같은 해 10월에는 50여 명의 신학교 관련 사역을 하는 선교사들이 본부에 모여서 1차 KPMTEN 콘퍼런스를 가졌다. 기능별로 함께하는 선교사들이 모여서 같은 마음으로 머리를 맞대니 좋은 의견들이 나왔고, 향후 지속적인 모임의 발전을 위해 지역별 코디들도 뽑았다. 필자도 당시 아시아 지역 코디로 선정되어 향후 지속적인 네트워크 사역을 하도록 임무를 부여받았다. 그러나 그 이후 KPMTEN은 어떠한 사역도 같이 하지 못하고 있다. 함께 지속적으로 사역한다면 분명히 시너지 효과가 클 것이라는 것은 모두 알고 있었다. 그러나 그렇게 하지 못한 데는 몇 가지 문제가 있었는데, 그중 하나가 오늘날과 같이 영상으로 회의하는 시스템이 없었다는 것이다. 따라서 한 곳에 모이려면 적어도 수천만 원의 예산이 소요되었기 때문에 매년 모임을 할 수가 없었다. 더군다나 경비 문제로 코디들까지 함께 모일 생각을 좀처럼 할 수가 없었다. 그러다가 2020년에 연구국 주관으로 두 번째 기능팀이 발족되었다. KPM이슬람사역자네트워크KPMMNET가 그것이다. 이 팀은 KPMTEN과 달리 활발하게 네트워크 사역을 진행하고 있다. 이렇게 사역이 활발하게 진행될 수 있었던 가장 큰 차이점은 바로 4차 산업문명의 이기인 영상회의를 사용할 수 있게 되었다는 것이다. 현재도 이 팀의 리더십들은 두 주에 한 번씩 영상을 통해 활발히 회의를 진행하고 있으며, 매년 거의 재정을 사용하지 않고 80여 명이 넘는 멤버들이 참여하는 포럼을 영상으로 진행하고 있다. 이 외에도 KPMMNET 하부에서는 이슬람연구소, 언택트팀, 난민팀 등과 같이 기능별로 팀들이 조직되어 네트워킹 사역을 하고 있다.

KPM은 지속적으로 기능별 팀 사역을 추구하려고 한다. 이전의 우리 KPM의 사역은 사람 중심, 땅 중심의 사역이었다. 이와 같은 기존의 사역과 더불어 사역과 기능 중심의 네트워크 사역을 한다면 본인의 로컬 사역과 글로벌한 사역이 네트워킹 되는 선순환이 이루어질 것이다. 특히, 이미 자신의 사역을 한 번 이상 돌파해 본 시니어 선교사들은 네트워킹 사역에서 구심적 역할을 할 필요가 있다. KPM이 항상 '팀 사역'을 비전의 상위 순위에 두어 왔지만, 결실면에서는 늘 초라하기만 했다. 어쩌면 우리의 팀 사역의 매뉴얼이 사람과 지역 중심이라는 시대에 맞지 않는 옷을 입고 있어서인지도 모르겠다. 1, 2차원의 팀 사역이 로컬 차원에서 여전히 중요하지만, 어느덧 주제별 기능별로 대규모 팀 사역을 할 수 있는 시대가 되었다. 그리고 이미 KPMMNET을 통해 그 가능성을 충분히 보고 있고, 앞으로 계속에서 전문인/자비량 네트워크, 한국어 사역자 네트워크 등으로 묶여서 서로 시너지 효과를 내는 사역이 활발히 일어나기를 기대해 본다.[27]

1차원적 팀 사역: 자기 사역에 다른 사람을 참여시키는 사역 형태
2차원적 팀 사역: 공동의 사역에 함께 참여하는 사역 형태
3차원적 팀 사역: 기능별로 네트워킹 하는 사역 형태

위에서 보는 바와 같이 이전의 KPM의 팀 사역은 주로 1차원적이거나 혹은 느슨한 공동 사역의 형태인 2차원적 팀 사역 위주였다. 하지만 미래의 선교 트렌드를 생각한다면, 3차원적 팀 사역에 집중하는 것이 바람직하며, 또한 이것은 독특한 한국적 정서에 기인하여 팀 사역이 어렵다고 하는 선교사들의 변명을 어느 정도 해소할 수 있는 장점들이 있다.

---

27. 권효상, "엔데믹 시대의 KPM 전략," 17-18. 이 글은 2022년 4월 'KPM 지역장 연수'에서 발표된 내용이다.

두 번째, KPM 사역지침서에 명문화된 것처럼 KPM은 네트워크의 범위에 따라 로컬팀, 내셔널팀, 국가나 지역부의 경계를 넘어가는 글로컬팀 등으로 팀을 구분할 수 있다. 그래서 이러한 팀 사역을 위해 KPM은 이미 사역적 속인주의, 행정적 속지주의 정책을 채택하여 실행하고 있다. 2022년 이사회에서 중국에서 추방당한 선교사들은 행정적으로 말레이시아 지역부에 소속되었지만, 사역적으로는 여전히 중화권을 대상으로 선교하도록 허락되었다. 여러 지역부의 선교사들이 지역부의 범위를 넘어서 연합하여 사역하는 팀을 글로컬팀이라고 부르지 말고 광역팀이라고 부를 것을 제안한다. 이러한 팀의 형태는 앞으로 미래 팀 사역에 중요한 형태가 될 것이다. "예를 들어, KPM에서는 현재 난민사역의 중요성을 인식하고 경력 선교사들을 광역팀이라는 이름으로 느슨한 형태로 재배치하였다. 이는 지역을 중심으로 재배치하는 측면도 있지만, 난민이라는 주제를 중심으로 여러 선교사들이 여러 나라에 걸쳐서 느슨하게 팀 사역을 하고 있다는 것이며, 또한 선교의 대상이 한 지역이 아니라 난민 루트를 따라 이동하는 새로운 선교의 트렌드에 맞는 대안 전략이라고 할 수 있다."[28] 마지막으로 타 선교기관과 함께 사역하는 형태를 KPM 사역지침서에서는 확장팀의 개념으로 사용했다. 그러나 이것은 팀으로 분류하기보다는 이미 KPM 안에 듀얼 멤버십 선교사라는 명칭이 있으므로 그대로 사용하면 좋을 것 같다. 2014년 당시 팀 사역을 하는 곳은 7곳이었고, 2017년에는 17곳이었다.[29] 2022년 현재에는 28개의 기능팀과 17개의 확장팀이 구성되어 팀으로 사역하고 있다.

---

28. 권효상, 『개혁교회 선교방법론』 (서울: 고신총회출판국, 2023), 228.
29. 고신총회세계선교회, "KPM 선교현장의 변화," 「해외선교」 162 (2017): 10.

7장

KPM의 전략적 재배치 & 순환배치

1. 들어가는 말

"선교사는 한 선교지에서 뼈를 묻어야 한다."라는 것은 선교의 고전적인 명제였다. 이 명제는 선교사에게 충성심을 자극하여서 많은 선교사들로 하여금 한 사역지에서 평생을 헌신하도록 하였다. 그리고 재정을 투자하여 후원한 교회들은 많은 재정이 투자된 선교지가 해당 선교사에 의해 지속적으로 지켜지기를 바랐다. 이 오래된 명제를 깨고 선교단체들이 선교사를 전략적으로 재배치해야 한다는 개념이 실제적으로 작동한 것은 그리 오래 되지 않았다. 최근 들어 선교사의 재배치가 급격히 늘고 있는데, 아래의 통계에서 보듯이, 이는 KPM에서도 실제로 급격히 늘어나고 있는 선교 현상이다. 재배치라는 주제는 선교사 개인의 요청에 의해 진행된 부분도 있지만, 시대적으로 선교학적인 지형도가 변하면서 자연스럽게 요청되고 있기도 하다. 따라서 이 장에서는 먼저, 선교사의 재배치가 필요한 이유에 대한 선교학적 근거를 공동체 사역팀 사역과 인구의 대이동이라는 관점에서 풀어 보고자 한다. 두 번째는 KPM에서 현재까지 실행되고 있는 선교사의 재배치 현황과 원인에 대해서 분석할 것이다. 마지막으로는 KPM이 실행하고자 하는 재배치의 대안적 전략에 대해서 살펴보고자 한다. 이를 위해 먼저 현장 선교사들의 재배치에 대한 생각들을 정리해보았고, 그런 다음 KPM이 지속적으로 추구하고 있는 팀 사역 강화를 위한 재배치 개념과 인구의 대이동으로 발생한 구심적 선교의 요청이라는 새로운 국면을 종합하여 대안적인 재배치 전략을 제안하고자 한다.

2. 선교사 재배치에 대한 동향과 가속화 요인

(1) 선교사 재배치에 대한 동향 이해

2차 세계대전 이후 지금까지 크게 두 번의 세계적인 선교사 재배치 동향이 나타났다. 첫 번째는 2차 세계대전 이후 식민지국가들이 독립하면서 자민족, 자문화, 자기종교로의 회기를 내세워 선교적 자유가 박탈된 곳이 많아졌다. 이에 따라 선교사들이 선교 자유지역으로 쏠리는 현상이 나타났다. 두 번째 재배치는 1989년 제2차 로잔대회 중에 US Center for World Mission의 루이스 부시 Luis Bush가 10/40창문 개념을 발표하면서 촉발되었다. 이 발표는 미전도 종족 선교 운동, 창의적 접근지역 선교를 전세계적 선교운동으로 확산되게 만들었다. 1995년과 1997년의 GCOWEGlobal Consultation On World Evangelization: 세계선교대회는 이 운동을 적극적으로 지지한다. 90년대 초까지 주로 선교 자유지역으로 선교사를 파송한 한국교회는 위 대회와 구공산권의 붕괴, 1992년 중국과의 수교 등으로 선교의 방향을 소위 '창의적 접근지역', '10/40창문지역'으로 전격적으로 선회했다. 구체적으로 이슬람권, 힌두교권, 불교권, 구공산권 등이다. 2003년 KWMAThe Korea World Missions Association: 한국세계선교협의회가 발표한 건강한 한국

선교를 위한 한인선교사의 전략적 재배치 방안을 통해 위의 가이드라인을 충실하게 실행하고자 하는 의지를 표명했고, 산하 단체들은 이것을 선교사 파송과 재배치의 우선순위로 삼았다.

(2) 최근의 재배치 가속화 요인

한국 선교에 대규모의 재배치 압박을 가해 온 지난 10년간의 세계적인 변화는 다음과 같다. 첫째, 아랍의 봄의 실패와 대규모 난민발생, 둘째, 보안지역 선교사 비자발/자발적 출국, 마지막으로 코로나 19 팬데믹이다.

1) 아랍의 봄의 실패와 대규모 난민발생

2010년과 2011년의 아랍과 리비아의 민주화운동소위 아랍의봄은 결과석으로 실패했고 많은 난민을 촉발시켰다. 2015년 여름, 독일 메르켈이 오픈도어 정책을 시행함으로써 난민들이 대거 유럽으로 몰려들었다. 유럽 국경관리청EU Frontex에 의하면, 2015년 9월까지 유럽행 난민은 38만 명에 불과했지만 2016년에는 181만 명으로 증가했다. 2017년에는 분쟁과 박해 등으로 하루 평균 28,300명의 난민들이 발생했다. 2015년에 난민 인구 중 절반 이상은 18세 이하였다. 그런데 놀랍게도 난민들이 가장 많이 수용된 지역은 아프리카였다. 전 세계 난민의 30%가 사하라 이남 아프리카에, 26%가 중동과 북아프리카에, 17%가 유럽에, 북미에 16%, 아시아 및 태평양 지역에 11%가 수용되었다. 대부분 난민들의 이동 방향은 기독교가 억압된 지역에서 자유지역으로 나타난다. 지금까지 갖지 못했던 새로운 선교의 기회가 열리고 있는 것이다.

2) 보안지역 선교사 비자발적/자발적 출국

교통의 발달, 정보화 네트워크 혁명, 글로컬 현상 등으로 이 시대는 한 마디로 열리는 시대가 되었다. 그러나 동시에 최근에 일어나는 여러 상황들로 인해 국가마다 장기비자 발급에 대한 문을 좁히고 있다. 특히 테러, 난민들의 유입, 자국의 노동력과 자본의 잠식 등에 대한 우려는 국가들마다 안전과 자국 이익을 위하여 장기적인 외국인의 체류에 대해 비우호적인 정책을 취하게 한다. 국가체제, 종교, 이념 등의 이유로 폐쇄적인 국가뿐만 아니라, 심지어 자유로운 국가들조차 장기비자에 대하여 규정을 까다롭게 만들고 있다. 또 정보 네트워크 기술의 발달은 특정 체제나 종교 등을 강조하는 나라들의 사회감시시스템을 고도화시켜 선교사들의 사역을 더욱 어렵게 만들고 있다. 특히 중국은 2010년 이후로 완성된 대 정보 네트워크로 국가 전체의 감시망을 강화해서 갈수록 선교사들의 입지가 좁아지고 있다. 또 최근에 완성을 앞둔 인민신용시스템은 중국 거주 모든 사람들을 신용등급을 매겨 감시하도록 만들었다. 이런 상황 속에서 지난 10년 동안 보안지역의 선교사들의 비자발적/자발적 출국이 가속화되었다. 따라서 지금까지처럼 신분을 위장한 선교는 갈수록 더욱 어려워질 전망이므로 신속하게 다른 방법들을 찾아야만 한다. 1949년 이후 중국내지선교회CIM가 OMF로 재개편, 재배치된 사례는 최근의 사태에 대해서도 시사하는 바가 많다. 결과적으로 선교사의 비자발적/자발적 출국현상은 지역중심의 선교보다는 권역중심과 속인주의 선교, 네트워크를 활용한 선교전략의 필요성을 더욱 요구한다.

3) 코로나19 팬데믹

비접촉, 거리지키기, 격리, lockdown, 국가 간 이동통제 등은 코로나19 팬데믹으로 말미암아 우리에게 가장 친숙한 용어들이 되었다. 바이러스는 접촉을 통해 감염된다. 이에 따라 사회생활의 거의 모든 영역에서 비접촉 수단들이 적용되고 있다. 코로나19 팬데믹은 기존의 지역중심의 공동체 개념을 관계중심,

접속중심의 공동체로 바꾸었다. 또 국가에게 이동성과 회집, 같은 공간에서의 협업들에 대한 통제권을 부여할 뿐 아니라 개인생활과 이동에 대한 국가의 감시체계를 급속도로 강화시켰다. 앞으로 상당수의 선교사들이 선교사역의 지속성 및 재배치뿐만 아니라 필요에 따라서는 진로에 대해서도 고민할 것이다. 지금까지 선교는 주로 접촉의 방법에 의존해 왔다. 비접촉과 선교는 함께 하기 어려운 개념이었지만, 이제는 이것을 융합하는 새로운 패러다임, 즉 비접촉이지만 연결된 선교untact but connected mission의 개념이 필요하다. 선교도 새로운 방법을 통해 생명의 사역을 감당할 수 있어야 한다. 이제는 재배치의 개념을 지역이나 공간에 묶어 두기보다는 지역적 개념을 넘어서는 네트워크와 콘텐츠의 활용 분야까지 재배치의 영역에 포함해야 한다.

3. 선교사 재배치를 위한 선교학적 근거

(1) 공동체성을 가진 팀 사역을 위한 재배치의 필요

교회사역은 목사 혼자의 단독 사역이 아니다. 시찰회와 노회를 구성하여 한 몸인 교회를 이루면서 공동체성을 추구하는 것이 성경적인 교회의 존재 양식이다. 그러므로 선교사 또한 선교지에서 이러한 성경적인 공동체성을 지닌 교회를 건설하는 것을 목표로 삼아야 한다. 선교지에서는 몇 개의 교회를 세웠는가 하는 양적인 것보다 공동체성을 포함해서 얼마나 바른 교회를 세웠는가 하는 질적인 차원의 선교가 더 중요하다. 선교사가 개척의 모범을 제대로 보인다면, 차후에 현지인들이 바른 개척의 모델을 통해 양적인 성장을 스스로 이룰 것이기 때문이다. KPM 또한 이러한 성경적인 원리에 따라 공동체성에 기초한 팀 사역의 비전을 제시해왔다. KPM의 비전 2020과 2030의 중요한 과제 중 하나는 공동체성을 살리는 '팀 사역을 통한 현장 선교 강화'였다. 2011년부터 시행된 지역 선교부 제도와 2017년 11월부터 시행된 신 지역부제도 역시 동일한 과제를 안고 시작한 것이었다. 선교활동은 개인의 일이라기보다는 팀의 사역이라는 것을 매뉴얼로 만들어 교육하고 실천을 독려하고 있다. KPM은 매년 연말에 선교사들에게 연말 보고서를 받고 있는데, 그 보고서에서 본부가 가장 비중 있게 평가하는 항목 또한 현장의 선교사들이 팀 사역을 얼마나 잘 실행하고 있는가 하는 것이다. 오랫동안 KPM 선교현장은 대부분 선교사 개인의 철저한 헌신과 희생에 의해 선교사역이 진행되어 왔다. 그들의 공로는 칭송받아 마땅하다. 그러나 현대 선교에서는 팀 사역의 필요성이 더 가중되고 있을 뿐 아니라, 선교사가 혼자 선교할 때 여러 가지 부작용을 낳은 것도 사실이다.

선교현장에서 선교사가 이양 사역 공동체가 되기 위해 팀을 구성하려면 경력선교사와 신임선교사들의 효율적이고 전략적인 배치 및 재배치가 필요하다. 이것은 오랜 기간 KPM의 숙제였다. KPM은 2016년 이후 현장선교 강화의 목적으로 지금까지 지속적으로 효율적인 배치와 재배치에 대해 거론해 왔다. 이것은 대부분 팀 사역을 위한 효율적인 배치와 전략적인 재배치에 관한 것이었다. 즉, 이전의 KPM의 재배치 전략은 주로 팀 사역을 위한 목적에 그 필요성을 두고 있었다.

(2) 인구의 대이동과 전략적 재배치의 필요

그러나 작금의 재배치의 필요는 인구의 대이동이라는 현상에 기인하는 쪽으로 바뀌고 있다. 최근 들어 발생하고 있는 역사상 유래 없는 인구의 대규모 이동이 선교사의 전략적 재배치의 주요한 원인이 되고 있다는 것이다. 우리는 하나님의 구원사에서 사람들이 경제적 혹은 정치적인 이유로 자신의 지리적인 경계를 넘어서 다른 지역으로 이동할 때, 대규모의 선교가 이루어졌던 것을 본다.

"그 흩어진 사람들이 두루 다니며 복음을 전할새"행8:4라는 성경의 증거는 오늘날도 실제로 일어나고 있다. 인구의 대이동은 세계적인 혹은 국지적인 차원에서 인류 역사에 중대한 역할을 해왔다. 작금의 디아스포라의 극적인 발생 또한 같은 이유에서 결과론적으로 21세기 초반 역사에 큰 반향을 가져올 것으로 예측된다.

디아스포라의 발생은 여러 가지 이유에 기인한다. 경제적으로는 세계화의 영향으로 인해, 문명학적으로는 인간의 이주의 자유와 급격한 도시화로 인해 발생한다. 뿐만 아니라 기후 변화로 인한 환경 재앙 또한 수많은 환경 난민을 발생시키고 있다. 무엇보다 전쟁으로 말미암아 급격한 난민이 발생되어 디아스포라를 형성하고 있다. 30년 후인 2050년이 되면 전인구의 1/7이 디아스포라가 된다. 즉, 자의적이든 외부적 요인이든 간에 10억 명이나 되는 인구가 자신이 살고 있던 지역을 떠나 다른 곳에서 살게 된다는 뜻인데, 이는 선교학적으로 큰 변화를 예고하는 것이기도 하다. 이러한 인구의 대규모 이동은 자연스럽게 선교사의 전략적 배치와 재배치의 필요성을 불러오고 있다. KPM 역시 이러한 영적인 움직임을 따라서 선교사들을 재배치하여 난민 선교팀들을 만들어 가고 있다.

4. KPM의 재배치 현황과 재배치에 대한 의식 및 향후 10년 예측

KPM에서는 자발적/비자발적 추방, 비자 거절 등의 이유로 1999-2020년까지 다음 <그림 2.7-1>과 같이 81명의 경력선교사들을 재배치했다. 앞으로 변화하는 선교 상황에 따라 효율적인 재배치를 적극 검토해야 할 때가 왔다.

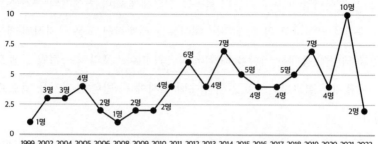

<그림 2.7-1> KPM 재배치 현황

(1) 현재까지 KPM의 선교사 재배치 원인

지금까지 KPM 선교사들 중에서 재배치가 일어나게 된 요인들을 종합하면 다음과 같다.

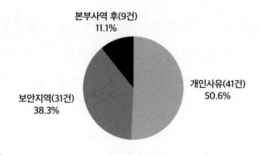

<그림 2.7-2> 전체 81건의 경력선교사 재배치

① 보안지역 출국

전체 81건 중 38%에 해당하는 31건은 보안지역들특히, C국, I국, 이슬람권 등에서 발생했다. 주로 비자 발급을 거부당해 비자발적으로 출국하거나, 선제적으로 자발적으로 출국한 경우이다. 이런 현상은 재배치를 불가피하게 만들었다.

② 개인 사유

선교사가 사역의 이양, 본인의 적성, 사역의 효율성, 선교사의 자질 함양 등 긍정적인 요인들 및 관계 문제나 자녀교육 문제, 탈진 등의 부정적인 요인들로 인해 재배치를 한 경우이다. 51%에 해당하는 41유닛이 개인적인 사유로 인해 재배치되었다.

③ 본부 사역으로 인한 재배치

1992년부터 시행된 본부선교사제도와 선교사순환보직제에 의해 경력선교사의 본부 근무가 현장의 경험과 지혜를 바탕으로 KPM 전체를 섬기는 일이 되었다. 경력선교사의 본부 근무 임기에 따라 보통 3-4년 정도의 선교현장 공백이 생기는데, 이는 자연스럽게 현장사역의 이양 혹은 철수가 이루어지도록 한다. 이에 따라 지금까지 11%에 해당하는 9유닛의 본부사역 선교사들이 임기 후에 새로운 선교지로 재배치되었다.

(2) KPM 선교사들의 재배치에 관한 의식조사

2018년 6월 8-14일까지 총 436명남성: 164명(68%), 여성: 77명(32%)을 대상으로 한 총 13개 문항에서 응답자의 기초정보를 파악하는 설문을 제외한 주요 문항들의 응답결과를 요약·분석하면 다음과 같다.

1) 설문 요약

① 현장 강화와 팀 사역을 위하여 재배치가 필요한가?

41%가 '재배치는 꼭 필요하다', 49%가 '꼭 필요한 것은 아니다'라고 응답하였다.

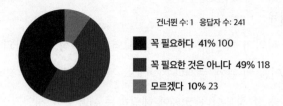

건너뛴 수: 1 응답자 수: 241

■ 꼭 필요하다 **41%** 100

■ 꼭 필요한 것은 아니다 **49%** 118

■ 모르겠다 **10%** 23

<그림 2.7-3> 재배치의 필요성

② 재배치 시 어디에 가장 주안을 두어야 하는가?

25%가 '개인의 의향', 60%가 '전략적 방향'에 초점을 두어야 한다고 대답했다.

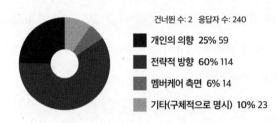

건너뛴 수: 2 응답자 수: 240

■ 개인의 의향 **25%** 59

■ 전략적 방향 **60%** 114

■ 멤버케어 측면 **6%** 14

■ 기타(구체적으로 명시) **10%** 23

<그림 2.7-4> 재배치 시 주안점

③ 재배치로 팀에 합류하게 될 때 가장 중요하게 여기는 것은 무엇인가?

'팀 구성원이 누구인가?'가 46%, '사역종류가 무엇인가?'가 44%였다. 반면 '사역환경이 어떠한가?'에 대한 선택은 6%에 불과했다.

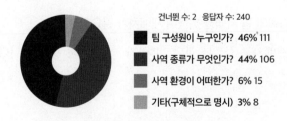

건너뛴 수: 2 응답자 수: 240

■ 팀 구성원이 누구인가? **46%** 111

■ 사역 종류가 무엇인가? **44%** 106

■ 사역 환경이 어떠한가? **6%** 15

■ 기타(구체적으로 명시) **3%** 8

<그림 2.7-5> 재배치 시 중요하게 생각하는 것

④ 현재 진행 중인 주사역이 효율적인 가장 큰 요인은 무엇인가?

'현지 상황에 잘 맞다'가 56%, '적성에 맞다'가 21%, '좋은 인적 자원들이 있다'가 16%로 나타났다.

반면 효율성이 떨어지는 가장 큰 요인은 무엇인가에 대해서는, '좋은 인적자원이 없다'가 54%, '현지상황에 잘 맞지 않다'가 17%, '적성에 맞지 않다'가 6%의 순으로 나타났다.

건너뛴 수: 3 응답자 수: 239

■ 적성에 맞다 21% 51

■ 좋은 인적 자원들이 있다 16% 38

■ 현지상황에 잘 맞다 56% 134

■ 기타(구체적으로 명시) 7% 16

<그림 2.7-6> 현재사역이 효율적인 이유

건너뛴 수: 25 응답자 수: 217

■ 적성에 맞지 않다 6% 13

■ 좋은 인적 자원이 없다 54% 117

■ 현지상황에 잘 맞지 않다 17% 36

■ 기타(구체적으로 명시) 24% 51

<그림 2.7-7> 현재사역이 비효율적인 이유

⑤ 본인의 재배치에 가장 장애를 주는 것은 무엇인가?

'언어나 새로운 환경에 적응'이 59%, '사역이양 관계'가 25%, '자녀교육'이 6%로 응답되었다.

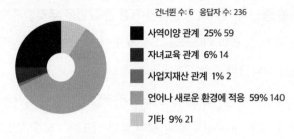

건너뛴 수: 6 응답자 수: 236

- 사역이양 관계 **25% 59**
- 자녀교육 관계 **6% 14**
- 사업지재산 관계 **1% 2**
- 언어나 새로운 환경에 적응 **59% 140**
- 기타 **9% 21**

<그림 2.7-8> 재배치 시 장애요인

⑥ **제3국에서의 특정 국민민족 대상 사역은 필요한가?**

82%의 선교사가 '꼭 필요하다', 8%는 '아직은 시기상조다'라고 응답하였다.

건너뛴 수: 3 응답자 수: 239

- 꼭 필요하다 **82% 195**
- 아직은 시기상조다 **8% 19**
- 잘 모르겠다 **10% 25**

<그림 2.7-9> 디아스포라가 증가하는 현시대에 제3국에서 특정국민사역의 필요성

⑦ **자신이 재배치되어야 한다면 그 시기는 언제가 가장 합리적인가?**

'필요 없음'이 36%이며, 6%의 선교사들이 '즉시', '3년 이내'가 29%, '5년 이내'가 11%, '10년 이내'는 18%였다.

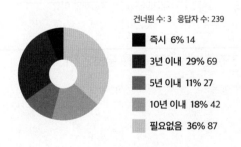

건너뛴 수: 3 응답자 수: 239

- 즉시 **6% 14**
- 3년 이내 **29% 69**
- 5년 이내 **11% 27**
- 10년 이내 **18% 42**
- 필요없음 **36% 87**

<그림 2.7-10> 재배치 시기

2) 분석

① 40% 정도의 선교사는 재배치의 필요성에 긍정적으로 표시했다.

② 60%의 선교사들이 재배치의 주안점은 개인의 의향보다는 전략적 방향에 더 초점을 두어야 한다고 응답했다.

③ 재배치되어 팀에 합류할 때 가장 중요하게 여기는 것은 사역환경이나 사역종류보다도 팀구성원이 누구인가로 나타났다. 이는 전략적 방향에 초점을 두어야 한다는 측면과 함께 비교해 보면 논리적으로는 사역종류를 선택할 것 같으나, 현실적으로는 함께 사역할 사람이 더 중요한 것으로 보인다.

④ 현지의 주사역이 효율적인 이유는 현지 상황의 필요와 선교사의 적성에 맞는 것의 순으로 나타났다. 반면 효율성이 떨어지는 가장 큰 요인은 좋은 인적자원이 없다는 것으로 나타났다. 이는 현장의 상황과 필요에 따라 인적자원의 이동을 적절히 하면 효율성을 극대화시킬 수 있음을 예상케 한다.

⑤ 재배치 시에 선교사가 가장 부담을 느끼는 점은 새로운 언어와 문화에의 적용이다. 따라서 재배치는 가능한 동질 문화와 언어권을 1차적으로 고려해야 하는 것이 기정사실이다. 새로운 지역에 배치되어서 새로운 언어를 배워야 할 때를 대비하여 이미 지역부별로 체계적인 언어 케어 시스템이 마련되어 있다.

⑥ 제3국에서의 특정 국민민족 대상 사역에 전체 선교사의 82%가 응답했다는 것은 선교사들이 현대 세계의 이동성의 극대화에 따른, 특히 제3국의 보안지역 인구들에 대한 선교적 기회와 효율성에 대하여 긍정적으로 생각하고 있다고 평가할 수 있다.

⑦ 자신이 재배치를 원한다면 가장 합리적인 시기를 묻는 질문에 총 35%의 선교사들이 3년 이내에 재배치하는 것이 가장 합리적이라고 응답했다. 이것은 재배치의 필요성에 대하여 공감할 뿐만 아니라, 단기간 내에 스스로 재배치 과정에 헌신하겠다는 의지이다. 한편 6%의 선교사들14명이 가능한 한 즉시 재배

치를 희망하고 있다는 점은 KPM 본부의 특별한 케어가 필요한 부분이다. 자신의 재배치는 필요 없다고 대답한 선교사들을 연령별로 분석해 볼 때, 30대와 40대의 71%가, 50대는 39%, 60대는 95%가 자신의 재배치는 필요 없다고 대답하였다. 50대가 재배치의 필요를 가장 많이 느끼는 것은 30-40대에 파송되어 한 지역에서 두 텀한 텀은 6년 사역 기간과 1년의 안식년이다에서 세 텀 정도 사역하여 기존의 사역 이양이 가능한 지점까지 왔기 때문에 다른 지역으로의 재배치를 원하고 있는 것으로 보인다. 한편으로 한 지역에서 선교사들이 오랜 기간 사역해서 탈진한 것으로 해석될 수도 있다.

(3) 향후 10년간 KPM 재배치 수요 예측

　다양한 요인들에 의해 앞으로 10년 동안 재배치 전략의 필요성이 더욱 부각될 것이다. 향후 10년간의 선교사 배치 혹은 재배치 수요를 예측해 보면 다음과 같다.

1) 현장 선교사 공백

　① 은퇴 및 사임에 의한 공백: 현재 KPM 선교사의 중간 연령은 55세인데, 선교사 고령화가 지속되면서 앞으로 은퇴자의 수는 40% 정도까지 가속될 것이다. 2022년 3월 현재 KPM에는 257가정 490명이 56개국에서 사역하고 있다. 이중에서 2022-2032년까지 은퇴할 선교사 가정은 73가정전체의 28%이다. 중도 사임까지 생각하면 더 많은 현장 공백이 생길 것으로 예측된다. 은퇴와 중도 사임으로 생긴 공백을 메우기 위해 신임선교사 배치와 경력선교사의 재배치가 필요하다.

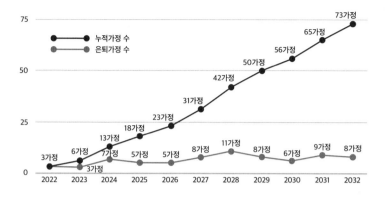

<그림 2.7-11> KPM 연도별 은퇴가정 수

② 선교사들의 재배치 요청: 위의 설문에서 보았듯이, 40% 정도의 KPM 선교사는 재배치의 필요성에 긍정적으로 표시했다. 그리고 총 35%에 해당하는 90가정의 선교사들이 자신을 3년 이내에 재배치하는 것이 가장 합리적이라고 응답했다. 이것은 재배치의 필요성에 공감할 뿐만 아니라, 단기간 내에 스스로 재배치 과정에 헌신하겠다는 의지이다. 한편 6%에 해당하는 14가정은 가능한 즉시 재배치를 희망하고 있다.

③ 보안지역 출국 공백: 현재 전체 선교사 257가정 중에 113가정이 보안지역에서 사역하고 있다. 현재까지 보안지역에서 자발적/비자발적 출국은 전체 81건 중 38%에 해당하는 31건이었다. 앞으로 10년 안에 현재 보안지역에서 사역하고 있는 선교사들의 최소 38%는 자발적/비자발적 출국이 된다고 볼 때, 보안지역 선교사의 공백이 약 43가정에 달할 것이다. 향후 10년 동안 현재 선교사 수의 현상유지를 가정했을 때, 선교사의 공백은 세 가지 요인에 의해 발생한다. 첫째, 은퇴 및 중도하차로 말미암은 공백이다. 이 공백을 채우기 위해서는 대략 73가정의 선교사들이 필요하다. 이 숫자는 재배치의 필요를 의미하지는 않지만, 은퇴와 사임 선교사들의 공백을 신임선교사들로만 메꿀 수는 없기에, 일

정 부분은 경력선교사의 재배치를 통해 공백을 메워야 한다. 둘째, 선교사 개인의 재배치에 대한 요청의 증가에 따른 공백이다. 총 35%에 해당하는 90가정의 선교사들이 자신을 3년 이내에 재배치하는 것이 적절하다고 판단하고 있다. 마지막으로, 보안지역 선교를 포기하지 않는다면 적어도 43가정의 공백이 발생한다. 이런 다양한 공백과 현장의 필요성을 채우기 위해 신임선교사의 배치와 경력선교사의 재배치가 적절하게 이루어져야 한다. 은퇴와 사임의 요인이 반드시 재배치로 이어지는 것은 아니므로 이를 재배치 필요 숫자에서 제외하고, 선교사 개인의 재배치 요청과 보안지역 재배치만을 두고 계산한다고 해도, 2032년까지 앞으로 133가정의 재배치 수요가 예상된다. KPM 초기에는 없었던 재배치에 대한 요청은 어쩌면 KPM에게 새로운 선교의 시대를 위해 선교사들을 전략적으로 재배치할 수 있는 절호의 기회가 될 수 있다. 그러므로 효과적으로 재배치하기 위한 선제적인 전략들이 준비되어야 한다.

2032년까지 파송 및 재배치에 필요한 가정 수		
선교사의 재배치 가능성	전체 선교사의 35%가 3년 이내 재배치 가능성	90가정
보안지역 재배치	전체 81건의 재배치 중 38%가 보안지역	43가정
전체 재배치 가능 수요		133가정

<표 2.7-1> 2032년까지 파송&재배치에 필요한 가정 수

5. KPM의 재배치 전략

(1) 지역 중심 + 주제 중심의 선택과 집중 전략 이해의 변화 요청

지난 15년의 선택과 집중 전략은 아쉬운 결과를 가져왔다. 왜냐하면 그것이 주로 지역중심에 초점을 두었기 때문이다. 이 전략의 결과는 ① 선택과 집중 지역들 중 일부를 제외하고 대부분의 지역에서 선교적 실효는 떨어지고 자발적/비자발적 출국이 가속되었다. ② 비 선택과 집중 지역에는 선교사의 증원이 잘 이루어지지 않아 선교사의 고령화가 가속화되고 선교의 역동성이 떨어져 갔다. 따라서 두 종류의 지역들이 다 선교적 지속성에 위협을 받고 있다. 세계정세와 시대적 변화에 따라 이제는 선택과 집중 전략을 수정해야 한다. 재배치를 할 때, 2015 비전에서 제시한 새로운 선택과 집중 지역으로의 집중적 재배치도 반드시 필요하다. 이와 더불어 지역을 넘어서 사역의 주제, 대상, 종류에 중점을 두는 새로운 재배치 전략이 필요하다. 예를 들어, KPM에서는 현재 난민사역의 중요성을 인식하고 경력선교사들을 광역팀이라는 이름의 느슨한 형태로 재배치하고 있다. 이는 지역을 중심으로 재배치하는 측면도 있지만, 난민이라는 주제를 중심으로 여러 선교사들이 여러 나라에 걸쳐서 느슨하게 팀 사역을 해야 하기 때문이기도 하다. 이런 광역팀으로의 재배치는 선교의 대상이 한 지역이 아니라 난민 루트를 따라 이동하는 새로운 선교의 트렌드에 맞는 대안 전략이라고 할 수 있다. KPM은 원심적인 선교와 구심적인 선교가 공존하는 시대의 선교 현상에 맞는 지역중심+주제중심의 재배치라는 폭넓은 전략을 가지고 미래 선교에 선제적으로 대응하고 있다.

(2) 제3국 사역 개념과 속인/속지주의 사역 개념

제3국 사역이란 선교사와 피선교지 국민의 나라를 제외한 타국에서 타깃 선교지 종족을 대상으로 사역하는 것을 의미한다. KPM 선교사들 가운데 중국에서 자발적/비자발적으로 출국한 선교사들이 현재 말레이시아, 대만 등지로 전략적으로 재파송되어 중국인을 타깃으로 사역하고 있다. 제3국 사역을 위해서는 행정적인 속지주의와 사역적인 속인주의 정책이 필요하다. 고전적인 의미에서 선교사역은 무조건 선교지역중심의 속지주의 선교였다. 지속적으로 강조하지만 구심적 선교의 중요성이 증대되는 현대 선교에서는 지역중심의 사역과 사람중심의 사역이 공존해야만 가능한 전략적 사역이 많아지고 있다. 예를 들어, 중국에서 추방되어 말레이시아에서 중국인을 대상으로 재파송되어 사역할 때, 그 대상이 때로는 말레이시아를 넘어서 싱가포르, 대만 혹은 중국 본토가 될 수도 있다. 이때 선교사는 행정적으로는 말레이시아가 속한 대양말인 지역부에 속해서 지도를 받지만, 사역적으로는 중국인 선교라는 대상중심의 좀 더 자유로운 선교가 가능하다.

(3) 순환배치 모델

특정 국가의 언어와 문화를 충분히 익히면서 정상적으로 이양단계까지 이른 선교사가 있다. 고전적인 개념을 따른다면, 그 선교사는 그 지역에 은퇴할 때까지 그대로 머물러 있어야 한다. 실제로 많은 선교사들이 이미 이양단계에 이르렀음에도 불구하고, 다른 대안이 없어 처음처럼 열정적으로 선교에 임하지 못한 채 현지 사역자에게 일을 맡기고 자리만 지키고 있기도 한다. 이런 선교사들 가운데는 스스로 다른 전방 지역을 찾아서 재개척하러 가는 경우도 있다. 이런 재배치는 좋은 케이스이다. 그러나 우리는 여기서 점증하는 인구의 대이동을 대비한 디아스포라 사역을 염두에 둔 재배치 전략을 논의하고 있으므로, 이를 바탕으로 이양단계에 있는 선교사들에게 순환배치라는 다른 대안을 제시해 보고자 한다.

① 순환배치 모델의 이해와 장점들

첫째, 선교사는 파송 후 특별한 일이 없으면 주로 네 텀 동안 사역할 수 있다. 그런데 선교사들이 한 지역에서 평생을 지내야 한다는 것은 마음에 큰 부담이 될 수 있다. 그래서 본부는 처음부터 순환배치의 모델을 신임선교사들에게 교육하여, 그들이 열심히 두 팀 정도 사역하고 이양한 후에 국내에 들어와 국내 지역부에 소속되어 사역할 수 있는 길이 열려 있음을 주지시킨다. 이러한 제도가 존재하는 자체만으로도 선교사들에게 장기사역에 대한 심리적 압박감을 경감시키고 역동적인 사역을 지속할 수 있도록 한다. 그럼으로써 선교사의 중도 탈락 사고율을 많이 감소시킬 수 있을 것으로 예상한다.

둘째, 순환배치 제도는 국내 이주민 사역과 한국교회의 이주민 사역, 그리고 선교현장에 있는 교회가 연계성을 가지고 실제적인 팀 사역을 할 수 있는 계기가 될 수 있다. 우리는 이미 국내 이주민 사역이 얼마나 효과적인지 모두 인지하고 있다. 그러나 해당 국가의 언어나 문화권에서 사역해 본 전문가가 없기 때문에 교회들이 제대로 된 국내 이주민 사역을 하지 못하고 있는 실정이다. 만일 순환배치된 베테랑 선교사들이 이미 국내 교회에 구축되어 있는 이주민 사역에 함께 참여한다면 좋은 열매들을 기대할 수 있을 것이다.

셋째, 순환배치된 선교사가 국내 이주민 사역 등을 할 때에는 한 가지 전제를 가지고 시작해야 한다. 그것은 처음부터 국내에서 양성한 제자들을 앞세워 선교지에 전방 개척을 하겠다는 분명한 목적을 가져야 한다는 것이다.

넷째, 순환배치를 통해 결과적으로 선교지에 전방 개척을 강화한다는 것은 KPM 2030 비전인 현지인 제자를 통한 전방 개척 전략과도 결을 같이한다.

다섯째, 순환배치 모델은 보안지역 선교사들을 위한 선제적인 대응 모델이 될 수 있다. 대부분의 보안지역 선교사들은 장기간 보안지역에서 사역하기가 불가능하여 중도에 재배치가 불가피하기 때문에, 순환배치 모델이 좋은 대안이 될 수 있다.

여섯째, 마지막 팀을 한국에서 사역할 경우 은퇴 준비가 용이하다는 장점도 있다.

② 순환배치 모델의 사이클

신임배치 교육	A지역에 선교를 지원한 선교사는 사역 제1국면에 들어가기 전에 순환배치 모델에 대한 사역 이해를 훈련받는다.
사역 제1국면	A지역에서 개인의 사역 역량에 따라 이양단계까지 두 텀을 사역하고 자발적으로 출국철수한다.
재배치 교육	사역 제1국면 사역이 끝나면, 제2국면 사역인 국내 이주민 사역에 들어가기 위하여 안식년 기간 동안 국내 이주민 사역에 대한 전문적인 훈련을 받는다.
사역 제2국면	국내 지역부에 소속되어 자신의 언어권의 국내 이주민을 대상으로 세 텀째 사역을 한다. 해당 언어권의 국내 사역은 함께 자신의 민족에게 돌아가서 사역할 제자를 길러내는 것을 목적으로 한다.
사역 제3국면	선교사의 마지막 네 텀째 사역은 사역 제2국면에서 길러낸 제자를 앞세워 다시 원래 사역의 현장으로 돌아가서 더 깊이 전방 개척을 하는 것이다. 혹은 제3국 디아스포라 사역을 제자들과 함께 할 수도 있다.

6. 나가는 말

초대교회와 속사도 시대의 선교역사를 보면 매우 역동적이었다. 그것은 자발적, 비자발적으로 선교사의 이양 및 이동이 활발했으며, 선교에서 재배치가 매우 일반적인 선교 방법이었음을 보여준다. 현대에 비해 교통, 네트워크, 그리고 인적/물적 자원과 지원 등이 열악했던 초대교회 시대에 급격한 복음의 확장이 가능했던 것은 사실 자발적/비자발적 재배치에 따른 이동성의 결과라고 볼 수도 있다. 곧 활발한 이동과 재배치가 역동적인 선교의 증거였다고 볼 수 있다. 박해나 거부가 일어나면 자연스럽게 재배치가 되었는데, 결과적으로 이것이 다시 선교의 기회가 되기도 하였다. 그런데 작금의 재배치는 성령의 강력한 인도하심을 전략으로 내세워 행해진 초대교회의 선교보다 비역동적이고 비전략적인 것 같아 보인다. 단순히 나타난 현상에 대한 후속조치의 결과로서 재배치하는 경우가 많은 것이 사실이다. 지난 몇 년간 급증한 재배치의 요청에 대해 한국

교회는 주로 문제가 발생한 뒤 후속처리에 집중해 왔다. 하지만 이제는 선교학적인 이유와 효율성 및 지속성의 이유로 전략적인 재배치가 이루어져야 한다. 특히 현대 선교는 빠른 속도로 변화하고 있다. 언급한 바와 같이 팀 사역을 위한 고전적인 이유로부터 재배치가 전략적으로 이루어져야 한다. 또한 인구의 대이동으로 인해 중요성이 증대되는 디아스포라 사역을 염두에 둔 전략들이 많이 마련되어야 현장의 사역이 유연하게 될 것이다. 그럼으로써 국내 교회의 이주민 선교와 베테랑 선교사들이 만나고, 전략적으로 훈련된 제자들을 통해 지속적으로 전방 개척이 되는 사역의 선순환이 일어날 수 있을 것이다. 선교의 주인이신 하나님께서 보여주시는 21세기에 익어가는 추수 밭에서 전략적인 재배치 & 순환배치 등의 방법을 통해 좋은 곡식을 거두는 KPM이 되기를 소망해본다.

1. 들어가는 말

고신총회세계선교회KPM는 고신전교회의 공식적인 해외선교 기구이다. KPM은 그 존재목적을 '개혁주의 신앙의 세계교회 건설'이라고 처음부터 지금까지 분명히 명시하고 있다. KPM은 전 세계에 개혁교회를 건설함에 있어서 성육신 신학이라는 개혁신학을 그 바탕으로 하고 있다. 이 말은 "선교를 함에 있어서 돈 선교나 프로젝트성 선교를 하지 않고 성경에서 예수님께서 제자들에게 가르치신 대로 낮아짐의 선교를 지향한다는 의미이다."[1] KPM은 성육신 신학을 기저로 하여 선교전략들을 사용해 선교하고 있다. 그 전략들 가운데 선교재정을 운영하는 것에도 역시 KPM이 가진 개혁교회의 영성 및 개혁신학과 믿음을 반영하고자 노력한다.

필자는 선교재정 행정에도 개혁교회로서 KPM이 추구하는 선교신학이 반영

---

1. 권효상, "KPM선교의 기초로서 선교신학," 「KPM R&D JOURNAL」 3 (2021): 38-79; 이정건, "성육신적 선교원리," 「KPM R&D JOURNAL」 3 (2021): 122-39를 참조하라.

된 모양새가 갖추어져 있는지 살펴보고자 한다. KPM이 추구하는 선교재정 행정이 과연 개혁교회적인가? 이에 관해 필자는 선교재정 행정에 개혁교회의 이미지를 채색하는 방법은 다름 아닌 선교재정 정책 안에 공교회성과 공동체성을 살리는 행정을 하는 것이라고 주장하고자 한다. 더불어 공동체성과 공교회성이 충분히 가미된 선교재정 행정을 통해 관련된 선교의 문제들을 쉽게 풀어갈 수 있다는 가정도 함께 주장하고자 한다. 다시 말해, 선교재정 행정이 성경적일 때, 현재 KPM이 당면한 관련된 문제들인적자원 동원, 노회중심 선교, 현장 중심 선교, 팀 사역까지도 해결될 수 있다는 것이다.

아쉽게도 아직까지 67년의 KPM 역사 속에서 적어도 문서상으로는 선교재정 행정이 개혁적인지에 대해 물음을 제기해 본 적이 없다. 이러한 의미에서 이 연구의 독창성을 찾을 수 있을 것이다. 이를 위해 필자는 먼저 지금까지 KPM 선교재정 행정에 관한 역사적인 자료를 전수 조사할 것이다. 이는 고신총회 회의록, KPM 이사회실행위원회 포함회의록, 그리고 「해외선교」 잡지와 그동안 KPM 안에서 공적으로 논의되고 문서로 출판된 전체 자료들을 포함한다. 먼저는 재정에 대한 개괄적인 이해를 위해 고신전교회의 후원 상황과 KPM의 재정상황에 대한 추이를 연대기적으로 살펴보려고 한다. 그리고 KPM의 선교재정 역시 연대기적으로 다루면서 각 시대별로 선교재정에 관한 중요한 이슈들이 어떻게 다루어졌는지 살펴보려고 한다. 이러한 작업을 통해 KPM이 추구하고 있는 재정행정 정책이 개혁교회적인지 자연스럽게 드러나게 될 것이다. 결론적으로 이러한 문제제기 위에서 개혁교회가 지향하는 공동체성을 충분히 담아낸 재정행정을 위해 앞으로 KPM이 추구해야 할 재정정책의 방향을 논해보고자 한다.

2. KPM의 선교규모와 재정 관련 변화 추이

KPM은 1952년 총회가 조직되고 나서 곧이어 대만으로 김영진 선교사를 파송할 정도로 처음부터 선교적이었다. 그럼에도 불구하고 김영진 선교사를 파송한 고신전교회는 한 명의 선교사의 선교비를 감당하기에도 어려움이 있었다.[2] 결국 김영진 선교사와 이후 유환준 선교사의 선교비 송금이 몇 달씩 지체되는 사태까지 벌어졌는데, 이상규 교수는 당시 총회의 해외선교사에 대한 무관심을 '극심한 소홀'이라고 표현했다.[3]

당시 선교부에서는 선교재정 안정화를 위해 거의 매년 재정 청원 관련 안건을 총회에 상정했다6,8,9,10,14,20,21,22,23,24,27회. 그러다가 28회 총회 때 선교부가 선교달력을 발행하여 수익 사업을 할 수 있도록 허락했다. 그만큼 재정문제로 인해 선교가 활성화되지 못한 면이 있었던 시기였음을 짐작하게 한다. 1974년 총회록을 보면, 선교부의 문제점을 세 가지로 지적했는데, ① 각 산하 노회와 지교회의 사명의식 결핍으로 인한 비협조, ② 전문직 부재로 인한 비능률적인 업무수행, ③ 예산의 부족이었다. 이렇듯 1960-70년대는 고신전교회가 개혁주의 신앙의 파수라는 현안에 집중하는 시기였으므로, 고신전교회가 해외선교에 힘을 쏟을 준비와 역량이 부족하였고, 선교부

---

2. 제4회 총회 회의록에는 당시 첫 선교사 파송을 앞두고 선교비 마련을 위해 다음과 같이 기록하고 있다. "선교비 염출을 각 교회에서 매월 염출하되 10월부터 실시하여 주실 것을 일이오며……." 「대한예수교장로회총회 제4회총회록」, 45. 전호진은 당시 총회가 선교사 파송은 결정하였으나, 교단 차원에서 선교비 모금이 여의치 않았다고 증언한다. 전호진, "선교정책," 『고신선교 40년』, 고신선교40년편찬위원회 (서울: 총회출판국, 1988), 123.

3. 이상규, "고신교단 선교 50주년 개관," 편집위원회 편, 『50주년 기념 고신선교백서』 (서울: 총회출판국, 2005), 29.

도 전문성을 갖추지 못하던 때였다.[4]

1980년대는 한국교회가 그동안 쌓아온 영적, 물질적 역량을 해외선교로 돌리기 시작한 때였다. 고신전교회도 본격적인 해외선교를 위해 새로운 일들을 준비하던 시기였다.[5]

1989년 말까지 선교사 수는 원주민 선교사와 교포 선교사 수가 각각 21명으로 총 선교사 수는 42명으로 늘어났다. 전체 교회의 13%에 해당하는 145개 교회가 후원하고 있었다. 1989년 당시 고신교회는 1,100개 처, 교인은 25만 명으로 추산해 볼 때, 30개 교회당 1인, 교인 6천 600명당 1인의 선교사를 파송한 것이다. 이 당시의 고신전교회의 총예산 규모는 약 200억 원으로 추산되는데, 이중 선교비는 3억 41만 원이므로 고신전교회 총예산액의 1.5%가 선교비로 쓰이고 있었음을 알 수 있다.[6]

1993년 미국장로교PCA로부터 현재 KPM이 소재한 동산과 부동산을 기증받아, 1995년 고신총회선교센터를 기공한 것은 KPM의 재정과 관련해서 가장 큰 변화라고 할 수 있다. 1996년 4월 당시 고신전교회가 파송한 선교사는 90여 가정 188명이며, 이들은 33개국에서 활동하였다. 당시 1,380여 교회 가운데 선교에 직접적으로 참여하는 교회와 단체는 476개 처, 개인 후원자는 115명이었다. 선교비 예산액으로 보면, 1992년 당시 고신전교회 산하 교회의 총예산은 370억 원으로 추산되는데, 그중 선교비는 12억 3천만 원이므로 선교비는 전체 예산의

4. 권효상, "고신총회세계선교회," 고신70년사 편찬위원회 편, 『고신 70년사』 (서울: 총회출판국, 2022), 682.
5. 권효상, "고신총회세계선교회," 682-83.
6. 권효상, "고신총회세계선교회," 683.

3.4%에 해당한다. 1988년의 1.5%에 비해 약 2배가 증가한 것이다. 후원 교회는 310개 교회로서 전체 교회수의 23.7%에 달했다.

2005년도에는 275명의 선교사가 파송되었는데, 이는 교회별 선교사 파송은 0.15명, 곧 20개 교회당 1명의 선교사를 파송했음을 의미한다. 또한 당시 고신전교회 가운데 824교회, 50.9%의 교회들이 재정에 동참하고 있었다. 개인과 단체 후원을 합친 선교비는 40억 3천만 원이었다. 2007년에는 300명의 선교사가 파송되었으며, 72억 8천만 원의 선교비가 모금되었다. 교회의 참여율은 50%였다.[7]

2013년에는 1,043개 교회전체 1,833가 선교에 참여하여 57%로 늘어났다. 2014년에 사용된 선교부 총액은 약 90억 2천만 원으로 급속히 늘어났다. 이중 85억 원이 지역선교부별로 지원되었다. 교회의 참여 또한 2014년에는 1,042개로 늘었다2012년 1,278교회. 선교사는 221유닛이었다.

2020년에는 고신교단의 전체 성도 수401,538/2021년의 약 0.11%를 KPM을 통해 파송하였다. 이는 442명당 한 명의 선교사를 파송하고 있는 것이며, 유닛unit으로 계산하면 약 870명당 한 유닛의 선교사를 파송하는 것이다. 현재 KPM과 협력하여 선교사를 주 파송/협력 파송하는 교회는 약 50%이므로 실제로 약 870명당 1명의 선교사를 파송하는 셈이다. 제70회기2020년 9월-2021년 8월에 본부의 수입은 약 167억 원이며, 지출은 약 169억 원이다. 현장 선교사 한 유닛을 위해 사용된 일 년 평균 재정은 약 6,900만 원이다. 이 재정은 선교사들에게 직접 보내는 선교비와 본부와 지역부 행정비, 비상금, 장학금 등 간접적인 부대비용을 포함한 것이다. 선교사 한 유닛의 평균

---

7. 윤희구, "KPM의 선교재정 동원전략," 편집위원회 편, 『남은 과업의 완수』 (서울: 총회출판국, 2008), 115, 120.

모금액이 350만 원이라는 것을 감안하면, 개인 선교사들의 모금 이외의 재정이 많이 투입된다는 것을 의미한다. 또한 선교사에게 두 달마다 지급되는 직접비용평균 520만 원/unit보다, 목적헌금34억, 1,365만 원/unit, 그리고 본부 비용, 장학금, 비상금 등의 기타 부대비용이 크다는 것을 의미하기도 한다. 2020년 한 해 동안 한국 선교단체 중 42.0%는 재정이 감소했고, 34.8%는 변화가 없었고, 23.2%만 증가했다고 밝혔다. KPM은 코로나의 어려운 상황 가운데서도 교단 교회들의 헌신으로 재정이 증가했다."[8]

2022년 잔고는 23억 원으로 늘어났다.

3. 2000년도 이후 선교재정 이슈; 본부 선교비

2000년도 고신전교회의 선교 참여도와 선교부의 선교사 숫자와 재정이 급속히 늘어갈 즈음에 선교부 재정에 대해 내, 외부에서 문제가 제기된다. KPM은 58회기2008.9.-2009.8.와 62회기2012.09.-2013.08., 68회기2018.09.-2019.08., 70회기2020.09.-2021.08./코로나 상황 재정 적자를 보게 된다. 적자가 난 회기의 마이너스 수준은 2-3억 원 정도이다. 2010년 60회기에는 본부의 전체 잔고가 1억 2천만 원까지 떨어지기도 했다.

재정 악화의 가장 큰 원인은 국가 부도사태1997.12.03.-2001.08.23.로 인해 환율이 급등한데 기인한 것이다. 환율이 급등했지만 본부에서는 기준금리 대로 선교비를 보냈고, 그 이유로 재정이 급속히 악화되었다. 다른 외부 요인들로 생각

---

8. 권효상, "2021년 선교사 연말보고서 기반 KPM 통계," 「KPM R&D JOURNAL」 6(2022): 146-47, 157-58.

해 볼 수 있는 것은 복음병원의 부도 사태2003-2008년로 인해 선교부 재정을 인출하여 사용한 것과[9] 선교센터 건축2009년 때의 빚이다. 그러나 이 두 부분은 일반재정에서 분리되어 해결하였기 때문에 KPM의 재정 지출 마이너스 요인으로 보기 어렵다.

당시 선교재정의 악화를 줄이기 위해 몇 가지 조치를 했다. 제47-2차 실행위원회1997.12.04.에서 환율 문제에 대한 방어 조치[10] 및 제2단계 선교비 비상대책 지침[11]을 승인하였다. 제48회 예산심의위원회1998.11.6.에서는 제48회기 총회선교

---

9. 제56-2차 집행위원회(세계선교센터 건립추진 위원회와 연석회의, 2006.12.18)에서 고려학원 정상화를 위한 총회 세계선교위원회 기금 차용 청원에 관한 건에 대해서는 고려학원 정상화 위원(참석자: 김성수, 김국호, 우병주)들로부터 고려학원 정상화를 위한 교육인적자원부의 요구에 대한 설명을 청취한 후 세계선교위원회가 총회 산하 부서로서 협력해야 한다는 취지하에 세계선교센타 건립 기금 중 5억 원을 총회에 빌려주되 기간을 1년으로 하기로 가결한다.

10. 환율 폭등으로 인한 환율 차액에 대한 조치에 대하여는 (1-12항) 2항과 12항은 삭제하고 받기로 결의하다. ① 행정관리비 10%에서 8%로 하향 조정키로 한다. ② 본부의 해외출장을 억제한다. ③ 본부의 행정비 및 인건비를 억제한다. ④ 현지 선교부 및 선교사의 신년도 예산을 10% 이상 삭감한다. ⑤ 현지선교부 및 선교사의 신규사역을 잠정적으로 억제한다. ⑥ 선교사의 일시귀국을 통제한다. ⑦ 현지선교부의 운영비를 잠정적으로 중지한다. ⑧ 1998년도의 선교비를 동결한다. ⑨ 선교부의 회의비를 억제한다. ⑩ 1998년도에 실시할 안식년 예정 선교사의 조기 귀국을 종용한다. ⑪ IMF 난국 기간 동안 선교사의 안식년 기간의 유학, 연수 등을 잠정적으로 중단하기로 결의한다.

11. 1. 제2단계 비상대책 지침 개요. 이유: 환율 폭등에 따른 선교비 환차 손액 대책, 기준: 환율 USD 1,850-1,500원, 요지: 선교 업무규정의 선교비 지급 기준을 잠정 중지하고 본 지침으로 대처함. 적용: 1998년 1월 1일~12월 3일, 범위: 선교부에 매월 입금되는 평균 후원금 범위 내. 대상: 현지 선교부 및 선교사 전원. 2. 비상대책지침 원칙. ① 본 지침은 성실한 선교사를 철수케 하는 위기상황을 최소화하는 데 원칙을 둔다. ② 본 지침은 선교사 파송을 중지하는 선교위기상황을 극복하는 데 원칙을 둔다. ③ 본 지침은 현재의 선교방법을 전략방법으로 전환하는 데 원칙을 둔다. 3. 비상대책 지침내용. ① 본 지침은 매월 36기 선교후원금의 평균 입금액(선교부)범위 내에서 적용한다. ② 본 지침은 행정관리비를 80%에서 50%로 조정하는 것을 전제로 한다. ③ 본 지침은 비상대책비를 공제하지 않는 것을 조건으로 한다. ④ 본 지침은 환율영향과 관계없이 모든 선교사에게 일률적으로 적용한다(기준 지급액에서). ⑤ 본 지침은 기준 선교비 및 적자 선교사에게는 적용지급액의 80%로 한다. ⑥ 본 지침은 환율변동상황에 따라서 유동적으로 적용한다. ⑦ 본 지침은 신규 파송 예정자에게도 일률 적용한다(제1단계 포함). ⑧ 본 지침은 선교사 후원단체에 홍보하여 이해와 협조를 구한다. ⑨ 본 지침은 제1단계 지침을 보강한 것으로서 아래 사항을 적극 반영한다. ㄱ. 현지선교부(선교사)의 인건비는 전면 중지하도록 노력한다. ㄴ. 현지선교부(선교사)는 최선을 다하여 자립선교를 추진한다. ㄷ. 현지선교부(선교

부 예산을 삭감 조정했다.[12] 제50-4차 세계선교부 임원회2001.01.10.에서는 환율 고정제도를 실시하기로 했다.[13] 위의 비상단계 조치들을 통해 볼 때, 실제로 재정이 건전해지기 시작한 요인을 몇 가지로 꼽을 수 있다. 먼저, 실행위원회가 결정한 지속적인 비상조치 1, 2단계 계획을 실제로 시행한 이후 재정이 일정 부분 회복되었다. 둘째, 김한중 본부장 당시 전체 재정에 35%를 차지하는 선교사의 생활비를 수개월간 삭감하는 조치와 기도운동을 전개하면서 재정이 반등되었다. 셋째, 이정건 본부장이 선교후원협의회포럼 글에서 표현한 것과 같이 "종이도 이면지를 사용하는 각오"로 선교본부의 재정 지출을 절감하는 소극적인 노력과 더불어 1만 KPMer 운동[14]과 선교축제를 통해 패밀리 기금을 마련하는 것과 같은 적극적인 노력이 재정 반등의 요인이었다.

재정이 반등되었다는 징후들이 이후에 속속 나타났다. 제49-3차 실행위원회 1999.10.21.에서는 그동안의 비상조치들을 대신한 정상적인 선교비 기준표를 작성하여 사용하기로 결의했다.[15] 제53-6차 집행위원회2004.06.21.에서는 선교비 송금 시 미화 1$를 한화 1,100원 기준으로 송금하던 제도를 미화 환율에 따라 송

사)는 지금까지의 선교방법을 전략방향으로 전환하도록 한다. ㄹ. 선교사가 직접 수령하는 모든 선교비를 보고하여 공생 공존에 적극 협조한다. ㅁ. 위 'ㄹ'항의 이행이 불성실하다고 판단될 경우 해당 선교사를 행정 조치한다. ㅂ. 선교비가 부족한 선교사는 제44-5차(1995.3.31.) 실행위원회의 결의 6항을 적용시킨다. ⑩ 본 지침이 규정치 않는 이외의 상황변동에 대하여는 실무자가 적절하게 처리한다.

12. ① 인건비 250% 삭감(제47회기 대비, 본봉 12개월, 상여금 2개월, 특별 상여금), ② 행정비 15% 삭감.

13. 2. 환율의 급등과 지난 2000년도의 선교재정 부족상황을 고려할 때 선교사 생활비 재조정이 현실적으로 시급함을 인식하고 잠정적으로 환율이 안정되고, 선교비의 균형이 이루어질 때까지 선교비 송금 환율을 US $1에 1,100원으로 고정환율제로 적용하여 송금하기로 가결하다. 3. 선교비가 500만 원 이상 적자 계정인 선교사들에게는 선교비 모금을 독려하는 서신을 보내기로 하다.

14. 제59-05차 집행위원회(2010.01.28)에서 이 모금 운동이 허락되었다.

15. 1997년 12월부터 지금까지 적용해 온 환차손 대책지침(비상대책 지침, 제1단계, 47-02, 실위, 1997.12.04 제2단계, 47-03실위, 1998.01.22)은 제48-2차 실행위원회(1999.01.22)의 결의를 재확인하며, 현실에 맞는 선교비 기준표를 마련하기로 하고, 3인 위원(문동주, 김진호, 최병현)과 총무에게 맡겨 조정하기로 가결하다.

금하기로 다시 가결했다. 이는 IMF 이후 다시 재정이 안정화되었음을 의미한다. 제55-7차 집행위원회2006.07.24.에서는 전체적인 선교비 상향 조정이 단행되었다.[16] 2007년 제56-4차 집행위원회에서는 총회센터 건축에 대한 구상을 승인했다. 제57-2차 집행위원회2008.01.10.에서는 선교사 자녀 교육비와 독신 여선교사 주택비, 활동비의 상향 조정안의 건에 대해서는 조정안대로 허락하기로 가결하였다. 제59-4차 집행위원회2010.01.18.에서는 선교비 부족 대책안에 관한 중장기 계획안을 만든 후 다음 집행위원회에서 논의하도록 하였는데, 이는 이전 회기의 선교비 인상으로 발생한 것이었다. 2012년 재정적자가 난 제61-7차 집행위원회2012.07.09.에서 '선교사지원 재정 창구 일원화'를 총회에 헌의하였는데,[17] 재정적자의 원인을 "선교사의 수적 증가 등으로 교회의 선교헌금 지출이 힘겨운 상황"이라고 밝히고 있다.

즉, 2000년대 첫 10년간 재정 부족 혹은 적자의 외적 요인 가운데 가장 큰 비중을 차지한 것은 외환위기였다. 더불어 내적 원인도 있었다. 그것은 다름 아닌 선교사 숫자의 폭발적인 증가였다. 이로 인해 매달 지출하는 고정 선교비뿐 아니라, 선교사의 재청 청원이 월등히 늘어났다. 총회의 직접적인 지도를 받는 체제에서 준법인 체제의 이사회 체제가 된 이후 본부의 청원 승인율이 높아진 것도 하나의 원인이다. 또 하나의 원인은 개인계정 적자 선교사들이 늘어났기

---

16. 선교사의 선교비 조정 건은 타선교부/단체의 선교비 지급 기준을 참조하여 연간 상여금을 현 생활비의 250%에서 350%로 인상하고, 여타 항목은 그대로 유지키로 하되 안식년 생활비는 기본 생활비 145만 원에서 170만 원(독신 77만 5천 원에서 115만 원)으로 상향조정키로 가결하다.

17. 선교사 지원 재정 창구 일원화 건; 사유: 선교사의 수적 증가 등으로 교회의 선교헌금 지출이 힘겨운 상황입니다. 또한 개교회가 선교지에 사역비로 지원되는 전략적 기금이 잘 관리되어 건강한 선교열매를 맺게 하기 위하여 선교비 지원 창구를 일원화하는 효과적인 관리 운용이 필요합니다. 방법: 총회 파송 선교사의 선교프로젝트 후원재정이 반드시 총회 선교본부의 재정창구를 경유하여 지원되게 함으로써 재정 운용의 투명성과 선교사의 책무를 더 잘 감당할 수 있도록 지도해갈 수 있습니다. 청원: 파송 선교사를 지원하는 개교회의 프로젝트를 위한 목적 헌금이 반드시 총회 선교본부를 경유하여 지출되도록 총회가 결의하여 주시기 바라나이다.

때문이다.[18]

2000년 초반 KPM은 IMF를 겪으면서 재정상황이 힘든 시기였다. 그런 가운데서도 총회센터를 건축하는 등 본부의 하드웨어를 갖추는 데 많은 재정을 쏟아 부은 시기였다. 선교사의 수 또한 급속히 늘어갔다. 이러한 양적인 팽창 상황이 고신교회로 하여금 KPM의 현재와 미래 재정에 대해 우려하도록 만들었다.

2013년 4월에 개최된 제3회 선후협포럼에서는 "KPM의 선교재정 현황 및 발전방안"이라는 주제로 전략포럼을 가졌다. 이정건 본부장은 발제에서 "이 부분을 다루는 목적은 …… 어떻게 하면 부족한 선교재정을 확보하고 마음껏 선교를 잘할 수 있을까 하는 점을 더 집중적으로 다루려고 하는 것"이라고 서두에 적었다. 손승호 목사의 발제 제목은 "KPM 재정 적자 해결방안"이었다. 그러나 기실 이 포럼이 열리기 바로 직전인 2013년 2월의 KPM의 잔고는 5억 5천 5백만 원이었다. 그때는 이미 어느 정도 재정이 회복세에 있었다. 포럼에서 이정건 본부장은 '4단계 선교비 조정방안'[19]을 발표했는데, 임기 마지막 해에 잔고가 10억 원이 넘어서 행정비를 1% 삭감하여 5%로 하는 것은 제외하고 예정된 대로 4단계를 모두 실행했다. 그만큼 재정이 점차 튼튼해진 것이다. 2014.02.17.-2014.04.20까지 한국선교평가원 선교기관평가단이 실시한 외부 평가에서 KPM의 재정 분야 평가지표에 대한 총점정량 점수는 35점 만점 기준 33점 94.29%으로 최우수 5에 해당한다고 평가되었다.[20]

---

18. 2011년의 개인계정 적자는 172가정 중 83가정으로 48%였다. 이는 외환위기가 누적된 영향이었다.

19. 이정건, "KPM 선교재정 현황과 발전방안," 『제3회 고신선교후원 전략포럼 자료집』, 10.

20. 1. 재정분야를 평가한 결과 다음과 같은 사항이 우수함. ① 2015년은 피평가기관의 선교사역 60주년으로 그동안 많은 인적 물적 정보 자원계획을 세우고 성취하였고, 많은 선교사역을 감당할 수 있는 인프라를 갖추었음. ② 선교비 후원 그룹이 다양하고 숫자가 많아 후원금 규모가 크고 안정적임. ③ 재정지출의 절차, 감사 등 투명성 측면에서 내부적인 시스템이 잘 구축되어 있음. ④ 선교사 복지 후생 제도를 잘 갖추고 있었으며 연금지급, 의료보험 등 잘 이루어지고 있음. 2. 반면에 다음과 같은 사항의 보완이 필요함. ① 전체 선교비에서 복리후생비로 지출하는 비율이 상대적으로 낮음

외환위기 이후 2000년대 초중반에 보였던 선교부 재정에 대한 불안은 선교부 자체가 미래적 대비를 위해 교회들에게 보여준 '엄살'의 뉘앙스와 고신전교회의 자연스럽지만 지나친 대응이었다고 평가된다. 선교본부의 재정 상황이 분명 건전하게 호전되고 있음에도 불구하고, 2013년 연말에 개최된 제63-5차 집행위원회에서는 오랜 기간 정책위원회에서 논의되어 왔던 사항인 "2017년 1월부터 KPM의 세미풀링시스템을 폐지한다."라는 논의가 재론되었다. 이 안건은 찬반 논쟁 이후 다음 회기에서 처리하기로 하였다. 첫 준법인 이사체제에서 열린 64회기에 '세미풀링시스템의 폐지 건'에 대한 논의가 있었다. 선교본부의 반대에도 불구하고 "2017년부터 재정의 공동운용 시스템을 폐지하기로 하고, 그동안 선교사의 적자계정을 해소하도록 이사회, 후원교회, 선교사가 다 함께 노력하도록 한다."라고 결정했다.[21]

2015년 60주년 선교대회를 앞두고 당시 본부에서는 선교사 전체에게 의견을 묻기 위해 설문조사를 했으며, 선교사들의 의견은 세미풀링제를 유지하는 것이었다. 2015년 무주 태권도원에서 열린 선교사대회에서 본부장 이정건 선교사는 "세미풀링시스템의 폐지에 대한 선교본부의 입장"이라는 발제에서 세미풀링제 폐지를 반대하는 선교사들의 의견을 대변했으며, 결국 KPM은 재정 정상화를 위한 유예기간을 얻었다. 이후 2017년까지의 유예기간은 유야무야되고 2022년 현재까지 세미풀링제가 지속되고 있다. 이후 본부장들은 마이너스 계정을 가진 선교사들에게 'KPM 재정 건전성을 위한 단계별 조치'를 일부 실시했다.[22]

---

21. 이정건, "세미풀링시스템의 폐지에 대한 선교본부의 입장," 『제3차 고신세계선교사 대회자료집』, 29-34.
22. 조치(시행세칙10장 44조 2항)
　　1. 적자계정 1500만 원 이상, 수입/지출 비교하여 20만 원 이상 적자이신 선교사 - 경고
　　2. 적자계정 2000만 원 이상, 수입/지출 비교하여 20만 원 이상 적자이신 선교사 - 상여금 중단
　　3. 적자계정 2000만 원 이상, 수입/지출 비교하여 40만 원 이상 적자이신 선교사 - 상여금 중단, 생활비

그러나 기실 당시 KPM 재정에 대한 의제들은 선교부 전체의 재정 악화 때문에 내려진 조치들이 아니라, 많게는 50%까지 늘어나는 적자계정 선교사들 문제 때문이었다.

KPM은 선교 초창기부터 개교회중심의 선교가 아닌, 고신전교회와 노회가 주도하여 선교를 진행하였다. 물론 초창기 교단의 재정이 열악하여 오랫동안 첫 선교지인 대만으로 선교비를 제때에 보내지 못했었다. 그런 와중에 대만으로 2호 선교사인 "유환준 목사를 파송하고, 선교비는 부산노회가 담당하기로 했다. 이후에 부산노회가 동부산노회, 서부산노회를 분립하였지만 세 개의 노회가 힘을 합쳐서 지속적으로 유환준 목사를 지원하는 아름다운 모습을 보였다."[23] 이처럼 개교회중심의 선교가 아닌, 교회 선교의 모범을 보인 것은 고신전교회가 처음부터 선교의 첫 단추를 잘 꿴 것이라 할 수 있다. 선교재정에서 개혁교회의 정신을 덧입힌다는 것의 의미는 다름 아닌 공동체성과 공공성을 가진다는 말이다. KPM은 자체적으로 정립한 선교신학을 통해 개혁교회의 독특성을 공동체성 안에서 풀어가고 있다. "성도가 구원받은 이후 살아가는 인생 자체 구원의 서정: 성령 안에서 부르시고, 의롭다 하시고, 양자 삼으시고, 그리고 성화되는 모든 과정를 통해 자신에게 주어진 삶의 영역에서 하나님의 나라를 드러내는 것이라고 할 수 있다. 그리고 공적 영역들에서 우리 인생의 목적인 하나님께 영광을 돌리는 삶의 양

의 70%

4. 은퇴를 2년 앞둔 선교사 중 재정적자 1500만 원 이상인 선교사에 대한 단계별 재정 운영 - 재정상황이 좋아질 때까지 상여금 중단(1단계), 상여금/재정 70%(2단계) 실시한다.

5. 재정 마이너스 선교사들의 생활비를 통한 사역 문제를 해결하기 위한 본부의 노력. ① 본부장의 추천서. ② 한시적인 일시 귀국을 통한 모금 허락(예를 들면, 내년 1월 한 달간). ③ 본부의 특별 노력으로 재정 마이너스 사역자들을 위한 모금.

6. 본부장님의 서신을 통하여 먼저 상황을 인식하게 한 후 실시한다.

23. 전호진, "고신선교 40년의 전략적 고찰," 편찬위원회 편, 『고신선교 40년』 (서울: 고신총회선교부, 1998), 211.

식과 문화가 분명히 나타나야 한다. 이러한 개혁교회의 전통을 따라 우리의 선교의 목적은 우리가 가르치고 세례를 주어 세운 제자들의 공동체교회가 자신들의 교회는 물론, 교회 밖 삶의 전포괄적인 영역에서 하나님의 나라 백성답게 살아가는 삶을 살아가면서 하나님의 나라가 그 영역들에서 드러나고, 마침내 그 영역들이 하나님의 나라로 변혁되어가는 모든 성육신적 선교의 과정이 포함되어야 한다."[24] 다시 말해 우리의 공동체적이고 공교회적인 삶이 아직 믿지 않는 이들의 구원의 서정에 영향을 미친다는 것을 고백하며 우리의 공동체성의 중요성을 인식해야 한다. 그러므로 이 신학적 고백 안에서 KPM은 우리의 첫 신앙의 선배들이 그렇게 했던 것처럼, 고신전교회의 공동체가 함께 재정 책임을 지는 선교를 지향해야 한다.

4. 2010년대 재정에 대한 새로운 문제의식; 적자계정 선교사

KWMA한국세계선교협의회가 주관하여 2017년에 개최된 제16회 한국선교지도자포럼의 주제는 '한국선교의 변곡점'이었다. KWMA 안에서 한국선교의 성장이 변곡점을 지났다는 분석과 함께 선교의 모판인 교회성장의 뚜렷한 감소에 대한 예측은 선교에도 큰 위기감을 몰고 왔다. 이러한 우려들이 한국교회와 선교현장 안에 팽배한 가운데 2020년 65주년 선교대회를 일 년 앞두고 2019년에 제4차 고신선교포럼이 열렸다. 당시 안영호 이사장이 "선교재정의 위기와 제안"이라는 제목의 글을 발표하여 KPM의 미래 재정 위기에 대한 경종을 울렸다. 안 이사장은 한국교회의 세 가지 위기 요인이 선교에 영향을 미칠 것을 우려하면

---

24. 권효상, "제자들을 통한 전포괄적 삶의 영역에서의 변혁," 「KPM R&D JOURNAL」 5 (2021): 9.

서 본부와 교회와 현장의 선교사들이 잘 대비할 것을 주문했다.

그러나 현재 KPM의 재정과 관련한 이슈는 선교부의 재정 부족이 아니다. 선교본부는 교회들부터 받는 부정기 목적헌금들, 총회로부터 받는 교부금, 각 선교사들로부터 받는 7%의 행정비, 선교달력 판매 수익, 그리고 2012년부터 시행해 온 선교축제를 통해 만들어진 패밀리 기금으로 충분한 흑자 재정을 운영하고 있다. 2020년부터 불어 닥친 예기치 못한 COVID-19의 팬데믹 상황 가운데서도 현재 선교비는 23억 원 흑자 상태이다. 본부는 이 기금들을 운용하여 필요한 본부 주도의 사업들을 하고 있다. 문제는 현장 선교사들의 재정적자이다.

외환위기의 직격탄을 맞으면서 2011년 172가정 중 48%인 83가정이 마이너스 계정을 가지고 있었다. 이후 여러 차례의 필사적인 재정감소 정책을 취하여서 2015년에는 217가정 중 28%인 61가정만이 마이너스 계정을 가지게 되었다. 그런데 김종국 선교사 때 생활비를 일괄적으로 상향 조정한 이유로 인해 2019년에는 240가정 중 49%인 117가정이 마이너스가 되었다. 2021년에는 246가정 중 50%에 해당하는 113가정이 마이너스였다. 2022년에는 245가정 중 44%에 해당하는 108가정이 마이너스 계정을 가지고 있다.

재정적자 선교사에 대한 조치들은 여러 번 있어 왔다. 1997년 제46-3차 실행위원회에서는 "제46-1차 실행위원회1996.10.25.가 1997년 회계연도 선교사의 선교비 일부 인상 조정에 관하여는, 계좌가 여유 있는 선교사에게는 인상 적용 집행하고, 적자 선교사는 보류하며, 적자 내역서를 작성하여 다음 실행위원회에 보고하기로 가결"하였다. 위에서 언급한 바와 같이 적자계정 선교사들을 줄이기 위해 본부장들은 지속적으로 규정에 따른 절차를 진행해 오고 있다. 그럼에도 불구하고 개인계정 적자 문제는 해결되지 않고 있으며, 이는 KPM 재정 문제의 핵으로 지적되어 오고 있다.

제64-2차 KPM 이사회2014.10.22.에서는 세미풀링시스템 운용 건에 대한 결의가 있었다. 그것은 첫째, 2017년부터 선교비 공동운영제도세미풀링시스템를 폐지하도록 한다, 둘째, 현재 적자계정 선교사들의 적자를 2016년 말까지 선교사, KPM 이사회, 후원교회가 해결하도록 한다는 결정이었다. 제64-4차 KPM 이사회2014.12.10.에서는 세미풀링시스템 폐지는 2017년까지 모든 재정적자가 채워지도록 선교사, 이사회, 후원교회가 최선을 다해 노력하고, 2017년부터 적자상황에 관계없이 폐지하되 구체적인 방안을 손승호, 오병욱, 이신철 이사에게 위임하여 다음 이사회 때 안을 내기로 했다2015.6.24.. 60주년 선교사대회에서 가장 큰 이슈는 "세미풀링제도를 계속 유지해야 하는가?"에 대한 문제였다. 이사회, 선후협 그리고 정책위원회의 입장은 폐지 쪽이었다. 이사회의 입장을 대변한 이사장 정수생 목사는 "세미풀링 폐지안은 갑자기 나온 것이 아니다. 상당히 오랜 기간 정책 위원회에서 논의되었던 것이고, 어쩔 수 없이 결정한 사항이다. 아마 시행해 보지 않고 안을 폐기하는 일은 없을 것이다. 그러나 그동안 적자계정을 해소하기 위해 노력한 것은 인정한다. 본부장이 많은 수고를 하였다. 그리고 아직은 시간이 있다."라고 말해 여운을 남겼다. 후원교회 안용운 대표회장은 "적자 선교사는 자신이 KPM 선교사로서 다시 생각해 보아야 한다. 적자를 줄이지 못하는 선교사는 스스로 왜 적자계정이 되는지 그것을 줄이지 못하는 이유가 무엇인지를 깊이 생각해야 한다. 물론 아무런 대안 없이 이사회가 밀어붙이는 것이 아니라는 것을 알아야 한다."라고 말했고, 이성구 공동회장은 "'선교사는 누가 평가하는가?'라는 말이 있음을 상기해야 한다. 요즘 같이 SNS가 발달되어 있는 시대에 여러 경로를 통하여 어느 곳에 있는 선교사든 다 읽고 있다는 사실을 알아야 한다. 적자계정의 선교사가 불필요한 여행 등이 잦은 경우들을 보면서 안타까워하고 있다. 물론 우리는 먼저 적자계정의 사유를 알아볼 필요가 있을 것이다. 비자문제로 많은 경비가 필요할 수도 있고, 자녀 교육비, 사역비 등의 문제들이 있을 것이다. 건전한 사역을 하는 데도 적자계정에 있는 선교사가 있다면 그것을 해소해 주는 것이 옳을 것이다."라고 말했다. 김상석 전 대표회장도 "후원교회는 전적으로 여러분들을 도우기 위해 존재한다. 그리고 앞으로도 그럴 것이다. 후원교회와 잘 소통하여서 원활한 선교사역이 이루어져야 할 것이다."라고 말했다. 정책위원회의 입장을 대변한 오병욱 정책위원장은 "많은 논의와 고민 끝에 이사회가 결정한 것으로 안다. 선교회 전체를 위한 결정이다."[25]라고 말했다.

본부나 선교사협의회의 입장은 세미풀링제의 단점을 보완한 강화된 세미풀링제를 실행하는 것이었다.

> 선교사회의 입장은 각 지역별 논의를 통해 올라온 안건들을 이상룡 회장이 발표했는데, "이해한다." "강화된 세미풀링을 유지하는 것이 좋겠다." "현재의 세미풀링을 시행하는 것에 어떤 불이익도 감수하겠다." "좀 더 연구조사가 필요하지 않은가?" "유보하는 것이 좋다." 등 대체로 세미풀링 폐지에 반대하는 입장이었다. 현장에서 김한중 선교사는 발언을 통해 "그동안 우리 선교사들은 세미풀링제도 안에서 동지애를 가지고 지내왔다. 물질보다는 동지애가 더 큰 자산이라고 믿는다."라고 말해 참석한 선교사들은 대체로 세미풀링 폐지 건에 대해 부정적이었다. 선교본부의 입장은 강화된 세미풀링을 통해 적자계정을 많이 해소하고 있기에 폐지보다는 강화된 세미풀링의 유지가 더 바람직하다고 보았으며, 적자계정의 몇몇 선교사들에 대해서만 특별한 관심을 가지는 것이 좋겠다는 것이었다.[26]

---

25. "고신선교사회, 세미풀링시스템 폐지에 대해 진지한 토의." http://www.kscoramdeo.com/news/article View.html?Idx no=8629 (accessed at 2022. 07.16).
26. "고신선교사회, 세미풀링시스템 폐지에 대해 진지한 토의."

그러나 당시 강화된 세미풀링제도에 대한 안은 나왔지만, 과연 그것이 어떤 식으로 운영되어야 하는지에 대해서는 후속 연구가 진행되지 않았다.

고신교회의 목회자들 가운데도 풀링제도를 주장하는 이들이 있었다. 김홍석 목사는 기독교보에 "선교사는 선교에만 집중하게 하자"는 시론을 통해 KPM이 풀링제도로 가야 한다고 역설했다.[27] 2010년 후반부에 들어서 이사회에서도 풀링제도에 대한 주장이 있었다. 2019년 제4차 고신선교포럼에서 당시 이사장이었던 안영호 목사는 "현재 본부가 시행하고 있는 재정 세미풀링시스템을 장기적인 안목으로 볼 때 풀링시스템으로 가기 위해 미리 준비해야 한다. 미국 남침례교에서 실시하는 풀링시스템을 단번에 도입하는 것은 현재 무리가 있지만 언젠가는 우리가 가야 할 방향으로 정해 놓으면 좋겠다."라고 주장했다.[28] 가장 좋은 방안은 선교사들의 행정비를 총회에서 감당해 주는 것이다. 현행은 선교사 개인 선교비에서 행정비 7%를 공제하고 지원하고 있다. 제53-6차 집행위원회 2004.06.21.에서는 이것을 총회 지원금으로 전환해줄 것을 총회에 청원하기로 가결했으나, 총회에서 받아들여지지 않았다. 총회의 재정규모를 볼 때 쉬운 일이 아니었다. 제56-1차 집행위원회 2006.10.17.에서는 고신세계선교사회에서 건의한 선교행정비 6% 중 1%를 선교의 발전을 위해 필요하다고 인정되어 고신세계선교사회가 사용할 수 있도록 허락하기로 가결했다.

2020년 6월 16일에 열린 정책위원회 정기모임에서 "KPM 선교재정 모금 시

---

27. 총회 산하 교회는 총회세계선교회에 선교비를 보내고, 총회세계선교회는 이를 모아서 힘차게 선교를 추진해 나가는 풀링시스템을 도입해야 선교사들이 선교에만 전념할 수 있다. 지금보다 규모가 좀 더 커진다면 풀링시스템 도입에 어려움을 겪을 수 있으므로 10년 정도 앞을 내다보면서 이를 검토해야 할 적기라고 본다. 또한 당장 시행하는 것은 무리가 있으므로 10년을 목표로 하되 3년 주기로 30%, 50%, 70% 정도의 풀링시스템으로 전환할 것을 제안하고 싶다. "선교사는 선교에만 집중하게 하자" http://www.kosinnews.com/news/articleView.html?idxno=6960 (accessed at 2022.07.15).
28. 안영호, "선교재정의 위기와 대안," 『제4차 고신선교포럼; 변혁의 시대와 선교』, 187.

스템 혁신 방안"에 대해 논의했다. 여기서 논의된 것은 KPM이 적자계정 선교 사의 문제를 해결할 수 있는 방안 등의 대안으로 풀링시스템으로 갈 수 있는지 에 대한 연구였다. 연구국에서 연구한 문건에 대한 1차 논의가 있었다. 그러나 정책위원회에서도 한국교회의 어려운 현실을 반영해야 한다는 의견이 많았다. KPM도 이를 직시하여 모든 선교재정의 모금 책임을 총회에 지우려는 원안은 재고해야 하며, 또한 완전한 풀링시스템의 단점들선교사 개인의 무책임한 모금으로 인한 적자의 확대을 모두 감당하기에는 선교사들의 인간적 약점 또한 반영해야 한다는 의견이 많았다.

그러나 기본적으로 1997년 외환위기 이후에 본부 선교재정 부족 현상과 이후 개인 적자계정 문제를 해결하기 위한 대안으로 서서히 대두되어 온 세미풀 링제도의 폐지와 모금을 선교사 개인의 역량에 모두 맡기는 YGWYGYou get what you get 시스템 도입에 대한 압박은 KPM이 추구하는 공동체성, 공교회성을 살 리는 선교의 정신과는 배치되는 것이라는 것을 분명히 인식해야 한다. 작금 우 리는 진화론적 적자생존의 방식이 우리 교회 안에까지 들어와 교회끼리도 무한 경쟁하는 비성경적인 현상을 보고 있다. 이와 비슷한 사고로 교회가 KPM과 개 개의 선교사에게 자신의 역량에 따라 선교사들끼리 경쟁하면서 모금하도록 요 구하는 것은 결코 공교회적인 선교재정 행정방식이 아니다.

5. KPM형 선교재정 정책을 향하여

이후 2021년 정책위원회에서는 강화된 세미풀링제도인 'KPM형 세미풀링제 도'를 다루었다. 이 제안은 타 교단이나 국제 선교단체들에 비해 결코 뒤떨어지 지 않는 KPM의 세미풀링제의 큰 틀은 그대로 유지하면서도 풀링제의 장점을 통해 세미풀링제도의 단점을 보완하는 방안이라고 할 수 있다. 여기서는 먼저 풀링제와 세미풀링제에 대한 이해를 바로잡고자 한다. 그리고 주요 선교단체들의 재정시스템을 단계로 나누어 살펴보면서 KPM의 현재 자리를 살펴보고, 이를 바탕으로 KPM 안에서 실행가능한 'KPM형 세미풀링제도'를 단계적으로 제안하고자 한다.

(1) 풀링pooling과 세미풀링semi-pooling의 차이점에 대한 바른 이해

선교재정의 풀링시스템에는 두 가지의 의미가 내포되어 있다. ① "풀링제도는 선교사가 모금하지 않고 총회가 모금의 책임을 지고 상회비 등으로 책정하여 만든 기금을 선교본부가 집행하는 것이다."[29] 즉, 모금의 주체가 누구냐에 초점을 둔 것이다. ② 또 다른 의미는 모금된 공동기금을 함께 사용하는 것이다. 즉, 모금된 재정을 어떻게 나누느냐에 초점을 둔 것이다. 그러므로 풀링시스템은 완전한 공동모금과 공동사용 두 가지 측면을 모두 가지고 있는 시스템이다. 반면 세미풀링은 각 선교단체마다 조금씩 다르게 응용되어 발전되고 있다. KPM의 경우, 선교사들이 모금한 전체 재정이 하나의 본부 계좌로 모이나 각 선교사들이 모금의 주체라는 의미에서 풀링이 아니다, 각 선교사들은 가상 개인계좌를 가지고 있다. 선교사들 간의 재정연대를 통해 공평하게 선교비가 지급되는 시스템이다.[30]

---

29. 과거 완전한 풀링을 사용했던 가장 대표적인 단체인 OMF는 2000년대 들어와서 세미풀링제로 바꾸었음에도 불구하고 재정원칙에 다음과 같이 명시되어있다. "우리는 재정적 자원들을 국제적으로 나누어 가진다." 모든 선교사들이 내는 행정비로 불리는 30% 정도의 '공동기금 제도'를 통해 우리는 OMF 안에 선교사들 간의 재정 사용의 공동연대(fellowship)가 여전히 강하게 잔재로 남아있다는 것을 알 수 있다.

30. "선교재정의 운영에 있어서 미국남침례교 해외선교부(IMB)는 풀링시스템을 운영하는데, 풀링시스템은 선교사가 직접 모금하지 않고 총회가 모금의 책임을 지고 상회비 등으로 책정하여 만든 기금을 선교본부가 집행하는 것이다. 이에 반해 세미풀링은 선교사가 모금하고 선교본부가 집행하는 제도이다." 이정건, "세미풀링시스템을 폐지해야 하나?" http://www.kscoramdeo.com/news/articleView.html?idxno=8629 (accessed at 2015.06.24). "KPM 재정은 소위 선교비 창구 일원화라고 불리는 세미풀링시스템을 적용하여 운영하고 있다. 이 방법은 KPM 본부가 각 선교사 명의로 정해진 가상계좌에 후

그러나 결국 마지막 결산에서는 마이너스 계정을 가진 선교사는 재정에 책임을 가진다 단순히 재정연대이지 공동사용이 아니라는 의미에서 풀링이 아니다.

지금 KPM은 재정시스템 혁신을 통해 어떤 의미의 풀링을 하려고 하는 것인가? 각 선교단체들의 시스템을 비교해 보면서 KPM형 시스템을 제안하기 전에, 지금 시점에서 재정시스템을 혁신하고자 하는 취지에 대해 다시 한 번 생각해 보자.

(2) 재정시스템 혁신의 취지

① 선교사의 직접 모금 부담을 조금 덜어주자는 것이다. 고신교회에서 선교사들에게 나가는 재정 총량은 비슷하다. 고신교회에 더 많은 선교비 부담을 지우자는 취지의 재정 개혁이 아니다. 선교사가 직접 교회들을 대상으로 모금할 때의 에너지를 줄이고 사역에 집중하게 하고, 지역교회는 각 선교사들이 개별적으로 찾아와서 재정을 요청하는 부담을 줄이자는 것이다. 이때 발생하는 부수적인 문제들, 즉 개교회가 파송한 선교사에 대한 정서적 애착 등의 부수적인 문제들은 기술적으로 충분히 대처할 수 있다.

② 재정시스템 개선을 통해 노회가 선교에 적극적으로 참여하는 계기를 삼자는 것이다.

③ 재정개혁은 선교사 절벽의 시대를 대비하는 정책과 밀접히 연관된 정책

원교회가 선교비를 헌금하면, 본부는 그것을 일괄 모았다가 선교사들에게 전달하는 방법이다." 이정건, "KPM 재정현황과 발전방안," 『제3차 고신선교후원 전략포럼』, 11. "미국의 CRC교단과 IMB교단, 일본의 개혁파교단에서 실시하는 '선교상회비 제도를 통한 풀링시스템'은 선교사가 모금의 주체가 되는 것이 아니라 총회가 모금의 책임을 지고 상회비 등을 통해 만든 선교기금을 선교본부가 집행하는 것이다." 전성진, "KPM선교재정모금 시스템 혁신 방안," 정책위원회 발표 안 (2020.06.16), 3. 우리가 이해하는 풀링과 세미풀링의 차이는 모금의 주체와 책임을 총회가 지느냐 아니면 선교사 개인이 지느냐에만 집중되어 있다는 것을 알 수 있다.

이다. 개개의 신임선교사가 모금하는 시스템은 늘어가는 선교비 직접 모금에 대한 부담으로 신임선교사 부족사태를 초래하는 원인의 하나가 되고 있다.

④ 현장 팀 사역을 활성화시키자는 것이다.

(3) 선교단체들이 사용하고 있는 주요 재정시스템 비교

① YGWYGyou get what you get system

개개의 선교사가 모금한 것은 해당 선교사가 모두 가져가 사용하는 시스템이다. 선교사가 전적으로 모금의 주체이며, 또 재정의 공동사용이 전혀 없이 모금한 전체 재정일정 부분 행정비 제외을 모금한 선교사가 가져간다는 의미에서 풀링시스템과 가장 거리가 멀다고 할 수 있다. 2018년 이전 GMS가 사용한 정책이 대표적이며, 한국의 여러 단체들이 아직 이 상태의 재정시스템을 운영하고 있다.[31]

② KPM의 세미풀링제도

모금의 책임은 기본적으로 선교사 개개인에게 주어져 있다는 의미에서 풀링이 아니다. 그러나 공동모금 제도KPM family 등를 통해서 일정 부분 본부가 모금의 주체가 된다는 의미에서 세미풀링이라고 할 수 있다. 재정 사용은 개개인의 선교사가 모금한 재정을 본인이 모두 사용하지 않고, 가상계좌를 통한 선교사 계정 간 이동으로 서로에게 보험 역할을 하고 있다.

③ 풀링제도의 의미를 머금은 세미풀링제도

OMF가 좋은 예이다. 필드에서 OMF 선교사들에게 물어보면 자신들의 재정시스템을 풀링이라고 말하는 선교사도 있고, 세미풀링이라고 말하는 선교사도 있다. OMF는 원래 풀링제도를 가지고 있다가 세미풀링으로 바꾼 단체이다.

---

31. GMS는 2018년 전철영 선교총무 체제가 되면서 고신과 비슷한 세미풀링시스템으로 가려고 노력 중이다.

그래서 그만큼 풀링제도의 좋은 취지를 담으려고 노력하는 세미풀링제도이다. OMF는 모금을 각 개인이 한다는 점에서는 풀링이 아니다. 그러나 개인이 모금한 재정의 30% 정도를 공동재정으로 모으는 것, 100% 이상을 모금한 선교사의 재정은 자동적으로 필드, 홈지역부, 국제본부로 나누어져 공동기금으로 간다는 것에서는 풀링에 보다 가까운 세미풀링시스템이라고 할 수 있다.[32] 재정의 사용에 있어 각 선교사가 개인이 모금한 재정 중 특히 생활비와 사역비를 책정된 만큼 가져간다는 점에서 완전한 풀링은 아니다. 그러나 OMF는 선교사들이 모금된 재정을 공동으로 사용한다는 개념들이 남아있다. 예를 들어, 개인이 내는 30% 정도의 행정비용이 모금이 적게 되는 필드 선교사들의 80% 생활비 보장용이나 홈의 비상금 등 공적으로 사용된다.

④ 완전한 풀링시스템

IMB가 대표적이다. 총회가 재정 모금의 주체로서 100% 모금을 하여 선교본부로 재정을 준다. 모든 선교사들은 재정 모금에 대한 부담이 전혀 없다는 의미에서 완전한 풀링제도이다. 또 선교재정의 사용에 있어 재정 풀에 모인 100%의 재정을 공동으로 사용한다.

결론적으로, 완전한 풀링으로 가는 것은 앞에서 언급한 ① 총회가 책임지고 KPM이 선교비 전체를 모금하는 주체가 된다는 것이 현실적으로 부담이 크다는 이유와 ② 풀링시스템에서 발생하는 선교사들의 연약함을 고려하여 현 상황에서는 배제하는 것으로 상정한다. 이런 점에서 KPM이 보다 강화된 세미풀링시스템을 가지려고 한다면, OMF의 사례가 본받을 만한 좋은 예가 될 것 같다.

---

32. OMF 각 선교사 유닛은 필드 사무실 운영비(FF), 홈운영비(HSF; 우리의 지역부와 비슷한 개념), 국제본부와 국제사역자금(ISF), 사역비와 생활비(ILMF), 그리고 필드와 홈에서 사용하는 응급 기금(IFF) 등 다섯 가지 항목을 모금해야 한다. 그중 사역비와 생활비를 뺀 나머지 네 가지의 항목을 위해 유닛 당 30% 정도를 공동기금으로 낸다. KPM의 선교사가 부담하는 행정비에 해당하는 개념이다.

OMF는 개인주의화되는 시대적 상황과 선교사 개인들의 성향 변화 등을 고려하여 풀링시스템에서 세미풀링시스템으로 바꾸었다. 그러나 OMF의 경우 풀링제의 장점을 껴안으려는 노력들이 보인다. KPM은 선교사들과 교회들의 한국적 시대 정서를 반영하나, 최대한 성경적인 원리에 맞는 우리만의 시스템을 지속적으로 발전시켜야 할 것이다.[33]

<그림 2.8-1> 선교단체들의 선교재정시스템

(4) KPM이 현실적으로 시행해 볼 수 있는 강화된 세미풀링제도 방안과 구체적 단계들 제안

여러 번의 의견 수렴 과정에서 나온 대로, KPM의 재정시스템은 지속적으로 교회노회와 함께 적극적으로 실행해보고, 그리고 좋은 예들을 샘플링해보는 방향으로 나가야 한다. 세미풀링제도 안에서 풀링제도의 장점을 극대화한다는 취지에 따라 풀링제도의 특징인 공동모금과 공동사용의 두 항으로 나누어 실행가능한 안을 단계별로 제시해 보고자 한다.

---

33. 손승호, "KPM 재정적자 해결방안; OMF의 예,"『제3회 고신선교후원 전략포럼』, 14-30을 참조하라. 재정 문제 역시 선교사와 후원교회의 영적 자각 없이 시스템만으로 개선될 수 있는 것이 아님을 오랜 필드 경험에서 조언하고 있다. KPM이 가진 영적 저력을 반영한 재정시스템을 지속적이고 창의적으로 발전해 나가는 것이 중요하다.

1) 완전한 공동모금이 아닌 실행가능한 공동모금 방안

가능한 공동모금 방법은 100% 이상 모금된 상위 30%의 선교사 재정 일부를 지역부 풀에 공동모금하는 방법, 본부에서 선교사 사역비 일부를 공동모금하는 방법, 선교사들의 사역비 30%를 지역 팀사역비로 공동모금하는 방법, 그리고 신임선교사를 파송하는 노회에서 공동모금하는 방법, 동역노회가 팀사역비 풀을 직접 조성하는 방법 등이 있겠다.

① 동역노회가 신임선교사 재정 공동모금

KPM이 풀링시스템으로 바꾸어 전체 선교사를 위해 고신전교회가 공동모금을 해주는 것이 현실적으로 어렵다면, 지금부터 파송되는 신임선교사들만이라도 공동모금을 통해 파송하자는 제안이다. 현재 한 유닛의 선교사 가정이 파송될 때 350만 원의 모금이 요청된다. 이것은 한 교회가 감당하기에는 너무 큰 액수이고, 또한 주 후원교회가 재정을 100% 책임질 때 올 수 있는 위험성이 있기 때문에 바람직하지 않다. 그러므로 현재 KPM과 노회들이 함께 시행하고 있는 동역노회 제도를 통해 이 문제를 함께 풀어볼 수 있겠다. 즉, 처음부터 KPM과 동역노회가 신임선교사 선발, 훈련, 파송, 그리고 선교비 모금의 단계를 함께 하자는 것이다. 우선, 노회와 KPM이 중고등부 혹은 대학 청년 때부터 선발한 선교 후보생을 KPM 232운동과 연계하여 전략적으로 관리해보자. KPM이 가지고 있는 인턴십 제도를 이용하여 KPM과 더불어 전략적 단기 선교를 통해 언어 훈련과 문화적응 훈련을 미리 하도록 해보자. 노회가 목사후보생을 시취하고 신학계속 허락을 하듯이, 노회선교부에서는 선교사 후보자들을 시취하고 관리하고 파송 계획도 세울 수 있다. 그리고 매년 가을에 각 노회별로 다음 해에 신규 지원할 선교사 수를 정하여 KPM에 통보한다. KPM은 미리 노회에서 관리되고 위탁된 양질의 선교사 후보생들을 상대로 OTC훈련을 하여 파송할 수 있다. 마지막으로, 선교사 허입 후 이전에는 선교사가 개교회를 상대로 모금을 하러 다녔으나, 이제는 노회가 해당 선교사를 위해 노회 안에서 공동모금하여 재정을 책임지는 것이다.

고신선교는 선교사 지원의 절벽에 부딪혀 향후 15년 이내에 심각한 수급 차질을 겪을 것으로 보인다. 선교사 수급은 또한 선교비 모금이 점차적으로 어려워지고 있는 현실과 직접적인 관련성이 있다. 교회 입장에서도 57개 나라에 산재한 선교사들을 후원함으로 어느 한 곳도 양질의 후원을 할 수 없는데, 만일 한 노회가 한 지역만 선택하여 집중 지원하게 된다면 훨씬 쉽고도 효과적으로 후원할 수 있게 된다. 이 제도의 또 다른 장점들은 다음과 같다. 첫째, 고신교회가 공교회성을 회복하는 성경적인 선교를 할 수 있도록 패러다임을 바꿀 수 있다. 둘째, 각각의 선교사들 역시 각 지역선교부에서 경쟁을 피하고, 하나님 나라의 관점에서 선교를 이해하고 실제적인 동역을 이루어 낼 수 있다. 셋째, 작은 교회들이 노회를 중심으로 모두 선교에 동참할 길을 가지게 되며, 선교적 교회의 본질을 회복할 수 있어서 건강하고 강한 소형교회를 만들어 갈 수 있다.

이미 KPM과 전라노회가 2020년부터 준비하여 이 제도를 샘플링해 보았다. 전라노회 소속의 교역자 한 가정이 이 프로그램으로 노회를 통해 허입되었고, 72회기에 전라노회와 동역하고 있는 지역부로 파송되었다. KPM은 현재 여러 지역부와 동역노회들에 이 제도를 확대하려고 노력하고 있다.[34]

② 지역부의 공동사역비 공동모금

왜 공동사역비의 공동모금이 필요한가? 개별사역 중심에서 공동사역팀 사역

---

34. 이 방안은 공동모금의 결점인 한국적 정서 안에서 개교회가 '우리 선교사'에게 정을 더 주어 집중하고 싶어 하는 것에 대한 대안이 될 수 있다. 이제 '우리 교회 선교사'가 아니라 '우리 노회선교사'라고 부를 수 있을 것이다. 또한 이 방식은 선교사 절벽 시대를 대비하는 묘안이 될 수 있다.

중심으로 KPM의 사역 생태계가 바뀌어야 하기 때문이다. 12지역부 체제로 바뀌면서 KPM의 전략적 기대 중 하나는 개인사역 비중이 줄어들고 선교사들 간의 창의적인 공동사역팀 사역이 활발히 일어나는 것이다. 그러나 지금은 현실적으로 지역부에 배당된 공동사역비가 형식적인 수준이어서 각 지역부 선교사들이 자발적으로 공동사역을 일으킬수록 자비로 공동사역을 위한 재정을 감당해야 하는 구조이다. 그러므로 선교사가 적극적으로 협력하여 공동사역을 일으키는 것에 한계가 있는 상황이다. 따라서 재정적 지원 없이 공동사역 중심의 지역부가 되라고 독려만 해서는 행정 통제력에 제한이 있다. 이러한 점에서 공동사역비는 12지역부 체제의 사역을 원래 계획한 대로 정상 궤도에 올리기 위해 우선적으로 개선되어야 할 부분이다. 우선, 현재 KPM의 운영지침상 지역부에서 공동사역을 시작하려면, 본부의 심사를 거쳐 모금 허락을 얻게 된다. 그러면 각 선교사는 공동사역을 위해 개별적으로 모금하지 말고, 지역부에서 필요한 프로젝트별로 필요한 재정을 본부에 요청한다. 본부는 프로젝트를 매년 두 차례 공정히 심사하여 채택 여부를 결정한다. 이 제도로 본부가 지역부의 공동사역에 대한 통제력을 충분히 강화할 수 있고, 무분별하게 중복된 프로젝트를 실행하는 것도 예방할 수 있다. 이 제도가 질적으로 충분히 정착되면 본부 심사가 아닌 12지역부 운영팀의 자체 심사도 고려해야 한다. 채택된 12지역부의 공동사역 프로젝트들을 하나의 책자로 만들고 동역노회들에 소개하여 노회가교회들과 개인 관심 있는 분야에 지원할 수 있도록 한다.[35] 공동사역 프로젝트 책자는 매년 두 차례 업데이트하여 동역노회와 전국 교회에 밀접하게 전달, 홍보, 후원 매칭

---

35. IMB는 교단에서 공동모금을 하기 때문에 이 체제가 잘 갖추어져 있고 벤치마킹할 만하다. 이 교단은 홍보/동원 행정 요원이 충분히 배치되어 전적으로 모금한다. 필요한 공동 프로젝트를 지역부가 요청하면, 교단 선교부의 전문팀이 실사를 하여 모금 리스트를 일괄적으로 만들어서 모금하는 방식이다. KPM도 이미 2021년에 12지역부 사업과 재정 홍보 책자를 발간했다. 그러나 이 책에는 아직 지역부별 공동사역에 대한 홍보는 빠져 있다.

을 한다.[36] 이 시스템은 홍보/동원이 결정적으로 중요하다. 각 프로젝트에 현장의 선교사를 대변하여 설명할 수 있는 필드 경험이 있는 은퇴선교사들을 동원하는 방법을 강구해 볼만하다. 노회선교부를 상비부로 조직하여 선교사 출신 목회자나 은퇴선교사 포함 전문화시키고 각 교회의 선교사역을 노회의 선교사역으로 전환하는 노력이 필요하다. 시스템이 시작하는 시점부터 본부에서 일괄적으로 모든 지역부에 주던 공동사역 명목의 재정을 중단하고, 지역부에서 올린 프로젝트 안이 통과된 건에 한해서 공동사역비를 충분히 지원한다. 일종의 인센티브제로 공동사역을 독려하는 효과가 있을 것으로 예상한다. 2022년 베캄 지역부와 동역하는 세 개의 노회들이 지역부의 공동사역에 대한 풀을 마련하기 위해 매달마다 노회 차원에서 정기적으로 도움을 주기로 결정한 것은 고무적인 일이라 하겠다.

③ 선교사 사역비 공동모금

선교사의 개인 사역비는 선교사 개인이 모금하는 전체 금액의 평균 5% 정도로 큰 비중을 차지하지 않는다. 그러나 개인 사역비는 마이너스 계정 선교사들은 받지 못한다. 71회기 2022년에는 55%로 줄어들었으나, 69회기에는 전체 선교사 중 사역비 지원을 받는 선교사가 43%에 불과했다. 이 말은 선교사들이 사역비 없이 사역하고 있다는 말이다. 현장에서 사역비는 생각보다 많이 들어가며, 결국 선교사의 생활비에서 충당되는 경우가 대부분이다. 과도한 경우 현장 선교사의 삶의 질을 떨어뜨리고 피로도를 높여 장기사역에 어려움이 있게 만든

---

36. 2021년 KPM본부에서 선교현장을 돕기 위해 한시적으로 운영한 '안디옥운동'과 '선교지를 위한 사랑의 나눔운동'은 풀링의 좋은 예라고 할 수 있다. 기금은 본부와 선교사들과 선교지의 교회가 공동모금을 했으며, 사용은 필요에 의해 한국의 어려운 교회와 선교지 교회들에 사용되었다. 기금이 모두에게 공평하게 나누어진 것이 아니라 선교사들 각자의 신앙 양심과 필요에 의해 청구되었다는 의미에서 재정사용의 풀링이 어느 정도 구현된 것이다.

다. 혹은 선교사들이 목적헌금 명목으로 사역을 위해 각 교회와 개인을 대상으로 이중적으로 모금해야 한다. 모금 액수의 비중은 크지 않으나, 현장의 어려움 중 큰 항목이 사역비이므로 이 항목을 공동모금하는 것을 제안한다.

68회기 기준으로 KPM의 전체 연간 사역비는 약 7억 5천만 원이다. 전체의 30%인 2억 5천만 원을 공동모금하여 사역비를 받지 못하는 43%의 선교사에게 직접 후원하자는 것이다. 이를 위해 본부가 KPM 기관후원 계정을 만들어 사역비에 해당하는 재정을 한시적으로 공동모금한다.[37] 하지만 장기적으로는 2023년부터 동역노회에서 추천하여 파송되는 신임선교사들의 개인 사역비는 해당 동역노회에서 감당하게 되므로, 동역노회와 함께하는 파송제도가 잘 정착할 것을 전제로 이 제도는 한시적이라고 할 수 있다.

2) 완전한 공동사용풀링이 아닌 실행가능한 재정 공동사용개선된 세미풀링 방안

재정의 공동사용을 위한 방안으로는 지역부 공동풀에 모인 재정을 지역부 팀 사역비로 사용하여 사역비를 받지 못하는 선교사에게 일부 직접 지원하는 방안과, 매칭 노회들의 선교부 재정을 지역부와 함께 사용하는 방안이 있겠다.

① 지역부 공동모금 풀

100% 이상 모금된 상위 30% 선교사의 재정 일부를 자동적으로 지역부 공동모금 풀로 적립하여 팀 사역을 위해 공동으로 사용하자는 제안이다. 내가 모금한 재정은 나의 선교비라는 의식에서 교단본부의 선교비라는 의식으로의 변화가 필요하다. 사역비로 받는 재정의 30%를 지역부의 공동풀에 모아서 공동 팀 사역을 위해 사용한다. 세미풀링으로 풀링에 가깝게 개선하기 위해서는 선

---

37. 71회기 1년 Family 기금은 약 3억 5천만 원이다.

교사들의 의식 개선이 중요하다. KPM 전체 재정에서 나의 포션을 더 많이 챙겨가겠다는 개인주의적인 생각을 접고, 공동재정을 한 식구, 한 형제와 함께 사용한다는 교제fellowship의 개념을 가져야 한다. KPM 선교사가 모은 전체 재정을 사용하는 것에 풀링하지는 않지만, 선교모금을 교단에 풀링해달라고 요청하기 이전에 선교사들이 먼저 선교재정 사용에서 일부이지만 풀링하는 모습을 보여주어야 한다.

사역비 재정의 일부를 공동풀로 모을 때 일부 더 많은 재정을 넣어야 하는 선교사들의 마음이 어려워질 수 있으나, 이것은 교육을 통한 의식 개선으로 해결해가야 할 것이다. 때문에 잉여분 재정을 KPM본부가 아닌 각 지역부의 계정 안에 공동모금하는 것이 좋을 수 있다. 왜냐하면 KPM 선교사들이 전 세계에 흩어진 일면식도 없는 다른 선교사들을 위해 재정을 희생하는 것은 익명성의 문제 때문에 어렵다고 판단되기 때문이다. 대신 늘 같이 사역해야 하는비록 거리상 멀리 떨어져 있는 경우도 있으나 지역부 안에서 사역을 통한 충분한 동질감과 연대적 책임감을 가질 수 있다 같은 지역부 부원끼리의 재정 나눔flowing과 연대는 훨씬 잘 될 것으로 예상된다. 이 재정으로 지역부의 팀 사역을 실제적으로 강화할 수 있다. 물론 재정을 더 많이 플로잉한 선교사에게는 인센티브 제도가 필요하다. 예를 들어, 본인이 발의하거나 본인이 속한 공동사역에 대해서 시행 우선권과 충분한 재정지원을 해줄 수 있겠다.

② 동역노회들의 선교부 재정을 지역부와 연대하여 사용

선교사들만 재정에 대한 공동풀을 만들어서 그것을 함께 공동으로 사용해야 한다는 공교회 의식을 가질 것이 아니라, 노회선교부 재정에 대해서도 매칭 지역부와 함께 재정을 사용하는 것을 제안한다. 현재 노회선교부의 재정은 자체 모임, 선교지 방문, 선교지 교회개척 등 노회선교부가 일방통행식으로 사용하고 있다. 위에서 제안한 대로, 노회선교부가 상비부서로 조직화된다면, 선교부는 항시 매칭 지역부 운영팀과 연간 재정 운영을 계획하고 실행하는 모든 단계에서 함께 한다. 이 제도는 노회선교부의 재정을 보다 매칭 지역부의 현실에 맞게 사용되게 할 것으로 기대된다.

6. 나가는 말

KPM은 한 명의 선교사의 재정을 감당하기도 벅찬 시대에 선교를 시작했지만, 국가경제의 발전과 80년대 한국교회의 부흥성장, 90년대 한국선교의 비약적인 도약이라는 굵은 역사와 맞물려 지속적으로 성장해 오고 있다. 필자는 KPM의 재정과 관련한 연대기적 관찰을 통해 외환위기 이전의 KPM 재정에 관련한 논의가 주로 선교재정 자체의 부족에 관한 것이었다면, 외환위기 이후 KPM 재정과 관련한 논의는 주로 적자계정 선교사의 재정에 관련한 논의였다는 것을 밝혔다. 2022년 현재 KPM의 재정과 관련해서도 현재 선교부의 전체 재정은 튼튼하나, 개인 적자계정 선교사의 숫자가 줄어들지 않는 것에서 오는 문제들이 여전히 크게 부각되고 있다.

다원주의 시대의 영향으로 개인주의가 사회에 만연하고 교회 안에도 공교회성이 약화된 시점에서, 선교사와 본부 이외의 유관 기관들은 모두 세미풀링시스템의 단점들을 부각해 선교모금을 선교사 개인의 역량에 맡기려 하고 있다. 이러한 상황에서 선교사와 본부가 고신전교회에 약속했던 것은 "강화된 세미풀링을 유지하는 것과 현재의 세미풀링을 시행하는 것에 어떤 불이익도 감수하겠다."라는 것이었다. 선교부와 선교사들도 고신전교회에 약속한 것을 지켜야 한다. KPM의 재정이 미래에도 건강한 체질을 유지하기 위해서는 현재 KPM이 가지고 있는 세미풀링시스템을 조금씩 체질 개선하고 강화해야만 한다. 통계상 풀링시스템과 세미풀링시스템의 단점인 선교사들의 공적 선교에 대한 책무의식의 부족 부분은 최근에 파송된 신임선교사들에게서 더 많이 나타나고 있다. 이러한 부분은 선교사 교육을 통해 해결해야 할 부분이다.

필자는 교육 이외에 제도적으로 변화시킬 수 있는 방법으로써 KPM형으로 강화된 세미풀링제를 제안한 것이다. 즉, KPM의 선교재정시스템은 어디로 갈 것인가라는 질문에 답을 해야 하는 시기와 위치에서 ① 장기적으로 변곡점을 지난 한국교회의 경제적인 상황을 고려하고, ② 성경적인 공교회적 선교의 정신을 회복하는 것을 목적으로, ③ 세미풀링제도의 장점은 살리고 단점을 보완하면서 뒤로 후퇴하지 않는 시스템을 제안했다.

재정 운용은 선교의 다른 요인들과 맞물려 있기에, 이 제도를 시행함으로써 몇 가지 기대할 수 있는 장점들이 있다. 우선 ① 사역을 위한 재정이 모아짐으로 실제적인 팀 사역의 활성화를 기대할 수 있다. ② 본부가 동역노회와 함께 현장선교에 동참하므로 동역노회 제도의 활성화를 기대할 수 있다. ③ 소형교회의 선교 참여 활성화도 기대된다. ④ 신임선교사가 노회에서 처음부터 파송에서 재정 모금까지 일괄적으로 관리되므로 인적, 물적 자원의 개발이 수월해질 것으로 기대된다. ⑤ 또한 본부와 지역선교부가 개인 선교사를 위한 공동모금에 관여하므로 본부와 지역부의 현장 행정 통제가 더 원활해질 것으로 기대된다.

1. 들어가는 말

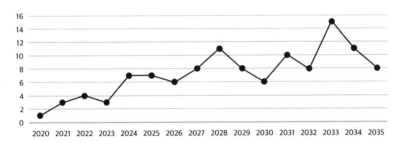

<그림 2.9-1> 2035년까지 선교사 은퇴(115유닛/매년 7.6명 은퇴)

KPM 선교사들은 2020년부터 2025년까지 115유닛이 은퇴한다. 이는 매년 평균 8유닛이 은퇴한다는 뜻으로, 현재 245유닛 중 47%에 해당하는 수치이다. 이와는 반대로 신임선교사의 숫자는 갈수록 줄어들고 있다. 선교사의 중간탈락과 본부가 전략지역으로 파송해야 하는 선교사의 숫자를 고려하면, 이전과 같이 은퇴하는 선교사를 대신하여 그들의 사역지로 보낼 후임자를 기대하기 어렵게 되었다. 이것이 KPM이 은퇴전략을 새롭게 고려해야 하는 시급한 이유이다.

한국선교연구원의 자료에 의하면, 은퇴를 준비하고 있는가라는 질문에 선교사의 3%만 준비하고 있다고 답했다. 50%의 선교사들은 전혀 준비하고 있지 않다고 답했다.[1] 이 또한 은퇴에 대해 더 깊이 고민해야 하는 이유이다.

이 장에서는 먼저 KPM의 은퇴에 대한 지금까지의 논의들을 살펴보면서 전반적인 은퇴 선교전략에 대한 흐름을 살펴보려고 한다. 이와 더불어 외국 선교단체들의 사례와 KPM 안에서 은퇴한 선교사들의 현재를 살펴보면서 은퇴전략의 미래방향을 그려보려고 한다. 특히 한 가지 고려하고자 하는 것은, 지금까지 KPM 안에서 은퇴에 관한 논의는 현지 이양에 너무 편중되어 왔다는 것인데, 이는 선교현장에서 재정과 행정 이양이 제대로 이루어지지 않고 있다는 부정적인 뉘앙스를 전제한다. 따라서 여기서는 이양에 대한 강조와 더불어 보다 긍정적으로 은퇴선교사들의 은퇴 이후 설계에 대해서 집중하려고 한다.

2. 선교사 은퇴 논의의 역사적 배경

제50-8차 세계선교부 전체회의2001.8.13.에서 유환준 선교사의 은퇴와 관련해 총회 시에 유환준 선교사가 인사하도록 하고 금메달10돈을 만들어 선물하도록 가결하였다. 제57-6차 집행위원회2008.7.22.에서는 은퇴선교사의 복음병원 진료비 50% 혜택을 위해 학교법인 이사회에 청원키로 가결하였다. 제60-1차 선교위 집행위원회11.22.-24.에서는 행정내규 제7장 병가 휴직 사면 은퇴 및 해임 부분을 수정하였다. 류영기 선교사는 2014년 「해외선교」 겨울호에 "선교사의 은

---

1. "[연중기획-4부] 선교사에게 은빛 날개를" http://news.kmib.co.kr/article/view.asp?arcid=0008765889 (accessed at 2021.04.14).

퇴와 그 이후의 삶"이라는 주제로 발표했다. 제64-7차 KPM 이사회2015.8.10.에서는 'KPM 은퇴마을 조성 기금 추가 청원 건'과 관련해 제64-4차 KPM 이사회2015.2.10.에서 전략펀드 용처에 대한 규정 결의 내용1. MK들을 위한 장학사업 2. 선교 인재양성 3. 전문인 선교사 육성 및 지원 4. 선교 R&D를 위한 기금 5. KPM 패밀리를 위한 관리비 중 결의된 용처에 6번으로 'KPM 은퇴마을 조성 기금'을 추가하도록 허락하였다. 제65-3차 KPM 이사회 및 정책수련회2015.11.9.에서는 KPM 은퇴마을의 단계적 추진을 KPM 주요정책으로 추진하는 것을 허락하였다. 2016년 「해외선교」 봄호에서는 은퇴를 특집으로 다루었는데, 김종국 본부장이 "건강한 사역의 이양"이라는 주제로, 류영기 선교사가 "인생의 하프타임과 은퇴의 준비"라는 제목으로, 연구훈련국에서 "이양에 초점을 둔 선교"라는 제목으로 발표했다. 제65-7차 KPM 이사회2016.7.12.에서는 'KPM 은퇴마을 조성을 위한 추진위원회 청원 건'과 관련해 인천 예일교회에서 기증한 땅을 총회유지재단 명의로 등록된 후 구성키로 하였다.

2016년 4월 25-29일에는 "행복한 Retire 건강한 사역이양"이라는 주제로 KPM S-60 수련회를 코타키나발루에서 가졌다. 그리고 이 수련회에서의 요청으로 'S60 은퇴 및 이양 계획서' 문서가 만들어져 선교사들이 은퇴하기 전에 사용되고 있다. 제66-2차 KPM 이사회2016.11.14.에서는 '멤버케어위원회, 은퇴 및 이양 계획서, 권역/지부조정, 정관/시행 세칙 수정 건'과 관련해 제66-2차 이사회 및 정책수련회 유인물대로 받기로 하되 정책위원회에 위임하여 연구토록 한 후 차기 이사회에서 보고받기로 하였다. 그리고 'KPM 은퇴마을 조성을 위한 추진위원회 구성 청원 건'은 차기 이사회 시 기증받은 땅을 방문토록 하고 건축 관련 전문가의 컨설팅을 받기로 하였다. 2016년 12월 19-20일에 열린 제6회기 2차 정책위원회에서 은퇴 및 이양 포맷에 대한 논의가 있었다. 제66-3차 KPM 이사회2017.1.13.에서는 'KPM 선교사 은퇴 및 이양 계획 승인 청원 건'을 허락하였다. 제66-6차 KPM 이사회2017.6.27.에서는 '선교사 은퇴에 대한 정관개정 총회 상정 청원 건'을 허락하였다. 그리고 '은퇴선교사 격려금 논의 건'은 은퇴 시 1천만 원을 지원하기로 하였다. 제67-2차 KPM 이사회2017.11.8.에서는 '은퇴 및 이양을 위한 S-60에 대한 향후 방향에 대한 논의 건'을 차기 이사회에서 재논의하기로 하였다. 제67-5차 KPM 이사회2018.5.8.에서는 KPM 선교사의 은퇴와 관련한 복지 정책을 정책위원회에 위임하여 연구키로 하였다. 제67-7차 KPM 이사회2018.8.10.에서는 '은퇴선교사 격려금 청원 건'과 관련해 지불한 은퇴 격려금에는 항공료가 포함되었으며, 소급 적용하지 않기로 하였다. 제68-2차 KPM 이사회2019.11.27.-29.에서는 S65 포럼의 후속작업 TF가 작성한 'KPM 이양과 은퇴 매뉴얼'을 통과시켰다. 2019년 제4차 고신선교포럼에서는 김한중 선교사가 "선교사의 이양과 은퇴"라는 주제로 강연하고, 안용운 목사가 논찬을 했다. 제69-3차 KPM 정책이사회2019.11.19.-21.에서는 선교사 은퇴마을 부지 기증 의사 논의 보고를 실사한 후 세부 계획서를 작성하여 다음 회에 다루기로 하였다. 제71-3차 정책이사회2021.11.23.에서는 '은퇴, 사임 선교사 후원금 잔액 관리에 관한 건'과 관련해 수입, 지출, 보존 연한 등에 관한 규정을 본부에서 연구하여 이사회에 보고하기로 하였다.

3. 선교사 은퇴를 위한 규정과 논의들

(1) KPM 은퇴 규정과 이사회의 판례들

KPM 선교사 은퇴에 관한 규정은 KPM의 공식문서인 정관과 시행세칙에 담겨있다. 이 외에 본부에서 만든 규정들가칭과 KPM 비전을 통해 은퇴에 관한 정책이 운영되고 있다. 정관 제5장 선교사 26조정년에는 "선교사의 정년은 만 70세로 한다. 단 20년 이상 사역한 60세 이상인 자는 조기 은퇴할 수 있다."라고 규정되어 있다. 시행세칙 제2장 11조 멤버케어원 임무에서는 "(9) 선교사의 은퇴 이후의 삶을 위한 디자인과 실제적인 도움을 제공한다."라고 명시한다. 이는 선교사 은퇴에 관한 업무가 멤버케어원 소관이라는 것을 의미한다. 제9장 44조 은퇴에서는 "1. 선교사의 정년은 70세로 한다. 단 20년 이상 사역한 60세 이상인 자는 조기 은퇴가 가능하다. 2. 은퇴선교사가 현지에서 계속 사역을 원할 경우 지역선교부의 동의와 이사회의 승인으로 지역선교부의 언권회원이 될 수 있다. 3. 부부가 함께 선교사로 사역할 경우 같이 은퇴한다."라고 규정한다. 제13장은 은퇴퇴직선교사의 재정에 관한 부분이다.[2]

　　제57-4차 집행위원회2008.3.27.에서는 김 모 선교사가 청원한 본인 계정의 남은 재정을 본인에게 주는 문제를 다루었다. 김 선교사는 은퇴 후 경제적인 어려움을 당하게 되므로 본인 계정에 남은 일부를 지급해주기를 청원했다. 이에 집행위원회에서는 개인 선교계정은 개인의 소유가 아니고 공적인 선교비라는 제

---

2. 제56조 퇴직금
　1. 정의
　퇴직금은 선교사가 은퇴 정년이 이르기 전에 선교사의 직무를 계속 수행하기 어려운 사정이 발생하여 퇴직할 시에 지급하는 금액으로 총회은급재단에서 지불하는 금액을 말한다.
　2. 지급
　(1) 본부에서 기준에 의하여 정기적으로 은퇴금이 적립된 자
　(2) 퇴직 시 본인 계정에 적자가 있을 경우에는 본부와 협의하여야 한다.
　(3) 퇴직금의 지급액수는 총회은급재단의 기준을 따르고 방법은 총회은급재단에서 본부로 송금하여 본부가 본인에게 지급한다.
　제57조 은퇴금
　1. 정의
　은퇴금은 선교지에서 정년 은퇴한 선교사에게 지급되는 금액으로 총회은급재단에서 지불하는 금액을 말한다.
　2. 지급
　(1) 정년 은퇴 선교사
　(2) 본부에서 기준에 의하여 정기적으로 은퇴금이 적립된 자
　(3) 은퇴 시 본인 계정에 적자가 있을 경우에는 본부와 협의하여야 한다.
　(4) 은퇴금의 지급액수는 총회은급재단의 기준을 따르고 방법은 총회은급재단에서 본인에게 직접 지급한다.

49-4차 실행위원회1999.11.18.의 결정을 근거로 김 선교사의 형편과 상황을 고려하면 안타깝지만, 향후 모든 선교사의 은퇴 시 남은 재정처리 문제를 고려할 때 혼란이 예상되므로 청원을 기각했다. 제57-6차 집행위원회2008.7.22.에서는 은퇴 선교사의 복음병원 진료비 50% 혜택을 위해 학교법인 이사회에 청원키로 가결하였는데, 현재 시행되어 은퇴한 선교사도 고신대 복음병원에서 50%의 혜택을 받을 수 있다. 제59-3차 집행위원회2009.12.15.에서는 황 모 선교사의 은퇴 시 격려금으로 일천만 원을 지급할 것을 가결하였다. 이후 선교사들은 동일하게 이 규정을 적용받을 수 있는 법안이 마련되었는데, 아마도 이전 결정사항을 기억하지 못해서 제66-6차 KPM 이사회2017.6.27.에서 다시 "'은퇴선교사 격려금 논의 건'은 은퇴 시 1천만 원을 지원하기로 하다."라고 재차 결정한 것으로 보인다. 이 격려금의 재정은 매년 패밀리 계정에서 일억 원씩 적립한 것에서 지급된다. 제64-7차 KPM 이사회2015.8.10.에서는 'KPM 은퇴마을 조성 기금'의 조성을 위한 청원에 대해 제64-4차 KPM 이사회2015.02.10.에서 전략펀드 용처에 대한 규정 결의 내용1. MK들을 위한 장학사업 2. 선교 인재 양성 3. 전문인 선교사 육성 및 지원 4. 선교 R&D를 위한 기금 5. KPM 패밀리를 위한 관리비 중 결의된 용처에 6번으로 'KPM 은퇴마을 조성기금'을 추가하도록 허락하였다. 그러므로 만일 은퇴선교사를 위한 주택 정책을 편다면, 재원은 패밀리 기금에서 조성할 수 있다. 제67-5차 KPM 이사회2018.5.8.에서는 은퇴선교사 복지에 관하여 정책위원회에서 연구하기로 하였다. 그러나 이후 결과 보고는 없었다. 제67-7차 KPM 이사회2018.8.10.에서는 은퇴선교사 격려금 청원 건과 관련해 지불한 은퇴 격려금에는 항공료가 포함되었으며, 소급 적용하지 않기로 결정하였다. 2018년에는 KPM 이양 및 은퇴 매뉴얼이 만들어져서 제68-2차 이사회 및 정책 수련회2018.11.27.~29.에서 통과되었지만, 제68-6차 이사회2019.07.16.에서 이 안을 잠시 시행 보류시켰다. 제69-3차 KPM 정책 이사회2019.11.19.-21.에서는 은퇴 청원을 할 때에는 마이너스 계정 상환 계획

서와 사역 및 재산 이양 계획서를 반드시 은퇴청원서에 첨부하여 제출하는 것으로 결정하였다. 제71-2차 정책위원회2022.05.23.-25.에서는 파송 기간에 따라 은퇴금을 차등 지급하기로 논의했다20년 이상: 일천만 원, 10년-19년; 칠백만 원, 6년 이상-9년; 오백만 원. 제70-3차 정책위원회2021.06.15.에서는 선교사의 정년 적용에 관한 세부규정70-2 이사회 요청 안건에 대해서 다루었다. 의제의 내용은 KPM 선교사의 정년 연한을 정하는 데 모호한 상황이 발생하여, 은퇴의 기준을 명확히 하자는 것이었다. 결국 KPM 선교사의 은퇴 기준은 각 선교사 유닛가정의 대표의 은퇴일에 맞추어 은퇴하도록 한다고 결정하였다. 즉, 최초 파송 받은 주체 선교사가 누구인가에 맞추어서 은퇴일을 결정하는 것이었다.

다음은 'KPM 이양 및 은퇴 매뉴얼'이다.

A. 이양

1. 사역이양

1.1 이양은 은퇴 전에 마무리되어야 한다.

1.2 이양은 아래와 같은 과정으로 진행한다.

　　1.2.1 은퇴 10년 전에 본인과 지역선교부는 사역이양을 준비한다.

　　1.2.2 은퇴 5년 전에 이양계획서본부의 양식를 지역부와 본부에 제출한다.

　　1.2.3 은퇴 3년 전에 이양대상을 선정하고 준비한다.

　　1.2.4 은퇴 1년 전까지 지역선교부와 함께 이양을 마무리하고 결과를 본부에 보고한다.

1.3 이양은 지역선교부와의 협의하에 진행하며 현지이양, 팀 동료 이양, 기타이양이 있으나 현지이양을 최종 목표로 삼아야 한다.

2. 재산이양

2.1 재산이양은 지역선교부의 관리 하에 KPM 정관 제32조와 시행세칙 제

17조에 근거하여 시행한다.

2.2 재산이양은 사역이양의 과정을 따라 진행하되 은퇴 5년 전에 이양계획서를 작성할 때 이양 대상 재산목록을 함께 작성하여 지역선교부와 본부에 제출한다.

2.3 선교지에서의 개인재산은 규정에 따라 처리한다.

2.4 선교지에서의 공적재산은 지역선교부의 책임 하에 규정에 따라 이양한다.

B. 은퇴

1. 주거

1.1 본인의 준비

1.1.1 미리 대비하도록 힘쓰며 60세가 되는 해부터 본부에 문의하여 안내를 받는다.

1.1.2 은퇴 후에 거주할 장소현지 혹은 국내를 가능한 은퇴 5년 이전에 결정한다.

1.1.3 현지에서 개인 명의로 주택 분양이 가능한 지역은 분양을 받을 수 있도록 준비한다.

1.1.4 한국에서 공공임대주택 등을 분양받도록 주택연금을 불입하여 준비한다.

1.1.5 주택임대 보증금약 3천만 원 확보를 위해 매월 일정액을 적립한다.

1.2 본부의 준비

1.2.1 은퇴 후 주거마련을 위한 지원기금 운용 제도를 도입하여 5천만 원 한도 내에서 3년간 무이자로 대출한다.(기금 마련을 위한 방안은 별도로 연구하여 시행한다.)

1.2.2 은퇴기금 마련을 위해 패밀리 기금에서 매월 일정액을 적립한다.

1.2.3 수요와 공급을 파악하여 지역별로 선교사 은퇴관을 확보하는 정책을 세우고 추진한다.

1.2.4 지역선교부와 후원교회와 협의하여 은퇴준비위원회를 구성한다.

1.3 후원교회의 준비

1.3.1 교회의 자발적 참여를 통해 파송후원 선교사의 은퇴를 지원한다.

1.3.2 은퇴 선교사의 후원교회들의 연합회 모임을 가지고 은퇴에 따른 지원을 논의한다.

1.3.3 은퇴준비위원회를 본부의 지원으로 은퇴 1년 전에 구성하여 구체적인 준비를 한다.

1.3.4 전세 주택을 확보하고 기간을 정하여 은퇴 선교사에게 제공할 수 있다.

1.3.5 은퇴 후의 주택 마련을 위해 1년분 후원비를 KPM을 통해 지원한다.

2. 생활

2.1 본인의 준비

2.1.1 기본 생활비는 은퇴 적립금으로 충당한다.

2.1.2 국민연금 등의 각종 기금제도를 추가적으로 활용한다.

2.2 본부의 준비

2.2.1 은퇴 3년 전부터 사회적응 및 은퇴 후 생활 준비를 위한 기회를 갖도록 배려한다.

2.2.2 국내의 사회보장 제도를 활용하여 생활의 지원을 받을 수 있도록 안내한다.

3. 의료

3.1 본인의 준비

3.1.1 의료실비보험에 가입하여 활용한다.

3.1.2 복음병원의 목회자 30% 할인 혜택을 활용한다.

3.2 본부의 준비

    3.2.1 은퇴 후에도 복음병원의 의료혜택을 현역 선교사의 비율현50%로 유지하도록 추진한다.

    3.2.2 고신교회들의 의료진과 네트워크를 통한 혜택을 안내한다.

4. 사역

4.1 은퇴선교사가 은퇴 후 사역을 원할 경우 개인 신분으로 선교동원, 자문, 강의 등을 통해 선교지원 사역을 할 수 있다.

4.2 지역선교부의 요청이 있을 경우 본부와 협의하여 현장지원사역을 할 수 있다.

5. 은퇴식

5.1 은퇴 1년 전에 은퇴준비위원회를 구성하여 준비한다.

5.2 은퇴준비위원회는 후원교회, 소속노회 대표, 지역선교부와 본부 대표 등으로 구성한다.

5.3 은퇴식은 가능한 후원교회에서 하되 평일에 하는 것을 원칙으로 한다.

6. 장례식

6.1 은퇴 선교사의 장례는 가족들과 협의하여 결정하고 아래와 같은 기준으로 진행한다.

    6.1.1 총회장: 선교사가 사역하던 중에 현장에서 순교한 경우 이 사실을 교단 산하 모든 교회에 고지하고 총회와의 협의하에 장례를 총회장으로 한다.

    6.1.2 KPM장: 선교사가 사역하던 중에 순직한 경우와 은퇴선교사의 사망은 후원교회에 고지하고 장례를 KPM장으로 치른다.

    6.1.3 노회장: 파송노회의 요청이 있을 때 장례를 노회장으로 한다.

    6.1.4 교회장: 파송교회의 요청이 있을 때 장례를 교회장으로 한다.

6.2 장례의 기본 원칙

6.2.1 현장에서 사망한 경우 장례는 선교지에서 거행하고 안장하는 것을 원칙으로 한다.

6.2.2 장례는 교회의 질서를 따라 엄숙하나 간소하게 하는 것을 원칙으로 한다.

6.2.3 장례에 필요한 비용은 가족이 부담하는 것을 원칙으로 한다.

6.2.4 장례 절차 및 그에 따른 상세한 내용은 본부의 전담팀에서 결정한다.

은퇴 선교사를 위한 KPM의 복지 정책은 다음과 같다.

1) 멤버케어원 주관으로 S-60과 S-65를 통한 은퇴 준비 케어를 한다.

2) 본부는 지역선교부와 후원교회와 협의하여 1년 전부터 은퇴 순비위원회를 구성하여 은퇴를 준비한다.

3) 은퇴자 격려금: KPM에서 지급하며 20년 이상: 일천만 원, 10-19년: 칠백만 원, 6-9년: 오백만 원

4) 은퇴 후의 주택 마련을 위해 1년분 후원비를 KPM을 통해 지원할 수 있다. 이는 후원교회들과 협의되어야 한다.

5) 은퇴금과 퇴직금은 총회 은급재단을 통해 지급된다.

① 은퇴 은급금

납입기간 20년 이상 된 자가 만 65세 이상으로 은퇴한 때부터 사망 시까지 매월 지급받는 은급금으로 납입기간에 따라서 평균 보수 월액의 63~90%를 지급받는다. 납입기간이 20년 이상 된 자가 만 65세 이상 만 70세 미만에 은퇴할 경우는 다음 각 호와 같이 감액률을 적용하여 지급한다.

만 66세가 되는 해는 기본 은급금의 100분의 75

만 67세가 되는 해는 기본 은급금의 100분의 80

만 68세가 되는 해는 기본 은급금의 100분의 85

만 69세가 되는 해는 기본 은급금의 100분의 90

만 70세가 되는 해는 기본 은급금의 100분의 95

② 특례 은급금

은급 가입 기간이 20년 미만인 자로서 만 70세에 은퇴를 한 경우는 다음과 같이 특례 은급금을 지급한다.

납입 기간이 15년 인자는 기본 은급금액의 100분의 75

납입 기간이 16년 인자는 기본 은급금액의 100분의 80

납입 기간이 17년 인자는 기본 은급금액의 100분의 85

납입 기간이 18년 인자는 기본 은급금액의 100분의 90

납입 기간이 19년 인자는 기본 은급금액의 100분의 95

③ 은퇴 은급 일시금

20년 이상 가입한 자가 만 65세 이후에 은퇴한 후 일시불로 받기 원할 때 지급하며 그 금액은 평균 보수 월액×210%×납입 년 수로 지급한다.

④ 은퇴 은급 공제 일시금

20년 이상 가입한 자가 만 65세 이상으로 은퇴한 때에 20년을 초과하는 납입기간을 일시불로 받기 원할 때 지급하며 그 금액은 평균 보수 월액×210%×20년 공제 후 초과 납입 년 수로 지급한다.

⑤ 장해 은급금

2년 이상 가입자가 부상 또는 7년 이상 가입자가 질병으로 시무가 불가능하여 은퇴한 때 지급하며 장해가 발생한 해의 해당 호봉액 25~60%를 매월 지급한다. 장해등급은 정부에서 인정한 장해등급으로 1등급 60%, 2등급 40%, 3등급 25%로 나눈다.

⑥ 유족 은급금

은퇴 은급금 수급권자가 사망할 경우에는 배우자, 미성년자녀, 부모 순으로 1명에 한해서 승계되며 그 금액은 은퇴 은급금의 100분의 60으로 한다. 납입기간이 20년 이상인 자가 사망하였을 때에는 그 유족이 원하는 바에 따라 제1항의 규정을 준용하여 유족 은급금을 지급할 수 있다.

⑦ 사망 일시금

가입자가 사망하였을 때에는 일시불로 지급하되 평균보수월액×210%×납입년 수로 계산한다.

⑧ 장례비

2년 이상 가입자가 사망하였을 때에는 300만 원을 유족에게 장례비로 지급한다.

6) 은퇴 후에도 고신대학교 복음병원에서 50%의 감면 혜택을 받을 수 있다.

(2) 선교사 은퇴를 위한 논의들

KPM의 선교 행정에서 선교사 개개인의 은퇴에 대해서 공식적으로 논의한 것은 그리 오래된 일이 아니다. 이는 90년대 이전에 파송된 선교사의 수가 그리 많지 않았고, 당시에는 선교사 복지보다는 선교사를 파송하는 것 자체에 치중하는 시대였기 때문이다. 80년대 중후반에 파송된 선교사들이 최근 들어 대규모로 은퇴하고 있기 때문에 선교사 은퇴 문제는 한국교회 전체에 큰 부담이 되기 시작했다. 2021년 기준으로 24명의 선교사가 은퇴했으며, 그중 18명이 정규선교사였다.

선교사 은퇴와 관련하여 문서상으로 언급된 것은, 2001년 유환준 선교사가 은퇴할 때 제50-8차 세계선교부 전체회의2001.8.13.에서 유환준 선교사의 은퇴와 관련해 총회가 금메달10돈을 만들어 선물한 기록이다. 이때부터 KPM은 비로소 은퇴에 관한 논의를 시작했다. 2014년 「해외선교」지는 특집으로 선교사 은퇴에 관해서 다루었다. 여기서 류영기 선교사는 다음과 같이 말했다.

선교사 은퇴 문제를 위해 본부가 두 가지를 준비할 것을 주문했는데, 은퇴 후 생활비와 귀국 후 살아갈 집에 관한 부분이다. 이전에는 은퇴관에 관한 이야기가 많았지만 선교사들의 취향에 따라 선호도가 다르기 때문에 면밀하게 조사할 것을 주문했다. 그리고 선교사들은 세 가지 은퇴 준비를 할 것을 요청했다. 먼저는 귀국을 위한 준비이다. 선교 현지에서 자신의 삶에 영향을 미친 사람들과의 작별을 위한 준비와 사역이양을 정리하는 시간을 가져야 한다. 둘째는 육체의 돌봄을 위한 실제적인 준비를 해야 한다. 우리 선교부는 은급 제단에 가입하도록 하기 때문에 격려가 되지만, 은퇴 후에 본부와 후원교회들이 선교사들의 생활을 위해 좋은 것으로 섬겨 선교지에서의 고생을 위로하는 것이 필요하다. 셋째는 영적 추구를 위한 준비가 필요하다. 나이가 들면서 주변의 변화에 새롭게 적응해야 하는데, 특별히 이 시기는 하나님과의 깊은 관계를 통해서 안정되고 평안한 노년의 삶을 누릴 수 있어야 한다. 자연스럽고 자유로운 영적인 세계가 주위에 사람들에게 영향을 미칠 수 있다면, 성공적인 영적 은퇴 준비를 했다고 볼 수 있다.[3]

2015년 KPM선교 60주년 선교사대회 때 시니어 선교사들이 늦은 밤 매일 따로 모여 이양과 은퇴 문제를 토론하다가, 2016년 5월 처음으로 'KPM S-60수련회' 모임을 가지게 되었다. "행복한 은퇴, 건강한 사역이양"이란 주제로 한 주간 진지한 배움과 논의의 시간을 가졌고 관련 자료집도 남겼다.[4] 본부장이었던 김종국 선교사가 "건강한 사역의 이양"에 관하여 발제하였고, 신성주 선교사는 "시니어 리더십의 효과적인 리더십 이양"에 관해 발표했다. 멤버케어위원회 코디네이터였던 류영기 선교사는 "시니어 선교사들의 은퇴 준비"라는 제목으로

---

3. 류영기, "선교사의 은퇴와 그 이후의 삶," 「해외선교」 148 (2014): 5-6.
4. 김한중, "선교사역의 이양과 철수," 『제4차 선교포럼: 변혁의 시대와 선교』, 376.

발표했는데, 여기서 선교사들의 정신적인 은퇴의 준비에 관하여 나누었다. 김영산 선교사는 "리더십과 자기관리"와 "익어가는 선교사 부부관계"라는 제목으로 강의했고, 남후수 선교사는 "실버선교사 시대를 만들자"라는 제목으로 강의했다. 남 선교사는 실버선교사의 성경적 당위성을 제시하면서 실버선교 훈련원을 설립할 것을 제안하였다. 그는 실버선교사의 역할을 단기선교사, 지역교회의 중보기도팀 운영, 선교동원가, 국내 이주민 사역 등 각자의 환경에 따라 달리 할 수 있다고 보았다.[5] 2016년 S-60 전략 수련회에서의 결의와 요청으로 본부에서 여러 논의를 거쳐서[6] 'S-60 은퇴 및 이양계획서'를 만들었다. 정년을 10년 남겨둔 선교사들을 대상으로 S-60모임을 열어서 이 계획서를 쓰게 했고, 차후에 5년을 남겨둔 시점에서 S-65를 열어서 이 계획서를 다시 쓰도록 기안되었다. 여기에는 이양에 관한 세부 사항, 즉 이양공동체, 사역이양, 권한이양, 인적자원이양, 법인체이양, 자산이양 등을 기록하게 되어있었다. 그리고 자기계발 계획과 은퇴 후 삶을 위한 준비에 대해서 기록했다.

2017년 미래전략포럼에서 김해진 선교사는 "고령화 시대: 선교현장을 섬기는 교회, 교회를 섬기는 선교현장"이라는 제하의 발제에서 실버세대 동원을 주장했다.

다음세대가 미래의 선교자원이라면, 실버세대는 현재의 선교자원이라 할 수 있다. KPM이 그들을 선교 동원할 수 있는 대책이 있다면, 그들은 세계 선교에 큰 몫을 담당하게 될 것이다. …… 그리고 실버세대 선교사로 섬기려는 사람의 필요와 선교지의 필요를 적절히 조율해서 단기부터 시작하게

---

5. KPM S-60 수련회 자료집 『행복한 Retire 건강한 사역이양』. 이 글들의 일부는 2016년 「해외선교」지 봄호에 특집으로 실렸다.
6. 이 문서는 제6회기 2차 정책위원회(2016.12.19.-20.)에서 검토되어 확정되었다.

해야 한다. 본부가 실버 선교자원을 훈련하고 실버 선교자원 풀pool을 만들어서 실제 현장의 필요가 있을 시 단기 사역부터 시작하여 단계별로 사역을 확장하도록 할 수 있다. 앞으로 여러 모델케이스 스터디가 필요하고 총회선교부의 정책적인 연구와 지원이 필요할 것이다. 이를 위해 아래와 같은 시도를 제안한다. 단기 선교 프로그램을 개발 및 실버 선교훈련, 실버 선교자원 풀pool을 마련, 선교지의 실버선교사 필요에 대한 정보수집, 선교부의 정책적 매뉴얼 마련, 비거주선교사 활성화이다.[7]

2018년 8월에는 KPM본부 주관으로 'S-65 전략회의'를 제주도에서 개최하여 향후 5년 이내에 정년은퇴를 앞둔 12가정의 선교사를 초청하여 개별적인 은퇴준비를 점검하고, 각자의 이양과 은퇴계획서도 함께 검토하였다. 그 후 이어서 'KPM 이양과 은퇴매뉴얼'을 만드는 작업도 완료하였다. 'S-65전략 회의'의 목표는 세 가지였다. ① S-65시니어들의 개별적 출구전략인 '이양과 은퇴계획서'를 만든다. ② 이양의 다양한 사례연구를 통해 'KPM 사역 이양 매뉴얼'을 만든다. ③ 은퇴준비를 위한 개별적 프로세스를 예측하고 행정적 지원 방법을 준비한다.[8] 김종국 본부장은 "사역 이양"이라는 주제 강의를 통해 선교사 은퇴를 이양에 초점을 맞추어 이양 프로세스를 반드시 가질 것을 주문했다. 이정건 멤버케어원장은 "은퇴 준비"라는 제목의 강연에서 정확한 선교지 이양에 대해 강조한 뒤 은퇴를 위해 7가지를 준비하도록 권고했다. 먼저 은퇴 후 주택과 생활을 위해 은급금 외에 국민연금을 들어 두는 것과 생활비의 일부10%를 저축하도록 권장했다. 둘째는 이양을 위한 은퇴 매뉴얼을 만들 것을 권고했다. 셋째는 은퇴 전에 전문적인 자기개발을 통해 은퇴 후 개인 자격으로 선교동원, 훈련사역,

---

7. 김해진, "고령화 시대; 선교 현장을 섬기는 교회, 교회를 섬기는 선교 현장," 『2017 KPM 미래전략포럼』.
8. 김한중, "선교사역의 이양과 철수," 376.

상담과 컨설팅, 돌봄사역, 기도사역 등에 지속적으로 참여할 것을 권고했다. 넷째는 선교사들이 자신의 사역을 정리하여 회고록을 집필하는 것은 KPM 선교에 크게 기여하는 것이므로 이를 준비하도록 했다. 다섯째는 은퇴 후 거주할 주택 문제에 대한 고민은 개인보다는 본부와 교회가 해야 할 고민이라고 언급했다. 마지막으로는 은퇴 후 선교사들이 한국교회와 사회에 적응할 수 있는 기회가 마련되어야 한다고 했다. 예를 들어, 기독교 업체 등에서 경제활동을 할 수 있는 기회를 제공해 주거나, 후배들을 위해 선교의 노하우를 전수해 줄 수 있는 장을 마련해야 한다고 지적했다.[9]

안용운 목사는 "선교사의 은퇴"라는 제목의 논찬을 통해 본부가 지닌 은퇴와 관련된 정책이 실제로 어떻게 추진될 수 있을지에 대해 다음과 같이 제안했다. ① 은퇴선교사 주거 마련을 위한 지원기금 운용제도 도입에 관한 건에 대해서 은퇴하는 선교사 1가정에 대해 5천만 원 한도 내에서 3년간 무이자로 대출하려고 하면 상당한 기금이 적립되어야 하는데, 패밀리기금에서 매월 일정액을 적립하는 안을 제안했다. ② 은퇴준비위원회 구성에 관한 건에 관해서는 은퇴하는 선교사의 후원교회, 소속노회의 대표와 지역선교부와 본부 대표 등으로 구성하는 '은퇴준비위원회'를 본부의 지원으로 1년 전에 구성하여 구체적인 은퇴 준비를 하도록 하자는 안을 제안했다. ③ 은퇴 후 주택 마련을 돕기 위해서 해당 선교사의 후원교회가 그동안 지원한 후원비를 1년 분 추가로 지원하는 방안을 제안했다. ④ 주택보증금 확보를 위해 선교사들은 60세가 되는 해부터 은퇴 후 주거에 대한 준비로 주택임대 보증금약 3천만 원 확보를 위해 매월 일정액을 적립하도록 허용할 것을 제안했다. ⑤ 그리고 지역별 선교사 은퇴관을 확보하는 방안을 제안했다.

---

9. 이정건, "은퇴준비," 『KPM S-65 전략회의』, 11-13.

2021년 4가정의 은퇴선교사가 은퇴 직전에 가진 리트릿에서 선교사 은퇴를 위해 다음과 같이 몇 가지 발전적인 제안을 했다.

① 복음병원은 은퇴한 선교사들에게도 진료비 50% 감면을 계속해주기를 바란다. 세계로 병원에서는 초교파적 선교사들에게 전액을 지원하는데, 복음병원은 교단선교사들만이라도 지원해주기를 바란다.

② KPM에서 이미 작성한 '은퇴 매뉴얼'을 KPM 본부, 선교사회, 교회, 후원교회 협의회, 선교사 개인들과 공유하고 숙지하도록 하여 실제로 적용하기를 바란다.

③ 은퇴하는 선교사들에게 격려금을 줄 때도 타 단체온누리 TIM선교회처럼 기준을 정하면 더 좋을 것 같다.(예: 30년 이상 사역자-3천만 원, 20년 이상 사역자-2천만 원, 10년 이상 사역자-1천만 원)

④ 매뉴얼에 있는 대로, 매년 <은퇴위원회>를 상시 가동하는 것을 제안한다.

⑤ 은퇴선교사 격려금, 은퇴식 경비 혹은 기타 은퇴목적을 위하여 은퇴적립금을 은퇴 5년 전부터 적립하는 것을 제안한다.(예: 매달 20만 원씩×12개월×5년 =1,200만 원)

⑥ KPM 은퇴선교사회를 조직하여 은퇴선교사 상호 친목과 관심사를 나누며 필요시나 요청시에는 현장사역을 지원한다.

⑦ S-60 수련회1차 2016년 6월와 S-65 전략회의1차 2018년 8월는 꼭 필요한 모임으로 지속하도록 제안한다.

2022년에 선교사 은퇴 문제를 담당하는 주무부서의 멤버케어원장인 이정건 선교사는 그동안 은퇴선교사 마을 조성에 관한 일관된 정책을 수정할 것을 제안하였다. 우선 그동안 사용하던 '은퇴선교사 마을' 조성 개념을 바꾸었는데, 곧 은퇴선교사가 한데 모여서 살도록 주거공간을 제공하는 전통적인 생각에서 좀 더 느슨하고 확대된 개념인 '은퇴선교사를 위한 선교관'으로 변경할 것을 제안했다.

> 그래서 은퇴마을의 개념보다는 ① 은퇴하고 귀국한 후 정착하기 위한 정거장으로서의 선교관 개념, ② 지치고 피곤하여 쉼이 필요한 선교사들에게 일정 기간 쉴 수 있도록 거처를 제공하는 형태의 선교관 개념, ③ 심신의 치유가 필요한 분들이 일시적으로 머물 수 있는 공간인 선교관 개념 등 다양한 목적으로 특색 있는 선교관을 준비한다. 어떤 개인이나 기관이 부지를 헌납할 때 여러 가지 형편을 살펴서 위의 3가지 정도로 분류하여 준비하면 될 것이다. 은퇴 및 안식년으로 들어온 선교사들을 제외한 80% 이상의 선교사들이 선교지에 있다. 이들이 사역하는 가운데 지치고 힘들면 굳이 한국으로 나오지 않아도 좀 쉬고 사역지로 복귀할 수 있는 중간 쉼터를 12지여부에서 지역부원들을 위해 준비하면 더 좋으리라 생각한다. 왜냐하면 지역선교부에 1차적인 선교사 케어의 책임이 있기 때문이다.[10]

KPM의 문서에 나타난 은퇴에 관한 주제들은 주로 세 가지로 정리된다. 첫째는 정확한 이양에 초점을 둔다. 둘째는 은퇴 후 노후 대책에 관한 것으로서, 이는 주로 은퇴마을 조성과 관련된다. 셋째는 은퇴 후 선교사들의 생활과 의료 대책에 관한 것이다.

(3) 타선교단체의 은퇴 정책

감리회, 백석, 하나님의 성회는 은급제도를 가지고 있다. 대한성결교회는 원로선교사 제도를 가지고 있는데, 선교사의 정년은 만 65세로 20년 이상 무흠하게 사역한 선교사를 현지선교부와 후원교회의 추천 및 위원회의 결의를 통해서

---

10. 이정건, "KPM은퇴 선교사를 위한 선교관."

원로선교사로 추대할 수 있다. 퇴직금은 공제회에 의무적으로 가입해야 하며, 월 150,000원씩을 불입해야 한다. 유족지급금 중 유족연금과 특별유족연금은 여성 배우자사모에 한하여 지급한다. 또한 파송선교사는 교단연금에 가입하며, 매월 교단연금액을 원천 징수함으로써 교단연금 혜택을 받도록 하고 있다. 통합은 연금제도, 의료정책으로서 여행자보험, 양로시설로서 공주 원로원과 노회별 은퇴관 제도가 있다. 합동은 원로선교사 제도가 있으며, 은퇴선교사는 GMS 선교사 명부에 기록하여 선교사 신분을 유지하며, 은퇴 후에도 상담, 자문, 강의 동원 등 본부 업무를 지원하는 사역을 할 수 있다. 이 외에도 연금제도와 GMS 선교센터 내에 은퇴선교사를 위한 실버타운을 가지고 있다.

　미국 남침례교단은 교역자와 선교사를 위한 은퇴연금과 보험 업무를 관장하는 연금관리국Annuity Board of SBC이 있다. 이 연금관리국을 통해서 국내에서 목회하고 있는 목회자와 선교사들은 동일한 은퇴 혜택을 누릴 수 있게 된다. 첫째로 장기선교사로 헌신하게 되면 매월 후원금의 일부를대략 10% 연금관리국에 적립하여 은퇴보장프로그램Retirement program에 가입하게 된다. 또한 미국인들은 사회보장연금을 납입한다. 직업을 갖고 있는 동안 월 급여에서 일정액의 사회보장연금Social Security을 자동적으로 국가에 납입하는 것이다. 이렇게 하여 은퇴선교사들은 최소한 두 곳으로부터 재정적 수입을 얻게 되어 최소한의 삶을 영위할 수 있게 된다. 위클리프성경번역선교회 선교사의 노후대책은 선교회에서 별도의 은퇴프로그램을 갖고 있지 않지만, 장기선교사들의 선택에 따라서 일반인들이 포함된 은퇴연금프로그램과 의료보험 가입을 의무화하고 있다, 이때에 10%의 후원금을 납입하게 되는데, 선교회에서도 또 다른 10%를 납입하여 후에 두 배의 연금을 받을 수 있게 한다. 이들 역시 사회보장연금을 받음으로써 기본적으로 두 곳으로부터 은퇴연금을 받게 되어 생활을 유지하게 된다. 그 밖에 은퇴 후 선교사들이 집이 없는 경우 값이 싼 가격으로 임대할 수 있는 아파트, 모빌 홈, 식당, 의료시설 등이 제공된다. 또한 은퇴 후 자원봉사 등을 통해 부수입을 올리기도 한다. OMS선교회는 자체의 연금프로그램을 갖고 있으며, 장기선교사들에게 의무적으로 가입하도록 하고, 위의 두 경우와 마찬가지로 후원금의 10%를 매월 적립하면 동일한 금액을 선교회에서 납입한다. 마찬가지로 이들도 사회보장연금을 받게 되어 국가로부터의 수입과 연금프로그램으로부터의 수입으로 은퇴 후의 삶을 영위할 수 있다. 이 외에도 은퇴 선교사들을 위한 초교파적인 선교사 홈타운, 선교사 빌리지 등이 있어 집 없는 선교사들이 저렴한 가격으로 아파트 등을 임대할 수 있다.[11]

국내외의 타단체들이 가지고 있는 은퇴관련 복지프로그램은 대체로 노후생활자금을 위한 자체 연금제도의 운영과 국가가 운영하는 사회보장프로그램에 의존하고 있다. 이 외에 주택문제를 위해 요양시설, 은퇴관과 실버타운 운영, 그리고 일반 주거시설을 임대하고 있다. 의료복지를 위해 미국과 같은 나라들은 사회보장프로그램에 의지하고 있으며, 고신처럼 교단이 병원을 가지고 있을 경우 선교사들에게 의료혜택을 주는 경우도 있다.

(4) KPM 선교사의 은퇴 절차

모든 선교사는 반드시 은퇴해야 한다. KPM 선교사는 고신총회세계선교회로부터 해외선교와 국내 이주민 선교에 위임을 받아 사역한다. 모든 KPM 선교사는 허입이 되면, 고신전교회의 공식적인 선교기구인 KPM과 한 텀6년 사역계약을 한다. 이후 1년간 안식년을 가지는데, 이 기간 동안 다음 6년 사역을 위한 적격성 검사를 한 후에 다시 6년의 계약을 한다. 이사회의 재파송 허락은 바로

---

11. "선교사 노후정책의 외국사례" https://m.cafe.daum.net/ywleefamily/HCXX/17 (Accessed at 2022.09.16.).

이 계약이 성사됨을 의미한다. 그리고 만 70세가 되면 정년퇴임을 해야 한다. KPM은 선교사 본인의 의지에 따라 만 65세부터 퇴임할 수 있도록 규정하고 있다. 모든 KPM 선교사는 고신전교회로부터 공적으로 보냄을 받은 것인데, 정년이 되면, KPM은 법적으로 은퇴를 규정하고 있으므로, 법에 규정된 대로 공식적으로 은퇴해야 한다. 법적으로 은퇴를 따지기 이전에 선교사의 은퇴는 세상의 그 어느 직업에서의 은퇴보다 영예로운 것이라 하겠다.

이양과 은퇴 후 삶에 대한 계획을 분명히 해야 한다. KPM은 만 65세가 되는 선교사들을 위해 매년 S-65모임을 가지도록 한다. S-65모임은 매년 만 65세가 되는 선교사들이 은퇴를 잘 준비할 수 있도록 안내하기 위해 기획된 프로그램이다. 이 모임에서는 선교사들은 행정적으로 이양에 대한 준비, 은퇴를 위한 행정적, 정서적, 영적, 경제적 준비, 그리고 은퇴 후의 삶에 대한 계획 등에 대해서 안내받게 된다. 은퇴 1년 전에는 지역부, 후원교회 그리고 본부가 은퇴준비위원회를 발족하여 선교사 은퇴를 본격적으로 돕게 된다.

은퇴 전 선교사는 사역 기간에 만들어진 연구, 서적, 중보기도, 행정문서 등을 포함해 자서전을 쓸 것을 격려받는다. 이는 KPM 선교에 역사성을 덧입히는 일이고, 이것이 쌓이면 KPM에 선교 노하우가 늘어가는 일이기에 적극적으로 장려된다. 은퇴기념 예배는 보통 11월 하순이나 12월 평일에 열린다. 그전에 멤버케어원 주관으로 은퇴자 리트릿을 가지면서 행정적인 처리에 대한 부분과 은퇴 후 삶에 대해서 나누게 된다. 선교사는 은퇴 감사예배가 아닌 해당 년도의 12월 31일 부로 은퇴한다. 은퇴 후 선교사들은 은퇴선교사라는 이름을 가지게 된다. 은퇴 시에 본부의 위로금과 후원교회의 선물이 전달된다. 은퇴 후에 1년 동안은 후원금을 그대로 받을 수 있도록 행정적으로 배려된다.

은퇴 후 본인이 사역하던 선교지로 다시 돌아가고자 할 때는 지역부와 협의를 거쳐 지역부 언권회원으로 받아들여질 수 있다. 만일 지역부에서 허락하지 않는다면 다시 협력부원으로서는 해당 지역으로 돌아갈 수 없다. 이때 은퇴선교사는 행정이양 중 재정이양을 더욱 분명히 해야 한다. 은퇴선교사의 재산은 현지인이나 현지 법인에 이양되거나, 아직 이양의 단계가 아니라면 모든 재산은 현지지역부에 귀속된다.

4. 나가는 말: 제2의 사역을 향하여

KPM 은퇴선교사들의 은퇴 이후의 삶은 어떠할까? 초대 KPM 선교사였던 김영진 선교사의 경우 1990년 정년퇴임을 4년 앞둔 시점인 1986년 11월 17일 고신총회선교부로부터 총회 선교부 총무로 선임되었다는 공문을 받았다. 그는 1987년 2월부터 1990년 9월 19일 퇴임 시까지 3년간 선교부 총무의 직임을 감당하였고, 몇 개월에 한 번씩 대만을 순회하며 사역지를 살폈다.[12] 퇴임 후에는 대만교회들이 주택을 준비하고 함께 있어 주기를 강청하였고, 그래서 다시 대만으로 돌아가 3년간 어린 교회들을 돌보는 일을 하였다. 그 일은 신장암이 발견되어 귀국하기까지 계속되었다.[13] 2호 선교사로서 대만으로 파송되었던 유환준 선교사는 2001년에 은퇴했다. 그는 2001년 은퇴 이후 2007년까지 "중국에 드나들면서 중국가정교회 지도자와 접촉하면서 자신이 쓴 주석과 교재들을 나누는 등 문서선교와 지도자 재교육 사역에 남은 힘을 쏟았다. 그리하여 중국 사회주의 국가 아래에서 한국과 같은 교회와 노회 조직이 어려웠는데도, 2003년 상해 예수당에서 15명에게 안수한 후 그들을 중심으로 중국교회 협의회를 조직

---

12. 오윤표, 『선교사 김영진』 (서울: 총회출판국, 2002), 142.
13. 김한중, "KPM 1호 선교사 김영진," 「KPM R&D Journal」 1 (2020): 55-56.

하였다. 2004년에는 북경에서 한 주간 특강하고 칼뱅신학교라는 지하 신학교를 개설하여 비정기적으로 농촌 사역자들을 재교육하는 일을 시도하였다. 또한 그는 대륙선교를 위하여 선교협력기구를 조직하였는데, 그것이 국제개혁주의 신학연구원이었다."[14] 유 선교사는 2008년부터 건강이 허락되었던 2017년까지 고신대학교 외국인 중국어 목회학 과정에서 가르쳤다. 2013년 남아공에서 사역하다가 은퇴한 김형규 선교사는 은퇴 이후 건강상의 이유로 요양원에서 지내고 있다. 조기 은퇴한 류영기 선교사2013는 한국에서 선교사 멤버케어와 관련하여 지속적으로 도움을 주고 있다. 2016년 은퇴한 정리안 선교사는 원래 사역지인 러시아에 거주하고 있다. 2017년 은퇴2021년 은퇴식한 윤춘식 선교사는 한국에서 지내고 있다. 2019년 조기 은퇴한 서대균 선교사는 한국에서 지내고 있다, 강화식 선교사2019, 남후수 선교사2021, 김대영 선교사2019, 강원준 선교사2021는 은퇴 후 사역지였던 곳으로 돌아가 지속적으로 사역하고 있다. 2019년 은퇴한 윤지원 선교사는 한국에서 지내고 있다. 김한중 선교사2021 역시 은퇴 후에도 이전처럼 국내 디아스포라 사역을 하고 있다. 이헌철 선교사2021는 지병으로 인해 조기 은퇴한 후 한국에서 생활하고 있다. 2021년 은퇴한 정원남 선교사는 한국에서 지내고 있다. 2022년 은퇴 예정인 김자선 선교사는 은퇴 후 필리핀으로 다시 돌아가 사역할 계획을 가지고 있다.

위에서 본 바와 같이, 지금까지 은퇴한 KPM 선교사들 가운데 절반 이상은 다시 선교지로 돌아가서 사역하고 있다. 즉, 공식적인 은퇴 이후 건강이 허락되지 않은 선교사들은 대부분 한국으로 귀국하여 지내고 있지만, 건강이 허락되는 선교사들은 대부분 다시 본인이 사역하던 선교 현장으로 가거나 선교와 관련된 사역을 했던 것을 볼 수 있다. 2021년 60세 이상의 선교사 조사에서 절반

---

14. 김영산, "KPM 류환준 선교사; 그의 생애와 선교사역," 「KPM R&D Journal」 2 (2021): 13-14.

가량의 선교사들은 은퇴 후 선교지로 다시 돌아가고 싶어 한다. 지금까지는 선교사가 은퇴 이후에 다시 자신의 선교지로 돌아가는 것이 권장되지 않았기 때문에 암암리에 진행되어 온 것이 사실이다. 그러므로 미래 KPM의 은퇴 전략은 조기은퇴를 원하는 이들, 은퇴 후 한국에서 정착하고 싶어 하는 이들, 그리고 은퇴 후 사역지로 다시 돌아가고 싶어 하는 이들의 세 트랙으로 나누어서 생각해야 한다. 특히 앞으로 신임선교사 절벽 시대를 맞아 은퇴 후 선교사들이 다시 자신의 선교지로 돌아가서 사역하는 것에 대해서 조건부로 문을 열어주는 것이 필요하다고 판단된다.

KPM 은퇴 전략의 미래는 어떻게 준비할 수 있도록 하는 것이 바람직할까? 앞에서 살펴본 바와 같이, 최근 들어 본부가 주최한 포럼 등에서는 실버선교사 및 은퇴선교사의 선용에 대한 이야기들이 긍정적으로 제시되고 있다. 따라서 본부에서는 선교의 축적된 노하우를 선용할 수 있는 방법을 전략적으로 마련하는 것이 중요하다. 은퇴선교사의 입장에서는 지금까지의 삶도 헌신된 삶이었지만, 은퇴 이후 또한 자신들의 남은 인생을 자원제로 드릴 수 있는 기회가 된다. 은퇴선교사들이 가장 선호하는 것은 곧바로 새롭게 할 일을 찾는 것이라고 한다. 쉬는 것도 중요하지만 인생의 후반을 의미 있게 살고 싶은 생각이 큰 것이다. 그러므로 은퇴선교사들에게 건강과 경제적인 여건 등을 고려한 사역의 장을 마련해 주는 것이 바람직하다.

은퇴 후 선교사들은 실제로 많은 일들을 감당할 수 있다. 만일 해당 은퇴선교사가 지역부원들에게 널리 존경을 받은 경우 지역부의 멤버케어를 맡을 수 있을 것이다. 또한 만일 이양을 마치지 못한 경우라면 마지막 건강이 허락하는 대로 현지 이양을 위해 다시 사역지로 돌아갈 수도 있을 것이다. 뿐만 아니라 본부에도 현장에서 사역해야 할 자원이 많이 모여 있다. 따라서 본부 사역을 은퇴한 선교사들 가운데 역량이 검증된 이들은 일정 부분 현장선교를 감당하게 할 수도 있을 것이다. 이 외에 순회 선교사로서의 역할도 필요하다. 또는 국내에 돌아와서 국내지역부의 협력선교사로서 자신의 언어권의 사람들을 섬길 수도 있다. 본부가 전략적으로 단기간 집중 사역을 해야 하는 곳에 그들을 파송하여 사역하게 할 수도 있다. 예를 들어, 우크라이나 사태 등 긴급한 상황에서 긴급하게 선교사를 단기적으로 투입해야 할 경우가 그러할 것이다. 후배 선교사의 사역이 확장되어 특정한 사역분야에서 일손이 부족할 경우, 일정 기간 계약하여 선교현장에서 봉사할 수도 있을 것이다. 교회 선교 컨설팅을 해줄 수도 있다. 국내 인적, 물적 자원의 동원을 위해 봉사할 수도 있다. 선교축제 등으로 바쁜 본부 선교사들을 동원하기보다 은퇴선교사들을 인적, 물적 동원 사역에 일정 부분 참여시킬 수도 있다.

현재 KPM은 근래 들어 예전과 같이 많은 신임선교사들을 파송하지 못하고 있다. 이것은 한국 선교의 변곡점이 회자되기 시작한 2010년 초중반부터 모든 선교단체들이 공통적으로 겪는 현상이다. 다시 말해, 이제는 신임선교사를 대량으로 파송할 수 있는 시대가 지나갔다는 말이다. KPM에서는 비전 2030에서 향후 10년 동안 은퇴하는 선교사들의 자리를 대체할 선교사들을 매년 적어도 10유닛을 파송하려고 한다. 예전에는 신임선교사들은 대부분 기존의 선교사들의 후임으로 가서 사역하는 경우가 많았다. 그리고 지금도 은퇴를 앞둔 선교사들이 후임을 보내주도록 요청하고 있다. 그러나 설령 인적자원을 동원한다 하더라도 기존 선교사들의 후임으로 그들을 보내기가 힘든 것이 사실이다. 왜냐하면 본부가 전략적으로 사역해야 할 곳에 신임 자원들을 보내기도 빠듯한 실정이기 때문이다. 그러므로 앞으로 은퇴를 앞두고 있지만 아직 현지인에게 이양 준비가 안 된 선교사들은 추후 후임선교사를 기대하기가 힘들 수도 있다. 이러한 의미에서 본부에서는 이미 현장 선교사들에게 자신의 사역 기간에 이양이 가능할 정도의 규모로 선교사역을 확장하도록 권고하고 있다. 그리고 후임선교사를 요청하는 선교사들에게 그것이 불가능하다는 사정을 설명하고 있다. 그렇다고 이양 준비가 아직 되지 않은 선교지를 선교사 은퇴 후 그대로 방치할 것인가?

현재까지 KPM은 은퇴를 논하면서 이양에 가장 초점을 두었던 것이 사실이다. 이것은 행정과 재산의 분명한 이양이 현장에서 제대로 이루어지지 않았기 때문이다. 이런 점에서 은퇴를 앞둔 선교사들은 지금까지의 사역과 재정의 헌신이 하나님 앞에서 한 것임을 다시 한 번 고백하면서 정확한 재정과 행정 이양을 깨끗하게 해야 할 의무가 있다. 그리고 본부는 은퇴전략을 세울 때 이양 이외에도 은퇴선교사의 복지를 강화하고, 은퇴 이후 그들의 현장복귀 사역에 대해 보다 긍정적으로 전략화해야 할 것이다.

10장
선교지 신학교 사역

1. 들어가는 말

선교사는 현지로 파송되어 현지인을 제자로 양육하고, 교회를 설립하는 모든 과정에서 마지막으로 후임목회자를 양성하여 이양해야 한다. 그런데 목회자 이양을 위해서는 반드시 신학교가 필요하다. 때문에 선교지에서는 신학교 사역을 선교의 꽃이라고 부른다.

신학교 사역에는 몇 가지 고려할 사항이 있다. 우선 신학교 사역은 하나의 개교회를 개척하는 것과는 다르게 공적인 부분을 담고 있어야 한다. 목회학석사과정M.Div.이나 그 과정에 준하는 비정규 목회학과정을 가진 신학교 하나가 생긴다는 것은 목회자를 안수할 수 있는 교단이 생긴다는 것을 의미한다. 그러므로 신학교를 만드는 것은 현지의 기독교 상황을 고려하여 신중해야 한다. 과거 몇몇 선교지에서 신학교가 난립해 과도하게 경쟁하는 상황이 벌어져 선교자원을 낭비한 예가 허다하다. 일반적으로 선교지 신학교를 중심으로 새로운 교단이 형성되는 경우가 많다. 그런데 같은 지역, 같은 교단에 속한 신학교들이 여러 개가 생긴다면 많은 문제가 양산된다. 우선, 처음부터 같은 선교사들이 교단별로, 혹은 심지어 같은 교단의 선교사들이 개별적으로 신학교를 설립하는 것은 선교지에 교회의 분열을 조장하는 셈이 된다. 따라서 선교사는 교회의 공공성에 대해 철저한 의식을 가지고 선교지에 나가야 한다. 선교지에 신학교 사역이 반드시 필요하지만, 모든 지역에 신학교 사역이 필요한 것은 아니라는 것을 우선 인식해야 한다.

둘째로 선교사의 신학적 자질이 준비되어야 한다. 예전에 서구 선교단체들은 신학교 사역을 하는 선교사들에게 Th.M. 정도의 학위가 있으면 적절하다고 생각했다. 그러나 근래에 들어 전세계적으로 교육 수준이 높아짐에 따라 박사학위를 가진 선교사를 선호하고 있다. 신학 교육은 피교육자보다 한 단계 상위 학위를 요구하기 때문에 어떤 커리큘럼과 학위과정을 가진 신학교를 마지막에 세울 것인가에 대한 구상을 가지고 선교사 자신의 학위를 준비해야 한다. 신학교 사역을 목표로 하는 선교사 후보생이 있다면, 단체에 허입되기 전에 미리 상위 학위과정을 공부하고 선교사가 되는 것을 권장한다. 어느 선교단체라도 선교사에게 풀타임으로 공부할 수 있는 넉넉한 시간을 제공해 주지는 않기 때문이다.

셋째로 어떤 형태의 신학교를 운영할 것인가를 잘 고려해야 한다. 선교사는 자신의 학위 수준에 따라 신학교 형태와 커리큘럼을 정해서는 안 되며, 반드시 현장의 상황에 맞춘 신학교 형태를 결정해야 한다. 신학교 형태에 따라 교수요원의 필요도 달라지며, 지역 선정에도 큰 영향을 미칠 수 있다.

이 외에도 적절한 커리큘럼을 가진 신학교 형태로 운영되어야 하므로 이를 위한 준비가 필요하다. 신학교를 운영할 행정 능력도 필요하다. 현지 기독교인들의 수준과 학생 수급을 위한 기독교의 상황, 지역과 학생들의 경제적 수준 등도 고려해야 한다. 교수요원 수급은 가장 큰 관건이다. 그리고 운영을 위한 재정 동원 능력 등이 모두 고려되어야 한다.

이 모든 것이 잘 준비되어 신학교가 세워졌다면, 신학교의 마지막 때, 즉 이양의 때를 생각하면서 신학교를 운영하여야 한다. 신학교는 세 가지를 이양해야 한다. 신학교 행정과 행정요원의 이양, 재정의 이양, 신학의 이양이 그것이다. 신학교와 병원 같이 덩치가 큰 사역들은 이양 자체가 어렵기 때문에 처음부터 이세 가지를 반드시 고려해야 한다. 이런 이유로 신학교는 신학교육의 경험이 있는 사람이 운영하거나 자문을 깊이 받아야만 후에 이양을 용이하게 할 수 있다.

이 장에서는 신학교육의 세 가지 형태를 살펴보고, 선교지 신학교 사역의 이양까지 반드시 준비해야 할 세 가지 사항인 행정 이양, 재정 이양, 신학 이양 중 신학 이양을 중심으로 살펴보고자 한다.

2. 신학교육의 세 가지 형태

선교지에서 실시되고 있는 신학교육은 다음과 같이 크게 세 가지 형태로 구분된다. 정규 신학교육formal theological education, 비정규 분산식 신학교육non-formal decentralized theological education, 비형식 신학교육informal theological education이 그것이다.

(1) 정규 신학교육Formal theological education

정부의 인가를 받지 못한 디플로마diploma 과정부터 학사, 석사, 또는 박사학위까지 확정된 교육과정과 교수와 교육시설을 갖추고 정한 장소에서 교육을 진행하는 정규 신학교육의 장점은 대다수의 학생들이 매 학기 캠퍼스에 머물거나 오가면서 신학교육을 받기 때문에 영성훈련과 신학훈련에 집중할 수 있다는 것이다. 반면 정규 신학교육의 단점은 등록비가 비싸고 학생으로 재학하는 동안 교회의 목회적 현장사역을 균형 있게 병행하기 어려운 상태에서 3년 내지 7년을 지내야 한다는 것이다. 오늘날 대부분 신학교의 학사행정과 커리큘럼이 일반 대학의 학위과정과 연계된 경우가 많으므로, 신학교들이 일정한 학적 수준을 요구하는 경우가 많다. 하지만 정작 선교지 현장에서 요구되는 사역자는 신학 지식만을 갖춘 자가 아니고, 영성을 겸비하고 특히 교회 현장에서 사역을 잘하는 목회자이다. 이런 점에서 학위과정으로서의 정규 신학교육 방식이 지닌 단점을 보완할 필요가 있다. 그중에서도 특히 사역훈련의 약점을 보완하기 위해 정규 신학과정을 원격 교육Distance learning 형태로 진행하기도 한다. 예를 들어, 무디성경원Moody Bible Institute에서 실시하는 프로그램에는 인증certificate과정과 학사학위BA 과정이 있는데, 이 프로그램의 특징은 이 과정에 필요한 기본적인 교재와 다양한 필독서 그리고 시험 등이 수강하는 학생의 시간에 따라 자유롭게 조정될 수 있다는 것이다. 이런 측면에서 원격교육 프로그램은 사역현장을 떠나서 신학교육을 받는 것이 어렵거나 불가능한 사역자에게 매우 적합하다. 하지만 이 프로그램은 배우는 자들과 가르치는 자가 함께 말씀을 배우고 함께 기도하면서 교제하기 어려운 시스템이기 때문에, 전인적인 그리스도의 제자로 성숙하도록 훈련시키는 데는 적합하지 않다.

(2) 비정규 분산식 신학교육non-formal decentralized theological education

이 방식은 학생들이 캠퍼스에 오지 않고, 강사가 신학교육 커리큘럼에 따라 정규 신학교육을 받지 못한 사역자들에게 가서 일정 기간 현장에서 신학교육의 기회를 제공하는 것이다. 한 예로, 전 세계에서 널리 사용되고 있는 TEETheological Education by Extension나 BTCPBible Training Centre for Pastors 프로그램들이 있는데, 이들은 분산Decentralized과 비정규Nonformal의 원리로 운용되고 있다. 과목마다 정해진 주 교재를 따라 정한 시간에 모여 일정한 기간 수업을 한다. 이미 준비된 신학교육 교재를 사용하기 때문에 그 신학적 노선이나 입장이 분명히 공개된다는 점이 장점이기도 하다. 그리고 평가의 기준이 분명하고 일관성이 있으므로 교리적 입장이 분명한 신학교육이 되기를 원하는 교회로서도 안심하고 사역자를 위탁할 수 있다. 그러나 이러한 신학교육에 사용되는 교재들이 개혁주의 신학을 바탕으로 한 것인지에 관해서는 검증이 필요하다.

(3) 비형식 신학교육Informal theological education

비형식 신학교육은 일정한 교육과정을 설정하지 않고 현장에서 긴급히 다루어야 하는 신학적, 목회적 이슈들을 전문 강사를 통해 사역자 수련회나 컨퍼런스 혹은 세미나 등 다양한 형태로 교육하는 방식이다. 이 방식은 현장에 필요한 주제들을 선정하여 단기간에 실제적으로 접근할 수 있다는 점에서 효과적이다. 이 방식의 관건은 해당 주제를 전문적으로 강의할 수 있는 강사를 확보하는 데 있다. 교육 대상은 비교적 자유롭게 할 수 있으나, 강의의 주제에 따라서 달라질 수 있다.

3. 신학 이양

신학 이양은 몇 가지 사항을 포함한다. 첫째, 현지인 신학도 가운데 신학교수가 될 자원을 발굴하여 박사과정을 마치도록 훈련하고 일정한 공적 절차를 통해 교수로 임명하는 일이다. 둘째, 외부와 신학교류를 통해 선교사가 선교지를 철수하기 전에 현지인 신학자들교수이 자신의 신학을 가지고 국외의 신학계와 교류할 수 있도록 하는 일이다. 이는 선교지의 신학이 공교회 안에 머물도록 하는 중요한 일이다. 이 일은 주로 학회의 설립과 참여 그리고 학술지 발간 등을 통해 이루어진다. 셋째, 개혁주의 신학교육을 위한 적절한 커리큘럼을 개발하고, 필요한 교재들이 현지 언어로 번역될 수 있도록 준비하는 일이다. 특히, 신학교가 여러 교파의 선교사들과 함께 운영될 경우 자칫 개혁신학의 정체성을 잃어버릴 수 있다. 그러므로 개혁주의 신조 채택12신조, 웨스터민스터 신앙고백과 그 신조에 부합하는 커리큘럼과 실라버스syllabus를 마련하여 신학 정체성을 분명히 하는 것으로 신학 이양을 공고히 할 수 있다.

(1) 선교지 신학교수요원의 양성

신학 이양 가운데서도 현지인 교수요원을 양성하는 부분은 특히 많은 시간과 에너지를 요구하는 일이다. 따라서 설립 초기부터 적절하게 준비해야 하는데도, 정작 대부분의 선교지 신학교들이 당장의 운영에 필요한 사항들에만 주된 관심을 두는 경우가 많다.[1] 그래서 여기서는 신학 이양 중 현지인 신학교수요원의 양성에 초점을 맞추어 그 준비과정을 살펴보고자 한다.

1) 현지인 교수요원 양성 기간은 얼마로 잡아야 하는가?

선교지 신학교의 이양을 위한 긴 항해 중 가장 오랜 시간이 소요되는 분야는 단연 사람을 키우는 일이다. 행정요원을 키우는 것도 몇 년의 시간이 필요하겠지만, 현지인 교수 한 명을 양성하는 것은 시간만 따지고 봐도 12-15년 이상학부 4년 과정, 목회학석사 3년 과정, 신학석사 등의 2년 이상 과정, 박사과정 3-5년 이상이 소요된다.

---

1. 문상철, 『2014 한국교회의 교육선교 현황과 발전방안』, (서울: GMF Press, 2014). 한국선교연구원에서 2014년에 조사한 바, 교육 선교를 하는 한국 선교사들이 실제적으로 느끼는 필요들은 다음과 같았다. ① 전문인력: 교육자로서 자격을 갖추고 현지어에 능통하며 높은 영성을 통해 전인교육이 가능한 교수선교사가 필요하다. 그 외에도 현지인 행정요원을 교육시켜 차후에 이양을 준비시켜줄 도서관 사서와 웹마스터를 포함한 행정전문 선교사가 필요하다. ② 교재와 도서 지원 및 온라인을 통한 도서 접근 확보, ③ 학교 건물과 설비, ④ 운영재정, ⑤ 학생 확보 등이었다. 조사에 참여한 대부분의 선교지 신학교들은 현지인 교수요원 양성을 위해서는 특별한 준비를 하거나 이를 위해 본국에 필요를 요청하고 있지 않았다.

한국선교연구원kriM, Korea Research Institute for Mission의 2014년 리서치 질문 중 교육선교에 있어서 한국 선교사들의 리더십 이양 방안에 대한 질문에 25%는 설립 초기부터 리더십 이양을 계획하여 10년 이내에 이양을 목표로 한다고 답했고, 33.3%는 교수진을 현지인으로 구성한 다음 자연스러운 리더십 이양의 시기를 결정하겠다고 답했다. 나머지는 설립자가 은퇴할 때까지, 혹은 일정한 원칙을 가지고 있지 않다고 답했다.[2] 현지인 교수는 각 주요 과목에서 확보가 되어야 하므로 현지인 교수진을 길러내는 일에는 더 오랜 시간이 소요된다. 너무 성급하게 이 문제를 해결하고자 학위를 쉽게 주는 수준 이하의 학교에 사람을 보내는 편법을 쓰는 것은 지양해야 한다.

2) 모든 신학교가 현지인 교수요원을 양성해야 하는가?

교수가 곧 학교라는 말은 옳다. 그러나 이 말은 모든 선교지 신학교에 적용되는 것은 아니다. 예를 들어, 보안지역에서 비정규 신학교를 운영하는 경우를 상정해보자. 보안지역의 특성상 외부인의 신학교육은 법적으로 금지하고 있으나, 이미 현지인에 의해 운영되는 신학교들의 경우에는 어느 정도 자체적으로 신학교육이 가능하다. 그럼에도 불구하고 특정지역에서 특정한 교육대상을 준비시키는 것을 목표로 하고, 그 목표가 마치면 그곳에서 철수할 것을 처음부터 계획하고 있다면, 반드시 현지인 교수를 양성하지 않아도 될 것이다. 그러나 정규 신학교와 대부분의 비정규 분산식 신학교들은 여전히 현지인 교수의 양성을 필요로 한다. 즉, 신학교의 목표가 선교사 본인의 사역을 마지막으로 문을 닫는 것을 목표로 하지 않는 이상 현지인 교수의 양성은 필수적이다. 신학교 사역을 시작하는 선교사는 처음부터 자신을 이을 현지인 교수를 통해 신학교가 현지에

---

2. 문상철, 『2014 한국교회의 교육선교 현황과 발전방안』, 63.

서 지속적으로 운영되도록 할 것인지, 아니면 특정한 목적이 달성되면 신학교를 철수할 것인지를 처음부터 결정해 신학교의 자기 정체성을 분명히 하는 것이 바람직하다.

3) 현지인 교수를 양성하기 위해 어떤 준비를 해야 하는가?

① 현지인 중 교수가 될 만한 자격 요건을 갖춘 학생들과 신학교 사역에 대한 비전을 지속적으로 공유하는 것이 중요하다. 선발과정에서 너무 기대 수준을 낮추어서는 안 된다. 12-15년의 학업을 지속할 수 있는 영성, 지성, 그리고 하나님 나라에 대한 열정을 가진 사람이어야 중간에 실패할 확률을 줄일 수 있다. 수년간 투자를 하고서도 중간에 지원자가 탈락하는 일이 빈번하기 때문이다. 선발과정에서 해당 학생을 키워 신학교에 다닐 수 있도록 후원하고 있는 선교사와의 커뮤니케이션이 중요하다. 해당 학생의 진로에 대해 해당 선교사와 충분히 상의하고 합의를 도출한 후에 선발해야 한다. 그러나 학생 때 목회자가 이들을 심사한다면 실패할 확률을 줄일 수 있다.

② 선발된 학생을 위해 전담 교수를 두고 멘토링하면서 지속적으로 상위 과정을 밟을 수 있도록 한다. 학부 과정에서부터 자신이 선호하는 전공과목을 선택하게 하고, 담당교수는 과외로 해당 학생을 위해 해당 과목의 기초가 되는 언어나 지식을 쌓을 수 있도록 지도한다.

③ 지원하는 학생들이 성경신학 중 신약과 구약, 교의학, 교회사, 실천신학 등의 기본적인 주요 과목들을 고루 선택할 수 있도록 학교 차원에서 지도해야 한다. 석사학위 이상의 학생들의 동향은 석박사위원회를 만들어 교수회의에서 항상 다루어져야 한다. 특히 교수자원으로 선발된 학생들은 교수 개인의 선한 욕심을 위해 자신의 전공과목만 공부하도록 지도할 것이 아니라, 학교 전체 차원에서 돌봐져야 한다.

④ 목회학석사과정을 가르치기 위해서는 해당 학교에 목회학석사를 가진 일정 인원의 교수 선교사만 있으면 된다. 그러나 신학석사혹은 신학석사에 준하는 석사과정들 이상의 과정을 가르치기 위해서는 신학박사학위를 가진 교수 선교사가 해당 과목에 반드시 준비되어야 학업을 진행할 수 있다. 또한 학부과정, 목회학석사 등의 석사학위와 그 이상의 박사학위 과정에 해당하는 졸업증서를 수여할 수 있는 공신력 있는 국가기관 혹은 사설기관으로부터 인준을 받고 있어야 한다. 해당 국가의 노회 혹은 총회의 인준을 받는 방법이 가장 이상적이다. 국가 인준을 받기 힘든 경우에는 국제적인 공신력을 가지고 운영되는 국제 신학 인준기관들에 가입하는 것이 좋다. 인준을 위해서는 보통 학교시설, 필수 직원의 수, 재정상태와 운영, 이사진의 구성, 도서관 장서의 수, 학생 숫자, 커리큘럼 등이 일정 수준으로 유지되도록 노력해야 한다. 당장 졸업장에 인준기관의 인장을 받으려고 수준이 낮은 기관에서 우산효과Umbrella Effect를 보려고 하지 말라. 차후에 신학교의 위상이 올라간 경우, 그 인장을 가지고 졸업장을 받은 졸업생들이 자신의 졸업장을 부끄러워할 날이 올 수 있기 때문이다.

4) 각 신학교 유형별 현지인 교수 양성의 실제적 문제와 해결방법은 무엇인가?

① 정규 신학교육Formal Theological Education에서의 특징

정형화된 커리큘럼을 통해 정기적으로 수업이 진행되는 학교를 의미한다. 적어도 정형화된 커리큘럼이 상시 운영될 정도의 신학교라면 일정 수준의 교육환경과 교수진들이 갖춰져 있을 것으로 본다. 이러한 신학교에서는 다른 문제보다는 교수 선교사들의 박사학위 소지의 여부가 문제될 경우가 많다. 석사과정을 운영하기 위해서는 상위 학위인 박사학위를 가진 교수 선교사가 각 신학과목에 요청된다. 신학교를 운영하는 우리 KPM 전체 선교사들의 박사학위 소지자의 숫자가 많지 않음을 감안할 때, 신학교 자체적으로 신학 각 과목에서 석사과정이나 박사과정을 운영하지 못하는 문제가 발생할 수 있다. 원론적으로 각 과목에 최상위 학위를 가진 교수진이 갖추어지지 않은 상태에서 신학교를 새로 시작하지 말아야 한다.

교수 선교사는 다수 있으나 각 과목에 석사학위 이상의 과정을 운영할 수 없는 신학교의 경우, 교수 선교사가 지속적으로 최상위 학위 과정을 마칠 수 있도록 해당 신학교나 KPM 차원에서 배려가 있어야 한다. 즉, 이러한 정규 신학교는 교수의 숫자는 일정 확보가 되어 있으므로 교수 선교사의 질적 향상에 집중하여 신학 이양을 하는 쪽으로 무게를 두는 것이 바람직하다. 교수 선교사가 선교지를 오랫동안 비우지 않아도 학위과정을 지도할 수 있는 여러 방법들이 있다. 석박사과정에 온라인 교육을 제공하는 유수한 신학교들이 늘어나고 있는 추세는 상당히 고무적이다. 또한 초빙, 석좌 등의 제도를 통해 외부 신학교의 교수진 혹은 은퇴교수를 자원으로 활용하는 방법도 있다. 선교 현지의 신학의 질적 향상을 고려한다면, 목회학학사 혹은 신학석사 학생들을 선발하여 외국으로 유학을 보내는 것이 좋다. 이 경우 해외의 다른 신학교들과 MOU를 통해 도움을 받을 수 있다.[3]

---

3. 아래의 MOU 체결서는 선교지의 모 신학대학과 고신대학교가 맺은 박사학위 과정 공동운영에 관한 내용이다. 1. 고신대학교와 OOOO장로교 신학대학교 교류협력 협약서 1의 (3)항, 박사과정 운용을 위한 협력에 관한 세부지침을 다음과 같이 정한다. (1) OOO 학생이 신학박사와 철학박사과정의 학위 취득을 위해 고신대학교에 유학을 올 경우, 학비의 50%를 고신대학교에서 지원한다. 나머지 학비와 생활비를 위해 교단 교회와 연결을 주선한다. (2) 유학생 혼자 혹은 자녀 없이 부부가 한국에 거주할 경우 고신대학교에서 기숙사를 무상으로 제공한다. (3) 위의 수혜를 받기 위한 OOOO 유학생의 최소 자격은, OOO의 신학석사 학위를 가진 자로서 한국어 자격시험 3급(졸업 전까지 4급 획득) 혹은 영어 자격시험 토플 iBT 71점 (PBT 530) 이상을 취득해야 한다. (4) 박사학위 취득을 위한 코스웍은 4학기이며, 논문을 작성해야 한다. 논문심사는 고신대학교에서 주심을 맡고, OOO에서 부심의 자격을 갖춘 교수가 있을 경우 부심을 선정하여 심사한다. (5) 고신대학교에서의 수업은 한국어와 영어로 진행할 수 있다. 학위논문은 국문으로 작성하여야 하며, 필요시 대학원장의 승인을 받아 외국어로 작성할 수 있다. (6) 과정을 이수한 자에게는 대한민국 교육부에서 인정하는 고신대학교 학위와 OOO의 공동학위가 주어진다.

② 비정규 신학교육Informal Theological Education에서의 특징

비정규 신학교육은 일상적인 정규과정이 아닌 세미나 형식으로 운영된다는 의미에서 그렇게 분류된다. 비정규 신학교가 이양을 고려할 때는 다시 두 가지 신학교로 분류될 수 있다. 그중 하나는 처음부터 특정한 대상을 목적으로 일정 기간만 운영하고자 하는 경우예를 들어, 보안지역인 C국에서 목회자 재교육을 위해 한시적으로 운영되는 OO신학교인데, 이런 신학교는 이양을 목적으로 한 현지인 교수를 키워 낼 필요가 없다. 그러나 이 외의 대부분의 비정규 신학교들은 심각한 교수 선교사의 필요성을 느끼고 있다. 현재 KPM 선교사들이 사역하는 많은 신학교들이 이 유형에 속한다. 많은 경우 선교사 한 두 사람이 신학교를 설립하여 운영하고 있어서 현지인 교수 이양이 요원한 형편이다.

따라서 신학교가 초기에 한 명의 선교사에 의해 시작된다고 해도 조속한 시간 안에 그 운영을 다른 선교사들과 함께 하도록 해야 한다. 그러나 현실적으로 단기간에 가르칠 선교사들을 구하는 일이 쉬운 일이 아니다. 그러므로 비정규 신학교의 경우, 좋은 신학도들을 발굴하여 일찍부터 타신학교에서 최고학위 과정까지 공부한 후 돌아와 교수요원으로 봉사할 수 있게 해야 한다. 즉, 교수 선교사의 질적 향상에 집중하기보다는 선교지에서 최소한의 신학과정을 마치게 한 후, 현지인을 외부 신학 기관에 상위 신학교육을 위탁하는 것이 바람직하다는 것이다. 또한 같은 지역에 비슷한 신학노선을 가진 신학교들이 있고, 그중에서 한 선교사가 단독으로 운영하는 신학교가 있다면, 경쟁적으로 운영하지 말고 합병하는 것도 바람직하다.

③ 비정규 분산식 신학 교육Non-Formal Decentralized Theological Education에서의 특징

일정한 교육 커리큘럼을 가지고 있지만, 정규 신학교와는 반대로 학생이 있는 곳으로 교수요원이 찾아가서 진행하는 교육 방식이다. 신학교육을 하는 장소와 신학생의 숫자, 교수의 헌신도는 항상 함수 관계를 가지고 있다. 신학교육을 필요로 하는 학생들이 편리한 대도시에 몰려 있을 경우에는 신학교를 대도시에 설립하면 된다. 이때는 상대적으로 교수 모집이 쉬워진다. 그러나 생활과 접근이 상대적으로 어려운 오지에서 신학교육을 필요로 하는 요청이 많을 경우에는 상대적으로 재정 부담이 없이 손쉽게 신학교를 개설할 수 있다. 그러나 이 경우 가장 큰 문제는 자녀교육이나 생활이 힘든 오지에서 장기적으로 거주하며 헌신할 수 있는 교수 선교사를 구하기가 힘들다는 것이다. 이런 경우에는 비정규 분산식 신학교육이 효과적이다MBA, ATC의 BTCP.

비정규 신학을 실시하는 현지에서 장기적으로 헌신할 수 있는 선교사나 현지인겸임 교수요원을 확보할 수 있다면, 가장 효과적으로 신학교를 운영할 수 있다. 한 사람의 선교사가 행정적으로 해당 신학교를 운영하고, 교수요원은 현지에서 구하는 것이다. 통일된 커리큘럼과 교재 그리고 실라버스를 사용하면, 선교사 겸임교수 혹은 현지인 겸임교수가 해당 과목을 지속적으로 진행하면서 쉽게 교수에 적응할 수 있다. 단, 비정규 분산식 신학교는 교육의 마지막 목표를 너무 높게 잡지 말고, 상위 교육을 원하는 학생들은 다른 상위 신학기관으로 연결시키는 것이 바람직하다. 너무 높지 않은 과정만을 운영한다면 함께 교수에 참여해 온 현지인이 충분히 이양받을 수 있다.

5) 현지인 교수 양성을 위해 국내 교회와 본부의 역할은 무엇인가?

만일 한 명의 신임선교사가 이미 존재하는 선교지 교단의 신학교를 두고 다른 사설 신학교를 세운다면, 이들이 세운 교회들은 독립교회들이 되거나 그 신학교육기관을 중심으로 하나의 교단으로 귀결되기 십상이다. 교회가 목사를 청빙하고 노회가 안수함으로써 목사가 한 교회를 목회하는 것이 장로교회의 정치 원리라고 할 때, 교회와 노회또는 현지선교부의 관계없이 단독적으로 신학교육 프로그램이나 기관을 운영하는 것은 지양해야 한다고 생각한다. 왜냐하면 그런

체계 속에서는 공교회로서 자립하는 개혁주의 장로교회의 설립을 기대하기가 어렵기 때문이다. 작금을 교회의 선교시대라고 부른다. 그러나 많은 교회들이 이것을 개교회의 선교시대라고 잘못 생각하고 있는 듯하다. 교회의 공교회성은 선교에도 적용되어야 한다. 교단의 공식적인 세계선교의 통로인 KPM을 통해 힘을 결집하여 세계 선교가 진행되도록 해야 한다. 특히 선교지에서 신학교 하나를 설립하는 것은 곧 그것이 교단으로 성장해간다는 것을 의미한다. 따라서 한 지역에 신학교를 중복해서 건립하는 일에 개교회가 단독으로 지원하는 것은 선교 현지에서 처음부터 교단의 분열을 전제로 성장하도록 하는 우를 범하는 것이다. 고신교회와 그에 속한 단체들은 특히 선교지 신학교가 사설 신학교로 운영되지 않고, KPM 안에서 전략적으로 시작되고 이양될 수 있도록 힘을 모아야 할 것이다.

KPM 본부는 선교지에 신학교 운영의 필요성이 있을 경우, 상위학위를 가진 선교사 집단이 함께 신학교를 시작하도록 지도해야 한다. 또한 이미 운영 중인 선교지 신학교의 이양 계획들을 면밀히 파악하여 신학교 유형에 따라 현지인 교수요원을 배출해야 할지를 컨설팅할 필요가 있다. 그리고 신규 선교사 자원을 확보할 때, 최고 학위를 가진 (은퇴)교수 선교사의 발굴과 전략적 배치에 보다 적극적일 필요가 있다. 이미 교수 선교사로 사역하고 있는 선교사들이 신학교 유형별 필요에 따라 최상위 학위를 공부할 수 있도록 적극적으로 지원하는 일도 필요하다. 마지막으로 KPM 차원에서 최고 학위과정에 현지인 교수요원 후보자들이 공부할 수 있도록 국내외 신학교육 기관들과 MOU를 맺을 수 있도록 지원해야 한다.

11장

이슬람 돌파를 위한 전략으로서 난민선교

1. 들어가는 말

난민은 사회 정치적인 입장에서 보면 대재앙이다. 그래서 유엔 난민 기구의 주된 목적은 난민의 발생을 줄이는 것과 발생한 난민이 조속히 자신의 국가로 귀환하는 것이다.[1] 그런데 선교학의 입장에서 보면 난민 발생과 이동은 선교를 위한 하나님의 계획이며 축복이다. 특히 대부분의 난민이 이슬람 국가들에서 발생하며, 자신들의 이슬람 공동체Ummah를 떠나 비교적 선교가 자유로운 지역으로 대규모로 이동하고 있다는 것은 오랜 이슬람 선교역사에서 특별한 의미를 지닌다고 볼 수 있다. 그동안 기독교의 이슬람권 선교는 어느 권역을[2] 막론하고

---

1. 유엔난민기구(UNHCR)의 주된 목적이 난민의 권리와 복지를 보호하는 것이지만, 궁극적인 목표는 난민들이 존엄성을 지니고 평화롭게 삶을 재건할 수 있도록 영구적인 해결책을 찾도록 돕는 것이다. 난민들에게 UNHCR이 도움을 제공할 수 있는 세 가지 해결책이 있다 ① 자발적 본국 귀환, ② 현지 통합, 또는 ③ 본국 귀환이나 비호국에서의 거주가 어려운 경우 제3국에서의 재정착 등이 그것이다. "영구적 해결 방안" https://www.unhcr.or.kr/unhcr/html/001/001001004001.html (Accessed at 2021.03.23).
2. 아랍어권은 시리아, 이라크, 모로코, 튀니지, 수단, 예멘, 알제리 등이다. 쿠르드권은 터키, 이라크, 이란, 시리아 등이며, 페르시아권은 이란, 타지키스탄, 아프가니스탄, 동아시아권은 말레이시아, 인도네시아 등이다.

많은 결실을 맺지 못한 것이 사실이다. 지금까지 '타종교에 엄격한 비자정책', '강한 이슬람 공동체 생활', '서구 적대는 기독교 적대'라는 공식 등으로 인해 척박한 이슬람 선교 환경이 만들어졌다고 볼 수 있다. 현상적으로 이해할 때, 적어도 2011년 아랍의 봄 이후부터 하나님께서는 무슬림들이 그들의 지역 공동체 내에서 복음을 받아들이기 힘든 상황을 난민이라는 통로를 통해 돌파하시려는 듯하다. 우리는 그동안 난공불락 같아 보이던 이슬람 세계 안으로 세차게 들이치고 있는 복음의 거대한 물결을 중동, 북아프리카, 페르시아권 그리고 동아시아권에서 마주confront하고 있다. 필자는 요즘 이슬람 & 난민사역자들로부터 '대추수의 때'라는 말을 자주 듣는다. 이 글을 쓰는 배경에는 교회와 선교단체들과 현장의 선교사들이 이러한 영적 흐름을 감지하고, 난민을 통해 무슬림을 대추수하려는 하나님의 거대한 계획에 깊이 쓰임 받을 수 있기를 기대함이 있다.

이 장은 난민사역과 관련하여 두 가지 목적에서 기술되었다. 그중 하나는 KPM 본부에서 구상하는 난민이라는 주제를 통해 이슬람을 돌파하려는 새로운 시도를 소개하는 것이다. 왜 난민사역을 시작하는지에 대한 이유, 즉 고신교단 선교가 난민사역의 중요성을 인식하는 방법을 기술하는 것이 그 첫 번째 목적이다. 난민의 발생과 대량 이주는 그동안 지리적 선교, 미전도 종족 중심의 찾아가는 원심적centrifugal 선교에서 사람과 영역 중심의 구심적centripetal 선교로 새로운 시대를 열어가고 계시는 하나님의 선교의 거대한 물결과도 연관된다. 다른 한 가지 목적은 교단 선교단체로서 KPM이 난민사역을 시작하기 위해 준비하는 새로운 선교정책들을 소개함으로써 교단이나 선교단체들이 난민을 주제로 이슬람 선교를 시작하려고 할 때 그 방법론에서 샘플이 되고자 함이다. 설익은 정책들을 교단 밖으로 보여주는 것은 분명 그리 지혜롭지 못한 처사이지만, 이러한 어리석음이 난민을 통해 이슬람을 돌파하시려는 하나님의 선교를 위한 작은 초석이 되기를 바랄 뿐이다.

2. KPM의 난민사역 이해방식

(1) 구원사에서 대규모 난민 이동의 의미

　난민을 통한 이슬람 선교의 경험이 짧은 관계로 난민을 향한 하나님의 계획이 현상적으로 분명히 나타난 것은 아니다. 그리고 아직 난민 선교신학을 논할만큼 난민선교의 깊이가 있는 것도 아니다. 그러나 일부분이지만 세계선교에서 난민선교를 통해 새로운 지도가 그려지고 있는 것은 분명하다. 먼저, 명목상의 기독교인들이 많았던 유럽의 교회들이 난민들로 인해 새롭게 교회의 부흥을 경험하고 있다. 또한 복음을 들은 무슬림들 가운데 자신의 고향과 종족으로 돌아가 복음을 증거하는 사역자들이 나오고 있다. 난민을 통한 난민사역이라는 이슬람 선교의 새로운 패러다임이 제시되고 있다. 난민의 발생 규모만[3] 봐도 선교적으로 큰 지각 변동을 쉽게 예상할 수 있다. 분명한 것은 난민의 대규모 이동은 하나님의 구원 계시역사에서 중요한 역할을 해왔다는 것이다.

　성경의 선교역사를 볼 때, 하나님께서 대규모 난민을 일으키셨을 때는 구원사의 중요한 기점이 필요하셨을 때였다. 우리는 하나님의 구원사에서 사람들이 경제적 혹은 정치적인 이유로 자신의 지리적인 경계를 넘어 다른 지역으로 이동할 때, 대규모 선교가 이루어졌던 것을 본다. 구약성경에서 가장 중요한 구속사적 사건인 출애굽 이야기에서 그 예를 선명하게 확인할 수 있다. 출애굽 이야기는 야곱과 그의 식구 70여 명이 이집트에서 경제 난민생활을 경험하는 것을 시작으로, 그들은 결국 200만 명이 넘는 민족을 이루어 다시 그들에게 약속

---

3. 2019년 말 기준 난민 포함 전 세계 강제 실향민 수는 7,950만 명으로 8년 연속 최고치를 기록했다. 2018년 7,080만 명보다 870만 명 늘어난 수치로서, 오늘날 전 세계 약 100명 중 1명은 집을 잃고 피난 상태에 놓여 있음을 의미한다. 이는 매일 45,000~50,000명의 새로운 난민이 발생한다는 의미이다. 환경난민을 포함하면 30년 이내에 10억 명이 난민 생활을 하게 될 것으로 예상된다.

된 땅으로 돌아오는 이야기이다. 예수 그리스도를 통한 구원의 모델이 된 이 출애굽 사건은 난민이었던 유대인들이 구원사의 중심에 서고, 가나안에 거주하던 이방 민족들이 그 유대인들을 통해 구원받게 되는 결과를 보여준다. 초대교회에서 선교의 이야기 또한 예루살렘에서 쫓겨난 이스라엘 백성들의 이야기로 시작된다. A.D. 70년에 디도의 예루살렘 침략으로 말미암아 예루살렘 거주가 불가능해진 유대인들은 근동지역 뿐 아니라, 로마 제국 곳곳으로 흩어지는 아픔을 당했다. 그러나 흩어진 정치 난민이었던 유대인들의 회당을 중심으로 선교했던 사도 바울 같은 이들을 통해 그들은 결국 기독교인들이 되었다. 그리고 그들이 바로 로마 제국과 이후 유럽 지역이 기독교화되는 데 지대하게 공헌했다.

오늘날에도 하나님께서 대규모 난민을 새롭게 일으키고 계신다. 그리고 분명한 것은 발생한 난민들의 절대적인 수가 이슬람에서 발생하고 있다는 것이다. 2022년도 지표들은 중/북부 아프리카에서 39%로 난민이 가장 많이 발생하며, 다음으로 많이 발생하는 지역이 중동지역임을 보여준다. 아시아에서는 미얀마에서 발생한 로힝야족 난민으로 인해 수치가 올라간 것을 볼 수 있다. 또한 마두로 정권 이후 발생한 남미의 베네수엘라 사태도 다수의 난민을 발생시키고 있다. 이렇듯 세계 난민의 2/3가, 베네수엘라 등 몇몇 지역을 빼면, 대부분 이슬람 국가에서 발생한다는 것은 난민을 주제로 한 이슬람 선교에 호기인 셈이다. 그러면 난민은 어디로 이동할까? 85%의 난민은 호의적인 난민정책을 펼치고 있는 주변 국가들로 이동하고 있다. 그중 85%는 잘 사는 선진국으로 이동하는 것이 아니라 저개발국이나 개발도상국으로 이동한다. 다행히 그들이 정착한 주변국들은 기독교 국가이거나 기독교에 호의적인 국가들이 많다. 터키나 레바논과 같은 난민 정착 이슬람 국가들의 경우에도 자국민들에게는 기독교 포교를 엄격히 금지하지만, 난민들을 향한 포교에는 신경을 쓰지 않는 경우가 많다. 현상적으로만 잠시 살펴봐도 작금의 이슬람 지역에서의 난민 발생과 그들이 기독교 포교가 가능한 지역으로 이동하는 것은 하나의 결론으로 귀결된다. 즉, 이슬람 선교 돌파를 위해 하나님께서 난민을 일으키고 계시다는 것이다. 성경의 역사를 볼 때도 난민의 대규모 이동은 분명한 하나님의 구원계획 안에 있었다.

(2) 4세대 선교시대와 결을 같이 하는 난민선교

두 번째로 난민선교가 중요한 화두로 떠오른 것은 선교의 새로운 흐름과 관계가 있다. 선교의 세 번째 시대로 불리던 미전도 종족 운동의 시대가 네 번째 선교시대로 옮겨가고 있다. 1-3세대 선교는 물리적인physical 땅을 정복하는 것을 통해 선교하는 것에 반해, 4세대 선교는 영역을 변혁시키는 것에 초점을 맞추고 있다. 1세대 선교는 해안선을 복음화하는 데, 2세대 선교는 내지의 땅을 복음화하는 데 전력투구했다. 그리고 3세대 선교인 미전도 종족 운동은 한 곳에 집중적으로 살아가는 동질 종족 집단별로 선교하는 것에 초점을 둔 지리학적인 전략에 기초했다. 즉, 미전도 종족 입양 운동 전략을 성취하는 과정에서 사용한 전술은, 주로 복음 전파율이 낮은 어느 특정 지역에 집중해서 그곳에 사는 종족을 대상으로 인적, 물적 자원을 집중하여 복음화율을 높이는 것이었다. 따라서 미전도 종족 운동은 현장 선교사들과 파송 주체들로 하여금 어느 지역을 선정해서 그곳을 복음으로 정복하는 것을 선교로 이해하게 했다. 이에 반해 4세대 선교의 특징은 이전의 1-3세대 선교의 공통적인 특징인 물리적인 땅 중심의 선교에서 사람과 영역 중심의 선교로 전환하는 것이다. 예를 들어, 미전도 종족 운동의 중요한 부분을 담당하며 10/40운동을 시작했던 부시Luis Bush 박사는, 현재 4-14세의 어린이를 가장 중요한 영역으로 보면서 사람과 영역 중심의 4/14 운동으로 선교의 방향을 전환하였다. 랄프 윈터Ralph D. Winter 역시 오늘날 선교적 사고에서 가장 중요하면서도 아직 소화되지 않은 현실은, 우리가 세계 대부분의 사람들이 더 이상 지리적으로 정의될 수 없다는 사실을 이해하지 못하는 것이라고 이야기한다.

　지리적인 땅 중심의 선교에서 영역 중심의 선교로 전환한다는 것은 원심적 선교에서 구심적 선교로 무게추가 옮겨지고 있음을 의미한다. 신/구약 성경은 각각 구심적인 선교와 원심적인 선교를 모두 말한다. 다만 신약시대에 성령께서는 로마제국의 문명의 이기를 십분 활용하여 초대교회 성도들이 열방으로 나가 원심적인 선교를 할 수 있도록 독려하셨다. 구약시대에도 하나님께서는 요나를 이방 땅으로 보내시는 원심적인 선교를 하셨다. 물론 구약시대와 같이 교통이 발달하지 않은 시대에는 원심적인 선교를 활발히 할 수가 없었다. 그래서 구심적인 선교를 위해 하나님께서 이스라엘 백성들을 당시 교통의 요충지였던 가나안 땅으로 인도하신 것이라고 할 수 있다.

　난민은 4세대 선교시대의 의미에서 보면 하나의 큰 선교영역이다. 이것은 선교를 위해 선교지로 찾아가는 원심적 선교시대에서 기독교 지역 혹은 복음전파가 용이한 지역으로 찾아오는 난민과 같은 선교의 대상자들을 소금과 빛 된 삶의 영향력을 통해 복음으로 초청하는 시대로 무게추가 전환되는 것이다. 특히 4차 산업시대는 물리적인 공간의 제약이 점차 사라지고 있다. 물론 여전히 우리의 선교는 선교사를 공간적으로 다른 곳으로 파송하는 원심적인 선교를 수행하겠지만, 작금의 시대에서는 더 이상 선교를 물리적인 땅을 정복한다는 개념으로만 적용해서는 안 된다. 향후 30년 후엔 10억 명이 넘는 사람들이 전통적으로 고향이라고 불리는 땅에서 살지 않게 될 것이다. 선교사가 찾아가서 선교하던 원심적인 선교 시대는 저물고 있다. 그보다 이미 우리에게 다가온 이주민 혹은 난민 같은 디아스포라를 위한 구심적 선교가 더욱 중요해진 시대가 되었다. 난민을 흩으셔서 이슬람 세계를 구원하시려는 일련의 영적 움직임은 사람과 영역 중심의 구심적 선교를 지향하는 4세대 선교시대의 방향과 결을 같이한다. 우리는 인구의 대규모 이동을 통해 일하셨던 하나님께서 작금의 대규모 난민의 이동을 통해 구심적인 선교를 실행하시려는 계획을 엿보고 있다. 즉, 난민이라는 영역은 이 거대한 선교의 새로운 물결 안에서 이해되어야 한다.

3. 난민선교를 위한 KPM의 전략지역 선정과정과 정책들

KPM은 '비전 2030'을 통해 디아스포라 사역의 강화를 선포하였다. 그 가운데는 난민이라는 주제를 통해 이슬람을 복음화하려는 적극적인 의지가 포함되어 있다. 2020년 후반부터 KPM은 난민사역을 위한 첫 사역지를 물색하였다. 난민 & 이슬람 사역을 위해 세 가지 조건을 염두에 두고 사역지를 선정했다. 세 가지 조건은 다음과 같았다. 첫째, 난민사역을 가장 필요로 하는 곳이어야 한다. 둘째, 경제 난민보다는 정치 난민을 우선적으로 한다. 경제 난민들을 위한 사역은 현재까지의 세계 난민선교 경험상 실패할 확률이 더 높기 때문이다. 셋째, KPM 안에 난민사역을 감당할 선교사가 준비된 지역이어야 한다.

(1) KPM의 국제화 정책

'KPM 비전 2030'부터 새롭게 KPM의 선교에서 강조되는 것이 있다. 그것은 KPM의 국제화이다. KPM 선교의 국제화란 여러 의미가 있는데, 그중 난민선교와 관련한 내용도 포함된다. 그동안 우리는 외국인을 우리 KPM 선교사로 받아들인다는 개념이 없었다. 예외적으로 파송 받은 후에 우리 선교사들 가운데 외국 영주권을 획득하는 경우가 있다. 그리고 싱글 선교사로 허입된 후 외국인과 결혼하여 외국인 배우자가 우리 선교사로 허입된 경우가 있다. 또한 고려인으로서 우리 선교사로 허입된 경우도 있다. 그러나 이것은 기존의 한국 선교사를 파송한다는 전체 기조에서 예외조항이었다고 볼 수 있다. 이와 달리 '비전

2030'에는 외국인을 우리 선교사로 허입할 수 있다는 정책이 포함되어 있다. 우리 선교사가 길러낸 제자 중에서 혹은 다른 경로로 허입 자격이 충분하다고 생각되는 외국인을 허입하여 KPM 선교사로 파송할 수 있다는 것이다. 물론 초기에는 정규 선교사로 허입하는 것보다 지역부의 협력 선교사로 허입한 후, 그 추이를 보면서 점차 본 정책을 심화 확대해가는 것으로 가닥을 잡고 있다.

본부는 이들이 당장은 KPM 정규 선교사가 되기는 시기상조라고 보지만, 아프리카 지역부의 협력 선교사로 허입 받아 동등한 선교사의 입장에서 우리 선교사들과 팀을 이루어 협력사역이 가능하다고 본다.

(2) 난민을 통한through 난민선교 정책

현재 이슬람 & 난민 전문 네트워크의 사역 기본 기조는 '난민을 통한 난민사역'이다. 이것은 국제화를 지향하는 KPM에게 시사하는 바가 크다. KPM의 선교목적은 개혁교회의 세계교회 건설이다. 교단 선교단체의 특성상 KPM에는 목사 선교사들이 90% 이상을 차지하고 있어서, 선교지에서 대부분이 교회 개척사역을 하고 있다. 교회를 개척하고 교단을 이루어 완전교회를 현지에 이양하는 것이 우리 KPM의 주된 사역의 목적이다. 그러나 이 목적을 이루기 위해서 우리 KPM 선교사가 반드시 교회를 건설할 필요는 없다. 난민선교 상황에 따라 다르겠지만, 전도와 제자훈련 등은 선교사가 시작하고, 이후에 제자들을 통해 교회가 세워지는 것이 가장 바람직할 것이다. 난민사역은 난민이동의 특수성 때문에 난민의 최종 정착지에서가 아니면 교회개척이 사역의 주된 목적이 되지 않을 수도 있다. 그보다 난민을 제자화하여 '난민을 통한 난민사역'을 하는 것이 항상 주된 목적이 되어야 한다.

(3) 기능중심의 팀 사역

KPM은 선교사들이 파송 받으면 지역부의 지도를 받으면서 팀 사역을 한다. 현재 12지역부가 있지만, 지역부 팀 사역이 잘되고 있는 곳은 그리 많지 않다. 한국인끼리는 팀 사역이 불가능하다는 패배 의식도 은연중에 자리 잡고 있는 것이 사실이다. 그러나 분명한 것은 KPM 안에도 팀 사역이 잘 이루어지는 팀들이 있다는 것, 그리고 팀 사역을 통한 시너지 효과는 정말로 크기 때문에 반드시 이루어가야 할 큰 과제라는 것이다. 지금까지 팀 사역이라고 하면 주로 은퇴가 가까운 선배 선교사의 후임으로 들어가 팀 사역을 하는 방식이었다. 그리고 사람중심으로 팀을 묶어서 한 지역에 보내는 방식이었다. 그러나 앞으로 이두 가지 방식의 팀 사역은 지양된다. 파송된 개체 선교사는 자신의 시대에 현지이양과 현지인을 통한 현지인 선교를 반드시 이루어 내도록 독려된다. 이양을 전제로 감당할 수 있는 사역을 하고 이양한 후에 다음 사역을 해야지, 백화점식으로 사역을 벌여서 이양의 책임을 지지 못한 채 은퇴 후에는 사역 자체가 사라지게 되는 식은 지양되어야 한다. 또한 사람중심으로 묶어서 한 지역으로 보내는 형태의 팀 선교보다는 분명한 주제를 가지고 기능별로 모인 팀을 만들어 사역하는 것을 지향한다.

(4) 사역중심의 광역팀

사람중심의 사역팀 대신 사역과 사역대상이라는 주제를 중심으로 하는 광역팀이 자연스럽게 현지지역부 중심으로 구성되어 목적중심의 팀 사역을 함께 해가야 한다. 예를 들어, 한 지역에서 난민선교라는 주제를 가지고 프론티어로 들어간 선교사혹은 현지인과 팀을 이룬 선교사를 중심으로 현지지역부가 그 사역의 필요에 따라 제자훈련팀, 어린이 사역팀, 교회개척팀, 비정규 신학교팀 등의 기능팀을 구성하여 느슨한 형태의 팀 사역을 감당할 수 있다. 중요한 것은 지금까지는 사람을 중심으로 팀을 구성했다면, 이제는 사역의 주제를 중심으로 모여 기능별 광역팀을 구성하는 전략을 지향한다는 것이다. 광역팀에 참여하는 선교사들은 기도 동참, 단순한 정보 교환, 사역 중 일부분 동참, 완전한 동역 등의 단계로 참여가 가능하다. 특히 난민사역은 한 유닛의 선교사가 할 수 있는 규모나 크기가 아니다. 난민사역은 큰 주제이고 그 아래에 많은 팀 사역을 위한 소주제들이 있어야만 가능하다. KPM은 난민선교를 위해 적어도 5-10유닛 이상 규모의 광역팀을 만들어서 필요한 지역에서 전략적 선교를 하려고 한다.

(5) 행정적 속지주의, 사역적 속인주의 정책에 따른 이동의 자유

그동안 우리 KPM의 사역은 속지주의의 한계 속에서 행해졌다. 그러나 모빌리티가 강조되는 4세대 선교시대의 선교는 사역적인 속인주의를 지향하는 방향으로 나가야 한다. 선교사는 행정적으로는 그가 소재하는 지역부에 소속되지만행정적 속지주의, 사역과 기능적으로는 그가 타겟으로 하는 민족의 이동을 좇아서 사역할 수 있도록 해야 한다사역적 속인주의. 광역팀은 현지지역부에서 인정되더라도, 팀원들은 사역이나 거주를 위해 국가나 지역의 이동이 보다 자유로울 수 있다. 에녹 완Enoch Wan은 미전도종족 시대와는 달리 디아스포라 시대는 공간에 제한받지 않고non-spatial, 국경이 없으며borderless, 초국가적transnational이고, 세계적global이라는 특징을 요청한다고 말한다.[4]

(6) 국제 네트워킹 사역

광역팀난민사역을 위한 광역팀은 KPM의 다른 지역부 혹은 다른 국제단체들과 네트워킹 사역을 요청할 수 있다. 난민사역은 때로 중간 기착지나 최종 정착지에

---

4. Enoch Wan, *Diaspora Mission*, 문창선 역, 『디아스포라 선교학』 (고양: 더메이커 2018), 6.

서 글로컬glocal한 연계사역을 해야 할 필요가 있다. KPM이 이 많은 이들을 단독으로 사역하기보다는 같은 목적을 향하고 있는 타단체들과 현장에서 동역하는 네트워킹을 구성하는 것이 요청된다.

(7) 순환배치

KPM은 필요한 경우 선교사의 재배치를 허용한다. 속지주의 선교를 할 때는 재배치가 부정적인 의미로 생각되었지만, 속인주의 시대에서는 재배치가 더욱 활성화되어야 한다. 재배치 이외에 새롭게 순환배치 개념도 도입된다. 즉, 선교사가 한 지역에서 사역을 돌파하고 난 후, 본인이 원할 경우 한국 국내지역부에서 해당 언어권의 국내 이주민 사역을 한 텀 정도 할 수 있다는 것이다. 그리고 국내에서 키워낸 해당 언어권의 제자들과 함께 해당 언어권 국가로 다시 파송되는 전략이다. 순환배치는 글로컬 선교전략의 일환으로 국내 이주민 사역의 필요를 채워줄 것으로 기대되며, 선교사의 선순환을 통한 시너지 효과도 기대된다. 또한 국내에 와 있는 국내 이주민들이 난민지역에서 온 경우예멘 난민 등 그들을 제자화하여 차후에 그들을 통해 해당 국가에서 난민사역을 개척해가는 방안을 모색할 수 있다.

(8) 기능별 네트워크의 활성화 전략

KPM은 우리의 선교영성과 선교신학을 기초로 개혁주의 세계교회 건설의 목표를 달성하기 위해 여러 가지 전략을 마련하고 있다. 그 가운데 하나는 기능별로 선교사들의 사역을 묶어 전문화시키는 네트워킹 전략이다. 현재까지 진행된 기능별 네트워크는 신학교 사역자 네트워크KPMTEN와 이슬람 사역자 네트워크KPMMNET이다. 이외에도 기능별로 다양하게 구성할 수 있다. 사역이 본격적으로 일어난 후에 난민 & 이슬람 네트워크는 KPMMENT에서 따로 독립적으로 구성되어야 한다. 기능별 네트워크 사역의 목적은 서로 비슷한 사역을 하면서 같은 목적과 필요가 있는 선교사들을 하나로 묶어 서로의 정보와 자료를 공유하는 것이다. 또한 포럼을 통해 해당사역의 업무를 배워 전문성을 높일 수 있다. 그리고 공통적인 필요에 대해서 함께 할 수 있는 사역을 수행함으로써 자원이 중복 투자되는 것을 방지할 수도 있다.

4. 나가는 말

필자는 각 교단과 선교단체들이 구심적인 선교가 강조되는 4차 산업혁명 시대 이후의 선교에 적절히 잘 대응하는 것이 중요하다는 것을 강조하면서 결론 맺으려 한다. 성경은 모이는 교회와 흩어지는 교회, 혹은 구심적 선교와 원심적 선교 모두를 가르친다. 그럼에도 불구하고 동시대의 선교는 원심적인 선교시대에서 구심적인 선교시대로의 큰 흐름 속에 있다. 이것은 구심적인 선교를 통해서 원심적인 선교로 나아가는 교회의 선교가 총체적으로 가능한 시대가 되었음을 의미한다. 또한 우리에게 다가온 난민이나, 복음의 직접적인 증거가 자유롭지 않았던 이슬람 지역에서 복음을 비교적 자유롭게 접할 수 있는 지역으로 다가온 무슬림들을 향해 구심적인 선교가 본격적으로 가능해졌음을 의미한다.

수십 년 전부터 정치적, 경제적 그리고 결혼의 이유로 많은 이주민들이 한국을 찾아오고 있다. 이주민과 새터민 문제들에 관해 대한민국 정부는 막대한 재정을 사용하지만, 제한된 공무원 인력으로는 사람과 사람이 만나서 인격적으로 해결해야 할 세부적인 문제들을 다 다룰 수가 없다. 이런 국가 단위의 큰일들은 시민사회의 역량을 가진 집단이 국가와 함께 진행해야 한다. 종교집단은 시민사회 기능을 해야 하는 가장 중요한 집단이다. 단일문화로 오랫동안 살아온 우리 사회는 이방인들이 우리 속에 섞여 드는 것에 익숙하지 못하다. 그래서 예멘 난민이 제주도에 도착했을 때는 포비아 증상을 보이기까지 했다. 한국교회 또한 이주민 사역특히 이슬람 난민사역에 낯설었고, 적극적이지도 못했다. 심지어 아직까지도 한국교회는 이주민 사역을 하는 사역자들을 선교사로 분류할 것인지에 대해 초보적인 수준에서 논의할 정도로 전문적이지도, 희생적이지도 않다. 그러나 디아스포라 사역은 이미 한국사회에서 존재의미를 잃고 있는 한국교회가 새롭게 그 의미를 회복할 수 있는 좋은 기회이다. 그런데도 한국교회는 찾아온 이들을 복음의 파트너로 동역화할 수 있는 이 중요한 시기를 이미 놓치고 있는 듯하다.

난민사역, 특히 난민이라는 주제를 통한 이슬람 사역은 이제 10여 년의 짧은 역사를 가진 새로운 선교의 영역이다. 난민사역이 4차 산업혁명과 4세대 선교의 흐름과 결을 같이 하고 있음을 보면서, 이 사역이 새로운 선교시대를 열어가시는 하나님의 선교의 대서사극임을 직감한다. 한국교회가 이번만큼은 난민사역의 시기를 놓치지 않고 하나님의 선교에 동참할 수 있기를 기도한다.

12장
남아공 코자족 조상숭배:
카일리쳐를 중심으로

1. 들어가는 말

선교학을 공부하면서 그리고 선교현장에서 사역하면서 필자가 경험하는 기독교 선교의 가장 큰 난적 중의 하나는 바로 조상숭배이다. 우리는 흔히 이슬람 혹은 힌두교를 선교의 블랙홀로 여기며 많은 대안을 연구한다. 그러나 실제로 선교현장에서 현지인들을 대상으로 선교하다 보면 거의 모든 선교지역이 조상숭배 문제와 깊이 연관되어 있다는 것을 알게 된다. 필자가 경험한 남아공의 코자족 또한 다른 아프리카 지역들과 마찬가지로 오랫동안 조상숭배를 하고 있다. 문제는 코자족 교회 가운데 아프리카독립교회Africa Independent Church라고 불리는 교회들은 조상숭배와 관련하여 우리가 일반적으로 교회에서 기대하는 예배 형태와 내용뿐 아니라 신학조차 사뭇 다르다는 것이다.

제국주의 선교기간에 코자족은 영국과 네덜란드 그리고 프랑스 등 서구 선교사들로부터 복음을 받아들였고, 지금은 가장 적게 잡아도 70%가 넘는 코자족이 스스로를 그리스도인으로 고백한다.[1] 그 가운데 가장 큰 영향을 미친 교회는 화란 개혁교회였다. 필자가 현장조사를 통해 확인한 바에 의하면, 코자족 그리스도인 가운데 예전에 기존 서구에서 건너온 메인라인교회mainline churches에 남아있는 비율은 10% 미만이었다. 서구 식민통치가 끝날 무렵, 즉 남아공이 인종차별 정책Apartheid을 끝내면서 대부분의 코자족 그리스도인들은 자신들의 오랜 종교 전통과 결합된 아프리카독립교회로 돌아갔다. 그것은 오랜 백인 식민지 통치에 대한 그들의 저항의 한 표현이었다. 오늘날 아프리카독립교회들의 조상숭배 문제는 그들을 위해 사역하는 선교사들에게도 큰 걸림돌이 되고 있다.

이 장의 주목적은 코자족 기독교인들이 조상숭배 문제에 집착하는 이유를 전통종교 이해를 통해 분석하는 것이다. 두 번째 목적은 조상숭배 문제를 두고 초기 코자족 선교를 했던 서구 선교사들의 조상숭배에 대한 반응과 그들에 대한 코자족의 반응, 그리고 동시대에 코자족 선교를 하고 있는 선교사들의 반응에 대해 상호문화적으로 이해해보는 것이다. 세 번째는 케이프타운Cape Town의 코자족 집단 거주 지역인 카일리쳐에서 시행했던 조상숭배를 주제로 한 현장조사empirical study에 대한 결과를 통해 현대 코자족 그리스도인들이 여전히 조상숭배에 집착하는 이유에 대해서 고찰하는 것이다. 이 문헌조사와 현장조사를 통해 우리는 코자족 그리스도인들이 여전히 조상숭배 문제에서 자유하지 못한 이유를 파악할 수 있을 것이다.

---

1. 종교적으로 남아프리카공화국은 Van der Kemp에 의해 첫 번째 기독교인이 배출된 이래로 19세기 말에 극적인 부흥을 경험하면서 공식적으로 기독교 인구 세계 1위를 기록했는데, 그런 기록에 부응하듯이 76.8%라는 놀라운 기독교 비율을 가지고 있다. Unit for Religion and development research, *Khayelitsha: Transformation research project* (Stellenbosch: University of Stellenbosch Press, 2003).

2. 코자족의 전통종교관 분석

(1) 초월자와 조상들

코자족의 신앙은 세 가지의 다른 양상으로 나타난다. 초월자신에 대한 믿음, 조상숭배, 선과 악의 목적과 관계된 주술이 그것이다. 가장 초기의 코자족의 초월자는 '음달리*U(m)dali*; 창조자' 그리고 '음벨링캉기*uMvelingqangi*; 가장 먼저 나타난 존재'이다. 다른 이름은 '콰마타*Qumata*'와 '우치코*uT(h)ixo*'에서 기원한 '코이코이*Khoikhoi*'이다. '우치코'는 코자족에게 가장 일반적으로 알려진 이름이다. 코자 성경에는 하나님이 '우치코'로 번역되어 있기도 하다.[2]

'우치코'는 단순히 '창조자'나 '전 우주를 관리하는 자'라는 의미만이 아니라, '첫 조상'이라는 의미도 있다. 그러므로 코자족은 조상신인 '이징양야*izinyanya*'를 통해 '우치코'에게 나아갈 수 있다고 믿는다. 조상신들은 '우치코'로부터 능력을 부여받는다. 코자족의 초월자 개념은 조상신과 밀접한 관계를 가진다. 그래서 신초월자은 조상으로 간주된다. 신에 대한 아프리카인의 개념은 막연하다. 오히려 그들은 인간과 신 사이의 중보 역할을 한다고 믿는 그들의 조상과 더욱 친밀하다.

한 예로, 트렌스카이에 살고 있는 안나Anna는 다음과 같이 말했다.

나는 초월자*uThixo*를 믿는다. 그러나 나는 그를 잘 알지 못한다. 대신 나는 조상신인 이징양야*Izinyanya*를 알고 있다. 조상신들은 신과 가까이 살고 있고, 나의 옆에도 살고 있다. 만일 내가 그들을 노엽게 한다면, 그들은 나에게 질병이나 슬픔과 어려움을 줄 것이다. 나는 신에게 기도하거나 이야기하

---

2. H.C. Pauw, *The Xhosa* (Port Elizabeth: University of Port Elizabeth,1994), 117-18.

지 않는다. 그러나 나는 꿈에서 나에게 나타나는 조상신과 이야기한다. 어젯밤에는 꿈에 나타난 할머니와 얼굴을 맞대고 이야기했다.[3]

테론Theron에 의하면, 아프리카인들은 신에 대해 수직적인 구조를 가지고 있다. 그들은 조상을 '좋은 아버지good father' 또는 '큰 조상big ancestor'이라고 부른다. 그래서 초월자는 조상신이 그들의 삶을 중재할 때 함께 존재하는 준 조상quasi-ancestor으로 여겨진다. 이 견해들에 따르면, 아프리카인들의 신관은 막연하고 일정 부분 정령신앙과 연관되어 있다.

그러나 반대의견도 있다. 부조Bujo의 견해에 따르면, 아프리카의 신관은 막연하지도 정령숭배적이지도 않다. 그는 아프리카의 신관은 그들의 공동체 의식과 연관되어 있다고 본다. 그들에게 있어 공동체는 단순히 눈에 보이는 것만을 포함하지 않는다. 그들은 비가시적인 죽은 조상이나 아직 신과 함께 있는 미래에 태어날 후손들까지도 포함한다.[4]

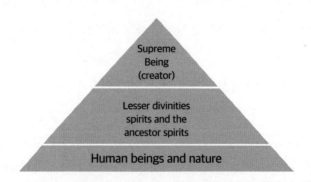

<그림 2.12-1> 아프리카인들의 수직적인 신관

3. H.S. Kwon, Empirical study for Doctoral dissertation, 2006.
4. Bénézet Bujo, *Foundations of an African Ethics: Beyond the Universal Claims of Western Morality* (Nairobi: Paulines Publications Africa, 2001).

이것을 종교적인 의미의 '우분투ubuntu'라고 부른다. 죽은 조상은 과거 공동체에 속해 있고, 아직 태어나지 않은 후손은 미래의 공동체에 속해 있다. 이것은 아프리카의 시간에 관한 철학적 이해와 맞물린다. 그들에게 시간은 현재 sas(h)a(사샤)에서 과거zamani(잠아니)의 조상의 시간에로 흘러간다. 서구적 관념에서 시간은 과거에서 현재로 흐르는 일직선적인 것이다. 그러나 그들에게 시간은 인간이 세상을 살아갈수록 과거의 조상의 시간에로 회귀하여 가까이 가는 것이다. 아프리카인들은 실제로 신에 대한 것이 아니라 인간에 대해 말하기를 좋아하는 경향이 있다. 이것은 인간의 존엄성에 귀 기울이는 사람은 신을 기쁘시게 한다는 견해 때문인데, 이는 그들의 신에 대한 개념이 보다 통전적이라는 것을 보여준다. 이 사상 자체가 코자족이 신과 조상들을 구별하지 않는다는 것을 보여주는 것은 아니다. 그러나 그들이 그들의 기억 안에서 조상을 만날 때, 그들은 실제로 통전적으로 초월신을 만나는 것이다.

(2) 조상숭배Izinyanya

'이징양야Izinyanya; 조상숭배'는 인간의 죽음 이후의 존재에 대한 믿음과 사후 죽은 자와 산 자가 상호 영향을 주고받는다는 믿음에 기초한다. 위에서 살펴본 대로, 현재에서 과거로의 시간의 회귀 개념은 조상이 그들의 후손들과 상호 영향을 주고받으며 살 수 있다는 개념에 기초를 제공하는 셈이다. 이런 의미에서 조상은 죽은 것이 아니다. 조상들이 후손들의 기억 속에 남아있는 한 그들은 여전히 가족 공동체의 일원으로 여겨진다. 그래서 음비티Mbiti의 경우 조상ancestor이라는 단어보다는 '살아있는 죽은 자the living-dead'라는 단어를 사용하기를 선호한다.[5] 죽은 조상은 그들의 이름으로 기억되며, 그의 삶을 알고 있는 마지막 후손

---

5. "Ancestral spirits or ancestors are misleading terms since they imply only those spirits who were

이 그를 기억하는 한, 그의 영은 세상에서 동일하게 살고 있는 것이다. 만일 그를 기억하는 마지막 사람이 죽는다면, 그때 그 조상은 완전히 그 후손에게서 죽은 것으로 여겨지며, 과거로 돌아가는 것이다. 그래서 본질적으로 조상은 후손들에 의해 기억되어야만 한다.

조상은 수직적 영적 구조에서 상위에 있기 때문에 후손들보다 더 큰 힘을 가진다. 그리고 조상은 초월자uThixo에 더 가까이 존재한다. 포우Pauw는 코자족 안에서 4가지 종류의 다른 조상을 분류했다. ① 친족의 영: 각 후손의 조상, ② 부족의 영: 죽은 부족장의 영들은 자신들이 살아있을 때와 마찬가지로 부족을 돌본다, ③ 외부 영: 전쟁 영웅과 같이 특별한 의미를 가진 사람의 영, ④ 강의 사람abantu bomlambo: 의사witch doctor로서 훈련되기 위해 강에서 죽은 사람들의 영이 그것이다. 코자족에게는 다른 조상보다 친족의 영이 더 특별한 의미를 가진다.[6]

특히 조상의 역할은 후손들의 태도와 더 밀접히 관계한다. 그들은 그들의 관습을 무시할 때와 조상을 무시할 때 재앙과 불행이 온다고 믿는다. 조상들은 꿈이나, 질병, 자기들 문중의 뱀 등의 다양한 방식으로 후손들에게 자신을 드러낸다. 때로 조상들은 그들의 분노를 자손의 질병과 불행을 통해 드러내는데, 이는 조상들이 후손들에게 경고하거나 그들의 행실을 바로잡기 위해서이다. 조상신은 주로 후손들을 위하는 선한 의도로 질병이나 불행을 유발하지만, 악신witches은 악한 의도를 가지고 불행을 가져온다. 이것은 조상신의 주된 역할이 후손들을 보호하는 것임을 의미한다. 조상들의 다른 역할은 초월자와 후손의 중보 역

---

once the ancestors of the living. This is limiting the concept unnecessarily, since there are spirits and living-dead of children, brothers, sisters, barren wives and other members of the family who were not in any way the ancestors. One would strongly advocate the abolition of the two terms 'ancestral spirits' and 'the ancestors', and replace them with 'spirits' or 'the living-dead' whichever is applicable". J, Mbiti, *African Religions and Philosophy* (Oxford: Heinemann, 1990), 85.

6. H.C. Pauw, *The Xhosa*, 45-48.

할을 하는 것이다.

코자족은 중보가 가능한 조상을 통해 초월자에게 무언가를 요청하고 싶을 때 조상에게 다가간다. 초월자는 모든 만물을 창조한 존재로 여겨지며, 조상은 그들 후손들이 이 땅에서 살아가는 삶의 윤곽을 잡아주고, 또 도와주는 존재로 인식된다. 조상신은 그들을 바른 길로 인도하고, 모든 불행으로부터 후손을 보호한다. 그래서 초월자로서 '우치코'는 모든 우주를 지키는 존재이고, 조상은 후손들의 보다 작은 일상과 건강 그리고 논과 곡식과 같은 재물을 돌본다. 코자족은 초월자와 조상이 함께 일하므로, 그들이 기도하거나 예배를 드릴 때 초월자와 조상이 함께 그 행위의 대상이 되는 것이라고 생각한다.

3. 조상숭배에 대한 선교사들의 입장과 코자족의 반응

(1) 선교사들의 반응

1799년 베델스돌프Bethelsdorp에서 판 더 켐프van der Kemp에 의해 코자족 선교가 시작된 이후, 많은 서구 선교단체들이 코자족을 대상으로 선교를 했다. 1928년에는 12개의 선교단체가, 1965년에는 10개의 선교단체가 코자족 선교에 관련되어 있었다. 과연 이들은 코자족 조상숭배에 대해 어떻게 반응했을까? 결론부터 말하자면, 처음에는 배타적으로 반응했다가, 이후에는 포괄적 혹은 종교다원주의적인 반응도 일부 있었다. 그러면 코자족 첫 선교사였던 판 더 켐프는 조상숭배에 어떤 입장이었을까? 그는 코자족의 도덕성을 고양하는 데 관심이 많았다.[7] 그런 그에게 코자족의 조상숭배와 관련된 전통들은 야만적인 것이었

---

7. The first missionary for amaXhosa, van der Kemp taught Jesus as *Sifuba-sibanzi*, which means

다. 그에게 가르침을 받은 코자족 마나Mana는 다음과 같이 그의 가르침을 기술한다.

> 신은 우리의 추장 가이카Gaika에게 선교사를 보내어 말하기를 그는 다시 돌아올 것이고, 주술을 행하는 모든 사람들을 강한 바람으로 휩쓸어버릴 것이다. …… 우리는 죽음에 대해서 알고, 그리고 우리는 우리의 죽은 조상들이 어딘가에는 살아 있다는 것을 알고 있다. 그러나 그들이 어디에 있는지는 알지 못한다. 은엥강Nyengang; 판 더 켐프은 우리에게 말하기를, 좋은 사람은 죽음 이후에 하나님에게로, 나쁜 사람은 큰 불이 있는 이지툰젤라izitunzela에 간다고 했다.

그의 후계자였던 조셉 윌리엄스Joseph Williams 역시 조상숭배 및 그와 관련된 의례들에 대해 타협하지 않고 정죄했다. 18세기 모라비안 선교회는 현지 문화에 애착을 가지고 잘 토착화하는 선교회로 꼽히지만, 조상숭배 문제만큼은 아

---

the saviour of the world. Apart from *Sifuba-sibanzi* (broad breasted one), a figure taken from Xhosa folklore, *Gxalab' elibanzi* (broad-shouldered one) was also later introduced to Xhosa. Van der Kemp's exclusivistic interpretation of Christ for the Xhosa people was *Gxalab' elibanzi* (broad-shouldered one), the images of which he derived from the teaching that Christ carries the sins of the world. van der Kemp formulated the interpretation, *Sifuba-sibanzi* on the basis of an exclusivistic view. In Xhosa folklore, *Sifuba-sibanzi* was the prince who married Mbulukazi. Lungu is uncertain why van der Kemp would interpret Christ with this terminology because *Sifuba-sibanzi* had shown weakness of character by succumbing to pressure to marry Mbulukazi's half-sister who he did not want. Lungu also argues that; "in this interpretation Christ cannot be linked with the Divine Trinity". Lungu, Maxwell Themba. *Xhosa Ancestor Veneration and the Communion of Saints* (Th.D. Dissertation, University of South Africa, 1982), 49-50. Regrettably, van der Kemp's functional interpretation after all distorted the image of Christ and could not project a complete picture of the Trinity to the Xhosa religious culture. His interpretation was based on not only a shallow understanding of Xhosa linguistic, but also the deep meanings of the terminologies of its religious culture.

주 엄격히 배척했다. 이 문제로 충돌한 현지인들이 미션스테이션을 떠난 기록도 보인다. 18세기와 마찬가지로 19세기 대부분 선교사들의 태도 역시 한결같이 조상숭배에 배타적이었다고 평가된다. 즉, 대부분의 식민지 선교시대 기간에 선교단체들은 조상숭배에 대해 엄격하게 배타적인 견해를 유지했다.

20세기 초반부 화란 개혁교단들과 주요 교단들은 아프리카너돔Africanerdom으로 기억되는 아프리카 백인들의 아프리카너 민족주의와 경건주의의 영향으로 선교지 문화에 대해 분리적이고 배타적이었다.[8] 20세기 초반이 지나면서 전 세계는 자유주의 신학으로 몸살을 앓았다. 그 와중에 조상숭배에 대한 견해도 점차 로마 가톨릭, 성공회, 루터교, 침례교를 시작으로 조금씩 다르게 해석되기 시작했다. 루터교 교회는 하늘에 있는 성도들이 교회를 위해 중재할 수 있다고 믿었다. 여기서 비록 죽은 성도들은 믿음의 좋은 모범으로만 여겨졌지만 이전과는 많이 다른 견해였다.[9] 테론Theron에 따르면, 당시 조상숭배에 대한 개신교의 반응은 강한 반대로부터, 중립적인 입장 그리고 상당한 적응단계에 이르기까지 다양했다고 평가한다. 그러나 분명한 것은 조상숭배에 대한 선교사들과 교회의 태도는 여러 부분에서 그 경직성이 희석되어갔다. 한 예로, 조상숭배와 관련 있는 우콸루카Ukwaluka; 소년할례의 경우 처음에는 할례를 행한 학생들을 대부분의 학교에서 등교하지 못하도록 조치했지만, 점차 용인되었다.

모소토아네Mosothoane 같이 성공회 선교사들은 조상숭배에 대해 상당히 긍정적인 자세를 보이고 있었다. 그들은 *communio sanctorum*코무니오 산크토룸; 죽은 자와 산 자의 교제에서 죽은 조상도 그리스도의 몸의 한 일원으로 받아들였다. 그는 동물희생 또한 기독교화되어야 한다고 주장했다. 그는 동물 희생의식을 조상숭

---

8. Piet Naude, "Constructing a Coherent Theological Discourse: The Main Challenge Facing the Dutch Reformed Church in South Africa Today," *Scriptura* 83 (2003): 194-95.

9. Pieter Theron, *African traditional culture and the church* (Pretoria: IMCR, 1996), 38-39.

배로 보았지만, 또한 이것을 조상과의 교제의 상징으로 보았다. 즉, 그에게 조상
숭배는 존경과 기억의 상징이었다. "성만찬은 조상의례가 포함되어야 할 장소
이다. 성만찬은 그리스도와 친교하는 것일 뿐 아니라 살아있는 혹은 죽은 그리
스도인들과의 교제이기도 하다. 아프리카 그리스도인들은 성만찬의 상황에서
조상들과 교제하도록 격려되어야 한다."[10]

테론은 남아공의 조상숭배 문제에 대한 70년대 중반의 상황을 다음과 같이
정리한다.

> 각 교단에 속한 선교사들과 자도자들이 비공식적으로 이 문제에 대해서 상
> 황화하려고 노력했다. 그러나 여전히 주요 교단들은 공식적으로는 조상숭
> 배를 허용하지 않거나 부정적이었다. 그러나 최근에 이 문제에 대해서 대부
> 분의 교단은 침묵하는 듯했다. 그래서 선교지 교회나 선교사들 혹은 코자
> 교회는 그들 각자의 믿음과 경험 그리고 신학적 성향에 따라 이 문제를 해
> 석했다.[11]

즉, 기본적으로 배타적인 견해를 유지하면서도 각자의 신앙에 따라 해석의
여지를 두었다는 것이다.

(2) 조상숭배 문제에 대한 (선교사들의 견해에 대한) 코자 교회의 반응

아프리카 상황에서 백인 선교사가 해석한 조상숭배 문제에 대해 아프리카
흑인 교회가 반응하는 것에 대해서는 단순히 신학적인 문제로만 살펴볼 일이
아니다. 그보다 코자족과의 오랜 전쟁 및 아파르테이트로 인한 사회 정치적인

---

10. E. K, Mosothoane, "Communio Sanctorum in Africa," *Missionalia* 1, 2 (1973): 86-94.
11. Gideon Thom. "A reformed perspective on African belief in ancestors," *Missionalia* 1/2 (1973): 74.

요인들이 그 기저에 있다는 사실을 인지해야 한다. 대표적으로 1810년에 코자족의 추장인 은켈레*Nxele*는 판 더 켐프로부터 복음을 받아들이긴 했지만, 그가 상황화된 복음으로 이해하는 것을 보면서 우리는 두 가지 사실을 추측할 수 있다. 첫째는 코자족이 백인 선교사들을 침략자로서 적대적으로 보고 있다는 것이다. 그는 백인들이 예수님을 죽였기 때문에 벌을 받을 것이고, 예수님*Tayai*의 막내 아우인 은켈레가 결국 백인들을 멸하고 그들을 그들의 조상에게로 돌려보낼 것이라고 가르쳤다. 둘째는 코자족은 그들의 종교 전통 안에서 조상숭배에 대한 기독교의 가르침을 이해하려고 했다는 것이다. 은켈레는 죽은 자의 부활을 코자*Xhosa* 창조 신화와 접목시킴으로써 합리화했다. 즉, 그는 조상들이 무덤에서 일어나지만, 그 부활은 최초의 아프리카 사람들이 아래에서 온 것과 같은 길을 따르며, 부활은 소의 제사 희생으로 영향을 받는다고 가르쳤다.

20세기에 들어 흑인 기독교 교육정책은 엘리트 교육으로 바뀌었다. 일부 선교사 학교에서 교육을 받고 목사가 된 찰스 팜라Charles Pamla(1834-1917) 같은 코자족 목사는 가르침을 받은 대로 엄격하게 조상숭배와 관련된 의례들에 반대했다. 그러나 밀스Mills의 증언대로, 당시 일부 코자족 목사들은 자신들의 양 떼들이 조상숭배와 관련된 종교 전통 문제로 갈등하는 것을 경험했을 뿐 아니라, 자신들 또한 여전히 코자 사회와 문화의 일부라고 생각했다.[12] 20세기 초반 무렵 미션스테이션들은 조상숭배 문제와 관련해서 많은 캠페인들을 벌였지만, 코자 맥주*utywala*를 마시지 못하게 하는 것 이외에는 그들의 종교 전통을 완전히 없애는 데 실패했다. 오히려 백인 선교사들과 교회는 이 문제와 관련해 여러 가지 면에서 타협했다. 여러 학자들은 이 시기에 아프리카독립교회의 가파른 확장은

12. Wallace G, Mills, "Missionaries, Xhosa clergy & the suppression of traditional customs," *Missions and Christianity in South African history*, eds. Henry Brederkamp and Robert Ross (Johannesburg: Witwatersrand University Press, 1995), 162.

아파르테이트에 대한 반감과 선교사들의 아프리카 전통에 대한 강한 반감에서 비롯한 것이라는 데 동의한다.[13]

1975년 포우Pauw의 조사에 따르면, 91%의 시골교회 교인들과 89%의 도시교회 교인들이 조상들이 자신들의 삶에 영향을 미칠 능력이 있다고 답했고, 81%의 시골교회 교인들과 78%의 도시교회 교인들이 실제로 조상들이 자신들에게 영향력을 미치고 있다고 답했다. 그리고 이렇게 대답한 대부분의 사람들은 자신들이 그리스도인이지만 여전히 자신들의 오래된 조상숭배 전통에 영향을 받고 있다고 반응했다.[14]

대부분의 아프리카독립교회들은 지금도 그들의 종교 전통 안에서 기독교를 해석하는 일에 집중하고 있다. 특히 조상숭배를 고수하는 것은 그들의 종교 전통을 지키는 안전판과 같은 것으로 여기고 있다. 음비티Mbiti, 고바Goba 그리고 엘라Ela의 신학적인 작업들이 그 대표적인 것으로서, 그것들은 모두 전통 종교와 기독교 간의 균형을 찾으려는 것이다.[15]

코자의 조상숭배 문제와 기독교의 조우에서 균형을 찾기 가장 어려운 부분은 아마도 기독교 전통의 이원적 배경, 즉 신과 인간의 질적인 분리에 있을 것이다. 또한 죽은 자와 산 자의 단절성의 신학 전통이 코자족의 일원적 전통, 초월자와 조상 사이의 모호한 구분과 연속성, 그리고 산 자와 죽은 자의 연속성과 충돌한다는 데 있을 것이다. 두 번째 충돌은 코자 전통에 있는 죽은 자의 역할

---

13. Prozensky Martin, ed. *Christianity in South Africa* (Bergvlei: Southern Book Publishers, 1990), 84-99; Kevin Roy, *The story of the Church in South Africa* (Cape Town: South African Historical Society, 2000), 105.

14. B.A. Pauw, *Christianity and Xhosa tradition* (Cape Town: Oxford University Press, 1975), 141, 206.

15. J. Mbiti, *African Religions and Philosophy*, 35-51; B, Goba, "Corporate Personality: Ancient Israel and Africa," *Black Theology: The South African Voice*, ed. B, Moore (London: Hirst & Co, 1973), 65-73; J. M. Ela, "Ancestors and Christian faith," *Liturgy and cultural religious traditions*, eds. H. Schmidt and D. Power (New York: The Seaburg Press, 1977).

에서이다. 코자 전통에서 초월자는 인간의 사소한 일상에 관여하지 않는다. 가장 최근의 코자 독립교회들 또한 예수님의 중보적 역할을 구원에 한정하여 생각한다. 오히려 사소한 일상적인 일들을 간섭하고, 어려움을 중보하는 존재는 자신들의 조상들이라고 믿는다. 죽은 자의 불간섭을 가르치는 전통적인 기독교의 입장에서 전통적인 코자의 조상 중보라는 개념은 자연히 충돌을 일으키게 된다. 세 번째로 충돌하는 지점은 죽은 조상의 지위에 대해서 전통적으로 코자족은 죽은 조상이 신적인 지위에 이른다고 믿는 반면, 기독교는 죽은 조상은 최후의 심판을 기다리는 존재로 묘사되며 신적인 존재가 될 수 없다고 생각한다.

이러한 문제들에 대해서 전통적으로 기독교 안에서는 조상에 대한 태도를 단지 조상에 대한 존경veneration[16]이나 교제의 증표나 가족관계를 위한 행위token of fellowship or act of family relationship[17] 또는 조상을 기억해야 하는 후손의 의무reminding them of duties of descendants[18] 정도로 본다. 반면 하몬드 투크Hammond Tooke나 소여Sawyer처럼, 조상에 대한 태도를 분명한 숭배나 예배로 보는 입장도 있다. 이같이 두 입장이 극명하게 구분된다.

포스트모던 시대에 아프리카 현지인 신학자들은 조상숭배 등과 관련된 아프리카 기독교의 정체성에 대해 새로운 도전에 직면해 있다.[19] 조직신학적 담론에서 쿠커츠Kuckertz는 이에 관해 두 가지 신학적 질문으로 도전했다. "하나님은 조상인가, 아니면 하나님인가?Is God an ancestor or God?" 그리고 "조상과 함께하는

16. W. D, Hammond-Tooke, "Do the South-Eastern Bantu worship their ancestors," *Social system and tradition in Southern Africa*, ed. J. Argyle. and E, Preston-Whyte (Cape Town: Oxford University Press, 1978), 134-49.

17. J. Mbiti, *African Religions and Philosophy*, 8-9.

18. W. D. Hammond-Tooke, "Do the South-Eastern Bantu worship their ancestors," 134-49.

19. Kwae Bediako, *Christianity in Africa: The renewal of a Non-Western Religion* (New York: Orbis Books, 1995), 252.

공동체가 아프리카 교회론에 포함되는가?"is the community with the ancestor part of an African ecclesiology?" 소여Sawyer는 신과 조상의 관계를 '위대한 조상으로서의 하나 님God as Great ancestor'으로 규정했다.[20] 파스골레-루크Fasgolé-Luke는 로마 가톨릭의 성자의 사상을 채용하여 조상숭배 문제를 풀어보려고 했다. 같은 맥락에서 음 비티Mbiti는 지역 신학과의 조우의 결과로서 기독교와 순수 복음 자체를 분리하 여 복음을 아프리카 상황에서 자유롭게 재해석될 수 있도록 포괄주의적으로 접 근했다. 그는 특히 아프리카의 전통적인 시간에 관한 철학적 개념인 사샤Sasha 와 잠아니Zamani의 개념을 통해 복음과 조상숭배 문제를 지역신학화하려고 시 도했다.[21]

조상숭배 문제에 대한 기독론 중심적Christocentric 접근 또한 오늘날 아프리카 신학에서 중요한 비중을 차지한다.[22] 이는 아프리카 철학 안에서 구원에 대해 통전적으로 접근하는 것을 기초로 한다. 포비Pobee의 "위대한 자와 위대한 조상 으로서의 예수Jesus as the Great and the Great ancestor" 개념, 고바Goba의 우분투Ubuntu 안에서 조상에 대한 이해, 그리고 엘라Ela의 사회 인류학적 관찰에서 나온 결론 인 "가족은 산 자와 죽은 자를 포용한다A family embraces the living and the dead."의 개 념 등이 여기에 속한다.[23]

---

20. Harry Sawyerr, *God: Ancestor or Creator? Aspects of Traditional Belief in Ghana, Nigeria and Sierra Leone* (London: Longman, 1970), 105.

21. J. Mbiti, "On the Article of John W. Kinney: A Comment," *Occasional Bulletin of Missionary Research* 3/2 (1979).

22. J. S, Pobee, *Toward an African theology* (Nashville: Abingdon Press, 1979); Kwae, Bediako, "Jesus in African Culture," *Evangelical Review of Theology* 17/1(1993): 54-64; J. M. Ela, "Ancestors and Christian faith," *Liturgy and cultural religious traditions*, eds. H. Schmidt and D. Power (New York: The Seaburg, 1977).

23. 조상숭배 문제에 대한 포괄주의적인 연구는 다음의 세 가지 기본 전제 혹은 특징을 지닌다. 베디아코와 같은 조상숭배에 대한 입장은 예수를 조상과 배치되는 위치가 아닌 최고 조상(supreme ancestor)으로 보는 것이다. 그의 첫 번째 관심은 아프리카의 조상숭배가 기독론과 상반되는 것이 아니라, 연속성을 가

보다 사회학적인 관점에서 접근하는 신학자들도 있었다. 와나메이커 Wanamaker나 포티즈Fortes는 조상제의를 "사회적 그리고 윤리적 안전망" 혹은 "사회 구조를 지속시킬 수 있는 상징"으로 여겼다. 즉, 아프리카의 상황에서 조상숭배는 단순히 종교적인 것 이상의 사회와 윤리의 지속성을 보장해 줄 수 있는 전통적인 사회체계로 보면서 그 위치를 확보하려고 했다.[24]

2000년 초반에 실행한 필자의 코자족 교회 현장조사Empirical survey를 통해 보자면, 대부분의 코자족 메인라인교회에 소속된 이들은 서구 기독교 혹은 선교사들로부터 전수받은 그대로의 배타적인exclusive 입장에서 자신들의 조상숭배와 관련된 전통을 이해했다. 즉, 조상에 대한 태도를 숭배나 예배로 보며 이를 배척했다. 반면 앞에서 살펴본 바와 같이, 포스트모던 시대의 코자족 아프리카

지고 있다는 것을 증명하는 것이다. 두 번째의 주장은 supreme ancestor로서 예수와 natural ancestor 로서 죽은 조상의 질적인 차이를 강조하는 것이다. 즉, 하나님과 다른 영적인 존재들이 다른 질적인 차이를 가진 것과 같이 supreme ancestor로서 예수와 자연적인 영적인 존재인 조상의 영들과의 질적인 차이를 강조함으로써 조상과의 연속성이 하나님을 숭배하는 것과는 다른 '조상과의 교류와 연합'이라는 것을 강조하는 것이다. 이렇듯 아프리카의 기독교가 조상과의 연속성을 유지하는 것이 조상을 숭배하는 것이 아님을 밝힘으로써 그 신학적인 합리성을 가지고자 함이다. 그는 이 연속성을 설명하기 위해 서구의 성과 속의 분명한 이분법적인 세계관이 아닌 아프리카의 인격의 개념에 의존한다. 위에서 살펴본 바와 같이, 아프리카의 산 자와 죽은 자의 인격은 세밀하게 구분되기보다는 여전히 가족과 사회의 일원으로서(ubuntu) 받아들여지고, 그러므로 살아있는 자를 숭배하지 않는 것처럼, 산 자와 같이 여겨지는 조상은 숭배의 대상이 아닌 것이다. 세 번째 주장은 성도의 교제의 교리를 근거로 한다. Lungu에게서 우리는 또 다른 포괄주의적 접근을 발견한다. Lungu는 성도의 교제 교리를 통해 코자 조상숭배와의 접촉점을 찾는 것에 반대한다. 즉, 성도의 교제의 개념 역시 서구에서 들어온 개념이다. 그는 코자의 신 개념의 문제점인 '신은 먼 곳에 있다'라는 생각을 개선하기 위해(bring God closer), 예수를 조상의 머리로 보려고 한다. 이러한 가족 용어가 항상 곁에서 지켜주고 돌보아 주는 조상의 개념과 더 잘 융화될 수 있다고 본다. 그는 코자 전통교회가 여전히 경험적으로(empirical) 예수보다는 조상으로부터 중보를 이끌어 내려는 성향이 있다고 보면서, 예수를 그들의 삶 속에 더 가까이 끌어들이기 위해서 예수를 조상으로 보고자 하는 것이다. 즉, 그는 조상으로서 예수를 코자 문화의 완성으로 보면서 포괄주의적 견해를 취한다.

24. Charles A. Wanamaker, "Jesus the Ancestor: Reading the Story of Jesus from an African Christian Perspective," *Scriptura* 63(1997): 281-98; Meyer Fortes, "An Introductory Commentary," *Ancestors*, ed. William, H. Newell (Hague: Mouton, 1976), 1-16.

독립교회는 나름대로 자신들의 지도자의 신학적 성향, 전통에 대한 성향, 개인적 경험 등에 입각하여 서구로부터 받은 기독교 교리를 재해석하고 있다. 이러한 독립교회들의 해석들은 너무나 다양하여서 몇 개의 카테고리로 묶는 것조차 불가능해 보인다. 그러나 최근의 상황화의 시도들은 대부분 포괄적인inclusive 입장에 의존해서 연구되고 있다고 해도 과언이 아니다.

4. 코자족 교회 현장조사

카일리쳐Khayelitsha에서 진행된 코자족 현장조사에서 주어진 질문들과 답변들은 최근 수십 년 만에 이루어진 구체적이고 대규모의 대면조사였던 만큼 최근 코자족을 포함한 아프리카 메인라인교회와 아프리카독립교회의 조상숭배에 대한 성향을 읽을 수 있다.[25] 다음은 현장조사의 일부이다.

(1) 첫 번째 질문들: 신관에 관한 것

1. 초월자uThixo와 조상은 같은 존재인가?

   이 대답은 46.34%의 코자 교인들이 초월자와 조상의 존재는 같다고 생각한다는 것을 보여준다.

1-3. 당신은 당신의 조상이 어떠한 형태로든 존재하고 있다고 생각하는가?

   이 질문에 대해 51.05%의 교인들이 조상의 실제적인 존재를 믿는다고 답했다.

---

25. 카일리쳐에서의 자세한 현장조사에 대한 내용과 분석은 Hyosang Kwon, "Shifting Ideas about Ancestors in the Construction of Identities: An Intercultural Theological Evaluation of Korean Witness in South Africa" (D.Th. Dissertation, University of Stellenbosch, 2008)을 참고하라.

1-4. 당신은 조상과 접촉해본 경험이 있는가?

   53.66%가 경험이 있다고 답했다.

1-5. 당신은 조상이 후손의 중보자 역할을 하는 것을 믿는가?

   49.21%가 그렇다고 답했다.

1-7, 8. 당신은 조상의 축복치료나 저주를 경험해 본 적이 있는가?

   49.48%가 그렇다고 대답했고, 32%가 병 나음을 경험했다.

1-9. 당신은 조상에 대해 두려움을 느끼는가?

   42.67%가 그렇다고 대답했다.

1-10-2. 조상숭배 의례를 지속하는 이유는 무엇인가?

   이 질문에 대한 대답 중 12.5%는 매일의 필요와 보호에 관련된 것이
   었다. 6.25%는 문제 해결 그리고 43.75%는 문화 때문이라고 답했
   다. 이러한 반응은 코자 그리스도인들이 조상제사와 의례를 지속하
   는 것이 단지 비종교적인 이유에서 전통 문화이기 때문만은 아니라
   는 것이다. 그럼에도 불구하고 모든 조상 의례는 사회적 요소와 함
   께 그들의 문화 안에 상징화된 종교적인 모습을 가지고 있다.

1-11. 죽은 후에 당신은 어떠한 상태가 되는가?

   이 질문에 40.06%만이 메인라인교회에서 가르치는 대로 죽음 이후
   천국 혹은 지옥으로 간다고 대답했다. 그러나 과반수 이상이 코자족
   전통 조상숭배와 관련된 대답을 했다. 즉, 죽은 이후에 죽은 조상에
   게로 돌아가고, 후손들에게 기억되는*ubuntu* 죽은 조상으로 남게 된다
   *memoria*고 답했다.

신관에 관한 질문들에서 코자족 교인들의 반응은 세 가지 특징을 보여준다.
첫째, 죽음과 조상에 관해서 그들은 다분히 아프리카 전통 철학에 기초해 이해

하고 있음을 보여주었다*ubuntu and memoria*. 둘째, 조상숭배 의례들을 행하는 이유는 다분히 인간 이해 중심적이었다. 다시 말해, 조상숭배는 실제적인 사회 경제적 필요에 대한 안전망 역할을 제공하고 있다는 것이다. 마지막으로 죽음에 대한 그들의 생각은 '다시 시작되는 종말론*inaugurated eschatology*'으로 불릴 수 있다. 즉, 죽음은 죽은 조상이 살아있는 후손과의 상호작용함으로써 의미가 주어지게 된다.

(2) 두 번째 질문들: 조상숭배 문제와 연관된 교회론에 관한 것

2-1 당신의 교회에서는 조상의례들을 허용하는가?

46.86%가 허용한다고 답했다.

2-3 당신의 교회에서 조상의례 문제로 서로 간에 의견이 충돌한 적이 있는가?

37.17%가 의견 충돌의 경험이 있다고 답했다.

코자족 안에서 메인라인교회들은 조상숭배 문제에 대해서 부정적일 뿐 아니라, 자체적으로 의견 충돌의 여지도 별로 없었다. 반면, 아프리카독립교회의 경우는 외부적인 요소가 아닌 내부적인 요소들로 인해 조상숭배 문제에서 충돌을 경험하고 있다. 그 이유는 젊은 세대들이 그들의 조상제사 전통을 학습하고 대물림하는 과정에서 발생하는 것이며, 또한 선교사들의 조상숭배에 대한 각각 다른 가르침에 대한 영향도 있다.

(3) 세 번째 질문들: 조상숭배 문제와 연관된 구원관 및 문화관에 관한 것

3-1 조상들이 후손들의 구원 문제에 관련이 있다고 생각하는가?

특히 아프리카독립교회의 절대다수가 조상이 어떤 식으로든지 그들의 구원에 관계한다고 답했다. 심층 조사에서 일부는 예수와 조상이 함께 구원한다는 의견도 일부 있었지만, 대부분은 구원에 있어서 조상의 역할은 꿈 등을 통해서 잘못된 길로 가는 것을 경고하고 바른 길로 인도해주는 것이었다.

3-2 당신은 조상제의가 종교적인 요소를 함의하고 있다고 생각하는가?

이 질문은 코자 교인들이 조상숭배를 단순히 전통문화로 이해하는지 종교적인 것으로 이해하는지 알아보기 위한 것이었다. 50.52%가 조상제의는 종교적인 요소가 있다고 답했다. 그 이유는 조상이 초월자와 중보의 역할을 한다고 믿기 때문이었다.

3-3 당신은 조상을 통해 초월자를 만나는가?

43.46%이 조상을 중보자로 해서 초월자를 경험했다고 답했다. 또한 50.24%는 예수님도 그들의 조상이며 중보자라고 믿었다.

3-4 당신은 상고마*sangoma; 강신 무당*를 의지하는가?

29.58%만이 상고마를 의지한다고 대답했다.

(4) 네 번째 질문들: 조상숭배 문제와 연관된 토착화에 관한 것

4-1 교회의 가르침이 조상제사 문제와 조화를 이루고 있는가?

42.67%의 교인들이 서로 양립하고 조화를 이룰 수 있다고 답했다. 물론 메인라인교회들은 대부분 서로 양립할 수 없다는 견해를 보였다.

4-4 조상제의를 통해 당신이 기대하는 것은 무엇인가?

위에서 언급했지만, 조상숭배는 인간 중심 혹은 인간의 필요에 의해 지속되는 경향이 강하다. 따라서 사회적인 필요를 충족시키는 것을 통해 조상숭배 문제를 접근하는 선교가 필요하다. 조상으로부터 기대하는 그들의 절대적인 필요의미는 보호 및 축복과 관련된 것이다.

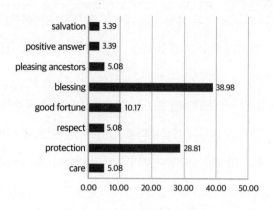

<그림 2.12-2> 조상제의를 통해 기대하는 것들

4-7 선교사로부터 조상제사 문제에 관해 영향을 받았다고 생각하는가?
38.22%가 그렇다고 답했다.

(5) 코자족 가운데 사역 중인 선교사들의 조상숭배에 대한 입장

이 부분은 심층 인터뷰 방식으로 이루어졌다. 지면관계로 질적 조사의 내용
을 싣지는 않겠지만, 카일리쳐에서 사역 중인 외국 선교사들의 조상숭배에 대
한 입장은 배타주의에서부터 종교다원주의에 이르기까지 다양했다. 결론만 말
하자면, 이러한 다양한 선교사들의 가르침이 카일리쳐의 코자족 메인라인교회
와 아프리카독립교회에 많은 분열을 일으키고 있다는 것이다. 같은 지역에서
선교사들의 조상숭배를 대하는 상충된 태도는 쉽게 분열하는 성향을 가진 카일
리쳐 지역의 코자족 교회의 분열을 가중시키고 있다. 조상숭배 자체도 문제이
지만, 조상숭배 문제를 두고 서로 다른 신학적 입장을 가진 선교사들의 가르침
이 발생시키는 교회 분열의 문제 또한 심각하다.

5. 나가는 말

코자족 아프리카독립교회들은 현대 한국인들이 조상에게 제사를 드리는 이유와는[26] 다른 이유로 조상숭배에 집착하고 있음을 알 수 있다. 한국사회가 현대화될수록, 한국인들의 의식 속에는 조상숭배를 종교적인 의례보다는 조상에 대한 예의, 의무 혹은 가족의 화합이라는 의미로 흐름이 바뀌고 있다. 그러나 코자족에게 있어 죽은 조상은 여전히 자신들의 공동체에 속해 있으며*ubuntu*, 살아서 후손들에게 매일 영향을 끼치는 존재로 인식된다. 그래서 카일리쳐 지역에서 사역하는 메인라인교회들의 목회자들과 선교사들은 이 지역에서 조상숭배 문제를 해결하지 않고는 목회나 선교를 돌파해 나갈 수 없다고 한결같이 증언한다.

필자는 선교사들과 그들에게서 배운 현지 코자족 신학자들이 이 문제를 해결하려고 노력한 흔적들을 추적해 보았다. 이 지역의 신학에서는 그 논의들이 주로 포괄주의적 접근을 통해 해답을 찾으려는 쪽으로 흘러가고 있다. 현장조사 결과는 이러한 사변적인 이론들이 교회의 현장과 그들의 삶의 현장에 그리 도움이 되지는 않음을 보여준다. 또한 조상숭배라는 타종교문화에 대해 서로 다른 '기존의 관점'[27]으로 접근한 선교사들 역시 이 지역에서 교회의 분열을 조장하는 또 다른 문제를 발생시키고 있다.

---

26. "최근 조사한 결과를 보면 '제사가 필요하다고 생각하는가?'라는 질문에 응답자 중 63%가 '예'를, 37%가 '아니오'를 택했다. '예'라고 대답한 사람들은 제사가 필요한 이유로 '조상에 대한 예의'(45%)를 압도적으로 꼽았다. '가족·친지 화합'(30%) '자식으로서의 의무'(16%)가 그 다음을 차지했다. 제사를 의무감으로 지내기보다 조상에 대한 예의로 생각하는 사람이 더 많다는 의미이다. 아울러 전통 계승을 위해 제사를 지낸다는 9.8%였다. "제사가 달라진다; 제사 인식 설문조사." https://www.mk.co.kr/economy/view/2012/637329 (Accessed at 2022.6.26).
27. 알란 레이스(Allan Race)의 배타주의, 포괄주의, 종교다원주의의 구분법을 의미하는 것이다.

카일리쳐에서 거주하는 코자족 아프리카독립교회의 교인들에게 조상은 백인 사회에 대한 반감이라는 정치적 의미와 사회적인 의미*ubuntu*를 가지기도 하지만, 여전히 종교적인 '숭배'의 대상으로서의 의미가 더 강하다. 그럼에도 불구하고 그들에게 조상은 구원 등과 같은 종교적인 필요에 의해 요청되지 않는다. 오히려 구원은 신예수의 몫이고, 조상은 일상의 일을 관장한다는 이원 체계를 가지고 있다. 위의 양적조사를 통해 보았듯이, 그들에게 있어 조상의 의미필요는 의외로 그들의 당면한 삶의 직접적인 필요를 위한 것이다. 카일리쳐에 사는 이들 대부분이 자신의 고향을 떠나온 디아스포라이다. 살인과 강간율이 전 세계 1위를 기록하고 있는 카일리쳐라는 위험하고 경제적으로 열악한 곳에서 그들이 바라는 것은 자신과 가족이 보호받고, 경제생활을 영위하며, 최소한의 식수공급과 위생시설과 의료혜택을 받고, 아이들이 범죄에 노출되지 않고 학교를 다닐 수 있는 환경이다. 어쩌면 이것이 코자족 그리스도인들이 여전히 조상 숭배에 집착하는 이유일 수 있다. 일견 그들의 예배에서 드러난 조상숭배 의식은 종교적이지만, 그 해법은 의외로 단순할 수 있다. 신학적이고 사변적인 접근보다는 그들의 현실적인 필요들을 채워주는 의미 중심의 접근이 필요하다.

13장

타종교문화를 대하는 방법론으로써 상호문화화:

코자Xhosa족 조상숭배를 중심으로

1. 들어가는 말

이 장은 기독교가 앞장에서 언급한 코자족 조상숭배와 조우했을 때 그 문제를 해결할 수 방법을 제시한다. 특히 코자족의 조상숭배 상황을 중심으로 타종교문화를 대하는 방법론methodology으로써 상호문화화interculturation theology 신학을 소개하는 데 있다. 상호문화화는 범 보수 선교신학계에서 시작된 것이 아니다. 그러나 상호문화화 신학이 범 보수 선교신학에서 주로 사용해왔던 배타주의의 역기능을 보완해 줄 수 있는 장점이 있기 때문에, 보수 선교신학계 안에서 사용할 만하도록 신학 작업을 하고자 한다. 타종교문화와 조우할 때 기독교가 전통적으로 많이 사용했던 방법은 레이스Allan Race의 배타주의, 포괄주의 그리고 종교다원주의의 구분법이다.[1]

---

1. Before Race, Schineller categorized theological attitudes about the finality of Jesus as, ecclesiocentric universe or exclusive Christology; Christocentric universe or inclusive Christology; theocentric universe or normative Christology; and the theocentric universe or non-normative Christology. J. P. Schineller, "Christ and Church a Spectrum of Views," *Theological Studies* 37 (1976):

"기존의 종교 간의 대화의 문제는 주체의 정체성을 지나치게 강조하거나주로 배타주의, 혹은 객체나 타자를 지나치게 강조하는주로 포괄주의, 다원주의 것에서부터 기인하며 각각의 역기능들을 가지고 있다."

이 장에서는 최대한 이러한 역기능들을 극복할 수 있는 방법론으로서 상호문화화 신학을 남아공 코자Xhosa족의 조상숭배 문제라는 틀 속에서 설명하고자 한다. 조상숭배를 두고 타종교문화와의 대화 상황에서 레이스의 전통적인 방법론은 사변적인 접근일 뿐이지 실제적으로 교회와 선교현장에 유의미한 변화를 가져오지 못했다. 그러므로 필자는 남아공의 카일리쳐에서 코자족의 조상숭배 문제를 상호문화화 신학을 방법론으로 사용하여 풀어보고자 한다.[2] 코자족의 조상숭배 문제와 관련된 문헌조사와 후기 아파르테이트apartheid 시대를 살고 있는 카일리쳐Khayelitsha에 거주하는 코자족에 대한 현장조사empirical study를 통해 도출된 내용들을 토대로 코자족 그리스도인들과 상호문화적인 대화의 장을 모색해 보고자 한다. 상호문화화 신학은 우리 기독교가 타종교 문화를 접할 때, 레이스Allan Race의 전통적인 방법이 가진 역기능들을 극복할 수 있는 길을 제시할 것이다. 이제 코자족 조상숭배라는 타종교문화와의 조우를 예로 삼아 상호문화적 대화를 실제로 어떻게 할 수 있는지 살펴보자.

545-66.

2. 상호문화화 신학과 방법론(methodology)에 대한 자세한 내용은 Hyosang kwon, Kwon Hyosang, "Shifting Ideas about Ancestors in the Construction of Identities: An Intercultural Theological Evaluation of Korean Witness in South Africa" (D.Th. Dissertation, University of a Stellenbosch, 2008) 2장을 참조하라.

2. 상호문화적 대화

앞서 1부 1장 "선교의 기초로서 선교신학: 성육신 신학"에서 필자는 이미 KPM의 신학을 성육신 신학으로 규정했다. 상호문화적 대화를 신학적으로 설명하기 위한 방법론적인 토대 역시 성육신 신학을 기초로 한다. 이제 성육신 속에 드러난 삼위 하나님의 내적 관계perichoresis 속에 나타나는 이미지들인 상호내주mutual dwelling, 상호공간mutual space, 상호정체성mutual identity을 해석학적 뼈대로 삼아 조상숭배 문제를 통전적으로 이해해 보자.

(1) 상호내주mutual dwelling

1부 1장에서 우리는 삼위 하나님의 상호내주하시는 방식인 페리코레시스perichoresis를 선교신학적으로 재해석했다. 그것은 역동적 대화를 의미하며, 역동적 대화는 결국 하나님의 낮아지심, 즉 하나님의 자기 제한과 자기 계시 그리고 자기 겸허를 통해서 가능하게 된다. 따라서 기독교의 타문화와의 관계에서 삼위 하나님의 낮아지심이 바로 역동적 대화의 근거인 것이다. 그러므로 코자족 종교문화조상숭배와 기독교와의 만남 가운데서도 역시 성육신적 대화, 즉 낮아짐을 근거로 한 쌍방향의 대화를 통해 문제를 해결해야 한다. 그러나 이 문제를 두고 선교사들은 코자Xhosa와의 대화에서 배타주의의 역기능의 문제점들을 드러내곤 했다.

배타주의에서 흔히 나타나는 서구신학 주도의 신학적인 독백 구조는 동양에서 보다 오히려 아프리카에서 더 긴 역사를 가지고 있다. 식민주의와 그 아류인 식민주의적 선교방식은 기실 아프리카에 그 역사적 기원이 있다. 구원과 문화의 상관관계에서 배타주의적 선교신학은 아프리카 상황에서 오랫동안 많은 신자를 얻고, 아프리카 대륙을 21세기에 그 어느 대륙보다 기독교가 융성하도록 한 순기능을 가지고 있다. 그럼에도 불구하고 배타주의 선교신학의 역기능적 아류라고 할 수 있는 식민주의 혹은 문화 식민주의적 선교, 그리고 기능주의는 오늘날 아프리카 토착교회들로 하여금 새롭게 자신들의 문화와 토착화된 형식과 내용 속에서 하나님을 섬기려는 시도들로 분주하게 만들었다. 코자족의 전통 종교문화, 구체적으로 조상숭배와 관련된 문화에 대한 배타주의적 태도는 남아공 선교 초기부터 대부분의 선교단체와 교단의 선교사들에게서 널리 볼 수 있다. 이제 그 가운데 배타주의의 역기능이라고 할 수 있는 기능주의적 접근방식들에 대한 예들을 살펴보자.

최초로 코자 문화를 접하며 기독교의 내용과 문화를 코자 전통 종교문화 속에 담아냈던 판 더 켐프Nyengane(은옝강)는 예수의 그리스도 되심을 코자족에게 설명하기 위해 기능적인 번역을 시도했는데, 그것은 코자 문화의 배경에 관한 너무나 얕은 이해를 바탕으로 단순히 자국 언어를 현장 문화에 치환하여 번역한 것이었다.[3] 결과적으로 예수에 대한 이미지는 왜곡되었고, 코자 종교문화 안

---

3. He introduced Jesus in two concepts, which are as *Sifuba-sibanzi* (broad-breasted one), a figure taken from Xhosa folklore, and *Gxalab elibanzi* (broad-shouldered one) which is later introduced to Xhosa. Exclusivistic interpretation of van der Kemp of Christ for Xhosa People was *Gxalab elibanzi* (broad-shouldered one) which images derived from the teaching that Christ carries the sin of the world. His concern for Xhosa was to improve the morality of the Xhosa and changing their traditional religious lifestyle, because he saw that their lifestyle was sinful. M. T. Lungu, "Xhosa Ancestor Veneration and the Communion of Saints" (Ph.D. Dissertation, University of South Africa, 1982), 50; And *Mqhayi* witnessed with his response to missionary teaching saying "forsaking superstitions and traditions, forsaking customs and ancestral spirits, forsaking mischief and celebration parties." E. K. Samuel, *Mqhayi, Inzuzo* (Johannesburg: Hodder & Stoughton, 1974); based on an exclusivistic view he made another interpretation which is, *Sifuba-sibanzi* (broad-breasted one). *Sifuba-sibanzi* in the folklore was the princess who married *Mbulukazi*. Lungu is dubious why van der Kemp interpreted Christ in this terminology because *Sifuba-sibanzi* was the girl, who showed weakness character by succumbing to pressure to marry Mbulukazi's half-sister who he did not want. Also, he indicates that in this interpretation Christ cannot be linked with the Divine Trinity. M. T. Lungu, *Xhosa Ancestor Veneration and the Communion of Saints*,

에서 삼위일체의 완전한 그림도 그려주지 못했다.

포우Pauw의 해석 또한 기실 기능주의적 해석에 다름 아니다. 왜냐하면 그 것은 코자 조상숭배의 내적인 의미는 배제한 채 외적인 의식만을 기독교식으로 재해석한 것이었을 뿐 아니라, 사실 기독교와 코자족 조상숭배 사이에 대화를 시도하는 것 자체가 배타주의적 정신을 바탕으로 한 일방통행적 해석이었기 때문이다. 즉, 그들의 종교적 정신문화의 내용 자체를 무시한 일방적 번역이 었다는 것이다.[4] 특히 포우와 같이 하나의 문화가 가진 내부 문화의 의미가 여 전히 비성경적일 경우, 선교사가 외부 문화만 바꾸어서는 안 된다. 룬구Lungu 같 은 경우도 마찬가지의 실수를 했다. 그는 아기의 탄생과 관련된 코자족 의례 *ukubingelela umntwana*(우쿠빙게렐라 움츠와나)와 유아할례 의례*imbeleko*(임벨레코)가 여전히 코자족 조상숭배에 있어서는 내부 문화가 종교적 의미를 가지고 있다는 것을 무시한 채, 단순히 그것을 기독교식 세례로 대체하자고 제안했다.[5] 반면 필자는

50; In Ntsikana's Great Hymn, Hodgson introduced van der Kemp's interpretation; "There was God in heaven, He created all things. The sun, the moon, the stars. There was one *Sifuba-sibanzi* (broad-breasted one). He is the leader of men. Was heralded by a star. His feet were wounded for us. His hands were pierced for us." Janet Hodgson, *Ntsikana's Great Hymn: A Xhosa expression of Christianity in the early 19th century Eastern Cape* (Cape Town: Center for African Studies in University of Cape Town, 1980), 38.

4. Pauw approached Xhosa ancestral worship in the interpretation of Christian services of thanksgiving or commemoration of the dead. "What is here suggested are Christian services of thanksgiving or commemoration of the dead? Usually, this service is accompanied by a feast, mainly for kinsmen and the local church members, for which something is slaughtered. This is then done without calling on the ancestors or the observance of certain characteristics of traditional ritual- among amaXhosa, for example, the use of a special spear, picking the beast in the stomach so that it should bellow, and making the members of the lineage taste a certain potion of meat and beer before the whole carcass is cooked." B.A. Pauw, "African Christians and their ancestors," in *African independent church movements*, ed. Victor E.W. Hayward (London: Edinburgh House Press, 1963), 42.

5. M. T. Lungu, *Xhosa Ancestor Veneration and the Communion of Saints*. 111-12.

이와 관련해 대화의 장에서 함께 내주indwelling함을 지향하며 배타주의의 역기능인 일방통행을 극복하는 것이 우선 풀어야 할 문제라고 지적하고자 한다.

그렇다면 이제 어떻게 상호문화적으로 접근하여 타자와 대화하기 위한 공간을 마련할 수 있는지 살펴보자.

(2) 상호공간mutual space

1부 1장에서 살펴본 바와 같이, 상호공간은 기독교가 타문화를 대할 때 어떻게 대하는지를 다룬다. 보수적인 진영에서 사용해 온 배타주의의 역기능인 식민주의식 일방적 대화방식은 극단적인 대립구도를 만들었다. 따라서 이를 제거하기 위해 상호문화 신학은 먼저 상호공간을 만드는데, 이것은 예수님께서 그러셨듯이 역동적으로 끊임없이 자기를 내어주는 성육신의 방법으로 상호 공존의 공간space을 만드는 것이다. 이 공간은 종교다원주의의 역기능이라고 할 수 있는 단순한 서로배움의 공간이 아니다. 그보다 이 공간은 인격적인 공간이요, 예수님께서 성육신을 통해 보여주신 공간이다. 예수님께서는 자신을 가장자리marginal place로 100% 내어주심으로써 비로소 새 언약의 공간을 마련하셨다. 자신을 온전히 희생하심으로써 그 십자가의 자리 위에 새 언약의 공간을 마련하신 것이다. 그러므로 상호문화적 대화는 삶의praxis 문제이다.

상호공간을 열기 위한 방법론적인 문제에서 필자는 세 가지의 중요한 개념을 제시하고자 한다. 첫째, 자신을 관찰자나 해석자로 남겨두지 않고 스스로를 공간을 만들기 위한 만남의 자리에 투여하는 자기 소외의 해법으로만 인격적인 공간을 만들어갈 수 있다는 것이다. 둘째, 이러한 인격적인 공간은 타자를 소유의 대상이 아닌 타자의 타자성을 인정할 때 비로소 마련된다는 것이다. 그래야만 비로소 자기중심적인 타자성에서 타자를 위한 책임 있는 주체로 세움을 받게 된다. 필자는 이런 구도를 코자 전통 종교문화와의 대면에서 적용하려고 한다. 셋째, 상호공간은 의미론적 혹은 개념적인 공간이 아니라, 프락시스praxis를 통해서만 열리는 공간이라는 것이다. 즉, 성육신적인 실천을 강조할 때 비로소 진정한 상호 인격적 교류가 시작되고, 상호 배움과 상호 기쁨 등 상호 간의 시너지 효과를 기대할 수 있게 된다는 것이다.

필자는 코자의 상황에서 우분투ubuntu를 대화의 매개로 해서 기독교와 코자 전통 종교문화와의 특이점을 살펴보고 대화의 공간을 마련하고자 한다.[6] 사실 현대를 사는 코자 교회들이 여전히 조상숭배에 집착하는 이유는 그들의 일상에서 발생하는 많은 문제들을 조상의 중보를 빌어서 해결해 보려고 하기 때문이다. 즉, 조상숭배를 통해서 코자 교회들이 기대하는 바들이 있다는 것이다. 따라서 여기서 필자가 제안하는 것은 전통적인 코자 종교문화적인 개념인 우분투 개념을 이용하여 코자 교회들이 조상숭배를 통해 기대하는 바들을 해결할 수 있다는 것이다.

그렇게 함으로써 첫째로는 조상숭배worship vs 존경veneration의 대립 구도로 갈라진 코자 교회의 갈등을 극복할 수 있을 것으로 기대된다. 둘째로는 우분투의 개념을 상호문화 신학interculturation theology에서 해석할 경우, '타인을 섬김'으로 해석할 수 있게 된다. 이 타인을 섬김을 통해 공동체는 자신들의 일상의 문제, 혹은 그들이 조상숭배를 통해 얻고자 하는 바들을 섬김의 방식으로 얻을 수 있게 된다. 이 방식은 우리가 코자 전통철학 양식을 이용한다는 의미에서 단지 기독교적인 사고가 지역의 전통적인 방식을 대체할 수 있다는 기능주의적인 의도를 담고 있는 것이 아니다. 오히려 이 방식은 코자 교회가 기복적인 신앙 혹은 정령 신앙에서 벗어나 더욱 건전한 기독교로 거듭나게 하는 중요한 계기가

---

6. 우분투(Ubuntu)는 중남부 아프리카 지역에서 조상숭배 문제를 해결하기 위해 필자가 적용하여 샘플링한 하나의 예에 불과하다. 선교사들은 자신의 선교지 상황을 인류학적 선지식을 통해 역동적으로 상호문화화하는 작업을 해야 한다.

될 것이다. 또한 셋째로 우분투의 개념은 코자족의 전통 개념이므로 이것을 이용할 때 코자 교회가 문화적인 충돌 없이 수용하기가 용이하다.

이제 구체적으로 우분투의 본질과 그 본질적인 요소들이 코자족 조상숭배와 어떻게 관련되는지에 대해서 살펴보자.

1) 상호주체성과 코자 조상숭배 문제

앞에서 룬구Lungu의 예에서 보았듯이, 코자 교회와 학자들 간에도 역시 서로 간의 공통점을 통해 대화의 공간을 마련하려는 시도들이 가장 흔히 사용되는 방법이다. 그러나 상호주체성을 다룰 때 가장 근본적인 문제는 대화 이전의 자신의 정체성을 유지하면서 상호 대화 가운데서 타자의 주체성을 손상하지 않고 변화시킬 수 있는가 하는 것이다. 화이트헤드Whitehead는 이 문제를 '대화를 통해 완성을 향해 가는 주체들'이라는 개념으로 극복하고자 했다. 즉, 주체들 간의 관계를 완성이 아니라 미완성으로, 그리고 완성을 향해 나아가는 유기적인 관계로 본 것이다. 다시 말해, 각 종교의 공통점을 통해서 타인의 주체성과 나의 주체성을 한데 묶어보려는 방식이 아니라, 타자의 주체성이 나의 주체성과 다름을 인정하고 '배움의 대화'를 통해 상호 대화의 공간을 마련하려는 시도인 것이다.

그러므로 두 가지 전제, 즉 주체 간의 서로 다름을 인정하는 것과 주체들이 완성을 향해 나아가는 여정에 있다는 사실을 인정하면서 새로운 공간 안에서 대화를 시도해갈 수 있다. 따라서 이 방식은 '서로의 공통점을 통한 방법'이 아니라 '서로의 특이점의 발견을 통해 대화의 공간을 마련하는 방법'인 것이다. 이렇게 서로 간의 차이가 인정된다면, 우리는 어디서 대화의 공간을 마련할 수 있을까? 그것은 기독교와 코자족 조상숭배의 핵심 사상에 놓여있는 우분투의 개념을 중심으로 조상숭배의 의미들을 찾는 데서 시작할 수 있다.

신데인Sindane은 우분투를 인간성humanness이라고 정의했는데, 우분투는 사람들과 공동체 사회의 안녕의 본질에 긍정적으로 공헌하는 삶의 방식이며, 또한 사람과 사회, 그리고 공동체의 공공의 선을 증진시키는 과정이다. 따라서 우분투는 단지 인간성으로 번역될 수 없다. 그보다 레비나스의 표현을 빌려 '타자성'으로 번역될 수 있다.[7] 이러한 의미에서 우분투는 기본적으로 "사람은 타인을 통해 비로소 자신일 수 있다."라는 개념을 담고 있다. 이러한 우분투 안에서 발견되는 타자성이 바로 상호주체성의 기초인 것이다. 그리고 이 타자성이 바로 코자 조상숭배의 의미들을 해석하는 데 가장 핵심적인 부분이다. 로우Louw에 의하면, 우분투의 타자성은 단지 다른 사람과 함께하는 존재로 설명될 뿐 아니라 종교적인 의미로서도 해석된다. 즉, 타자성의 성격에는 종교성이 내포되어 있는 것이다. 우분투가 가진 의미를 통해 보자면, 조상과 나와 후손은 총체적으로 연관되어 있는 존재로서, 서로가 없이는 존재할 수 없다.

우분투의 종교성은 그 존재론과 연관될 때 분명해진다. 라모즈Ramose는 우분투를 '존재의 전체성 속에 있는 하나의 유기체one such organism in the wholeness of being'로 분류한다. 그 의미는 우분투가 3가지 종류의 인간 존재 형식을 가지고 있으며, 이것을 그는 존재의 삼중구조onto-triadic structure of being라고 불렀다. 그것은 우분투의 존재론적인 구조 안에서 인간 존재being는 죽은 조상the living-dead, 아직 태어나지 않은 후손the yet-to-be-born, 그리고 살아있는 자the living로 구분되며, 이 과거와 현재와 미래의 존재들의 총체적인 이해관계 속에서 우분투는 존재하는 것이다.[8]

---

7. 코자족뿐 아니라 사하라 남쪽에서 ubuntu의 기본적인 개념은 '네가 있어야 내가 존재한다'라는 것이다. 이것은 레비나스의 '타자성'의 개념 혹은 부버의 '너와 나'의 개념과 맥락을 같이한다.
8. Mogobe B. Ramose, "The Philosophy of Ubuntu and Ubuntu and a Philosophy," *The African Philosophy Reader,* eds. P. H. Coetzee and A. Roux (Cape Town: Oxford University Press, 2002), 236.

조상과 나와 후손은 서로가 없이는 존재할 수 없는 관계인 것이다. 그리고 특별히 조상숭배의 문제와 관련하여 우분투의 총체론적 존재 이해는 우리로 하여금 인간과 그 관계를 종교적인 시각에서 보도록 인도한다. 그러므로 기독교가 코자 문화와 상호 대화를 위한 공간을 열려고 할 때, 조상숭배 문제는 그 핵심에 위치하게 되는 것이다. 그리고 우분투가 내포하고 있는 이 타자성이야말로 코자 교회가 기독교와 맞닥뜨릴 때, 코자 조상숭배의 모든 의미들을 상호공간 안에서 해석하고 조율할 수 있는 도구인 것이다. 또한 우분투의 타자성은 상호공간에서 상호주체성을 무시하지 않고 기독교와 대화하기 위한 좋은 도구가 된다.

2) 우분투와 역동적 특성

그렇다면 이 우분투의 타자성이 열어주는 상호공간에서 실제적으로 기독교는 코자 종교문화, 특히 조상숭배 문제와 어떻게 조우해야 하는가? 레비나스의 말과 같이 주체는 타인을 사랑하고 섬길 때 그 진정한 의미를 가지게 된다. 그래서 타종교 혹은 문화전통과의 대화는 그들에게 성육신적인 사랑과 섬김을 역동적으로 보여주는 실천praxis을 의미한다. 그러므로 코자 종교문화와의 대화는 삶의 문제인 것이다. 바르트가 지적한 바와 같이, 이것은 '타자를 위한 인간'으로서 섬김praxis의 문제인 것이다. 우리는 코자 문화 전통과 코자인들을 고려하며 섬김을 통해서 대화할 수 있다.

라모즈Ramose는 우분투가 실천praxis적 성격을 가진 풍부한 개념인 것에 동의한다.[9] 그래서 그는 우분투를 '동사적 명사verbal noun' 또는 동명사*gerund*라고 그

---

9. "*Ubuntu* is an activity rather than an act. This is an ongoing process impossible to stop unless motion itself is stopped." Mogobe B. Ramose, "The Philosophy of Ubuntu and Ubuntu and a Philosophy," 230.

성격을 규정한다. 즉, 우분투의 실천praxis으로서의 개념은 우분투가 이론적 존재로만 존재할 수 없는 존재론적 성격을 보여준다. 우리가 이미 살펴본 바와 같이, 이러한 우분투의 실천praxis으로서의 존재론적 특징은 삼위 하나님의 존재방식perichoresis의 특징인 역동성과 비유될 수 있다. 삼위일체의 상호관계 안에서 역동성은 문화의 언어로 지속적인 상호침투로 규정된다. 상호문화적 대화에서 역동성은 자신을 비우는 섬김과 지속적인 혹은 역동적인 사랑이 함의된 대화를 추구한다. 이 대화는 언변의 문제로서의 대화가 아닌 행위의 대화여야 한다. 레비나스에게서 주체가 주체로서의 의미를 가지는 것은 타인을 수용하고 섬길 때 가능한 것이었다. 상호 대화의 주체로서 기독교가 책임 있는 대화의 주체로 선다는 것은 대화의 상황에서 타인을 향한 성육신적인 섬김과 사랑을 역동적으로 보여주는 실천을 의미하는 것이다. 이러한 의미에서 우리는 본질상 실천praxis인 우분투 안에서 코자 종교문화와 기독교 사이의 상호공간을 열 수 있는 희망을 본다.

필자는 여기서 우분투와 서구 기독교 신학의 타자성otherness 개념의 '공통점'을 찾아 그것을 이용해 상호공간에서 대화의 접촉점을 찾고자 하는 것이 아니다. 다만 우분투의 개념들을 이용해 코자 조상숭배의 의미들을 재해석하고자 할 뿐이다. 이제 바르트가 대화를 위해 제시한 구도를 따라서 코자 조상숭배와의 대화의 역동성의 의미를 짚어보자.

후기 아파르테이트Post-apartheid를 살아가는 코자 교회 성도들에게 우분투가 강조하는 다양성의 대화 혹은 타인의 필요에 공감해 그 소리에 자신을 내어 맡기는 대화야말로, 그동안 서구 중심의 문화적 전제주의cultural absolutism 속에서 자신들의 문화가 왜곡되는 것을 겪었을 뿐 아니라, 그러한 왜곡된 문화적 시각에 스스로도 적응orientation되어 온 그들에게 새로운 도전을 줄 것이다. 실제로 필자가 현장조사를 하는 동안 코자 교회에 조상숭배에 대해 질문하면서 접근할 때 그들의 반응은 일관되게 우선 마음을 닫고 방어하는 자세였다. 우분투의 원래의 의미인 다양성의 대화는 코자 교회나 타자로서의 외부 기독교인으로 하여금 타인의 눈에서 보이는 조상숭배의 의미의 다양성을 듣고, 또 자신을 그 다양성에로 개방open하게 하는 것이다. 이러한 의미에서 우분투의 재발견은 조상숭배에 대한 대화를 시작할 수 있도록 하는 원동력이 된다.

두 번째로 상호문화적 대화는 자신을 타인에게 자발적으로 개방하는 것으로 대화를 시작할 수 있지만, 필자는 한 걸음 더 나아가 타인의 의미에 관심을 두는 낮아짐의 대화를 제안한다. 이 낮아짐의 대화는 사실 주체 자신과의 대화를 의미한다. 즉, 코자 조상숭배의 문제에 자신을 열어 귀 기울여 듣고, 그들에게 그것이 의미하는 것을 이해한 다음, 주체는 반드시 조상숭배의 의미들을 통해 들려오는 기독교 본연의 소리를 성령으로부터 듣고 반성해야 한다. 마치 예수님께서 약한 자의 모습으로 우리에게 다가오신 것과 마찬가지로, 주체는 반드시 타자인 코자 조상숭배와 대화할 때, 스스로 낮아진 모습, 섬김의 모습으로 코자 조상숭배의 의미들을 창조적으로 해석하며 역동적으로 채워 갈 수밖에 없는 존재임을 깨달아야 한다.

세 번째로, 이러한 의미에서 다음 단계인 상호도움mutual assistance은 주체의 일방적인 조상숭배에 대한 의미 해석의 방식이 아닌, 타자와 함께함으로써 상호 간의 시너지 효과를 가져오는 방식을 의미한다. 이러한 의미에서 슈트shutte는 인격적으로 성장하기 위해서는 다른 사람에 의해 공급받아야 한다고 말한 것이다.[10] 조상숭배를 내용으로 타자인 코자 교회와 함께하면서 선교사들은 조상숭배의 의미들을 알아야 한다. 순더마이어의 말과 같이 우리는 타인을 위한

---

10. A. Shutte, "Christianity and ubuntu in Ubuntu in a Christian perspective," *Institute for Reformational Studies* 374 (1999): 8.

존재가 아니라 타인과 함께하는 존재라는 의미에서 말이다. 도움을 주는 자는 이미 도움을 받는 자이고, 배움을 주는 자는 배우는 자이다.

타자를 돕는 것은 곧 자신을 돕는 것이다. 이것은 곧 섬김의 실천praxis의 순환구조로부터 그 원리를 찾는다. 타인의 얼굴에서 발견되는 자아에로의 자발적인 개방, 이 개방은 곧 다시 주체의 반성과 낮아짐의 참된 주체성을 가능케 하고, 이 낮아진 섬김의 마음은 다시 타자에게로 향하는 자발성을 유발한다. 이러한 섬김의 실천praxis적 본질은 우분투의 그것과 별반 다르지 않다. 라모즈가 우분투의 언어 구조분석을 통해 밝힌 바와 같이, 우분투는 섬김의 대화처럼 지속적이고 순환적인 대화 구조를 가지고 있다.[11] 이러한 우분투의 순환적인 섬김과 대화의 구조를 재발견하고 강조함으로써 상호도움mutual assistance의 의미를 대화 속에서 실현할 수 있다.

마지막으로, 상호문화적인 대화에서 상호 충족mutual gladness의 의미는 주체가 타인을 위해 존재할 때 비로소 기쁨을 누릴 수 있다는 것이다. 우분투에 담긴 공동체성의 의미에서 우리는 상호 충족을 본다. 진정한 우분투 공동체 안에서 각 개인은 타인과의 우분투의 관계성을 통해 그그녀가 우분투를 가지고 있는지를 판단할 수 있다. 이 공동체 속에서 진정한 우분투는 "다른 사람이 너에게 해주기를 기대하는 것처럼 남에게 해주는" 성경적인 개념의 행복과 친교를 창조해낸다.[12] 우분투의 기본정신 또한 상호 간의 도움 속에서 나오는 상호 간의 유익과 기쁨을 전제로 한다. 이것은 자발성을 기초로 하는 것으로서 타인과의 섬김의 실천praxis으로서의 대화 속에서 사귐을 통해 진정한 기쁨을 누리고, 타인

---

11. "The speech of ubuntu is thus anchored in, revolve around." Mogobe B. Ramose, "The Philosophy of Ubuntu and Ubuntu and a Philosophy," 231.

12. D. P. De wet, *Wisdom and Ubuntu: A close reading of proverbs 1-9 in dialogue with African ubuntu* (Ph.D. dissertation, University of Stellenbosch, 2005), 18.

은 그 속에서 진정한 예수님의 생명을 누리게 됨으로써 기쁨을 발견하게 되는 것이다.

3) 우분투를 통한 상황화

지역 신학과 범 세계 신학의 위험성을 탈피하면서 가변적 사이공간에서 참된 상황성의 역할은, 상호공간에서 일어나는 타자와의 종교문화적 대화 속에서 가변적으로 발생하는 의미들의 변화들을 모니터링해서 재해석하는 지속적인 작업이다. 이러한 상황성은 날마다 실존적인 결단이 있는 섬김의 실천praxis으로서의 대화를 통해서만 가변적 상황과 보편성 사이에서 바른 역할을 할 수 있다.[13] 코자 교회의 조상숭배 문제와 타자로서의 선교하는 교회 혹은 선교사들과의 대화 상황 가운데서 대화의 문을 열기 위해 우분투의 개념을 이용하여 코자 교회가 중요하게 생각하는 의미들을 지속적으로 모니터링하는 것이 바로 '우분투를 통한 상황화contextuality through *ubuntu*'의 의미이다.

코자족 전통 조상숭배의 의미는, 첫째, 죽은 자와 산 자의 연속성을 강조하는 가운데서 죽은 자가 다양한 방식으로 세상에 스스로의 의지를 드러내면서 살아 있는 후손의 삶에 절대적인 영향을 미치므로, 죽은 자는 여전히 가족 구성원에 속하게 된다. 죽은 조상을 중심으로 가족은 더욱 깊은 가족 간의 유대관계lineage relation를 확고히 한다. 그것은 코자족이 어른-왕-조상-신의 수직적인 존중을 통해 사회조직이 유지되기 때문이다.[14]

---

13. 필자는 한국적의 조상숭배 문제에 있어서 이러한 역동적인 상황성을 한국 종교문화와 기독교 문화 사이에 대화의 문을 개방한 효의 의미를 모니터링함으로써 가능성을 확인한 바 있다.
14. M. T. Lungu, *Xhosa Ancestor Veneration and the Communion of Saints*, 14.

상위 계층Higher zone ············· 신God

중위 계층Intermediate zone ········· 조상들Ancestors

········· 왕King

하위 계층Lower zone ············· 아버지Father

············· 어머니Mother

············· 자녀들Children[15]

지속성, 권위 그리고 존중혹은 예배, 이 3가지 요소가 코자 조상숭배가 지닌 의미이다.[16] 즉, 죽은 조상의 연속성과 그들의 권위가 수직적인 사회구조 속에서 인정되는 것이다.[17] 한국처럼 효의 개념이 학문적으로 혹은 사회제도로서 발달하지는 않았지만, 코자의 조상에 대한 존중 혹은 예배는 한국적인 의미에서 효도라고 불릴 수 있다. 그러므로 코자 조상숭배의 가장 중요한 의미는 조상숭배를 통한 가족과 사회 전체의 유지라고 할 수 있다.[18]

우분투의 공동체에 대한 강조는 조상숭배에 담긴 '의미' 중의 하나였다. 따라서 조상숭배를 통해 가족 공동체, 사회 공동체의 유대를 강화했던 코자 조상문화에 담긴 의미의 파괴를 우분투의 재발견을 통해 되찾을 수 있다. 즉, 우분투의 종교적인 부분에 강조점을 두지 않고, 같은 의미이지만 우분투의 재발견과 해석을 통해 동일한 효과를 가져올 수 있다는 것이다. 베디아코Bediako는 이러한

---

15. Z. S. Qangule, *A study of theme and technique in the creative works by S. E. K. Mqhayi* (Ph.D. dissertation, University of Cape Town, 1979), 67.

16. M. T. Lungu, *Xhosa Ancestor Veneration and the Communion of Saints*, 25-26.

17. B.A. Pauw. *Christianity and Xhosa tradition*, 316.

18. As de Wet mentioned African person is an integral part of society and thus, as an individual (de Wet 2005: 160); "Africans in ubuntu are only living in the community. In other terminology, I participate therefore, I am." J. H. Smit, "Ubuntu for Africa: A Christianity Interpretation," *Ubuntu in a Christian Perspective* (Potchefstroom: Potchefstroomse Universiteit, 1999), 19.

의미에서 "아프리카의 조상숭배는 가족과 부족의 연대와 결속 그리고 지속성이다."라고 조상숭배의 의미를 강조한다.[19] 이러한 조상숭배를 통한 가족의 연합이나 부족과 사회의 연대가 우분투 개념의 현대적인 해석과 적용을 통해 충족될 수 있다.

두 번째로 수평적인 공동체horizontal community로서 우분투의 이러한 공동체성은 또한 수직적vertical인 의미에서도 유효하다. 조상은 죽은 후에도 후손을 통해 자신의 삶을 지속한다. 즉, 살아있는 죽은 조상living-dead은 후손의 삶에 절대적인 영향을 끼친다. 죽은 조상은 여전히 가족의 어른이 살아있을 때보다 훨씬 강력한 신적인 힘을 소유하게 되므로 후손의 번영을 위해 영향을 끼치고, 재앙으로부터 후손을 보호할 수 있는 존재로 인식된다. 즉, 조상의 신적인 힘만이 아니라 그들의 신과 후손들 사이에서 중보의 역할을 함으로써, 조상은 자손을 보호하는 수호신으로서의 의미를 가진다. 조상은 꿈과 환상을 통해 자손에게 그들의 문제들, 질병, 가족, 자녀 문제 등에 해결책을 지시하거나, 상황이 변화되도록 돕는다.

전통적으로 코자 조상숭배는 인간이 태어나면서부터 죽음에 이르기까지 그들의 삶의 사이클과 밀접하게 연관되어 있다. 그리고 대부분의 조상숭배 의례들은 조상에게 복을 구하고 보호를 받고자 하는 것이다. 카일리쳐 현장조사에서 본 것처럼, 코자족 특히 코자족 교인들의 조상숭배의 현대적인 의미는 구원, 삶의 문제에 대한 대답, 축복, 행운, 보호, 돌봄과 같은 것들이다. 이것이 후기 아파르테이트 시대의 불안전한 현대 도시 빈민들의 집단 주거지 카일리쳐에서 살아가는 코자 교회 교인들이 가진 조상숭배의 '의미'인 것이다.

이러한 코자 조상숭배의 종교적인 의미들을 채워 주기 위해 우분투의 개념

---

19. Kwae Bediako, *Christianity in Africa: The renewal of a Non-Western Religion*, 223-4.

을 통해 현대 코자족이 얻고자 하는 의미들을 충족시켜주어야 한다. 이러한 의미의 충족은 지속적인 상호 대화 가운데서 얻어질 수 있다. 이렇게 함으로써 조상을 통해 기복적인 신앙을 유지하려는 부분과 정령 숭배적인 종교적 부분은 우분투의 개념을 통해 도덕적이거나 사회 공동체적인 의미로 지속적으로 재해석될 수 있다.

그러나 한국의 조상숭배의 의미들을 효의 개념으로 모두 대체하거나 혹은 재해석해 낼 수 없듯이, 코자 조상숭배의 의미들을 우분투의 개념으로 모두 재해석할 수는 없다. 우분투를 통해서 코자 조상숭배 문제를 다루는 것은 이러한 의미에서 문제 해결의 일부분일 뿐이다. 그러므로 지속적인 모니터링과 상호 대화를 위해 코자 문화를 지속적으로 연구할 필요가 있다. 이는 달리 말해 더 많은 코자 문화에 대한 모니터링과 연구가 상호 간에 더 풍부한 대화의 가능성을 열어줄 수 있음을 시사한다.

(3) 상호정체성Mutual identity

지속적인 상호 대화에서 가장 유의해야 할 점이 바로 자신의 종교적 정체성을 손상하지 않으면서, 즉 종교혼합주의의 위험을 극복하면서 상호 대화를 지속하는 것이다. 필자는 1부 1장 "성육신 신학"에서 삼위 하나님의 관계 안에서 삼위일체의 존재형식은 혼합적이지도, 단신론적이지도 않다는 것을 강조했다. 종교다원주의가 가진 혼합성이 함몰되지 않으면서 주체들의 상호정체성을 확보하는 문제는 상호공간에서 주체와 객체 사이의 '함께with'라는 실천praxis의 측면에서 다루어져야 한다. 필자는 상호정체성을 확보할 수 있는 상호문화적 대화를 위해 세 가지 전제를 제시했다.

첫째, 기존의 선교 방식은 주체의 정체성을 지나치게 강조하거나주로 배타주의, 혹은 객체나 타자를 지나치게 강조하는주로 포괄주의, 다원주의 입장을 취해왔다. 이러한 이분법을 극복할 대안으로 문화화 신학inculturation theology은 서로 배움을 제시한다. 그러나 이러한 대화 방식은 대학 학문 수준의 배움 이상의 결실을 선교현장에서 맺지 못한다. 즉, 코자 지역의 상황을 지나치게 강조함으로써 주체의 정체성 상실이라는 신학적 문제를 극복하면서 대화하고자 한다면, 상호동등 혹은 역동적 동등의 대화를 통한 상호배움을 강조하는 것만으로는 지속될 수 없다. 다시 말해 조상숭배 문제를 두고 카일리쳐의 코자 교회와 상호배움의 대화를 한다고 해서 그것만으로 서로의 정체성을 해치지 않는 지속적인 대화의 공간이 마련되지 않는다는 것이다.

둘째, 그래서 필자는 이 문제를 해결할 수 있는 방법은 주체와 객체의 동등성과 타자의 인격적 가치를 부여하는 것에 강조점을 두는 대신 상호공간 자체에 관심을 두는 것이라고 제안한다. 이미 살펴본 바와 같이, 상호공간은 섬김과 희생의 역동적인 실천을 통해 형성되는 낮아짐의 공간이다. 진정한 대화의 공간은 우리의 삶 전부를 성육신하는 가운데서 열리는 것임을 전제한다. 따라서 주체인 기독교와 객체인 코자족 전통 종교특히 조상숭배에 지나치게 무게 중심을 두고 진행하는 상호배움의 대화들은 늘 공허한 미래의 긍정적인 가능성만을 제시한 채 정작 선교현장의 대화에서는 별다른 성과를 거두지 못하는 것이다. 그러므로 주체와 객체의 균형에 대한 관심을 상호공간 자체로 옮겨야만 한다. 대화의 두 주체가 만나는 상호공간은 두 주체의 충돌과 대결이 진행되는 곳이며, 주체의 섬김과 희생의 역동적인 혹은 성육신적인 실천을 통해서만 생겨나는 'with의 대화'로 열릴 수 있는 공간이다. 이 'with' 자체에 관심을 가지는 것이 왜 중요한가?

필자는 세 번째 전제를 통해 with는 주체에게 상호공간에서 타자와 만난 후 다시 자기 자신에게로 돌아올 것을 명한다고 말했다. 즉, 기독교는 타자와의 만남에서 섬김의 실천praxis을 통해 자신의 진리로 타자의 불완전성을 드러내고,

타자를 자신 안으로 초청한다. 이것은 타문화와의 대결 상황에서 자기를 비우신 예수 그리스도의 사랑의 방식이 의미하는 것이기도 하다. 상호공간에서 그리스도인들은 코자족 조상숭배를 대면하면서, 즉 타자와의 섬김의 실천으로서의 대화를 하면서 진정한 자기 정체성을 발견하게 된다. 이후 그리스도인들은 지속적인 타자의 부름에 책임적인 주체로 이끌리어 다시 타자를 위해 대화의 공간으로 나아가게 된다. 이러한 순환적인 대화의 과정을 통해 비로소 주체는 자기 정체성의 상실이 아닌, 배움을 넘어 날마다 새롭게 발견되는 자기 정체성을 경험하게 되며, 타자인 코자 교회 역시 진정한 삼위 하나님의 섬김의 실천으로서의 대화의 과정을 통해 변화를 경험하게 될 것이다. 이것이 우리의 신앙고백이며, 이러한 고백은 우리의 진정한 'with의 섬김의 실천을 통한 대화'로 달성되는 진행형의 것이다. 즉, 그리스도인들은 성령의 음성에 이끌려 코자족들이 조상숭배를 하는 의미들[20]을 충족시켜주는 지속적인 사랑의 봉사, 곧 대안적 삶의 실천praxis을 통해 점차 그리스도인의 참된 정체성에 가까워지는 것이다. 또한 객체인 코자족은 조상숭배의 현대적인 필요를 충족 받음으로써 그들의 전통적인 조상숭배가 주는 진정성보다 기독교가 주는 진정성이 크다는 것을 경험하며 기독교로 돌아오게 되는, 섬김의 실천으로써 영적 전쟁에서 승리를 기대할 수 있다.

---

20. 2006년 실시한 코자족 조상숭배와 관련한 현장조사(empirical study)에서, 코자족이 여전히 조상숭배를 하는 이유는 열악한 환경과 경제 조건 속에서 보호와 현세적인 필요들을 충족 받는 것이었다. Hyosang Kwon, "Shifting Ideas about Ancestors in the Construction of Identities: An Intercultural Theological Evaluation of Korean Witness in South Africa" (D.Th. Dissertation, University of Stellenbosch, 2008) 참조.

3. 나가는 말

필자는 배타주의가 가진 역기능을 제거하면서도 종교문화 간의inter-, intra- 주체성을 상실하지 않는 대화의 방법으로 상호문화화 신학을 소개했다. 특히 코자족의 조상숭배와의 대화 상황에서 주체인 기독교는 삼위 하나님의 상호내주 하시는 방식인 페리코레시스perichoresis의 이미지가 이 땅에 극명하게 표출된 성육신적 선교 방식, 즉 사이공간 안에서 겸손하게 섬김의 실천praxis으로서의 선교를 통해 코자족 조상숭배의 의미를 충족시켜 줄 수 있다. 그리고 주체 역시 코자족 종교문화 상황과 조우한 이후에 그들의 변화된 모습을 통해 성령으로부터 오는 충족함을 누리는 진정한 상호 대화를 할 수 있다고 주장했다.

필자는 대도시인 남아공 케이프타운Cape Town 주변의 카일리쳐Khayelitsha라는 코자족 마을에서 자신의 마을로 이주해 오는 실향민과 난민들을 대상으로 우분투를 실천하는 코자족 목사를 알고 있다. 그는 교회 안으로 이들을 품어서 범죄로부터 이들을 보호해주고, 안정적인 직업을 마련해주기까지 숙식을 제공해주며, 깨끗한 물과 최소한의 의료를 제공하고, 부모들이 서로 협력해서 그들의 아이들을 공부시킬 수 있도록 학교를 운영한다. 일자리를 구한 이들은 다른 난민들이 이 교회 공동체에 들어올 때, 자신이 받은 것처럼 다른 사람에게 그대로 실천한다. 그들은 이것을 우분투한다고 말한다. 우분투는, 우리나라의 효의 개념과 같이, 현대인들이 좋은 것이라고 생각하지만 그럼에도 점차 사라지고 있다. 이 교회 마당에 들어와 우분투를 경험하는 사람들은 그래서 더 적극적이다. 또한 이 공동체에서 보호받고, 현세적인 필요들을 채운 사람들은 다른 아프리카독립교회AIC[21]와 달리 더 이상 조상숭배에 집착하지 않는다. 이 교회 공동체는

---

21. 아프리카독립교회를 의미한다. 남아공은 78%가 기독교인이며, 기독교인의 90%는 아파르테이트

전체 교인들이 우분투를 통해 과거 조상에게 기대했던 보호와 현세적 복과 필요들을 이제 서로에게서 채움을 받고 있기 때문이다. 선교현장에서 기능적 접근이나 사변적인 대화로서 해결되는 일은 많지 않다. 그보다 섬김의 실천praxis의 본을 보이신 예수님의 본을 따르는 삶의 대화를 통해서 실제적인 상호 변화와 상호 충만이 발생하는 것이다.

(apartheid)가 끝난 이후 자신들의 전통종교(특히 조상숭배)를 기독교와 혼합한 AIC 교회로 돌아갔다.

1부 선교방법론

1장 선교의 기초로서 선교신학

김광식. "성육신의 현재적 의미." 「기독교 사상」 37/12 (1993).

데이비드 보쉬. Transforming Mission. 김병길, 장훈태 역. 『변화하고 있는 선교』. 서울: 기독교문서 선교회, 2000.

박아론. "칼 바르트." 「신학지남」 151 (1970): 53.

박종천. 『기어가시는 하느님』. 서울: 감신, 1995.

안영권. "문화적 하부체계로서의 종교체계." 『선교를 위한 문화인류학』. 서울: 이레서원, 2001.

유해무. 『신학: 삼위일체 하나님을 향한 송영』. 서울: 성약출판사, 2007.

이국배. "헤겔과 외화의 문제." 『헤겔연구4집』. (1988).

이제민. "현대 신론의 문제점과 새 방향 모색." 「신학전망」 90 (1990).

전호진. 『한국교회와 선교』. 서울: 엠마오, 1985.

정진홍. 『종교문화의 이해』. 파주: 청년사, 1995.

정성하. 『종교와 문화의 사이공간과 선교』. 서울: 한돌출판사, 2004.

조종남 편. 『복음과 문화』. 서울: IVP, 1991.

Ames, William. *The marrow of theology*. Boston; Pilgrim Press, 1968.

Barth, Karl. *Revelation*. eds. John Baillie & Hugh Martin. London: Faber and Farber Limited, 1937.

_____. *The epistle to Romans*. Trans. Edwyn C. Hoskyns. London, New York: Oxford University Press, 1972.

_____. *Church Dogmatics*. 2. Trans. Thompson. eds. G. W. Bromiley and T. F. Torrence Bromiley, 1956.

Bavinck, J. H. *The Church between Temple and the Mosque: A Study of the Relationship between the Christian Faith and Other Religions*. Grand Rapids: Eerdmans, 1981.

_____. *Church Dogmatics*. III. Harold Knight et al(eds.). Edinburgh: T & T. Clark, 1960.

Brown, Colin. *Karl Barth and the Christian message*. London: Tyndale Press, 1967.

Bultmann, R. Jesus and the Word. New York: Charles Scribner's Sons, 1958.

Cobb Jr. John B. "Beyond Pluralism." John B. Cobb Jr. (ed.). *Christian Uniqueness Reconsidered*. Maryknoll, NY: Orbis, 1990.

_____. "Toward a Christocentric Catholic Theology." *Toward a universal theology of religion*. Maryknoll, NY: Orbis Books, 1987.

Butin, P. W. *Revelation, Redemption and Response: Calvin's Trinitarian Unders Undersanding of the Divine-Human Relationship*. New York: Oxford University Press, 1995.

Cockley, Sarah. "Kenosis: Theological Meanings and Gender Connotations," ed. John, olkinghorne. *The Work of Love: Creation as Kenosis*, Grand Rapids: Eerdmans, 2001, 192-210.

Conzelmann, Hans. *Jesus: The Classic Article from RGG Expanded and Updated*. US: Fortress Press, 1973.

Cornelius Van Til. *The new modernism*. Philadelphia: The Presbyterian reformed Pub. Co., 1973.

Dayton, Robert D. "Latin America News Front." *Latin America Evangelist* 60 (1980).

Dooyeweerd, Herman. *In the Twilight of Western Thought*. Philadelphia: Presbyterian&Reformed Pub. Co., 1960.

Eliot, T. S. *Christianity and Culture*. New York: Harvest, 1940.

Gaybba, B. *The Spirit of Love: Theology of Holy Spirit*. London: Geoffrey Chapman, 1987.

Guder, Darrell L. (ed.). *Missional Church: A Vision for the Sending of the Church in North America*. Grand Rapids: Eerdmans, 1998.

Hard, Teodore. *Culture and Conviction: Culture, the Mark and Measure of Conviction in Religious Community*. Kimpo: Korea Society for Reformed Faithand Action, 1984.

Lawler, Michael G. "Perichoresis: New Theological Wine in an Old Theological Wineskin." *College Theology Society* 22/1 (1985): 49-66.

Hick, John. (ed.). "Jesus and the World Religions." *The Myth of God Incarnate*. London: SCM, 1977.

_____. *God has Many Names*. London: Macmillan, 1980.

_____. *(The) second Christianity*. London: SCM Press Ltd, 1983.

_____. *God has many names*. 이찬수 역, 『하느님은 많은 이름을 가졌다』. 서울: 도서출판 창, 1991.

_____. *The metaphor of God incarnate: Christology in a pluralistic age*. Louisville, Ky: John Knox Press, 1993.

_____. *(The) metaphor of God incarnate*. 변선환 역. 『성육신의 새로운 이해』. 서울: 이화여자대학교 출판부, 1997.

_____. *A Christian Theology of Religion: The Rainbow of Faith*. Louisville: Westminster John Knox,

1995.

Hiebert, Paul G. *Anthropological Insights for Missionaries*. Michigan: Baker, 1985.

Kant, Immanuel. *Religion within the Limits of Reason Alone*. Chicago: Open Court Pub. Co., 1934.

Knitter, Paul F. *No other name: A critical survey of Christian attitudes toward the world religions*. Maryknoll: Orbis Books, 1985.

_____. "Cosmic Confidence or Preferential Option?" In Joseph, Prabhu (ed.), *The Intercultural Challenge of Raimundo Panikkar*. New York: Orbis, 1996: 177-91.

Knudsen, Robert D. *Rudolf Bultmann in Creative mind in contemporary theology*. ed. Philip E. Hughes. Grand Rapid. Eerdmans, 1969.

Küster, Volker. "Toward an Intercultural Theology: Paradigm Shift in Missiology, Ecumenics, and Comparative Religion," in *Theology and the Religions: A Dialogue*. ed. Viggo, Mortensen. Grand Rapids: Eerdmans, 2003: 171-84.

Levinas, *Emmanuel. Existence and Existents*. Trans. Alphonso Lingis. Dordrecht: Martinus Nijhoff, 1978.

Lochhead, David. *The Dialogical Imperative: A Christian Reflection on Interfaith Encounter*. Maryknoll, N.Y: Orbis, 1988.

Meeks, M D. *Trinity, Community, and Power: Mappping Trajectories in Wesleyan Theology*. Nashville: Kingswood, 2002.

Moltmann, J. *Was istheute Theologie?*. 차옥승 역. 『오늘의 신학 무엇인가?』. 서울: 한국신학연구소, 1989.

_____. *Der Weg Jesu Christi*. 김균진, 김명용 역. 『예수 그리스도의 길: 메시아적 차원의 그리스도론』. 서울: 대한기독교서회, 1990.

Moule, C.F.D. *The origin of Christianity*. Cambridge university, 1977.

Ott, Heinrich. *Die antwort des glaubens von Heinrich*. 김광식 역. 『신학해제』. 서울: 한국신학연구소, 1974.

Padilla, Rene & Sider R. 한화룡 역. 『복음, 전도, 구원 사회정의』. 서울: IVP, 1993.

PAUL PAUL II, JOHN. "SUPREME PONTIFF ENCYCLICAL LETTER." *REDEMPTOR HOMINIS*.

Paul, John II. *Encyclical Redemptor Hominis*. Pretoria: Southern African Catholic Bishops' Conference, 1979.

Pohle, Joseph. *The Divine Trinity*. St. Louis, MO: Herder, 1950.

Prestige, G L. *God in Patristic Thought*. London: SPCK, 1964.

Race, Alan. *Christianity and religious pluralism; patterns in the Christian theology of religions*. Maryknoll, New York: Orbis Books, 1983.

Rahner, S. J Karl. *Theological Investigations*. Trans. Karl, H Kruger. V. Baltimore: Helicon, 1966.

Rahner, K. *Schriften zur Theologie* IV. Zurich: Benziger Verlag Einsiedeln, 1967.

_____. *Grundkurs des Glaubens: Einführung in den Begriff des Christentums*. 이봉우 역. 『그리스도교 신앙입문: 현대 가톨릭신학 기초론』. 분도출판사, 1994.

Ramsey, Michael. *Jesus and living past.* Oxford University, 1980.

Roberts, R. *Bultman's theology: A critical interpretation.* Michigan: Xerox University Microfilms. Ph.D Thesis, Yale University, 1975.

Sanneh, Lamin. *Translating the Messsage: The Missionary Impact on Culture.* New York: Orbis, 1989.

Schleiermacher, F. *Der christliche Glaube.* 최신한 역. 『기독교신앙』. 서울: 한길사, 2006. Schreiter, Robert J. *The New Catholicity: Theology between the Global and the Local.* New York: Orbis, 1997.

_____. *Constructing Local Theologies.* Maryknoll, N.Y: Orbis, 1985.

Sookhdeo, Patrick. *Jesus Christ the Only Way: Christian Responsibility in a Multicultural Society.* Cape Town: Paternoster, 1978.

Stott, John. R. W. *Christian mission in the modern world.* Downers Grove: Inter Varsity Cape Town: Paternoster, 1978.

_____. *Evangelism and social responsibility.* 한화룡 역. 『복음전도와 사회적 책임』. 서울: 두란노, 1986.

Tillich, Paul. *Theology of Culture.* New York: Oxford University Press, 1959.

Van Peursen, C A. *Cultuur in Stroomversnelling,* 『급변하는 흐름속의 문화』. 강영안 역. 서울: 세광사, 1987.

Van Til, Cornelius. *New Modernism.* Philadelphia: Presbyterian & Reformed Pub. Co., 1947.

_____. *Christianity and Barthianism.* Philadelphia: Presbyterian and Reformed Pub., 1962.

_____. *The reformed pastor and modern thought.* Philadelphia: Presbyterian and Reformed Pub. Co., 1971.

Wagner, Peter. *Church growth and the whole gospel.* 서정운 역. 『성서적 교회성장』. 서울: 대한기독교 출판사, 1984.

Weber, Otto. *Karl Barth's church dogmatics: A introductory report on volumes I:1 to III:4.* Trans. Arthur C. Cochrane. Philadelphia: Westminster Press, 1953.

Webber, Robert E. *The Secular Saint.* Grand Rapids: Zondervan, 1979.

2장 선교의 목적으로서 선교정책 1

김은수. 『개혁주의 신앙의 기초 I』. 서울: SFC 출판부, 2010.

김재윤. 『개혁주의 문화관』. 서울: SFC 출판부, 2015.

김충남. 『순교자 주기철 목사 생애』. 서울: 백합출판사, 1991.

김형규. "개혁주의 선교신학 정립." KPM 50주년 기념 포럼, 2005.

A. Muller Richard. *Calvin and the Reformed Tradition.* 김병훈 역. 『칼뱅과 개혁전통』. 서울: 지평서원, 2017.

오덕교. 『개혁신학과 한국교회』. 수원: 합신대학원출판부, 2014.

牧田吉和. 이종전 역. 『개혁과 신앙이란 무엇인가?』. 인천: 아벨서원, 2002.

유해무. "개혁주의 교회론." 『개혁주의를 말하다』. 서울: SFC 출판부, 2014.

_____. 『개혁교의학』. 서울: 크리스찬 다이제스트, 1998.

_____. "개혁교회와 선교." KPM 현지지도자양성 지원을 위한 TF팀 주관 개혁주의 포럼. 미간행 발제문, 2018.

이근삼. 『개혁주의 신앙과 문화』. 서울: 영문, 1991.

이상규. "개혁주의 역사." 『개혁신앙 아카데미』. 부산: 개혁주의 학술원, 2010.

_____. "개혁주의 교회란 무엇인가: 선교지에서 어떤 교회를 세울 것인가?." KPM 현지지도자양성 지원을 위한 TF팀 주관 개혁주의 포럼. 미간행 발제문, 2018.

Augustus, Wacker. Grant, H. *Strong and the Dilemma of Historical Consciousness*. GA: Mercer University press, 1987.

Bloesch, Donald G. *Essentials of Evangelical Theology*. Peabody: Hendrickson Publishers, 1998.

Boice, James Mongomery. "The Future of Reformed Theology." In *Reformed Theology in America*. Ed. by David Wells. Grand Rapids: Eerdmans, 1985.

de Witt, John R. *What is the Reformed Faith?*. Edinburgh: Banner of Trust, 1982.

Doumergue, Emile, Calvin, Jean. *Les Hommes et les choses de son temps 5*. Lausanne: Georges Bridel, 1910.

Fuhrmann, Paul T. *God-centered religion: An essay inspired by some French and Swiss Protestant Writers*. Unknown Binding, 1942.

Heideman, Eugene, "The Church and Christian Discipline." *Reformed Review 16*. March, 1963.

Henderson, G. D. Presbyterianism. Aberdeen: The University Press. 1954.

Hesselink, I. John. *On Being Reformed: Distinctive Characteristics and Common Misunderstandings*. Grand Rapids: The Reformed Church Press, 1994.

Meeter, H. M. *The Basic Ideas of Calvinism*. Grand Rapids: Baker, 1990.

Norman, Shepherd. "Scripture and Confession," John H. *Scripture and Confession: A Book about Confessions Old and New*. ed. Skilton. New Jersey: P&R, 3ff, 1973.

Osterhaven. *Spirit of the Reformed Tradition*. Grand Rapids: W. B. Eerdmans, 1971.

Roger, Olson. *Westminster to Evangelical Theology*. Downers Grove: Inter Varsity Press, 2004.

Runia, Klass. *I believe in God: Current Questions and the Creed*. London: Tyndale Press, 1963.

Wilhelm, Niesel. "Our Witness in the Ecumenical Movement Today." *The Reformed and Presbyterian World*, 1965 December.

3장 선교의 목적으로서 선교정책 2

김재윤. 『개혁주의 문화관』. 서울: SFC 출판부. 2015.

김홍기. 『존 웨슬리 신학의 재발견: 개인적 성화와 사회적 성화의 역사적 재조명』. 서울: 대한기독교서회, 1993.

아브라함 카이퍼, 『칼뱅주의 강연』, 김기찬 역. 서울: 크리스찬 다이제스트. 2002.

유해무. 『개혁교의학』. 서울: 크리스찬 다이제스트, 1998.

_____. "한치라도 主의 것: 아브라함 카이퍼의 일반은혜론과 한국교회에서의 수용에 대한 평가." 개혁주의 학술원 강의자료, 1996.

Bartholomew, Craig G. *Contours of Kuyperian Tradition: A Systematic Introduction*. Downers Grove: IVP Academic, 2017.

Leith, John H. *An introduction to the reformed tradition: a way of being the Christian community*. Atlanta, Ga: John Knox Press, 1981.

Prammsma, L. *Let Christ Be King: Reflections on the Life and Times of Abraham Kuyper*. Ontario: Paideia Press, 1985.

Mouw. Richard J. A. *Short and Personal Introduction Abraham Kuyper*. 강성호 역. 『리처드 마우가 개인적으로 간략하게 소개하는 아브라함 카이퍼』. 서울: SFC 출판부, 2020.

Stott. John R. W & Wright. Christopher J. H. *Christian Mission in the Modern World*. 김명희 역. 『선교란 무엇인가』. 서울: IVP, 2018.

Zuidema, S.U. *Common Grace and Christian Action in Abraham Kuyper*. Sioux Center: Dort College press, 2013.

"종교의 씨앗" https://m.blog.naver.com/davidycho/221776775190 (Accessed at 2020.9.16).

2부 선교전략들

1장 개혁교회의 세계 교회 건설의 방법

권효상. "제자들을 통한 전포괄적인 삶의 영역에서의 변화." 「KPM R&D JOURNAL」 5 (2022): 9-10.

_____. "KPM 선교의 기초로서 선교신학: 성육신 신학." 「KPM R&D Journal」 3 (2021): 76.

김자선. "세계 선교를 향한 우리 선교지의 정체성-필리핀에서의 개혁교회 개척원리." 「KPM R&D JOURNAL」 7(2022): 146.

박영기. "일본에서 개혁교회 개척 사역 원리." 「KPMR&D JOURNAL」 7 (2022).

박종덕. "인도네시아에서 개혁교회 개척사역 원리." 「KPM R&D JOURNAL」 7 (2022): 69-70.

신성호. "태국에서 개혁주의 교회 개척 원리." 「KPM R&D JOURNAL」 7 (2022).

우석정. "공산권에서 교회개척." 「KPM R&D JOURNAL」 7(2022): 175-77

이남재. "인도에서 교회 개척 사역 & 원리." 「KPM R&D JOURNAL」 7 (2022).

이신철. "어떻게 교회를 설립할 것인가?." 『현지인지도자 양성』, 현지인지도자양성 지원을 위한 TF팀 편. 대전: 고신 총회세계선교회, 2018, 119.

"원주민 교회에서 반선교사 감정은 사용하는 돈 액수에 비례한다. http://kosinusa.ch5ch.net/_ chboard/ bbs/board.php?bo_table=m3_3&wr_id=113491 (Accessed at 2022.04.21.).

2장 탈세계적 시대의 선교적 함의

권효상. "난민선교의 중요성과 KPM 전략." 「KPM R&D Journal」 6 (2022): 57.

권효상. "현장으로부터 듣는 KPM의 교회 개척 원리." 「KPM R&D Journal」 7 (2022): 180.

권효상. "타종교문화를 대하는 방법론으로써 상호문화화." 「복음과선교」 59 (2022): 16.

권효상. "Covid-19 시대의 선교: 가치관의 변혁 속에서." 「KPM R&D Journal」 1 (2020): 110-11.

백장재. "미국보수주의 분석." 「국가전략」 25 (2003): 83-101.

손규태. 『세계화시대 기독교의 두 얼굴』. 서울: 한울아카데미, 2007.

최윤식. 『빅체인지: 코로나 19이후 미래 시나리오』. 서울: 김영사, 2020.

한숭희. "문민정부 교육 개혁과 평생교육 담론: 권위적 국가주의 청산과 교육개혁의 새 판 짜기." 「아시아교육연구」 6/3 (2003): 60.

Dominique Wolton. *L'ature Mondialisation*. 『또 다른 세계화』. 김주노 역. 서울: 살림, 2018.

Elliott Sober. *Philosophy of Biology*. 2nd edition. N.Y: Routledge, 2018.

Helena Norberg-Hodge. *Small is Beautiful, Big is Subsided*. 이민아 역. 『허울뿐인 세계화』. 서울: 도서출판 따님, 2013.

Michael W. Goheen. *Introducing Christian Mission Today: Scripture, History and Issues*. 이대헌 역. 『21세기 선교학 개론』. 서울: 기독교문서선교회, 2021.

Shirley Walters. (ed.) *Globalization, adult education and training: Impacts and Issues*. London: Zed books, 1997.

World Bank. *Lifelong learning in the global knowledge economy*. Washington: World Bank, 2003.

"20세기 철학에서 과학주의: 과학적 경험주의와 자연화된 인식론. https://www.kci.go.kr/kciportal/ci/sereArticle/Search/ciSereArtiView.kci?sereArticleSearchBean.artiId=ART001776077 (acccessed at 2022. 10. 24).

"골드만삭스가 생각하는, 탈세계화 전망." https://cms.soonsal.com/archives/1158 (accessed at 2022.09.28).

"과학과 과학주의는 서로 다른 것이다." https://creation.kr/Science/?idx=10454917&bmode=view (accessed at 2022.10.24)

"'닥터 둠' 루비니 교수 "3차 세계대전 이미 시작됐다."" https://v.daum.net/v/20221018141235359 (accessed at 2022.10.18).

"미국 신보수주의 (Neo - Conservatism)의 역사적 전개." https://m.blog.naver.com/PostView.nhn?blogId=icandoit88&logNo=30015371602&proxyReferer=https:%2F%2Fwww.google.com%2F (accessed at 2020.05.02).

"영구적 해결방안." https://www.unhcr.or.kr/unhcr/html/001/001001004001.html (accessed at 2021.03.23).

"KOF Globalization Index." https://kof.ethz.ch/en/forecasts-and-indicators/indicators/kof-globalisation-index.html (accessed at 2022.10.14).

5장 현장 중심 선교: 신 지역부 제도를 넘어서

김북경. "현장 중심 선교를 위한 선교 시스템 개발; 현지 선교부 팀과 리더십 개발을 중심으로." 편집위원회.

『남은과업 완수』. 서울: 총회출판국, 2008.

김종국. "교단 선교의 최우선 과제." 「해외선교」 159 (2016): 5.

_____. "KPM 현장중심 선교를 위한 12지역부의 역할." 『제4차 고신선교포럼; 변혁의 시대와 선교』.

김철봉. "현장중심 선교를 위한 스시템 개발." 편집위원회. 『남은과업 완수』. 서울: 총회출판국, 2008.

류영기. "5개지역 선교대회를 섬겨오면서." 「해외선교」 126 (2007): 29.

연구국 보고서. "현장구조 조정안에 대한 설문조사, 결과에 근거한 회의와 결정, 통계들." 1.

이신철. "현지선교부를 새롭게하자." 편집위원회. 『제1차 고신세계선교포럼; 변화와 성숙』.

이정건. "현지 선교부 강화 정책." 『고신선교50주년 기념 세계선교대회 자료집』. 서울: 디자인 원, 2005.

_____. "현지지역부 역할 강화," 편집위원회. 『제1차 고신세계선교포럼; 변화와 성숙』.

이헌철. "KPM 사역 평가와 전망." 편집위원회. 『남은과업의 완수; 제2차 고신세계 선교포럼 자료집』. 서울: 총회출판국, 2008.

전성진. "신지역부제도; 팀사역을 통한 현장 선교 강화." 연구국 보고서, 1.

_____. "현장구조정안에 대한 설문조사, 결과에 근거와 회의와 결정 통계들." 연구국 보고서, 1.

정규호. "KPM의 건강한 미래를 대비하는 현장 조직." 『2017년KPM 미래전략포럼 자료집』.

6장 팀 사역: 기능별 팀 사역을 향하여

고주영. "선교훈련의 목표." 「해외선교」 55 (1992).

고신총회세계선교부 편. 『KPM 사역지침; 현지지도자양성』. 서울: 고신총회출판국, 2018.

고신총회세계선교회. "KPM 선교현장의 변화." 「해외선교」 162 (2017): 10.

곽성. "팀사역에 대한 소고." 「해외선교」 143 (2012): 32-33.

권효상. 『개혁교회 선교방법론』. 서울: 고신총회출판국, 2023.

_____. "엔데믹 시대의 KPM 전략." KPM 지역장 연수 (2022.04) 발표.

김북경. "삼위 하나님은 팀으로 일하신다." KPM 연구훈련원 편. 『제1차 LTC; 팀리더십 계발』.

_____. "현장 중심 선교를 위한 선교 시스템 개발." 편집위원회. 『제2차 고신세계선교포럼; 남은 과업의 완수』.

김종국. "고신선교 60년을 돌아보며." 『제3차 고신선교포럼; KPM60년, 평가와 전망』.

남후수. "지역선교부 팀사역의 선교학적 기초." 「해외선교」 149 (2014): 5-7.

변재창. "선교사 자격훈련." 「해외선교」 33 (1988): 5-6.

서석만. "사람은 관계적인 존재입니다." KPM 연구훈련원 편. 『제1차 LTC; 팀리더십 계발』.

손승호. "KPM 선교사 평가." 『제3차 고신선교포럼; KPM 60년, 평가와 전망』.

신성주. "팀 리더십." 「해외선교」 136 (2010): 12-17.

신성호. "팀M의 효율성을 높이기 위한 협력 자세에 관한 소고." 「해외선교」 149 (2014): 10-11.

안명수. "전문인 선교사와의 팀사역에 대한 소고." 「해외선교」 149 (2014): 8-9.

이갑헌. "고신선교훈련원의 평가와 방향성." 「해외선교」 55 (1992): 3-9.

이상룡. "기능별 팀사역." 『제3회고신세계선교사대회: 새로운 도약을 위하여』.

이승직. "선교사 훈련에 관하여." 「해외선교」 66 (1994): 2-6.

이신철. "현지선교부를 새롭게하자." 편집위원회.『제1차 고신세계선교포럼; 변화와 성숙』.

조동제. "KPM 선교현장의 현주소."「해외선교」155 (2016): 9-10.

최종태.『현대조직론』. 서울: 경제사, 1977.

홍영화. "현장중심 선교를 위한 시스템 개발에 대한 응답." 편집위원회.『제2차 고신세계선교포럼; 남은 과업의 완수』.

KPM 연구훈련원 편.『제1차 LTC; 팀리더십 계발』.

KPM VISION 2020평가 & 2030 책자

8장 개혁교회의 선교재정 행정원리

권효상. "2021년 선교사 연말보고서 기반 KPM 통계."「KPM R&D JOURNAL」6 (2022).

_____. "고신총회세계선교회." 고신70년사 편찬위원회 편.『고신 70년사』. 서울: 총회출판국, 2002.

_____. "제자들을 통한 전포괄적 삶의 영역에서의 변혁."「KPM R&D JOURNAL」5 (2021): 9.

_____. "KPM선교의 기초로서 선교신학."「KPM R&D JOURNAL」3 (2021): 38-79.

손승호. "KPM 재정적자 해결방안; OMF의 예."『제3회 고신선교후원 전략포럼』. 14-30.

아영호. "선교재정의 위기와 대안."『제4차 고신선교포럼; 변혁의 시대와 선교』.

윤희구. "KPM의 선교재정 동원전략." 편집위원회 편.『남은 과업의 완수』. 서울: 총회출판국, 2008.

이상규, "고신교단 선교 50주년 개관." 편집위원회 편,『50주년 기념 고신선교백서』. 서울: 총회출판국, 2005.

이정건. "성육신적 선교원리."「KPM R&D JOURNAL」3 (2021): 122-39.

_____. "세미풀링시스템의 폐지에 대한 선교본부의 입장."『제3차 고신세계선교사 대회자료집』. 2015.

_____. "KPM 선교재정 현황과 발전방안."『제3회 고신선교후원 전략포럼』.

전호진, "선교정책." 고신선교40년편찬위원회.『고신선교 40년』. 서울: 총회출판국, 1988.

『대한예수교장로회총회 제4회총회록』.

『KPM 이사회(실행위) 회의록』.

"선교사는 선교에만 집중하게 하자. http://www.kosinnews.com/news/articleView.html?Idx no=6960(accessed at 2022.07.15).

"고신선교사회, 세미풀링시스템 폐지에 대해 진지한 토의." http://www.kscoramdeo.com/news/articleView.html?idx no=8629 (accessed at 2022. 07.16).

이정건. "세미풀링시스템을 폐지해야 하나?" http://www.kscoramdeo.com/news/articleView.html?idxno=8629 (accessed at 2015.06.24.).

9장 선교사 은퇴

김영산. "KPM 류환준 선교사; 그의 생애와 선교사역."「KPM R&D Journal」2 (2021): 13-14.

김한중. "선교사역의 이양과 철수."『제4차 선교포럼: 변혁의 시대와 선교』. 376.

김한중. "KPM 1호 선교사 김영진."「KPM R&D Journal」1 (2020): 55-56.

김해진. "고령화 시대; 선교 현장을 섬기는 교회, 교회를 섬기는 선교 현장."『2017 KPM 미래전략포럼』.

류영기. "선교사의 은퇴와 그 이후의 삶." 「해외선교」 148 (2014): 5-6.

오윤표. 『선교사 김영진』. 서울: 총회출판국, 2002.

이정건. "은퇴준비." 『KPM S-65 전략회의』. 11-13.

KPM S-60 수련회 자료집. 『행복한 Retire 건강한 사역이양』.

"선교사 노후정책의 외국사례" https://m.cafe.daum.net/ywleefamily/HCXX/17 (Accessed at 2022.0916).

"[연중기획-4부] 선교사에게 은빛 날개를" http://news.kmib.co.kr/article/view.asp?arcid=000 8765889 (Accessed at 2021.04.14.).

10장 선교지 신학교 사역

문상철. 『2014 한국교회의 교육선교 현황과 발전방안』. 서울: GMF Press, 2014.

11장 이슬람 돌파를 위한 전략으로서 난민선교

Enoch Wan, Diaspora Mission, 문창선 역, 『디아스포라 선교학』 (고양: 더메이커 2018), 6. "영구적 해결 방안" https://www.unhcr.or.kr/unhcr/html/001/001001004001.html (Accessed at 2021.03.23.).

12장 남아공 코자족 조상숭배: 카일리쳐를 중심으로

Bediako, Kwame. "Jesus in African Culture." *Evangelical Review of Theology* 17/1 (1993): 54-64.

_____. *Christianity in Africa: The Renewal of a Non-Western Religion*. New York: Orbis, 1995.

Bujo, Bénézet. *Foundations of an African Ethic: Beyond the Universal Claims of Western Morality*. Nairobi: Paulines Publications Africa, 2001.

Ela, J M. "Ancestors and Christian Faith." *Liturgy and Cultural Religious Traditions*. Eds. Schmidt H & Power D. New York: The Seaburg, 1977.

Fortes, Meyer. "An Introductory Commentary." *Ancestors*. Ed. William, H Newell. Hague: Mouton, 1976.

Goba, B. "Corporate Personality: Ancient Israel and Africa." *Black Theology: The South African Voice*. Ed. Moore, B. London: Hirst & Co, 1973.

Hammond-Tooke, W D. "Do the South-Eastern Bantu Worship their Ancestors?." *Social System and Tradition in Southern Africa*. Eds. Argyle, J & Preston-Whyte, E. Cape Town: Oxford University Press, 1978.

Kwon Hyosang, "Shifting Ideas about Ancestors in the Construction of Identities: An Intercultural Theological Evaluation of Korean Witness in South Africa." D.Th. Dissertation, University of Stellenbosch, 2008.

Lungu, Maxwell Themba. "Xhosa Ancestor Veneration and the Communion of Saints." Th.D. Dissertation. University of South Africa, 1982.

Martin, Prozensky (ed.). *Christianity in South Africa*. Bergvlei: Southern Book Publishers, 1990.

Mbiti, J. *African Religions, and Philosophy*. London: Heinemann, 1969.

_____. "On the Article of John W. Kinney: A Comment." *International Bulletin of Missionary Research* 3/2 (1979): 68.

Mills, Wallace G. "Missionaries, Xhosa Clergy & the Suppression of Traditional Customs." *Missions and Christianity in South African History*. Eds. Henry, Brederkamp & Robert, Ross. Johannesburg: Witwatersrand University Press, 1979.

Mosothoane, E K. "Communio Sanctorum in Africa." *Missionalia* 1 (1973): 86-95.

Naude, Piet. "Constructing a Coherent Theological Discourse: The Main Challenge Facing the Dutch Reformed Church in South Africa Today." *Scriptura* 83 (2003): 192-211.

Pauw, B A. *Christianity and Xhosa Tradition*. Cape Town: Oxford University Press, 1975.

Pauw, H C. *The Xhosa*. Port Elizabeth: University of Port Elizabeth, 1994.

Pobee, J S. *Toward an African Theology*. Nashville: Abingdon, 1979.

Sawyerr, Harry. *God: Ancestor or Creator? Aspects of Traditional Belief in Ghana, Nigeria, and Sierra Leone*. London: Longman, 1970.

Theron, Peter F. *African Traditional Cultures and the Church*. Pretoria: Institute for Missiological and Ecumenical Research, 1996.

Thom, Gideon. "A Reformed Perspective on African Belief in Ancestors." *Missionalia* 1(1973): 73-85.

Unit for Religion and development research, Khayelitsha: Transformation research project Stellenbosch: University of Stellenbosch Press, 2003.

Wanamaker, Charles A. "Jesus the Ancestor: Reading the Story of Jesus from an African Christian Perspective." *Scriptura* 63 (1997): 281-98.

"제사가 달라진다; 제사 인식 설문조사." https://www.mk.co.kr/economy/view/2012/637329 (Accessed at 2022.6.26).

13장 타종교문화를 대하는 방법론으로써 상호문화화

Kwae, Bediako. *Christianity in Africa: The renewal of a Non-Western Religion*. New York: Orbis Books, 1995.

De wet. D. P. *Wisdom and Ubuntu: A close reading of proverbs 1-9 in dialogue with African ubuntu*. Ph.D. Dissertation. Stellenbosch: University of Stellenbosch, 2005.

Hodgson, Janet. *Ntsikana's Great Hymn: A Xhosa expression of Christianity in the early 19th century Eastern Cape*. Cape Town: Center for African Studies in University of Cape Town, 1980.

_____. *The God of the Xhosa: A study of the origins and development of the traditional concepts of the Supreme Being*. Cape Town: Oxford University Press, 1982.

Karl, Barth. *Church Dogmatics* 2. eds. G. W. Bromiley and T. F. Torrence. New York: Charles Scribner's, 1956,

Kwon Hyosang, "Shifting Ideas about Ancestors in the Construction of Identities: An Intercultural

Theological Evaluation of Korean Witness in South Africa," D.Th. Dissertation, University of Stellenbosch, 2008.

Lungu, M. T. "Xhosa Ancestor Veneration and the Communion of Saints." Ph.D. Dissertation, University of South Africa, 1982.

Patrick, Sookhdeo. *Jesus Christ the Only Way: Christian Responsibility in a Multicultural Society*. Cape Town: Paternoster, 1978.

Pauw, B.A. "African Christians and their ancestors." *African independent church movements*, ed. Victor E.W. Hayward. London: Edinburgh House Press, 1963.

Pauw. H.C. *The Xhosa*. Port Elizabeth: University of Port Elizabeth, 1994.

Ramose, Mogobe B. "The Philosophy of Ubuntu and Ubuntu and a Philosophy." *The African Philosophy Reader*, eds. P. H. Coetzee and A. Roux. Cape Town: Oxford University Press, 2002.

Qangule. Z. S. "A study of theme and technique in the creative works by S. E. K. Mqhayi." Ph.D. Dissertation, University of Cape Town, 1979.

Samuel, E. K. *Mqhayi, Inzuzo*. Johannesburg: Hodder & Stoughton, 1974.

Sarah, Cockley. "Kenosis: Theological Meanings and Gender Connotations." in *The Work of Love: Creation as Kenosis*. ed. John, Polkinghorne. Grand Rapids: Eerdmans, 2001.

Schineller, J. P. "Christ and Church a Spectrum of Views," *Theological Studies* 37 (1976): 545-66.

Shutte, A. "Christianity and ubuntu in Ubuntu in a Christian perspective." *Institute for Reformational Studies* 374 (1999).

Smit. J. H. "Ubuntu for Africa: A Christianity interpretation in Ubuntu in a Christian perspective." *Institute for reformational studies* 374 (1999).